北京市社会科学基金特别委托项目
北京市社会科学理论著作出版基金重点资助项目

中国经济学发展报告（2015）

中国经济热点前沿
Hot Economic Issues in China

（第12辑）

黄泰岩 等著

经济科学出版社

图书在版编目（CIP）数据

中国经济热点前沿. 第 12 辑/黄泰岩等著.
—北京：经济科学出版社，2015.10
ISBN 978-7-5141-6225-7

Ⅰ.①中… Ⅱ.①黄… Ⅲ.①中国经济－问题－研究
Ⅳ.①F120.2

中国版本图书馆 CIP 数据核字（2015）第 256347 号

责任编辑：柳　敏　于海汛
责任校对：王肖楠
责任印制：李　鹏

中国经济热点前沿
（第 12 辑）

黄泰岩　等著

经济科学出版社出版、发行　新华书店经销
社址：北京市海淀区阜成路甲 28 号　邮编：100142
总编部电话：010-88191217　发行部电话：010-88191522
网址：www.esp.com.cn
电子邮件：esp@esp.com.cn
天猫网店：经济科学出版社旗舰店
网址：http://jjkxcbs.tmall.com
北京季蜂印刷有限公司印装
710×1000　16 开　25 印张　430000 字
2015 年 10 月第 1 版　2015 年 10 月第 1 次印刷
印数：0001—5000 册
ISBN 978-7-5141-6225-7　定价：50.00 元
（图书出现印装问题，本社负责调换。电话：010-88191502）
（版权所有　侵权必究　举报电话：010-88191586
电子邮箱：dbts@esp.com.cn）

前　言

《中国经济热点前沿》第12辑的出版，标志着该书实现了一轮的圆满。团队12年的努力，可嘉！成果12年的积累，可喜！影响12年的扩大，可贺！

一年有十二个月，一天有十二个时辰，由此中华文化认定十二为天之大数，从而有了十二地支，及十二生肖的周期轮回。

世事难料，似乎杂乱无章，但其中真的有自然规律可循，否则无法解释"道法自然"。

2004年是本书出版的元年，这一年我也非常有幸被评为第一批哲学社会科学长江学者特聘教授，从北京去了位于沈阳的辽宁大学，从此与辽宁大学结下了不解之缘。2011年6月我被任命为辽宁大学常务副校长，2012年4月被任命为校长。2015年4月，我又被国家民委任命为中央民族大学校长，从沈阳回到了北京。这一年，恰恰是本书一轮的收官之年。

加入中央民族大学，对我来说是一种缘分，也是一个轮回。我虽然不是少数民族，但我是从民族地区走出来的：在内蒙古呼和浩特市上过小学和中学，1975年1月投笔从戎成为坦克兵驻守在内蒙古凉城，1979年2月从部队复员回到呼和浩特市，同年9月从内蒙古考入中国人民大学。今年到中央民族大学任职，虽然没有回到民族地区，但却来到了服务民族地区和少数民族的民族大学。从民族地区出来再到民族大学工作，时间跨度正好是3个12年。

感悟近5个12年的人生经历，我更加坚信了"好人必有好报"的良言古训。努力做一个好人，努力多做些好事。

何为"好人"？对此人们有各种不同的界定。如果仅从解字释义的角度来看，汉字"好"由一"女"和一"子"组成，古人何意？按照民间流传的说法，儿女双全为好，这是圆满的结果。但从追求这种圆满的过程或机制来看，是否还可以引申出以下三点：一是有儿有女意味着性别的自然平衡，是人口理论追求的一种理想境界。这是否隐含着要求我们要敬畏自然、尊重自然、顺其自然，从而做人做事要追求和谐、注重协调、强化合作、实现共赢。二是有儿有女意味着对立统一，这是否要求我们做人要精一半傻一半；做事要拿得起放得下。三是男为刚、女为柔，有儿有女是否要求我们做人做事应刚柔并济。该刚的时候，一定要像男子汉那样，掷地有声，抓铁有痕；该柔的时候，一定要像母性那样伟大，上善若水，润万物而无声。既然"好人"如此，那要有"好报"就至少要做到：

1. 有责任心、感恩心。责任心就是敢担当、能担当、会担当，也就是：召之即来，来之能战，战之能胜。当今的时代是一个需要担当的时代。担当是这个浮躁社会的稀有品质，是你有所成就的必要素质。所以，要做到电影《百团大战》中所说的那样：人在，旗在；人不在，旗还在！感恩心就是知恩、念恩、报恩。无论你处于什么地位，你有多重要，都要看轻自己，因为谁离开你都能活。所以没有什么是应该的、应得的，对每一次的获得都要常怀感恩之心，常怀报答之意。最近微信上流传的一位"80后"女孩的演讲视频，对父母的感恩之情催人泪下，"你养我长大，我陪你变老"是多么真情地报答。

2. 有德。只有好人才有更多的机会做事、做成事、做好事。今天社会的用人理念是：有德有才重用，有德无才培养，无德有才不用。人做不好，就等于失去了展示自己才能的机会和平台。

一位中国留学生在英国找工作的故事就昭示了这一点。这位留学生因学习成绩好、有才华而受到招聘单位的青睐，但屡屡在最后签约时被拒，原因就是在乘公交时有三次逃票的记录。

3. 多做好事。只有做好事才能表明你是一个好人。所以，在人生的不同阶段，做人与做事可能需要有不同组合。在年轻时，需要通过做事做人，有的人称之为先做事、后做人，或边做事、边做人；经过一定阶段后，则可以通过做人做事，有的人称之为光做人、不做事。这里的不做事，是指不用亲自做小事，而是组建团队和与人合作一起做事。所以，要做一个好人，要得到好报，唯一的途径就是：怀着一颗感恩的心，踏踏实实、任劳任怨做事，甚至做小事，做似乎与自己无关的事，才能最终修炼自己，提升自己。

4. 做一辈子好人好事。一个人做一件好事并不难，难的是一辈子做好事。能坚持一辈子做好事的人一定是一个好人。好人有好报，不是不报，是时候不到。为了图报，往往总是不报。做好事，就是做好事，没有为什么。找到了为什么，好事可能就不一定是好事了。所以，请坚信：认定了方向，埋头拉车，坚持数年，必有好报。

秉承不断完善本书，使其越来越美的理念，今年我们又对本书做了如下改进：一是为了更加系统梳理文献，准确把握学科或专题的理论进展和贡献，我们又邀请了中国人民大学区域经济所原所长陈秀山教授、中国人民大学二级教授陈享光、吉林大学经济学院副院长李政教授、辽宁大学经济学院院长谢地教授和副院长王伟光教授、中国人民大学国民经济系副主任丁守海教授等知名专家加入团队，进一步提高了团队的学术层次和水平；二是在其中的几章写作时尝试新的风格，试图增强文章的研究性和学术性，也是一种新的探索。

本书是对2014年中国经济学研究文献的系统梳理。国外最新经济学文献的系统梳理将以其姊妹篇《国外经济学发展报告——国外经济热点前沿（第12辑）》为书另行出版。虽然今年本书的写作团队层次有所提高，并力求使本书的专题写作更加专业化、学术化，但由于我们的水平和对资料的掌握有限，难免有一些相当精彩的观点没有被综述进来，从而使研究成果反映得不够全面，敬请有关专家、学者谅解。同时我们也诚心诚意地欢迎有关专家、学者支持和帮助我们，以使我们的工作越做越好。

参加本书写作的有（按章顺序）：黄泰岩（第一章）；卫兴华、闫盼（第二章）；林木西、赵德起（第三章）；贺洋、张欣、臧旭恒（第四章）；杨志安、吴洋（第五章）；赫国胜、徐明威、张勍（第六章）；陈秀山、李逸飞（第七章）；张培丽、向姝霖、蒋克（第八章）；卫兴华、何召鹏（第九章）；韩毅、金悦（第十章）；丁守海、唐兆涵（第十一章）；方芳、赵彤（第十二章）；张培丽、王琨（第十三章）；黄泰岩、姜伟（第十四章）；谢地、孔晓（第十五章）；王伟光、由雷（第十六章）；陈享光、黄泽清（第十七章）；王厚双、宋春子（第十八章）；李政、薛莹、杨思莹（第十九章）；黄泰岩、王琨（第二十章）。他们分别是来自于中国人民大学、山东大学、吉林大学、辽宁大学的教授、副教授、讲师和博士生等。全书最后由我修改和定稿。

本书的出版，得到了北京市社科基金特别委托项目和北京市社会科学理论著作出版基金的资助。正是有了他们的资助，我国的理论之树才更加根深叶茂。经济科学出版社的吕萍总编辑、财经分社的于海汛副社长，及其同事们为本书又好又快地出版给予了超乎寻常的鼎力支持，在此一并表示衷心的感谢！

黄泰岩

2015年9月于中央民族大学

目 录

总报告：2014年中国经济学发展总体描述

第一章
2014年中国经济研究热点排名与分析 (3)
- 一、2014年中国经济研究前二十大热点 (3)
- 二、2014年中国经济研究热点排名变化 (5)
- 三、2014年中国经济研究热点的主要理论进展 (17)
- 四、中国经济学进一步研究的方向 (22)

分报告一：2014年中国经济学学科发展研究新进展

第二章
政治经济学研究新进展 (27)
- 一、正确认识和适应经济"新常态" (27)
- 二、国有经济的作用与改革方向 (29)
- 三、发展混合所有制经济 (31)
- 四、经济增长与转变发展方式 (34)
- 五、政府与市场关系 (35)
- 六、收入差距扩大的现状、原因和对策 (39)
- 七、政治经济学学科发展 (42)

第三章
国民经济学研究新进展 ……………………………………（45）
  一、中国经济发展 …………………………………………（45）
  二、宏观经济调控 …………………………………………（53）
  三、微观规制改革 …………………………………………（59）

第四章
产业经济学研究新进展 ……………………………………（64）
  一、产业组织理论 …………………………………………（64）
  二、反垄断 …………………………………………………（68）
  三、产业升级与产业转移 …………………………………（71）
  四、产业集聚 ………………………………………………（76）
  五、产业发展 ………………………………………………（78）
  六、研发创新 ………………………………………………（82）

第五章
财政学研究新进展 …………………………………………（87）
  一、积极的财政政策 ………………………………………（87）
  二、财政支出 ………………………………………………（90）
  三、税收体制改革 …………………………………………（95）
  四、地方政府债务与土地财政 ……………………………（99）

第六章
金融学研究新进展 …………………………………………（103）
  一、商业银行风险管理 ……………………………………（103）
  二、影子银行的影响及管理 ………………………………（109）
  三、人民币汇率变动 ………………………………………（113）
  四、货币政策 ………………………………………………（121）
  五、互联网金融 ……………………………………………（126）
  六、资本账户开放 …………………………………………（131）
  七、利率市场化 ……………………………………………（134）

八、民间金融……………………………………………（137）
　　九、存款保险制度………………………………………（139）

第七章
区域经济学研究新进展……………………………………（143）
　　一、区域经济学学科的发展……………………………（143）
　　二、区域经济发展………………………………………（145）
　　三、区域经济政策………………………………………（149）
　　四、区域经济转型………………………………………（155）
　　五、区域经济创新体系…………………………………（158）
　　六、城市化与城市群建设………………………………（160）

第八章
人口资源环境经济学研究新进展…………………………（167）
　　一、人口经济学研究新进展……………………………（167）
　　二、资源经济学研究新进展……………………………（173）
　　三、环境经济学研究的新进展…………………………（180）

第九章
国际经济学研究新进展……………………………………（186）
　　一、国际经济新形势与中国参与全球经济治理………（186）
　　二、国际经济关系中的能源与环境……………………（188）
　　三、对外直接投资………………………………………（190）
　　四、对外贸易……………………………………………（193）

第十章
经济史学研究新进展………………………………………（198）
　　一、经济史理论与方法…………………………………（198）
　　二、历史上的"三农"问题……………………………（203）
　　三、工业、企业史………………………………………（205）
　　四、商业、对外贸易史…………………………………（207）

五、财政、金融史 ·· (210)
六、生态环境与灾害救济史 ······································ (215)

分报告二：2014年中国经济学前十大热点研究新进展

第十一章
经济增长与发展问题研究新进展 ························· (219)
  一、中国经济增长与发展的新特征 ························· (219)
  二、中国经济增长与发展的驱动力 ························· (222)
  三、中国经济增长与发展的调控政策 ····················· (232)

第十二章
资本市场问题研究新进展 ······································ (236)
  一、"新国九条" ·· (236)
  二、资本账户开放 ··· (238)
  三、IPO ··· (239)
  四、影响股价波动的因素 ····································· (242)
  五、上市公司现金股利 ·· (244)
  六、高管薪酬 ··· (246)

第十三章
"三农"问题研究新进展 ······································· (249)
  一、新型城镇化 ·· (249)
  二、农民工 ··· (253)
  三、农村金融 ··· (255)
  四、农民合作社 ·· (258)
  五、粮食安全 ··· (260)

第十四章
收入分配与收入差距问题研究新进展 …………………（263）
  一、劳动收入占比偏低的原因及提高途径 …………………（263）
  二、居民收入差距的形成原因及其调节 ……………………（268）
  三、收入流动性 ……………………………………………（276）
  四、减贫 ……………………………………………………（279）
  五、研究方法 ………………………………………………（282）

第十五章
产业结构与产业政策问题研究新进展 ………………………（285）
  一、产业结构调整 …………………………………………（285）
  二、产业集聚 ………………………………………………（289）
  三、产业转移 ………………………………………………（293）
  四、工业和制造业 …………………………………………（295）
  五、服务业 …………………………………………………（299）
  六、战略性新兴产业 ………………………………………（303）

第十六章
自主创新问题研究新进展 ……………………………………（306）
  一、企业创新 ………………………………………………（306）
  二、区域创新 ………………………………………………（308）
  三、创新绩效的影响因素 …………………………………（309）
  四、提升自主创新的途径 …………………………………（313）

第十七章
货币政策问题研究新进展 ……………………………………（317）
  一、通货膨胀 ………………………………………………（317）
  二、货币供给 ………………………………………………（325）
  三、货币政策传导机制 ……………………………………（326）
  四、货币政策有效性 ………………………………………（329）

第十八章
对外贸易与贸易政策问题研究新进展 …………………… (335)
    一、国际贸易发展概况及其影响因素 ………………………… (335)
    二、国际贸易理论 ……………………………………………… (338)
    三、国际贸易摩擦 ……………………………………………… (339)
    四、中国对外贸易 ……………………………………………… (342)

第十九章
低碳经济问题研究新进展 ………………………………… (352)
    一、经济增长的环境问题 ……………………………………… (352)
    二、发展低碳经济的影响因素 ………………………………… (357)
    三、碳市场交易 ………………………………………………… (363)
    四、碳排放效率 ………………………………………………… (364)
    五、低碳经济转型发展 ………………………………………… (366)

第二十章
区域经济发展研究新进展 ………………………………… (372)
    一、区域经济发展差距及其调节 ……………………………… (372)
    二、区域经济协调发展的三大战略 …………………………… (381)
    三、国际区域经济合作 ………………………………………… (385)

总报告：

2014年中国经济学发展总体描述

第一章 2014年中国经济研究热点排名与分析

2014年是全面深化改革的开局之年，也是中国经济增长下行压力更大的一年。在这样一个特殊背景下，学界对中国经济学的研究体现出了新的特色和进展。

一、2014年中国经济研究前二十大热点

2014年学术期刊统计样本的选取采用了教育部中国社会科学研究评价中心最新公布的2014~2015年CSSCI来源期刊经济学类排名前20名的杂志，然后依据二级学科平衡的需要，选择了作为2014年中国经济研究热点分析的13本统计样本期刊①。由于其他杂志也刊有经济学的文章，为了保证覆盖面，我们又选择了其他4大类即马克思主义类、管理学类、社会科学总论类和高校综合性社科学报类各自排名第一的期刊，组成了共17本统计样本期刊②。由于CSSCI来源期刊排名每两年公布一次，因此2014年的17本样本期刊与2013年的样本期刊完全一样，从而保持了期刊统计样本的稳定性和可比性。

2014年我国专家学者在以上17本样本期刊上发表的全部学术论文（不包括书评和会议报道等）共1816篇，较2013年进一步减少，说明当前主要学术期刊刊发长篇幅文章的特点进一步突出。我们对1816篇文章

---

① 在排名前20的期刊中，依据二级学科平衡需要，保留相同学科的排名靠前的杂志，从而得出经济类的13本样本期刊。

② 在17本样本期刊中，经济类分别为：《经济研究》、《世界经济》、《经济学（季刊）》、《中国工业经济》、《数量经济技术经济研究》、《金融研究》、《中国农村经济》、《经济科学》、《财经研究》、《财贸经济》、《南开经济研究》、《经济理论与经济管理》、《经济学家》；其他类分别为：《中国社会科学》、《管理世界》、《中国人民大学学报》、《马克思主义研究》。

按专题进行分类统计,得出了 2014 年中国经济研究前二十大热点问题(见表 1-1)。它们分别是:(1)经济增长与发展;(2)资本市场;(3)"三农";(4)收入分配与收入差距;(5)产业结构与产业政策;(6)自主创新;(7)货币政策;(8)对外贸易与贸易政策;(9)低碳经济;(10)区域经济发展。排在第 11~20 位的热点问题分别是:(11)经济体制改革;(12)公共经济;(13)财政体制;(14)就业(含失业、创业);(15)消费;(16)资源经济;(17)金融秩序与金融安全;(18)社会保障;(19)企业融资;(20)计量经济。

表 1-1　　2014 年排名及与 2013 年排名相比的新变化

热点	2014 年排名	2013 年排名	变化
经济增长与发展	1	1	未变
资本市场	2	5	上升 3 位
"三农"	3	2	下降 1 位
收入分配与收入差距	4	3	下降 1 位
产业结构与产业政策	5	4	下降 1 位
自主创新	6	7	上升 1 位
货币政策	7	6	下降 1 位
对外贸易与贸易政策	8	8	未变
低碳经济	9	9	未变
区域经济发展	10	11	进入前 10 位
经济体制改革	11	18	上升 7 位
公共经济	12	10	退出前 10 位
财政体制	13	16	上升 3 位
消费	15	11	下降 4 位
社会保障	18	20	上升 2 位
计量经济	20	13	下降 7 位
就业	14	21	新进入前 20 位
资源经济	16	26	新进入前 20 位
金融秩序与金融安全	17	30	新进入前 20 位
企业融资	19	23	新进入前 20 位

续表

热点	2014年排名	2013年排名	变化
人民币汇率	23	14	退出前20位
企业成长	24	15	
公司治理	22	17	
民营经济与家族企业	39	19	

二、2014年中国经济研究热点排名变化

2014年我国经济发展进入"新常态"。从"旧常态"向"新常态"转变的主要特征表现在：一是双目标，即从高速增长转向中高速增长；产业从低端迈向中高端。二是双动力，即技术创新驱动和制度创新驱动，简称创新驱动经济发展。三是双协调，即实现城乡协调发展，重点推进新型城镇化；实现区域协调发展，重点推进"三大战略"。四是双适应，即经济发展要适应人口资源环境的约束；经济发展要适应民生的诉求。五是双结合，即宏观政策稳定性与灵活性的结合；微观放活与管好的结合。在中国经济进入新常态的新的历史起点上，认识新常态、适应新常态、引领新常态就必然成为2014年中国经济学研究的主基调，从而也就决定了2014年中国经济研究热点排名变化的新特点。在前二十大热点中，经济增长与发展和产业结构与产业政策体现的是双目标；自主创新和经济体制改革体现的是双动力；"三农"和区域经济发展体现的是双协调；低碳经济、资源经济、就业、收入分配与收入差距、社会保障、消费体现的是双适应；货币政策、财政体制、公共经济、金融秩序与金融安全、资本市场、企业融资体现的是双结合。具体表现在：

1. 经济增长与发展继续高居榜首

从"旧常态"向"新常态"的转变，最突出的标志就是经济增长速度从高速增长转为中高速增长。何为中高速增长？中国经济能否实现中高速增长？中国经济能实现多长时间的中高速增长？等等一系列问题，都需要学者们在进入新常态的起点上做出科学的回答。因此，经济增长与发展

继续高居榜首,就在情理之中。这具体体现在:一是 2008 年美国次贷危机引发的世界金融危机,重创了世界经济,深度调整至今仍然复苏乏力和不确定。我国虽然采取了积极财政政策和货币政策加以应对,但经济下行的压力不断加大,经济增长速度从 2007 年 14.2% 的高点一直下行到 2015 年一季度的 7%,出现了腰斩!从 2015 年经济运行的总体情况来看,经济下行的压力还在加大,中国经济是否还会继续下行,引起了国内外人们的担忧,如美国学者沈大伟 2015 年 3 月 6 日预言:中国经济已经开始崩溃,而且不会是"和平的崩溃",这个过程是"长期的、复杂的、暴力的"。这就需要学者们对中国经济能否实现中高速增长做出科学的判断,对中国经济崩溃论做出有理有据的回应,这也是我国增强理论自信、道路自信、制度自信的需要。二是中国经济增长将从过去 30 年近 10% 的速度下调,已成为学界的共识,但增长速度下调到什么位置,仍是学者们争论的重点,这也是中国经济进入中高速增长新常态必须要界定清楚的问题。从日本、韩国等实现经济高速增长经济体的发展经验来看,他们在实现了近 30 年 9% 以上的高速增长之后,都进入到了近 20 年 4%~6% 的中速增长阶段。中国经济在书写了 35 年近 10% 高速增长的辉煌之后,是否会重复日本、韩国等经济体当年的故事,就成为学者们当下必须回答的首要问题。既然日本、韩国等经济体高速增长后实现的 4%~6% 的经济增长被界定为中速增长,那么,我国提出的中高速增长就至少应该保持在 6% 以上。①同时还应看到,我国毕竟是不同于日本、韩国的人口大国,这就需要依据我国的具体国情找到我国经济增长不能滑出的底线。按照稳增长就是为了保就业的逻辑,我国要实现比较充分就业的经济增长下限就一定会是高于 6% 的增长速度,这也是将 2015 年经济增长速度确定为 7% 左右的原因。三是随着我国经济进入新常态,宏观调控也随之走向科学的宏观调控,其中一个重要的特征就是对经济增长速度的宏观调控从以往"保 8"的点调控转向了保持经济增长在合理区间的"区间调控",这就需要确定实现中高速增长的合理区间。四是我国经济进入新常态,既然是"常态",就不应是短期的,而是长期的概念,那么这就需要学者们回答中国经济的中高速增长能够持续多长时间,这就需要解决中高速增长的空间、新的增长点、新的增长动力,以及支撑中高速增长的资源、环境等条件。

---

① 日本、韩国等经济体在工业化时期均实现了 30 年左右的 9%~10% 以上的高速增长,随后转入 4%~6% 的增长阶段,被认为进入中速增长阶段。

2. 经济体制改革大幅上升，距进入前十大热点问题仅一步之遥

经济体制改革从 2013 年的第 18 位上升到 2014 年的第 11 位，跃升 7 位。从 2003 年以来的历次排位高低来看，只有 2008 年由于纪念改革开放 30 周年，经济体制改革问题排到第 9 位的历史最高位，2014 年的排位仅以两位之差屈居历史第 2 位。2014 年经济体制改革问题再回新高的根本原因在于：2013 年 11 月，党的十八届三中全会通过了《中共中央关于全面深化改革若干重大问题的决定》，这就使 2014 年成为全面深化改革的开局之年。同时，随着中国经济进入新常态，就需要形成与之相适应的新体制、新机制，为经济新常态提供新动力、新活力。具体体现在：一是新一轮改革需要新的改革理论指导。新一轮改革与以往历次改革最大的不同在于，一方面经过 30 多年的改革开放，我国改革已进入深水区和攻坚期，容易的、皆大欢喜的改革已经完成了，好吃的肉都吃掉了，剩下的都是难啃的硬骨头，这就需要进一步解放思想，提出新理论，拿出新举措；另一方面这一轮改革是涉及经济、政治、社会、文化、生态等全面的改革，这就突破了原有在经济框架中研究经济体制改革的传统思维，上升到从经济与政治、社会、文化、生态的相互联系和相互作用中探寻经济体制改革的新规律。二是新一轮改革是实现中高速增长新目标的关键一招。改革开放以来，我国经济增长形成了三个完整的经济周期，当我们把这三个经济周期与前三个中共中央关于经济体制改革决定的酝酿和出台联系起来考察时就会发现①，每一轮改革的启动都是发生在经济进入调整和谷底阶段。这是因为，改革是利益关系的重新调整，并不是所有的人都希望改革。但当不改革就无法发展，不发展各种社会矛盾就会凸显，甚至激化时，改革就容易达成共识，并向前推进。所以，经济周期孕育了改革周期，改革周期促成了经济周期，二者互为因果。2014 年作为全面深化改革的开局之年，新一轮"改革红利"就开始显现。据统计，2014 年，新登记注册市场主体达到 1293 万户，其中新登记注册企业增长 45.9%，形成新的创业热潮。② 从历史经验来看，1992 年和 2002 年私营企业开户数都在中共中央关于经济体制改革决定出台前后出现一个高峰期，随后是 5 年的经济繁荣。自 2008 年进入经济调整以来已经经历了 6 个年头，迫切需要改革这

---

① 参见黄泰岩：《中国经济的第三次动力转型》，载《经济学动态》2014 年第 2 期。
② 资料来源：《2015 年政府工作报告》。

个"点火器"。三是新一轮改革需要新动力。新一轮改革的主要任务是全面清理审批事项,构建负面清单管理模式,切实为市场主体松绑。为此,就需要政府制定权利清单、责任清单和负面清单。因此,新一轮改革的突出特色是加快政府体制改革和政府职能转变。但是,以往我国经济体制改革的突出特征是政府主导型或政府推动型的,如今让政府推动政府自身的改革,从而自己革自己的命是相当困难的,这需要具有巨大的改革勇气和敢于做出巨大的权力和利益牺牲。显然,这就需要寻求新时期全面深化改革的新动力。但这个新动力必须是完善的社会主义市场经济体制内生的,因为单纯依靠外在的力量是不可能推动改革成功的。

3. 区域经济发展再次进入前十

2009 年以来,区域经济发展问题都是在第 10 位和第 11 位之间徘徊,2014 年再次回到第 10 位,主要原因在于:区域经济协调发展,为实现中高速增长提供了新的空间和增长点,如从东、中、西三大区域差距来看,中、西部的发展潜力巨大。① 中部和东北相当于东部的 3/4,西部不到东部的 2/3;从全面小康指标的实现程度来看,西部仅相当于东部的 80%,大约晚 7 年左右。② 加快中、西部和东北地区的发展,即使达到目前东部发达地区的水平,也将支撑我国 10 年左右的快速发展。在经济发展新常态下,区域经济协调发展的核心思想是,在继续实施东部率先发展、中部崛起、西部大开发和东北振兴"四大板块"基础上,重点推进"三大战略",具体体现在:一是推进京津冀协同发展。改革开放以来,我国逐步形成了珠三角、长三角和京津冀三大经济圈。三大经济圈中的城市群总人口约占全国的 18%,GDP 占全国总量的 36%,为高速增长做出了重要贡献。③ 但是三大经济圈的人口集聚和产业集聚与美国和日本三大经济圈相比仍存在较大差距,二者人口和 GDP 占全国的比重分别为 33%、68% 和 50.2%、70%。④ 这意味着在市场对资源配置起决定性作用的新体制下,我国的人口和产业会继续向三大经济圈中的城市群集聚。在三大经济圈中,京津冀经济圈的人口集聚和产业集聚相对于珠三角和长三角经济圈而

---

① 李建平、李闽榕、高燕京:《中国省域竞争力蓝皮书:中国省域经济综合竞争力发展报告(2011~2012)》,社会科学文献出版社 2013 年版。
② 国家统计局:《中国全面建设小康社会进程统计监测报告(2011)》。
③ 资料来源:《国家新型城镇化规划(2014~2020 年)》。
④ 牛文元:《中国城市发展报告(2002~2003)》,商务印书馆 2004 年版。

言显然是滞后的，珠三角的国土面积只有5.48万平方公里，但却集聚了5700万人口，4.8万亿元的GDP；长三角的国土面积为11万平方公里，集聚了1亿人口，9万亿元的GDP；京津冀的国土面积也达到18.27万平方公里，但却只有8700万人口，5.2万亿元的GDP。[①] 如果从首都经济圈的视角来看，京津冀的发展空间更加巨大，如东京经济圈的国土面积小于北京市，但集聚的人口却达到4300多万，多于北京的2100多万；GDP占全日本的37.5%以上，而北京市占全国的比重达不到日本的零头。[②] 因此，探寻京津冀协调发展的模式和道路，就成为当前学界的一个迫切任务。二是推进长江经济带建设。美国和日本的人口和产业虽然主要向三大经济圈集聚，但我国却是一个地域和人口大国，虽然需要继续发展三大经济圈，但是否需要谋划第四经济圈，甚至第五经济圈，以支撑我国经济未来10~20年的快速健康发展，实现中国几代人梦寐以求的工业化、现代化，这就需要做出理论和实践上的探索。长江经济带战略的推出，就是探索长江中游城市群发展，构建中三角经济圈或第四增长极的积极行动，具有突破发达国家区域发展模式的理论价值和实践价值，值得学界做出深入的研究，而且中三角经济圈的实验取得成功，就可以向西三角经济圈、东北三角经济圈复制，形成沿海三大经济圈、中西部三个次级经济圈的区域发展格局。三是推进"一带一路"建设。"一带一路"建设，谋划出了我国新常态下高水平全方位对外开放的新格局。我国过去30多年的对外开放，从区域来看，主要是沿海地区的对外开放；从开放国家来看，主要是对发达国家的开放；从资金流来看，主要是单向的流入我国。在中国经济日益融入世界经济的大背景下，中国的对外开放必须是全方位的对外开放，这一方面可以为中西部地区发展提供新的空间和动力；另一方面可以使中国经济摆脱对发达国家资源和市场的过度依赖，开拓发展中国家和新兴市场国家的新市场和新资源。"一带一路"建设虽然可以借鉴过去30年沿海开放的经验，但是，这毕竟是不同于沿海开放的沿边开放，是对发展中国家的开放，是资金的双向流动，而且更多的是"走出去"，因而具有自身的特殊规律，这就需要学者们站在商品、资本、劳动等要素双向大流动的新视域中揭示"一带一路"建设的新模式和新道路。

---

① 转引自：《三大城市群（珠三角、京津冀、长三角）对比》，珠江三角洲全域规划网站，2014年，http://www.gdupi.com/prd2014/productshow.asp?id=90。
② 参见刘瑞、伍琴：《首都经济圈八大经济形态的比较与启示》，载《经济理论与经济管理》2015年第1期。

4. 自主创新的地位日益突出

自我国 2006 年提出构建创新型国家以来，自主创新一直是学者们关注的热点问题，而且近几年来对其关注度保持在第 6 位和第 7 位，2014 年比 2013 年上升 1 位，达到历史最高。自主创新地位凸显的原因在于：自主创新是实现经济发展新常态的强大动力和唯一途径，可以说，自主创新能力强，中国则胜；自主创新能力弱，中国则乱。具体体现在：一是自主创新是决定能否跨越"中等收入陷阱"的关键。从跨越和陷入"中等收入陷阱"国家的经验来看，是否依靠技术创新驱动经济发展是造成不同国家不同发展结果的根本原因。据诺贝尔奖得主麦克·斯宾塞领导的增长委员会的研究，第二次世界大战以后，有 13 个经济体充分利用后发优势实现技术创新和产业升级，推动了 7% 以上的经济增长达 25 年之久，[1] 成功地跨越了"中等收入陷阱"，进入高收入经济体。相反，陷入"中等收入陷阱"国家的技术进步则非常缓慢，从研发经费占 GDP 的比重来看，从 1996~2009 年的 10 多年间，阿根廷徘徊在 0.4%~0.6% 之间，墨西哥徘徊在 0.3%~0.4% 之间，马来西亚徘徊在 0.2%~0.7% 之间，没有发生质的飞跃。[2] 二是自主创新是实现中高速增长目标的关键。我国经济下行压力加大的一个主要原因就是经济增长受到人口资源环境的硬约束，而突破约束的唯一途径就是推进技术创新。例如，美国通过技术进步使人工成本相对下降，实施再工业化带来了产业的回流；又如，2009 年我国单位 GDP 能耗是美国的 2.9 倍、日本的 4.9 倍、欧盟的 4.3 倍，世界平均水平的 2.3 倍[3]，这意味着我国通过技术进步完全可以做到在能源消耗不增加的情况下实现 GDP 总量的倍增；再如，在近五年中，经合组织成员国经济增长了近 7%，而碳排放却减少了 4%[4]，这意味着我国通过技术进步可以实现经济增长与碳排放减少的并行不悖。三是自主创新是产业迈向中高端水平的关键。产业迈向中高端水平，需要完成改造传统产业、发展服务业和打造新兴战略产业三大任务，而这都离不开技术创新。例如，据韩国《2012 年度技术水平评价》显示，2012 年韩中之间的国家战略技术水平差

---

[1] 林毅夫：《中国的增长奇迹是否可持续?》，载《参考消息》2014 年 12 月 12 日。
[2] 资料来源：世界银行数据库。
[3] 资料转引自霍建国：《近看中国外贸》，2011 年，http://www.npc.gov.cn/npc/zgrdzz/2011-11/29/content_1680808.htm。
[4] 《英媒称 2014 年碳排放停止上升：中国减排功不可没》，参考消息网，2015 年 3 月 15 日，http://science.cankaoxiaoxi.com/bd/20150315/705074.shtml。

距为1.9年,而韩国与美国相比,则落后4.7年,二者相加,我国落后美国6.6年。① 这种技术上的差距,体现在产业上差距就相当显著,如从参与iphone生产各国的利润分成可以看出,技术的落后决定了我国处在产业分工的低端,在全部的利润中,美国占49.4%,日本占34%,韩国占13%,而我国则不足4%。② 虽然自主创新对我国进入经济发展新常态如此重要,但在新常态下,自主创新却遇到了必须寻求突破的新瓶颈。这就是:经过30多年的学习、引进、消化、吸收,我国的技术水平与发达国家的差距不断缩小,如韩国《2012年度技术水平评价》显示,韩中之间的国家战略技术水平差距从2010年的2.5年缩短到2012年的1.9年。③这造成一方面发达国家为了遏制中国,开始阻止对中国的技术出口;另一方面中国技术进步所缺乏的核心技术和关键技术已不可能靠学习和引进。这就迫使我国的技术进步必须从学习引进型向自主创新型转变,因而需要学者们给出技术进步的理论指导和政策建议。

5. 资本市场再度雄起

资本市场自2003年以来一直排在热点的第1位或第2位,仅在2013年意外跌到第5位,2014年重返第2位。资本市场的再度雄起,从根本上说得益于新一轮改革的"制度红利",具体体现在:一是2013年11月推出的《中共中央关于全面深化改革若干重大问题的决定》以较大篇幅对资本市场改革进行了顶层设计,指出了改革的方向和路线图,引起了学者们对健全多层次资本市场体系、推进股票发行注册制改革、多渠道推动股权融资、推动资本市场双向开放等改革措施如何落地进行深入研究。二是为贯彻落实《中共中央关于全面深化改革若干重大问题的决定》,2014年5月国务院印发了《关于进一步促进资本市场健康发展的若干意见》,这为资本市场的健康发展奠定了坚实的制度基础。从历史经验来看,2004年1月老"国九条"的出台,就为当时资本市场的改革发展提供了制度条件,带来了巨大的政策红利,A股由此进入了牛市通道。此次新"国九条"的面世,是否会奠定股市未来牛市的制度基础引起了学者们的关注。三是沪

---

①③ 未来创造科学部与韩国科学技术评价院(KISTEP):《2012年度技术水平评价》,韩联网,http://chinese.yonhapnews.co.kr/domestic/2013/08/12/0402000000ACK20130812002200881.HTML。

② 《商务部官员:iphone利润分成中国占比不足4%》,2013年7月17日,中国新闻网,http://www.chinanews.com/gn/2013/07-17/5052692.shtml。

港通的开闸推进了我国资本市场的对外开放，为我国资本市场注入了新的活力与生机，有助于中国资本市场长期健康的发展。这是因为，我国股票市场与作为国际上比较成熟市场的香港股票市场的对接，必将会推动我国资本市场的制度、规则、理念、文化、监管等方面的深化改革，走向国际化、标准化、合理化的发展轨道。我国股票市场从2014年第三季度开始由熊转牛，而且牛市持续至今，应该就是这一轮改革的"制度红利"。如果将其置于改革周期与经济周期的互动关系框架中加以理解，这是否意味着新一轮改革启动的新一轮发展周期即将到来。对此，我们将1990年以来上证指数收盘价平均值与同期经济增长率进行比较发现（见图1），在2005年实行股权分置改革之前，收盘价平均值与同期经济增长率不相关；股权分置改革之后，收盘价平均值与同期经济增长率变动表现出高度的一致。由此推论，我国资本市场表现出的改革红利应该扩展到经济增长的改革红利，股票市场的牛市应该是新一轮快速经济增长的先导，至少可以证明人们对未来充满了信心。

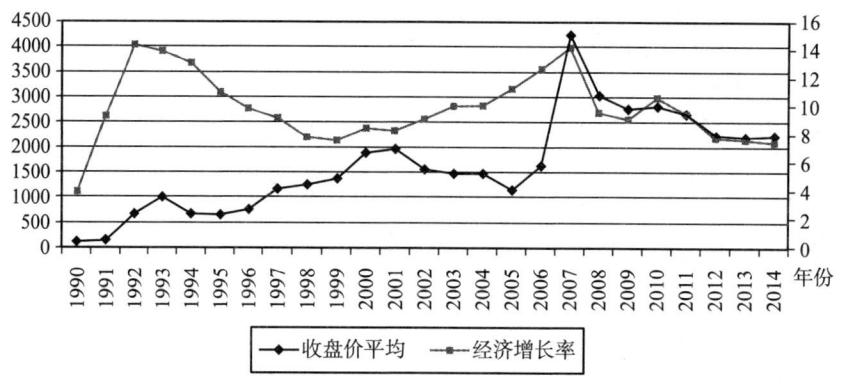

图1 上证指数变动与经济增长率变动的关系

资料来源：年度上证指数为每日上证指数收盘价平均值，经济增长率为国家统计局公布数据。

6. 就业大幅上升再次进入前二十

就业问题从2013年的第21位大幅上升到2014年的第14位，已经接近2007年第12位的历史最高。就业问题之所以备受关注，主要是与经济发展进入新常态密切相关，可以说，随着经济进入新常态，就业的压力会日益加大，甚至在今后几年中有可能加速爆发。具体体现在：一是随着经济增长从高速增长转向中高速增长，在其他条件不变的情况下，经济增长创造的就业岗位就会随之减少，就业的压力就会增大。从这个意义上说，在新常态下，经济增长可以降速，但绝不允许失速。因此，经济增长率合理区间的下限，就要由失业率的上限来决定。我国是一个发展中的人口大国，就业压力巨大，而就业又是最大的民生，为了确保实现比较充分的就业，就需要一个最基本的经济增长速度，稳增长就是为了保就业。二是随着产业迈向中高端水平，一方面会对高素质和高技能劳动力形成需求，排出低技能的劳动力，造成结构性失业的增加；另一方面会通过技术进步和提高劳动生产率，直接减少对劳动力的需求，造成总失业人口的增加。这意味着经济转型越快，对就业的压力越大。三是随着人工成本的上升，一方面一些劳动密集型企业就会向海外转移或选择关闭，造成劳动就业岗位的减少；另一方面人工成本一旦超越临界值，企业就会选择用机器替代劳动，近几年我国机器人产业年均增长20%以上就是明显的证明。① 四是随着资源环境约束的硬化，一些高消耗、高污染的企业会被强制关停，造成就业岗位的减少。如何缓解经济转型对就业的巨大压力，学者们从两个视角给出了建议：一是大力发展服务业，服务业每增长1个百分点，就可以创造100万个新就业岗位②，远远高于制造业创造的就业岗位；二是推动大众创业、万众创新，用创新带动创业，用创业扩大就业。这两个渠道本身又可以推动经济转型，从而形成经济转型与增加就业的良性循环。

7. 资源经济成为年度上升幅度最大的热点问题

资源经济从2013年的第26位跃升到2014年的第16位，以上升10位的幅度夺得年度上升最快冠军。习近平在2014年4月会见欧盟主席时明确讲到：中国是世界上最大的发展中国家，至少还有10~20年的快速发展机遇期。从工业化、城市化、区域发展等视角来看，我国完全有空间再实现10~20年的快速发展，但是，我国的资源条件还能支撑10~20年的中高速增长吗？这是学者们讨论的一个焦点问题。具体体现在：一是支撑

---

① 《中国机器人产业发展现状与机遇分析》，中国机器人网，http://www.robot-china.com/news/201405/16/10336.html。
② 《迟福林：服务业将成主导健康市场前景好》，中国改革论坛，http://www.chinareform.org.cn/people/c/chifulin/media/201412/t20141201_212974.htm。

中高速增长的能源存在缺口。2013年全国一次能源消耗折37.5亿吨标准煤,消耗了世界22%的能源。① 根据BP最近发布的《2035世界能源展望预测》显示,我国能源生产的总产量到2035年将增加47%,消费量增加60%;我国在全球能源需求中的比重将从目前的22%升至2035年的26%,存在巨大的能源缺口,因而我国到2035年将超过欧洲,成为世界上最大的能源进口国,进口依存度从15%升至23%。② 二是支撑中高速增长的矿产资源存在缺口。2012年我国经济总量占世界的比重为11.6%,但却消耗了全世界54%的水泥、45%的钢。③ 我国铁矿石的对外依存度将超过80%。④ 三是支撑中高速增长的水资源存在缺口。根据麦肯锡研究报告预测:我国2030年水资源需求量将达到8180亿立方米,与国家规划确定的供给量相比存在较大的缺口,而且工业化和水污染会使中国21%的地表水资源无法运用于农业和生活,因而考虑水源质量,供需缺口更为严重。⑤ 四是我国的粮食安全也面临巨大压力。虽然我国粮食生产实现"十一连增",但粮食自给率却出现连年下降,2014年粮食自给率已降至87%。我国不能因为资源的约束,放弃工业化、城市化和现代化,因而如何确保实现中高速增长的资源支撑,迫切需要学者们在深入研究基础上拿出切实可行的政策建议。

8. 金融秩序与金融安全排位创历史最高

金融秩序与金融安全问题在2005年排在第41位,之后位次不断升高,2011年达到第18位,2014年进一步上升到第17位。金融秩序与金融安全问题关注度的提高,与我国经济进入新常态主动下调经济增长速度密切相关,具体体现在:一是随着经济增速的下行,以及加快推进经济转型升级,一些企业经营困难甚至倒闭,造成不良贷款累积和金融风险增加。二是随着房地产行业的深度调整,房地产的直接贷款,以及以地产做抵押而获得的贷款出现巨大的金融安全问题,据测算这方面的贷款占到银

---

① 《〈中国能源发展报告2014〉在京发布》,中国储能网,http://www.escn.com.cn/news/show-137794.html。
② 《BP2035世界能源展望——中国专题》,http://www.bp.com/content/dam/bp-country/zh_cn/Download_PDF/EnergyOutlook2035/《BP2035世界能源展望》-%20中国专题.pdf。
③ 资料来源:《国务院关于节能减排工作情况的报告》。
④ 《中钢协:内地铁矿石对外依存度将逾80%》,证券时报网,2015年4月29日,http://stock.stcn.com/common/finalpage/edNews/2015/20150429/483635647634.shtml。
⑤ 参见张培丽:《我国水资源能否支撑中高速经济增长》,载《经济学动态》2015年第5期。

行贷款的 40% 以上。① 三是随着经济增速的下行，影子银行带来的金融风险凸显。根据奥纬咨询公司的数据：2013 年中国影子银行规模在 31 万亿元人民币，不良贷款率估算在 10%（基准情景）至 23.9%（灾难情景）。其中约有 22% ~ 44% 的影子银行不良贷款会转移至商业银行体系，进而导致银行不良贷款率最多提高 1.8%（基准情景）至 4.3%（灾难情景）。另据银监会的数据，2014 年年末我国银行业金融机构不良贷款率为 1.64%；商业银行不良贷款率 1.29%。影子银行将使商业银行不良贷款率提升至 3.09% ~ 5.59%。② 2008 年美国次贷危机引发的世界金融危机至今还没有摆脱，我国金融安全存在的隐患就必然引起学者们的高度关注。

9. 企业融资再度引起关注

企业融资 2009 年开始进入学界的研究视野，但排名一直比较靠后，2012 年的排名从 2011 年的第 58 位直接跃升至第 20 位，2013 年又下降至第 23 位，2014 年回升到第 19 位，创历史排位最高。上海新沪商联合会与零点研究咨询集团发布的《2014 中国民营企业发展指数》显示：融资难、人工成本上升和行业内无序竞争是民营企业发展面临的三大困境，其中 51% 的受访者认为融资难是民营企业成长的最大困境。该报告还显示，对于经济危机下的政策扶持，仅 30.7% 的民营企业家认可利好作用，因而有超过六成的受访企业家认为，"政府应该为企业发展困境负主要责任"。③ 造成这种现象的主要原因在于：我国经济在经过 30 多年近 10% 的高速增长后，进入了经济增速换挡期、经济转型阵痛期和前期政策消化期"三期"叠加的发展新阶段，从而对企业融资带来了更加不利的宏观环境，特别是为了化解前期我国为应对 2008 年世界金融危机而采取积极财政政策和货币政策逐步累积和显露的地方政府性债务、影子银行、房地产等领域的风险，就不得不采取去杠杆、去泡沫的宏观调控措施，在经济下行压力加大的情况下仍保持稳健的货币政策，这也是企业普遍感到目前比 2008 年还困难的原因所在。如何在稳健货币政

---

① 《惠誉：抵押增多令房地产风险成中资银行最大弱点》，华尔街见闻，2015 年 5 月 8 日，http://wallstreetcn.com/node/217824。

② 胡群：《影子银行或致银行不良率上升至 5.59%》，经济观察网，2015 年 2 月 7 日，http://www.eeo.com.cn/2015/0207/272338.shtml。

③ 上海新沪商联合会、零点研究咨询集团：《2014 中国民营企业发展指数》，上海社会科学院出版社 2014 年版。

策的背景下寻求企业，特别是中小微企业的融资通道，考验着中国经济学人的智慧。

10. 财政体制又重回高位

财政体制问题自 2006 年以来一直保持在前二十位，2012 年达到第 12 位的历史最高，2014 年从 2013 年的第 16 位重回第 13 位的高位。财政体制再度引起关注的原因主要在于：经济发展新常态需要形成与之相适应的新的财政体制，具体体现在：一是新一轮改革的核心是要处理好政府与市场的关系，改革的主要方向就是要大幅度减少政府对资源的直接配置，推动资源配置依据市场规则、市场价格、市场竞争实现效益最大化和效率最优化。2014 年国务院共召开了 40 次常务会议，其中有 21 次部署了"简政放权"。这就要求财政体制向公共财政体制转变，2014 年我国财政用于民生的支出比例达到 70% 以上，就是要将民生底线兜住兜牢。二是随着简政放权，就需要处理好中央与地方的财政体制问题。目前我国地方财政债务负担沉重，还债能力弱，隐藏着巨大的地方债务风险。根据审计署公布数据，截至 2013 年 6 月底，我国地方债务规模超过 20 万亿元。而根据 2013 年数据计算，地方政府收入对土地和房地产的依赖度超过了 56%（见图 2），全国有 23 个省份最少的也有 1/5 债务靠卖地偿还。[①] 在房地产市场深度调整的情况下，地方政府还债能力大打折扣。在这种情况下，如果不改革中央与地方的财政体制体制，简单地将中央权力下放给地方，地方政府将难以承担起应担当的职责，甚至可能导致企业办事比以前更难、成本更高。三是在现行的财政体制下，企业和消费者的税负过高，不利于营造大众创业、万众创新的宏观环境。据估算，综合考虑税收、政府性基金、各项收费和社保金等项目后的税负达 40% 左右，而 OECD 国家的平均宏观税负水平约为 24% ~ 27%，日本、韩国和美国的宏观税负相对较低，大约在 20% 左右。[②] 在财政收入增长放缓，财政支出压力加大的背景下，如何推进财政体制改革，迫切需要学者们拿出破解的创新性思路与政策。

[①]《各省份土地财政依赖度排名：浙江最高》，人民网—中国经济周刊，2014 年 4 月 15 日，http：//politics.people.com.cn/n/2014/0415/c1001 - 24896100.html。

[②]《财政部报告：企业综合税负达 40%》，每经网，2013 年 7 月 25 日，http：//www.nbd.com.cn/articles/2013 - 07 - 25/760984.html？bsh_bid = 264713087。

第一章 2014年中国经济研究热点排名与分析

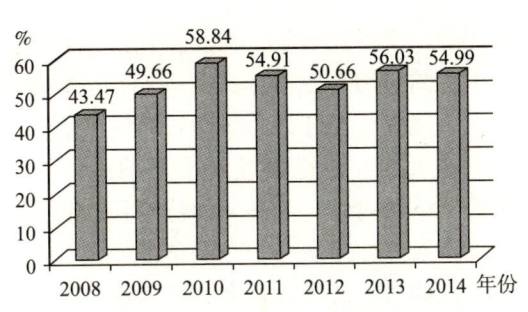

图2 全国房地产相关收入占地方财政收入比重

资料来源：根据财政部公布的税收、国有土地使用权出让收入和地方财政收入数据计算。

三、2014年中国经济研究热点的主要理论进展

相对于2013年的中国经济学研究进展，2014年学者们对前十大经济热点的理论研究在以下几个方面又取得了新进展：

第一，经济增长与发展的主要研究进展。与经济新常态相对应，学界对经济增长与发展研究进展突出表现在：（1）从潜在增长率角度深入探讨经济减速的根本原因，从理论上对经济进入新常态做出解释。学者们基本达成共识认为，潜在增长率下降引起了当前经济减速，并从不同侧面论述了潜在增长率下降的原因。具体有：一是认为2010年以来我国劳动年龄人口发生根本性变化，人口红利消失，潜在增长率下降；二是认为资本存量增速下降是潜在增长率下降的主要原因；三是认为除上述两个方面的原因外，"干中学"技术进步效应消退和全社会劳动生产率下降等也造成了潜在增长率下降。（2）强调未来政策取向应以供给管理为主，为新常态的宏观调控定调。与潜在增长率带来经济减速相适应，学者们普遍认为，继续从需求侧调控经济将会使得实际经济增长率超过潜在增长率，加剧产能过剩，并可能引发通货膨胀，应转向供给管理为主，创造潜在增长率提高的条件。具体包括：一是强调深化改革，以改革红利促进潜在增长率提高；二是强调推进第三次动力系统转型，主要依靠供给推动经济增长；三是强调通过生育政策、延迟退休、提高劳动参与率和人力资本水平等人口政策调整，提高未来潜在增长率；四是强调提高教育水平，促进人力资本积累的重要性；五是强调了提高资源配置和资本积累效率，提高劳动生产率；六是强调创新驱动和产业结构调整，提高经济质量。（3）构建经济增

长质量评估体系并评估经济增长质量，为加快经济发展方式转变提供理论支持。学者们突破了之前运用全要素生产率（TFP）等表示经济发展质量的分析框架，开始探索能够全面评估经济增长质量的方法，以准确判断我国的经济增长质量。主要有：一是将微观层面纳入经济增长质量分析框架，拓展了经济增长质量的内涵；二是从经济增长质量的内涵出发，构建了多样化的经济增长质量评估体系。一方面学者们继续从宏观角度完善经济增长质量评估体系，如从经济增长效率、结构优化、经济增长成果的可分享性和经济增长的环境代价四个方面测度经济增长质量；另一方面将微观层面的因素纳入经济增长质量评价体系，如将产品标准能力、投入要素质量、经济活动过程质量等纳入评价体系。三是对当前经济增长质量进行评估，但得到的结果存在较大分歧。一种观点认为，经济增长质量与经济增长水平之间并非简单的线性关系，而是呈现倒"U"型关系，测算结果发现，西部经济增长质量指数要远高于东中部地区。另一种观点认为，我国经济增长质量自2000年以来有了很大提升，2012年经济增长质量相对于2000年增长了118%。有的学者甚至认为，中国增长质量的各主要指标，如投资效率、劳动生产率增长，TFP增长、技术进步、能源效率、消费增长等，都非常优秀，超过了其他国家各个时期的水平，认为中国经济是"高投资、高效率、高技术进步"和"低能耗"的高质量增长，其结果是GDP和消费同步高速增长，从而反驳了认为我国经济增长是粗放型增长的流行认识。

第二，资本市场的主要研究进展。主要表现在：（1）随着2014年重启IPO，学者们重点深化了IPO效率研究。具体有：一是将询价机构报价中意见分歧、董事会经历等纳入IPO定价研究框架，认为媒体报道、重大风险提示、券商背景风险投资等均能在一定程度上降低IPO抑价，提高IPO定价效率；二是从投资者保护、双重保荐制度、国有企业改制等角度，构建了IPO资源配置效率分析框架，为进一步完善新股发行制度、稳定资本市场提供了理论依据。其中，投资者保护通过有效降低寻租，高声誉保荐机构通过提高企业过会概率，有效提高了IPO的资源配置效率。然而，对政策性负担处置不彻底企业给予更高融资规模的国有企业改制则有损IPO资源配置效率。（2）完善了股价波动分析框架。一是将融资融券纳入研究框架，对降低标的证券股价特质性波动和矫正高估股价，提高市场定价效率给予了肯定，然而由于融资融券制度实施时间较短，还有待于时间的检验。二是从宏观经济、投资者、股权分置改革和收入不平等的新视角,探讨了股价波动性的影响机制,丰富了股价决定理论,为稳定股票市场提供了理论基础。其中,宏观经济基本面、机构投资者、股权分置改革和透明度都有助于降低股市波动;收入不平等程度增加将导致股市波动加剧。(3)从行为金融学视角研究投资者行为。一是从投资者理性程度、信息获取能力等层面考察了投资者行为,在肯定投资者具有信息获取和风险识别能力的同时,也关注了投资者的股市赌博动机、投资者非持续性过度自信等非理性行为;二是将投资者情绪、异质信念、股利偏好等投资者行为纳入资本市场研究框架,考察了其对国家产业政策、投资者权益和基金溢价等的影响,为监管层引导投资者行为提供了理论基础。

第三,"三农"问题研究进展。主要表现在:(1)拓展和深化城市化质量研究。一是将财政体制因素纳入城市化质量分析框架,从地方政府土地财政对空间城镇化和人口城镇化推动力度差异,以及省级承包式分税制造成地方利益分割的刚性,深入探究造成城市化失衡和扭曲的原因。二是从地区资源配置、户籍身份福利和政府调控失效等新角度,重点探讨了城市化发展中的城市规模格局,基本得出了控制大城市规模,发展城市群、以发展中型城市为主体,以及缩小不同规模城市经济社会发展水平的未来城市化发展路径。(2)扩展农民工研究。一是将多维贫困、农民工生命价值、农民工疲惫感、医疗保险、父母健康和生活满意度等新因素纳入农民工城市融入度评估,提出了通过完善工会制度、城市医疗保险制度,以及改善预防性保障等提高农民工城市融入度,为加快农民市民化提供了理论依据;二是将人力资本概念纳入农民工劳动供给分析框架,从农民工数量供给扩展到质量供给,提出了通过提高劳动生产率,挖掘第二次人口红利,提高农民工供给质量。(3)突破了就农村土地制度谈农村土地制度的分析框架,从农村土地经营权抵押等新角度探讨农地财产属性,将农村土地制度改革纳入农村金融范畴探讨农地的资产化和金融化。

第四,收入分配与收入差距研究进展。主要表现在:(1)将研究视野拓展至农村收入不平等增加了收入差距研究的层次性。一是从适应性角度和区域角度分析了农村居民收入差距的现状和变动趋势,发现当前农村居民收入差距超出了合理界限,省际农村居民呈现双峰锁定式俱乐部趋同;二是从人力资本、人口老龄化、农村金融抑制等角度探讨了农民内部收入不平等的影响因素,资本和人力资本积累、人口老龄化、县域农村金融抑制都加剧了农民收入不平等,这为加快农村教育发展和农村经济转型,缩小农民收入不平等提供了理论依据。(2)深化了收入流动性研究。一是将居民收入流动性研究从静态推向动态，测算了我国居民收入流动性中结构性因素的调整周期约为12.25年左右[①]；二是从家庭经济状况、职业和工作经验差别等角度深入考察了收入的代际流动，强调了教育和人力资本对代际流动性的重要性，提出了通过增加公共教育支出、保障教育机会和就业机会均等、破除劳动力市场分割等提高收入流动性，为合理调节收入分配结构提供了新视角。（3）进一步丰富了收入差距的影响因素研究。突破了影响收入差距的经济因素，从气候变化、户口、社会资本、商业制度环境等制度和社会因素角度探讨对收入差距的影响，提出了面对未来气候变化等外生风险时扶贫政策应分类区别对待，消除职业准入障碍，以及改善企业商业环境等矫正收入分配扭曲，为缩小收入差距政策提供了新视角、新选择。

第五，产业结构与产业政策研究进展。主要表现在：（1）进一步深化产业集聚研究。一是测度我国制造业的集聚程度，但是结果存在分歧。相当一部分观点都认可我国制造业集聚度虽然不高但不断加深，然而也有观点认为，制造业集聚度仅在1998~2001年短暂上升，2004年以后明显下降。另外还有观点认为，出口类企业出现了过度集聚。二是从避税、企业创新、学习能力等角度考察了产业集聚效应，认为产业集聚能够为企业提供减轻税负的避税港、企业创新在生命周期不同阶段受益于不同类型集聚，以及在集聚中提高学习能力等，为促进产业集聚提供了理论依据。三是从集聚经济、空间外部性、资本密集度、规模经济等角度探讨了影响产业集聚的因素，发现集聚经济、空间外部性和资本密集度与产业集聚正相关，然而规模经济对制造业集聚影响并不显著，为推动产业集聚提供了理论依据。（2）深化了战略性新兴产业研究。一是从技术效率和全要素生产率分解角度评估了战略性新兴产业效率，均得出了我国战略性新兴产业技术效率水平低下，产业低端化发展的趋势，挑战了认为战略性新兴产业高端化的传统认识；二是从政府规制、地方政府行为等角度对政府的战略性新兴产业补贴绩效进行了考察，结果存在明显差异。一种观点认为，政府对战略性新兴产业的补贴绩效和创新外溢效应是显著的；另一种观点认为，政府补贴并没有促进战略性新兴产业的科研投入，是无效的，而且造成了战略性新兴产业发展的政策依赖。

第六，自主创新的研究进展。主要表现在：（1）从工业行业层面研究

[①] 牛晓健、裘翔、王全：《中国城乡居民收入流动性研究》，载《金融研究》2014年第4期。

了自主创新。一是通过与 OECD 主要国家对照和技术创新效率测度,评估了我国工业行业技术水平,发现除 1993~1998 年外与 OECD 国家间的技术差距几乎停滞不变,2008~2009 年间技术差距在缩小但速度放慢,到 2009 年 58.8% 工业行业技术水平达到或接近世界技术前沿[1],工业行业技术创新效率在 0.5~0.6 之间[2],扩展了以全要素生产率评估技术水平的分析框架。二是从环境管制、信息化、市场化和房价上涨等角度探讨了技术创新效率的影响因素,并推演出合理的环境管制、信息化建设、非市场化导向和稳定房价有助于提高技术水平和效率,为提高工业行业技术创新提供了理论依据。(2)深化了 FDI 技术溢出的影响因素研究。从制度约束、要素市场扭曲、信贷约束、企业产权结构和经济转型等角度研究了 FDI 技术溢出的影响机制,得出了转轨过程中的制度约束、地方政府扭曲要素市场换取 FDI 的激励政策、信贷约束、国有企业和市场化程度低的经济转型都影响了国内企业技术吸收能力,为提高 FDI 技术溢出提供了理论依据。

第七,区域经济的研究进展。2014 年区域经济研究的最大亮点是对推进"一带一路"建设、长江经济带建设和京津冀协同发展三大区域发展战略的研究,具体表现在:(1)谋划"一带一路"建设构想。一是从国家整体发展战略、国际区域经济合作和国内西部大开发等角度,指出了"一带一路"建设的战略价值,即建构中国全方位开放新格局、构建亚欧经济一体化发展新机制、形成以中国为主导的国际区域经济合作的新局面,以及推动新一轮西部大开发以促进区域均衡发展。二是通过打造亚欧利益共同体、构建起全方位的交流互动平台、构建高标准的自由贸易区网络、搭建跨境贸易电子商务平台等途径和措施加快"一带一路"建设。(2)提出长江经济带建设思路。一是从国家整体发展战略、区域经济协调发展的角度,指出长江经济带建设,将有助于推进区域经济的协调发展,是稳增长、调结构的最佳结合点,是实现中高速经济增长的新的战略支撑。二是提出了建立高效务实的区域协调分工机制、形成立体的综合的高效密集的交通网、构建合理的分工和紧密的产业联系、形成"东西互补、海陆联动、双向开放、双边出海"的区域产业发展新格局等举措推进长江经济带的建设。(3)为京津冀协同发展出谋划策。一是在我国三大经济圈建设中,就区域经济一体化而言,京津冀与长三角和珠三角存在比较大的

---

[1] 陆剑、柳剑平、程时雄:《中国与 OECD 主要国家工业行业技术差距的动态测度》,载《世界经济》2014 年第 9 期。
[2] 肖文、林高榜:《政府支持、研发管理与技术创新效率》,载《管理世界》2014 年第 3 期。

差距，加快京津冀协同发展势在必行。因为京津冀是环渤海经济圈的核心区，是国家自主创新战略的重要承载地，也应是世界级城市群。二是提出应当处理好中心城市与所在区域共生互动关系、北京与天津两大核心城市分工合作关系，以及建立沟通协调机制，突破地域发展瓶颈等措施推进京津冀协同发展。

四、中国经济学进一步研究的方向

增强中国经济学的理论自信，是在中国成为世界第二大经济体，并进一步实现工业化、城市化、现代化进程中必须解决的重大问题，更是全体中国经济学人的责任担当，也将是中国经济学人对世界经济学理论大厦的思想贡献。

要增强中国经济学的理论自信，首先要有中国经济学。构建中国经济学的理论大厦，就跟我们盖房子一样，即使再另类的房子，也要有房子的基本特征和具备房子的基本要素。所以，构建中国经济学，就不能离开世界经济学文明发展的大道。正如马克思主义经济学来源于古典经济学，但又不同于古典经济学。世界经济学的文明成果是中国经济学的重要来源之一，但中国经济学又必须有自己的特色。把美国的白宫搬到中国，它还是白宫，绝不会成为中国的四合院。因此，构建中国经济学的理论大厦，既要遵循经济学的一般规律，更要接中国地气，拥有中国风格和中国气派，彰显中国道路、中国理论和中国制度的独特优势。这就决定了中国经济学是超越了现有经济理论框架的一个全新的理论体系。

要增强中国经济学的理论自信，不仅仅要有中国经济学的理论体系，而且中国经济学还必须要有用，能够解决中国问题，既要能够解释中国，更重要的还要能够改造中国，成为改造中国、发展中国、强大中国的有力武器。

依据对增强中国经济学理论自信的以上界定，我们就可以对目前所处的中国经济学研究时代特征做出如下判断：

1. 中国经济学研究进入全面自主创新时代

中国30多年改革开放的成功，以及经济发展创造的"中国奇迹"，使中国经济学具有了运用自己的经验检验已有理论、创造新理论的资本和发言权。中国经济学进入了全面自主创新的新时代。这具体表现在：一是用中国实践检验马克思主义已有的理论，对那些被实践证明是科学的基本理论与方法，应当继承和发展；而对时过境迁已不符合现实的个别结论要敢于舍弃。总之，应根据中国的实践继承、补充、完善和发展马克思主义理论，实现马克思主义理论的中国化。二是根据中国的实际对西方经济学做出符合中国国情的分析和改造，中国作为世界上一个最大的发展中国家，与西方经济学形成的背景和条件存在相当大的差异，这就使许多问题是西方经济学无法解释的，有的至多能做部分解释。因此，不对经济学做出科学的理论分析和改造对中国经济学的发展是有害的。三是提升新的理论概念、范畴，并解释出这些概念和范畴之间的内在联系和区别，为构建中国特色社会主义理论新体系奠定坚实的理论基础。中国30多年经济改革与发展的成功经验，必然孕育着新的理论与规律，揭示这些理论和规律正是中国经济学人的历史机遇和责任。可以预见，在中国经济改革与发展经验基础上对经济学基本理论的新探讨，必将迎来经济学理论范畴和体系的新革命，展示出中国经济学人对世界经济学的理论贡献。

2. 中国经济学进入理论体系创新时代

改革开放以来，在解放思想、实事求是的推动下，中国经济学获得了一系列重大理论成果，如概括总结出了"社会主义初级阶段理论"、"社会主义初级阶段基本制度理论"、"社会主义市场经济理论"、"以公有制为主体多种经济成分共同发展的所有制理论"、"以按劳分配为主体多种分配方式并存的分配理论"、"中国经济发展理论"等奠基性的基本理论。这些理论既是对我国经济改革与发展伟大实践的总结，反过来又指导了我国经济改革与发展的新实践，得到了我国实践的进一步检验。

中共十七大报告首次明确提出了中国特色社会主义理论体系，并认为改革开放以来我们取得一切成绩和进步的根本原因，归结起来就是：开辟了中国特色社会主义道路，形成了中国特色社会主义理论体系。这个理论体系理应包括中国特色社会主义经济理论体系。这意味着中国经济学已经开始进入从个别理论、概念、范畴升华为理论体系的创新时代，对中国特色社会主义经济理论体系的科学研究就成为新时代的重要任务。

3. 中国经济学进入向第一生产力转化的新时代

我国已进入全面提升国家实力的新发展阶段。国家实力既包括硬实力如经济总量、科技水平等，也包括软实力如思想、文化力等。我国经过改革开放以来 30 多年的快速发展，硬实力有了很大提高，而软实力却相对不足。这就使社会科学的地位不断提高，并于自然科学一样成为第一生产力。但社会科学要成为生产力，也有一个成果向实践转化的重要任务。

因此，在已经变化了的时代背景下，中国经济学的理论研究就需要推进如下转型：

1. 从单兵突进转向联合攻关

经济学从个别理论创新向理论体系自主创新的时代任务转变，就要求中国经济学的理论研究要告别"个人英雄主义"时代，进入到团队联合攻关的新时代。组建团队通常有两种形式：一是正式组织，如在高校、研究机构内部或联合打造科研平台，组建创新团队等；二是非正式组织，通常以课题为纽带将具有互补优势的相关人员组织起来，课题结束后团队自然解散。这两种形式各有优势，需要根据具体情况做出选择。

2. 从自我资源转向社会资源

要完成中国经济学理论体系的自主创新，显然仅仅依靠个人的资源是力不从心的，这就需要整合社会资源以达到预期的目标。今天的经济学研究，已经不在乎你自己拥有多少资源，而在乎你能调动多少资源，你能利用多少资源。调动和利用社会资源就需要大智慧。调动社会资源，既包括研究所需要的物质资源，而且更重要的是人力资源和知识资源。

3. 从单纯研究转向综合开发

社会科学的研究要服务于我国经济改革与发展的伟大实践，在实践中检验，在实践中发展，从而转化为创造社会财富的巨大动力，与自然科学一样成为第一生产力。这就需要转变社会科学研究的传统思维，即社会科学的研究成果，不仅要获奖，得到理论的认可，为社会创造精神财富，而且还要能够运用于实践，转化为生产力，为社会创造物质财富。

分报告一：

2014年中国经济学学科
发展研究新进展

第二章　政治经济学研究新进展

一、正确认识和适应经济"新常态"

2014年，我国经济继续下行，呈现出在"新常态"下运行的特点。如何正确认识新常态，积极适应新常态，全面转入新常态，学者们提出不同的见解和建议。

1. 新常态的内涵界定

洪银兴认为，只有带有经济发展新阶段特征的内在必然性的状态才能称为新状态。一种经济状态成为常态，一定是合乎规律的状态。转向中高速增长是我国进入中等收入发展阶段后的基本新常态。中高速增长的新常态需要与以下三个方面新常态相互支撑：一是发展战略新常态，涉及结构再平衡战略和创新驱动发展战略；二是宏观调控新常态，涉及市场决定资源配置和明确宏观调控的合理区间；三是发展动力新常态，涉及以改善民生为着力点的消费需求拉动并与投资拉动相协调。① 厉以宁则认为，新常态是相对于我国前一段时间超常的经济高速增长而言的，意指经济应逐步转入常态。经济的超高速增长是"非常态"的，它不能持久，不符合经济发展规律。进入新常态，就是指做我们力所能及的事，盲目追求高速增长对中国经济长期增长是不利的，会带来五方面的不利：资源消耗过快；环境受影响，生态恶化；低效率；一些行业产能过剩；错过结构调整的最佳时期。②

---

① 洪银兴：《论中高速增长新常态及其支撑常态》，载《经济学动态》2014年第11期。
② 厉以宁：《当前经济形势的几个前沿问题》，载《北京日报》2014年10月27日。

2. 新常态的基本特征

曾培炎指出，经济发展新常态可能呈现出几大现象：经济增速减速换挡，以更合理的速度，更高的效率，更强的韧性提升 GDP 含金量；产业链向高档迈进，创造出更多的经济附加值；二元经济结构明显改善；形成城乡统筹发展新局面；从商品输出扩大到资本输出；中等收入群体成为稳定内需的主体；中小企业和新生态成为增长新亮点。①《人民日报》评论员文章指出，新常态下经济发展条件出现新变化：从过去更多依靠劳动力低成本转向更多依靠人力资本质量和技术进步；从过去以数量和价格竞争为主转向以质量型、差异化竞争为主；从过去能源资源和生态空间相对宽松，转向环境承载力达到或接近上限，人民群众对良好生态环境的期待和要求迅速上升。这些新变化，要求在今后的经济发展中必须坚持以提高质量和效益为中心。②刘伟认为，中国经济新常态面临"四期叠加"状况：增长速度上的换挡期，结构调整上的阵痛期，危机之后的消化期和国际经济重组期。结构调整更多地需要供给管理。③

3. 新常态的增长速度

王一鸣认为，只要就业比较充分，物价比较稳定，居民收入同步增长，生态环保成果良好，经济增速比 7.5% 的预期目标略高或略低都是可以接受的。④但樊纲认为，中国经济增速下滑究竟是短期还是长期？是否周期性因素？他认为现在的下滑很大程度上是周期性问题，而不是潜在的增长率下滑。潜在增长率是个慢变量，非常小，在五年十年当中有变化。但是中国经济从 2007 年的 14% 的增速，2010 年的 12% 的增速，到现在的 7% 的增速，很大程度上是周期性因素。⑤陶然认为，我们目前很难判断未来增长会下滑到什么程度，是下滑到 5%~7% 的一个可容忍但质量更高的水平，还是可能会出现糟糕的情况。比如各线城市房地产泡沫崩盘，高杠杆下企业债务链断裂，金融的系统性风险蔓延，甚至爆发经济较大的震荡。虽然很多人相信，中国政府力量超强，调控能力和手段远远赶超其他

---

① 王斯敏、曲一琳：《中国经济年会聚焦"新常态"》，载《光明日报》2014 年 12 月 22 日。
② 人民日报评论员：《坚持以提高经济发展质量和效益为中心》，载《人民日报》2014 年 12 月 15 日。
③ 《北大经济国家论坛》，载《人民日报》2014 年 12 月 11 日。
④ 田俊荣、吴秋余：《新常态下这一年》，载《人民日报》2014 年 12 月 8 日。
⑤ 《中国经济学年会解读新常态》，载《深圳特区报》2014 年 12 月 14 日。

国家，但过高的 M1/GDP 比率，严重的房地产、开发区、新城建设泡沫，以及能源、原材料严重的产能过剩，不能不感到忧虑。如果找不到替代性的经济新增长点，依然靠国企主导的投资拉动，恐怕只能拖延而不能阻止经济危机的到来。①

4. 新常态的时间跨度及其影响

曾培炎指出，从时间长度上看，新常态指的不是短期的一两年，也不是长期的二三十年，而是一个中期的概念。叶初升等认为，新常态是一种新的均衡状态，是长期的，应着眼于长期分析，转向发展经济学分析。如果新常态太长了，可能要用另一个名词代替——中等收入陷阱。如果不是，区别在哪里？中等收入陷阱主要是缘于创新不足。因而不仅仅是一个经济增长问题，而是发展问题。目前还没有新的发展理论来分析新常态下的发展问题。我国的经济发展开始进入一个新的发展阶段，呈现出一种新的动态均衡状态。然而，现有的一些发展经济学理论对中国及许多中等收入国家不再适用。中国经济新常态研究不是短期的特点问题，而是长期性的课题，迫切需要新的发展经济学理论。②

二、国有经济的作用与改革方向

1. 肯定国有经济的效率

洪功翔通过梳理国有企业低效率论、非效率论、高效率论三种实证研究方法和观点后指出，导致效率差异的根本原因在于，国有企业的效率是动态变化的，研究者使用的时间段数据不同，便得出不同的结论。进入21世纪以来，我国国有企业的经营效益明显提高，国有资产和企业利润实现了较快增长。国企户数减少但资产总额、营业收入、利润总额、平均工资都较快增长。因此，学者们提出的国企并非低效率的实证研究是可信的。无论国企"低效率论"、"增长拖累论"、"挤压民营经济发展空间论"，还是国有企业利润"垄断来源论"、"政府利益输送论"，以及否定国有企业

---

① 陶然：《为中国改革寻求策略共识》，载《经济学家周报》2014 年 12 月 14 日。
② 叶初升、闫斌：《经济新常态呼唤发展经济学的新发展》，载《光明日报》2014 年 12 月 17 日。

具有"宏观效率"论，都是为全面否定国有经济在社会主义市场经济中的基础地位和主导作用，推动国企大规模私有化营造舆论。这些"理论"都是经不起推敲的。要用事实说话，要旗帜鲜明地批驳在国企效率问题上的种种错误论证和观点，不能任由其扩散。① 王今朝等运用交叉科学和整体主义方法证伪"私有化等于高效率"的逻辑方法，指出私有化本身与效率效益之间从来没有简单单一因果关系。如果有，那么西方私有化市场经济下的经济发展500年仍然存在企业效率效益、通胀、危机、不均衡、破产倒闭等问题又作如何解释呢？美国企业效率不如日本高，是否因为美国私有化不如日本呢？从而揭示出"国有企业效率低下论"是带有价值观与意识形态色彩的双重标准范式。②

2. 强调国有企业的地位和作用

徐传谌等认为国有企业是中华民族伟大复兴的主力军团，只有巩固以国有企业为主的公有制经济的主体地位，使大规模的国有经济与市场经济更好地结合，深化国有企业改革提高国有企业国际竞争力，才能更好地发展社会主义并实现共同富裕。③ 高梁指出，现在很多人批判"一股独大"，但是，在一些关键领域就需要国有控股，应严禁以改革为名放弃国资控股权，改变重点国企性质。做大做强国企，才是社会主义国家经济立于不败之地的支柱和基石。在此轮改革中，有些人损公肥私大发一笔也不是没有可能。④ 李钢等认为国有经济的行业分布向基础性、资本密集型的行业倾斜，大型国有企业已经成为很多行业的"领头羊"。应建立一批能保证整个民族长远意义的关系我国产业安全的企业，国有经济的内在稳定器功能有利于熨平经济周期，在经济形势下行时发挥经济稳定器的功效；经济过热时优化调整国有经济战略布局，实现国有资产的保值增值。⑤ 夏小林认为继续降低国有经济的比重会造成严重的后果，财产和收入分配的大变动不利于增长的持续和社会稳定，不利于国防安全和国家竞争力的提升。"一股

---

① 洪功翔：《国有企业效率研究进展与评述》，载《经济导刊》2014年10月刊。
② 王今朝、龙斧：《中国国有企业效益效率问题的理论误区与认识论、方法论原因》，载《河北经贸大学学报》2014年第6期。
③ 徐传谌、霍绪权：《论社会主义国有经济与市场经济的结合》，载《财经问题研究》2014年第7期。
④ 高梁：《跨国企业非常希望中国的央企被肢解》，载《国企》2014年第6期。
⑤ 李钢，何然：《国有经济的行业分布与控制力提升：由工业数据测度》，载《改革》2014年第1期。

独大"现象在国企和私企中都存在,以此攻击和丑化国企没有任何科学性。① 杨承训针对有人反对国企做"老大"、私企做"老二"的观点指出,国有经济应起主导作用。如果不区分"老大"、"老二",就没有主体和非主体之分。讲平等关系是指在市场竞争中处于平等地位;讲主体和非主体的关系是指它们对社会主义制度的不同地位和作用。如果取消国有经济的主导作用,就会改变"基本经济制度"的性质。一些新自由主义者提出:"一些国有企业不但继续保持行政垄断地位,而且得到国有银行的大量贷款支持,迅速扩张"。他们是以偏概全、偷换概念,目的在于使社会主义制度失去主导和支柱,实现私有化。首先,新自由主义者将国有经济划成"垄断行业"加以贬斥,违背了"反垄断法"和"国家资产法"。这些法律中未提"垄断行业"、"垄断地位"问题,而是明确提出保护国有企业的正当经营。其次,污蔑国有企业是"产生腐败的根源"也同样站不住脚。不能走入新自由主义者的陷阱。②

三、发展混合所有制经济

中共十八届三中全会的《决定》提出"积极发展混合所有制经济",并将其界定为"基本经济制度的重要实现形式"。这个提法与以往中央文件中的有关提法有所区别。过去是把作为混合所有制经济的股份制作为"公有制的实现形式",或"公有制的主要实现形式",现在讲是"基本经济制度"的重要实现形式。基本经济制度是指公有制为主体、多种所有制共同发展的经济制度。就是说,混合所有制经济既是公有制经济的主要实现形式,也是非公有制经济的重要实现形式。对混合所有制经济是基本经济制度的重要实现形式这一提法及其作用,学界存在不同的理解。

1. 发展混合所有制经济是公私经济共同发展

蔡继明提出,股份制是公私产权的融合或中介,不仅是一种产权组织形式,也是一种相对独立的产权形式或所有制形式。在混合所有制经济中,公有成分和私有成分谁居主导地位,是由生产力发展的客观要求决定

---

① 夏小林:《国有资本"一股独大"何错之有》,载《经济导刊》2014年第6期。
② 杨承训:《〈决定〉是清扫新自由主义的强大武器》,载《中华魂》2014年4月(上)。

的。股份制是对私有产权和公有产权的扬弃,它抛弃了二者自身所存在的消极的东西(公有产权的非效率、私有产权的不平等),保留发扬各自积极性的东西。① 郭飞认为,混合所有制经济和股份制一样,都属于中性的概念,并未表明某一社会所有制结构或某一企业经济制度的基本属性。重要实现形式并不是唯一实现形式或主要实现形式。混合所有制经济从宏观角度来看,指的是整个社会(或国家)存在多种所有制经济;从微观角度看,是指一企多制。②

2. 发展混合所有制经济仍然要毫不动摇地巩固和发展公有制

季晓南认为,发展混合所有制经济的目的是更好地坚持和完善基本经济制度,而不是削弱或动摇基本经济制度;不是国有企业凭借资金和规模优势"攻城略地",也不是民营资本对国有资本"单向混合",更不是国有企业从竞争性领域全部退出。发展混合所有制经济应使国有资本投资运营更好地服务于国家的战略和目标,更多投向关系国家安全、国民经济命脉的重要行业和关键领域。发展混合所有制的有效途径有:一是做好顶层设计,自上而下推动,对国有企业人员去留要"有情操作";二是不等不靠,选准问题进行改革试点,拓宽路径,先易后难;三是深化垄断企业改革,开放金融、石油、电力、铁路、电信、资源开发、公用事业等领域的竞争性业务部分,允许民营资本进入;四是完善产权制度、公司管理和运营机制,同时加强监督,防止国有资产流失。③ 周新城认为,当前我国的"私有化"主张是新自由主义泛滥的恶果。他们妖魔化国有企业,将经济发展的全部希望寄托在私营经济上,试图用发展混合所有制的机会大肆瓜分国有资产。我们可以借鉴历史的经验把发展混合经济作为国有经济引导私营经济发展的有效形式。发展社会主义公有制经济控股的混合所有制经济才是基本经济制度的实现形式,而不能将其作为颠覆基本经济制度的途径。④ 朱继东认为,发展混合所有制不是要"私有化",而是要巩固和加强国有企业的作用,不断增强国有经济活力、控制力和影响力。发展混合所有制经济"绝不是单向的,而应是双向甚至多向"。在这个过程中,

---

① 蔡继明:《中国发展混合所有制的理论基础是什么》,载《学术前沿》2014 年 4 月(上)。
② 郭飞:《发展混合所有制经济与国有企业改革》,载《光明日报》2014 年 4 月 2 日。
③ 季晓南:《积极推进混合所有制经济的发展》,载《人民日报》2014 年 11 月 18 日。
④ 周新城:《关于巩固和完善基本经济制度的若干问题》,载《学习论坛》2014 年第 8 期。

要坚持公开透明的原则,让人民群众参与监督,防范国有资产流失及外资控制。① 昆仑岩提出,搞混合所有制经济是为了壮大资本实力,强化相互监督,规范法人治理,增强竞争活力。绝不是让国企出卖产权,退出阵地,搞什么"国退民进"或"中退外进",国企搞混合所有制经济基本应是做加法而不做减法。"多元投资"、"合力共进",既可搞新项目合资合股,也可新项目吸收参股增资扩股,要避免重蹈过去一讲改革就是疯狂卖国企的教训。不能以"混合"为名行卖国企之实。他说:中石油突发广告,要100%转让东部管道公司优质国有股权,引起广大民众愤慨。②

3. 发展混合所有制经济的途径

常修泽提出从产权开放和产业开放两方面着手:从产权开放角度发展混合所有制经济,应实行"四线并进"。其中,立足于国有企业的"国企改革式"是重中之重,同时"民企发展式"也是重点。此外,跨国并购和员工持股也很重要。从产业开放看,发展混合所有制经济的重点是推进垄断行业改革。除了涉及国家安全的产业、自然垄断性环节、公共产品的生产和服务行业等外,应积极推进垄断性企业开放,使民资进入。同时,要严格防范出现借发展混合所有制侵吞国资或民资的情况。③ 李光金认为,发展混合所有制经济,首先,要完善政策法规,切实保障市场主体的合法利益,加快产权制度改革与创新,推动产权多元化和合理化。其次,要战略性布局国有经济的产业领域和范围,进一步推动国有资本从一般竞争性领域和不具竞争优势的产业中退出,强化国有资本向维护国家安全和国计民生的产业集中,并公布国有企业需要分别采取全资、绝对控股和相对控股等运营方式的产业或行业。再次,推进国资控股的混合所有制经济要坚持市场导向和效率优先原则,做好国有资本的去行政化,实现"政企分开"和"政资分开"。最后,鼓励、支持并引导混合所有制经济完善现代企业制度,以创新驱动增强企业核心竞争力。完善资产监管,同等保护国有资本和非公有资本的合法权益。④ 张宇认为,目前我国多数企业已经具有了混合所有制的性质,下一步改革是要继续扩大混合所有制的范围和比

---

① 朱继东:《国企改革的红线、底线和方向》,载《红旗文稿》2014年第12期。
② 昆仑岩:《以卖代混必须制止》,载《环球时报》2014年5月16日。
③ 常修泽:《发展混合所有制经济的路径》,载《人民日报》2014年4月30日。
④ 李光金:《发展混合所有制经济的问题及建议》,载《中华工商时报》2014年3月5日。

例,形成资本所有者和劳动者利益共同体。国有企业发展混合所有制必须从实际出发,具体问题具体分析,不能一哄而上。涉及国民经济命脉的重要行业和关键领域,以及支柱产业和高新技术产业,国有资本应当绝对或相对控股;一般性行业不要求控股,进行市场化运作。① 邱海平指出,要根据国有企业的功能定位进行分类改革:在一般性竞争行业中经营不善的国有企业可以退出;在战略性竞争行业和战略性资源产业中,划分核心业务和非核心业务,核心业务必须由国有企业主导,维持国有资本和企业的支配性地位,同时开放非核心业务,让非公有制经济参与;在自然垄断行业和公用事业中,在政府管制下让非国有资本进入不具备自然垄断性的配套环节。②

四、经济增长与转变发展方式

1. 经济增长速度

厉以宁认为由于实际 GDP 比统计公布的多,所以"不要对经济增长放缓过分担心"。原因有以下几点:一是中国农民盖房子不计入 GDP;二是逐渐扩大的家庭保姆群体的收入未计入 GDP;三是个体工商户的营业额远高于统计数字;四是为了避税,民企故意少报收入。③ 吴敬琏认为,只要能保就业,经济增长速度高一点低一点关系不大。经济增长和就业并不存在线性关系,这是因为增长的结构问题,将投资从弹性低的重化工业转到弹性高的服务业就能保证就业。④ 林毅夫认为,近年来中国经济增速下降的原因不在于"内部结构性因素",而在于"外部周期性因素",即国际金融危机导致的世界经济增速下滑。且中国的情况明显好于其他国家,并不存在"中国经济必然崩溃"一说。出口增长大幅下滑是中国经济由高增速降为中高增速的重要原因。⑤ 余斌等认为,我国经济运行进入了增长阶段转换期,潜在增速从接近10%的高位向近期7%~8%、中长期5%~

---

① 张宇:《国有企业新改革论》,载《北京日报》2014 年 2 月 24 日。
② 邱海平:《论混合所有制若干原则性问题》,载《学术前沿》20014 年 3 月(下)。
③ 厉以宁:《不必对经济增速放缓过分担心》,载《新华日报》2014 年 10 月 29 日。
④ 吴敬琏:《经济改革亟需全面深化》,载《财经界》2014 年第 8 期。
⑤ 林毅夫:《中国经济稳定增长的路径》,载《人民日报》2014 年 7 月 11 日。

6%的中低位移动。他们通过模型测算，得出现阶段经济运行的底线是保持GDP增长6.5%。①

2. 转变经济发展方式

厉以宁认为，未来经济的发展道路是体制转型和发展转型两方面的"双重转型"。要以体制转型带动发展转型，进行产权改革，改善民生，推进自主创新、产业升级，推进城镇化，发展民营经济等。② 林毅夫认为，转变经济增长方式，首要的是深化改革：一是除掉双轨制改革遗留的收入分配问题、消除腐败，完善市场机制，同时更好地发挥政府作用；二是提高消费比重，降低投资比重；三是以创新拉动经济增长。但是选择自主研发还是技术引进，需要考虑到成本和风险因素。③ 刘志彪等认为，转变经济发展方式的关键在于提高生产率，主要途径有：吸引高端服务业的要素流入；优化三次产业间资源配置；制造业内部实现本地化升级、存量调整升级和现有产业的技术改造升级等。并不是像大多数人认为的简单地增加研发投入、单纯地推进战略性新兴投资、用"腾笼换鸟"的方式调整经济结构那样。同时，政府也要为提高生产率解决更多的外部经济问题，如加强基础设施建设、以市场化原则促进企业研发投资、构建公共创新平台和大力发展职业技术教育等。④

五、政府与市场关系

中共十八届三中全会的决定提出"经济体制改革是全面深化改革的重点，核心问题是处理好政府和市场的关系，是市场在资源配置中起决定作用和更好发挥政府作用。"对此，学界存在不同的解读。

1. 处理好政府和市场的关系需要弱化政府职能

张维迎认为，政府管制越多腐败越深。政府管制会导致寻租行为的产

---

① 余斌、吴振宇、任泽平：《近中期我国经济增长趋势和宏观调控思路》，载《江汉论坛》2014年第1期。
② 厉以宁：《"双重转型"铸就可持续发展》，载《人民日报》2014年4月18日。
③ 林毅夫：《谈经济增长方式转型》，载《科学发展》2014年2月第63期。
④ 刘志彪、陈柳：《政策标准、路径与措施：经济转型升级的进一步思考》，载《南京大学学报（哲学·人文科学·社会科学）》2014年第5期。

生,从而产生腐败。应取消以规范市场名义但实际上是计划经济的"审批制",审批的权利由政府转移给老百姓,把大量的本来就该属于个人的权利归还给个人。① 吴敬琏认为,"半市场、半统治"的经济存在两种可能前途:一是政府从不应该起作用;二是出现国家资本主义,这种国家资本主义往往会变成权贵资本主义。这是非常危险的道路。因此,应强化市场的作用,弱化政府的职能。② 经济改革就必须全面放开市场,打破政府在资源配置中起主导作用的这个最大的体制障碍。市场应该在商品市场、服务市场、土地市场、资本市场、劳动力市场等方面的资源配置中都起决定性作用。③

2. 处理好政府和市场的关系需要实现市场与政府的优势互补

刘国光等认为,政府与市场的"双重调节作用",即既要用市场调节的优良功能去抑制"国家调节失灵",又要用国家调节的优良功能来纠正"市场调节失灵",形成"高效市场"和"高效政府"的双高格局。④ 洪银兴主张"政府和市场都要充分有效"。明确市场对资源配置的决定性作用不能放大到不要政府作用,更不能像新自由主义认为的那样不要政府。政府和市场的边界是:市场对资源配置起决定作用,政府要更好配置公共资源。强政府可以通过产业政策和负面清单引导产业结构转型升级,通过财政和货币政策调节宏观经济运行。结构调整和创新驱动需要政府和市场的有效结合。认为"政府和市场是完全替代关系"的观点是错误的。⑤ 林毅夫也认为,经济发展和转型既要"有效的市场",也要"有为的政府"。完善有效的市场体系有利于按照要素禀赋所决定的比较优势进行产业、技术的选择,从而使国家具有竞争优势;与技术、产业发展相适应的基础设施和上层制度安排的完善需要政府发挥因势利导的作用。⑥ 程恩富等认为,市场调节和政府调节各有优缺点。市场调节在微观经济均衡、资源短期配置、市场信号传递、科学技术创新、局部利益驱动等方面具有很强优势,

---

① 张维迎:《管制越多腐败越深》,载《资本市场》2014年第4期。
② 吴敬琏:《经济改革亟需全面深化》,载《财经界》2014年第8期。
③ 吴敬琏:《经济改革必须打破体制障碍》,载《IT时代周刊》2014年第11期。
④ 刘国光、程恩富:《全面准确理解市场与政府的关系》,载《毛泽东邓小平理论研究》2014年第2期。
⑤ 洪银兴:《关于市场决定资源配置和更好发挥政府作用的理论说明》,载《经济理论与经济管理》2014年第10期。
⑥ 林毅夫:《政府与市场的关系》,载《中国高校社会科学》2014年第1期。

但同时也具有调节领域受限、易导致贫富分化、产业协调难度加大、现实交易成本较大的缺陷。政府调节的优势在于：宏观层面能制定和实现经济社会发展总体目标，中观层面能够化解产业结构和区域经济发展不平衡，微观层面能实施必要的规制或监管。同时政府调节也存在失灵：偏好不当易导致政府调节的目标偏离全社会的需求，调节程序不妥易导致决策难以及时和灵活地应对市场变动状况，调节的配套性弱易形成政策性内耗，调节动力不足易导致官僚作风，降低效率。政府要做好市场经济的保护者、服务者和监督者。①

3. 在充分发挥市场决定性作用的同时，强化政府的作用

张宇不认同"大市场小政府"、"政府是裁判员，而不是运动员"等关于政府作用的若干观点，提出政府的强弱已成为决定一个国家国际地位和国际竞争力的决定性因素。正确界定政府的作用要把握三个维度：一是市场机制存在自身缺陷；二是我国的社会主义市场经济具有特殊性，照搬别国的经验解决不了我国的问题；三是特别强调，如果离开了社会主义基本经济制度，社会主义市场经济的根基就会被瓦解，深化改革就失去了正确的方向。市场的决定作用主要体现在微观领域。从社会发展和宏观经济的层面看，则需要强调党的领导和政府的积极作用。② 胡钧认为，完善社会主义市场经济体制，要在发挥市场对资源配置起决定作用的同时，不断提高政府驾驭市场的能力。这是社会主义市场经济不同于资本主义市场经济的一个根本性特征。社会主义国家的政府不再是单纯的政治上层建筑，而是生产关系的重要组成部分，是经济发展的领导者、组织者。在社会主义制度中，政府与市场关系的科学定位应是：政府引领市场使它为政府的规划和产业政策的实现服务，而不仅限于弥补市场缺陷。③ 杨承训提出，在强调充分发挥市场作用的同时，还要求强化政府的功效。市场配置资源主要是微观生产条件的分配与组合。政府宏观调控主要是规导整体经济运行，管着生产力发展的总方向、市场运行的总规划、矫正市场缺陷，促进共同富裕，实现宏观综合经济效益和可持续发展。④

---

① 程恩富、侯为民：《市场和政府的功能强弱性及其互补作用》，载《经济学家》2014年第11期。
② 张宇：《党政有为是社会主义市场经济的本质要求》，载《经济导刊》2014年第5期。
③ 胡钧：《科学定位：处理好政府与市场的关系》，载《经济纵横》2014年第7期。
④ 杨承训：《探寻社会主义市场经济特殊规律》，载《思想理论教育导刊》2014年第5期。

4. 市场对资源配置起决定性作用的理论价值

《改革热点面对面》对将市场配置资源的"基础性"作用改为"决定性"作用给予高度评价:"两字之改对市场作用作出了全新的定位","是全会《决定》的一大亮点,是我国社会主义市场经济内涵的'质'的提升"。① 林兆木认为,市场配置资源中的"决定性作用"和"基础性作用",这两种表述不是矛盾和对立的,而是一致和衔接的。前者是在后者基础上发展的。"决定性作用"的表述,在理论上更明确、到位,对于现阶段经济体制改革的指导更有针对性,是我国改革理论在新的历史条件下的重大发展。②

5. 市场对资源配置起决定性作用的范围界定

张卓元认为,这主要适用于经济领域,并不同样适用于文化、社会等领域。虽然文化、社会等领域中产业部分也需要很好地运用市场机制,但文化、社会等领域中有不少公共服务部分,如义务教育、公共文化服务、基本医疗卫生服务、居民基础养老、廉租房建设等,其资源配置不能由市场起决定作用。过去出现过上述领域也搞市场化的倾向。③ 程恩富等认为,要深刻认识新自由主义的"市场决定作用论"与我党提出的市场"起决定作用"的本质差别。前者主张市场原教旨主义和彻底市场化,否定必要的政府干预,而后者坚持市场在资源配置中起决定性作用的同时,也强调政府宏观调控和微观规制;前者主张一切资源的长短期配置均由市场决定,而后者应限于一般物质资源和部分服务资源的短期配置为主,而非指地下资源等重要物质资源配置和某些一般资源的长期配置;前者与私有制为主体的经济相联系,而后者与公有制为主体的经济相联系;前者主张财富和国民收入分配完全由市场决定,再分配的力度越小越好,而后者强调财富和国民收入初次分配中市场作用大些,再分配国家作用大些,等等。应当警惕对市场与政府关系进行的各种新自由主义解读。④

---

① 《"看得见的手"和"看不见的手"都用好》,载《光明日报》2014 年 8 月 21 日。
② 林兆木:《正确认识与处理政府和市场的关系》,载《新视野》2014 年第 2 期。
③ 张卓元:《当前经济改革中值得关注的几个重大问题》,载《经济纵横》2014 年第 8 期。
④ 程恩富、黄世坤:《在全面深化改革中处理好政府和市场关系》,载《经济日报》2014 年 9 月 12 日。

6. 重构政府与市场关系的途径

王玉凯提出，一是要建立一个有效的市场，关键是要构建一个"公平公正"的市场体系，按照市场经济，发挥决定资源配置作用；二是要建立一个有为有效的政府，公平正义、廉洁有为。① 《改革热点面对面》提出，在经济活动中，政府不能当"运动员"上场比赛，而是要制定比赛规则，当好"裁判员"。政府主要是通过制订计划、产业政策、财政和货币政策、法律规制以及行政手段将资源有目的地配置到相应领域。② 杜飞进认为新自由主义有个致命的缺陷，就是只关注经济效率，忽视了社会价值和社会追求。处理政府与市场关系的核心问题，不仅是为了提高经济效率，更是为了实现社会理想。正确处理政府与市场的关系要把握三个原则：一是把"市场能有效形成价格"作为政府与市场的边界，二是把"市场机制能有效调节的经济活动"作为政府审批的边界，三是把市场不能发挥作用的领域作为政府的补位边界。③

六、收入差距扩大的现状、原因和对策

1. 收入差距扩大的现状

卫兴华提出，我国目前分配关系中存在的主要问题，不是一般的收入分配差距问题，而是收入差距过分扩大，出现贫富分化的重大问题。我国基尼系数达到0.5，有的统计达到0.6。根据胡润研究院提供的统计数字，2013年，中国百万美元的富翁增加了10万人，达到290万人，而至少拥有1亿人民币的超级富豪，增加了2500人，达到6.7万人。从近几年的统计数字看，占总人口20%的最低收入群占收入份额的4.7%，而占总人口20%的高收入群，则占总收入份额的50%。根据2010年胡润富豪榜推算，2009年，我国前1000名富豪年均收入10亿元。而全国城镇居民年均可支配收入为17775元，农村居民年均收入为5153元。差距分别为几万倍和10多万倍。改革开放以来，我国居民收入和生活水平总体上说是普

---

① 杨明方：《有效市场呼唤有为政府》，载《人民日报》2014年6月3日。
② 《"看不见的手"和"看得见的手"都用好》，载《光明日报》2014年8月21日。
③ 杜飞进：《论政府与市场》，载《哈尔滨工业大学学报（社会科学版）》2014年第2期。

遍提高了。因而这种贫富分化是相对两极分化,而非"富者愈富、穷者愈穷"的绝对两极分化。① 2014 年 7 月 25 日北京大学发布《中国民生发展报告》指出,中国财产不平等程度在迅速升高,2012 年我国家庭净财产的基尼系数达到 0.73,顶端 1% 的家庭占有全国 1/3 的财产,而底端 25% 的家庭仅拥有 1% 的财产。家庭净财产的基尼系数是家庭财产的存量统计,不同于个人收入分配中作为流量统计的基尼系数。家庭净财产的基尼系数更能具体反映我国社会的贫富差距现象。

2. 收入差距扩大的原因

刘国光认为,由于非劳动因素(主要是资本)参与分配,个人拥有非劳动要素的差异扩大,在少数人财产性收入不断叠加累积的情况下,初次分配的结果必然产生越来越大的收入差距,出现分配不公。资本逐利的本性迫使它们不断为占有更多剩余价值而奋斗,推动社会走向两极分化。那种让私人资本向高利行业、向关系国民经济命脉的重要部分渗透,盲目地鼓励增加"财产性收入"之类的政策,只能促使收入差距和财富差距进一步扩大。② 卫兴华认为,我国贫富分化的产生,应分清根本原因和非根本原因,主要原因和非主要原因。生产条件的分配决定收入的分配。邓小平讲过,公有制和按劳分配不会产生两极分化。因此应从所有制结构的变化、资本与劳动收入的差别探究其根源。富人可以继续富和更富,但穷人不要继续穷,要关注弱势群体。应遵循共同富裕的原则,促进分配公平。③ 蔡昉等认为,收入差距扩大的原因有:在初次分配环节,大量剩余劳动力的存在以及生产要素价格扭曲,导致收入分配向资本而不是劳动要素倾斜;资源和生产资料等分配领域不公正不透明;在再分配环节,扭曲的制度安排和不恰当的政策取向,如社会保障和社会救助等公共服务的区别提供。④ 魏杰等认为,中国收入差距扩大既有合理部分也有不合理部分。合理部分是改革开放以来,普遍贫困中的一部分人先富起来了。不合理的因素有:财产交换规则不平等,政府的大量资源向国有企业倾斜,民营企业只有通过行贿勾结权力才能发展;财产积累机会即投资机会不平等,广大民众的投资渠道狭窄,储蓄资产的利率低甚至为负,有效率的民营企业融

---

① ③ 卫兴华:《缓解贫富分化 促进分配公平》,载《华南理工大学学报》2014 年第 5 期。
② 何海琳:《刘国光关于个人收入分配问题的思考》,载《马克思主义文摘》2014 年第 11 期。
④ 蔡昉、王美艳:《中国面对的收入差距现实与中等收入陷阱风险》,载《中国人民大学学报》2014 年第 3 期。

资困难，难以发展壮大；财产获取权利不平等，自耕农、失地农民、农民工等社会劳动阶层的收入仅仅满足家庭再生产的基本需求，难以积累财产。① 乔榛等认为，"自由市场化"是导致收入分配差距扩大的原因。收入分配实际上是以要素"地位"为根据的。马克思收入分配理论可提供收入分配研究新范式。人们在生产中的地位决定了各要素收入的大小，所以要加强对各要素地位的国家干预。② 易定红等认为，当前我国的收入分配差距过大与混乱的收入分配秩序有关。收入再分配政策的作用不明显，甚至部分年份还存在"逆调节"的作用，财政支出用于公共服务的比例太低，导致收入分配格局不合理。基层政府制度外筹资、工效挂钩机制、不完善的工资集体谈判制度等，导致收入形成不合理；我国实行的分类所得税模式的个人所得税，起不到"贫富差距稳定器"的作用。③ 刘柏惠等认为，我国收入分配差距扩大的原因有：我国从低收入国家到高收入国家的演进阶段必然会经历收入分配状况恶化的阶段；全球化的发展及政府机制的导向，导致普通劳动者劳动报酬比重降低；社会主义市场经济改革中存在的"城乡分治"、户籍制度、寻租腐败等也导致了收入分配差距扩大。④

3. 缩小收入差距的对策

厉以宁提出六点建议：一是贯彻市场调节的原则，实现公平竞争的市场环境；二是让农民成为明晰的产权主体、明确的市场主体；三是发挥工会的管制作用；四是促使低级劳工市场向高级劳工市场转变；五是鼓励自主创业，创办小微企业；六是加强职业技术教育，人力资本投入和物质资本投入实现"利润共享"。二次分配应注重社会保障城乡一体化。⑤ 洪银兴认为，收入分配改革要从"效率性"向"公平性"转变。"权利的不公平"是导致收入差距扩大的主要症结。针对以权谋私的情况，不仅要反腐败，而且要在源头防治腐败，不给权力设租和寻租。居民财产性收入的不平等也是收入差距扩大的另一重要原因。但不能走剥夺私人财产的老路，可以通过为居民提供更多的私人投资渠道、鼓励私人创业、保护产权及其

---

① 魏杰、施成杰：《"市场决定论"与混合所有制经济》，载《社会科学辑刊》2014年第4期。
② 乔榛、徐龙：《马克思收入分配理论及现代启示》，载《河北经贸大学学报》2014年第3期。
③ 易定红、张维闵、葛二标：《中国收入分配秩序：问题、原因与对策》，载《中国人民大学学报》2014年第3期。
④ 刘柏惠、汪德华、毛中根：《中国收入分配体制改革路径选择研究》，载《南京大学学报（哲学．人文科学．社会科学）》2014年第2期。
⑤ 厉以宁：《收入分配制度改革应以初次分配为重点》，载《理论参考》2014年第3期。

收入、允许员工持股和鼓励企业家持股和科技入股等实现。农民可通过宅基地和土地承包权流转获得收入。① 孙艳霜主张通过分配制度改革矫正生产成果初次分配中过度向资本、资源要素倾斜。在再分配过程中，实行个人收入双向申报制度和全国统一的纳税人识别号码制度，增加高收入群体的税种，防止财产占有差距的固化。② 常凯指出，提高低收入群体的收入水平，可以有多种途径，包括实施最低工资制度、劳动力市场价位指导、劳动监察制度等。但劳动者在分配中处于被动地位，工资决定权由企业方控制，无法实现初次分配的公平。应改善工资决定机制，工资分配权不应由单方独享，应是劳资协商谈判。③ 陈健等认为，收入分配改革的重点是转换政府职能：基础设施是腐败和灰色收入的高发地带，政府应降低其直接参与基础设施的程度，要更关注民生领域，改变政府偏袒资本的状况。④

七、政治经济学学科发展

1. 社会主义政治经济学的研究对象

孙立冰认为，社会主义政治经济学必须重视所有制研究。第一，对所有制本质关系的研究应始终占有重要地位。公有制规定着社会主义根本性质和发展方向，所有制的"公"和"私"，决定着生产关系的"社"和"资"。正是生产资料公有制的建立，才摒弃了劳动从属于资本的资本主义生产方式。第二，所有制与生产力之间的制约关系始终是社会主义政治经济学研究的重要内容：20世纪50年代末，脱离现实生产力水平，搞"一大二公"，破坏了生产力的发展。近些年，我国又出现了贫富差距过大、环境污染严重等现象，同样反映了生产资料所有制调整过大对经济社会和环境所造成的问题。第三，社会主义政治经济学要重视所有制实现形式的研究。股份制、混合所有制经济是研究的重要内容。第四，应对其他所有

---

① 洪银兴：《以新一轮改革推动新时期经济发展》，载《经济纵横》2014年第1期。
② 孙艳霜：《深化收入分配制度改革的路径研究》，载《经济纵横》2014年第6期。
③ 常凯：《初次分配如何公平》，载《人民日报》2014年7月31日。
④ 陈健、胡家勇、李艳：《以政府职能转变推动收入分配改革》，载《河北经贸大学学报》2014年第3期。

制经济尤其是私有制经济范围内的生产关系进行研究。这是因为私有制经济固有的生产方式决定了其生产关系的剥削本质,处理不好,极易导致社会动荡和社会分配不公。应研究如何用社会主义制度规范私有制经济的行为,保障其更好地服务于社会主义的同时,最大限度地减少它对社会主义市场经济的破坏作用。第五,公有制和私有的关系也是研究的重点。第六,社会主义经济运行机制、转变发展方式、市场决定资源配置等也应纳入研究对象。①

2. 认识劳动价值论

李松龄认为需要扬弃劳动价值论的"革命说",更多地认识劳动价值论的"市场说"。如果按照"革命说"的说法,那么改革开放以来我国所进行的经济体制改革和社会主义市场经济建设就是走回头路,就是违背马克思主义的基本精神。"革命说"只在新民主主义革命和社会主义革命阶段起作用。而"市场说"则更能说明我们现在实行社会主义市场经济的情况。由于市场供求关系不均衡,资本利润既有剩余价值转化形式的部分,也有价格背离价值的部分。只有根据劳动价值论的"市场说",才能不断提高市场的均衡水平,从而使得劳动力的需求价格与市场价格、商品的市场价格与价值的差幅缩小,剩余价值转化形式的资本利润和由于价格背离价值获得的超额利润才可能减少,劳动者的工资水平才能大幅提高。②何祚庥提出新劳动价值论,并认为新劳动价值学说将为建设有中国特色的社会主义提供新观点、新理论。他认为,将"科技×劳动"创造使用价值的思想引入新劳动价值论是对马克思劳动价值论的发展和创新。经典劳动价值论是讨论劳动如何创造(交换)价值,而新劳动价值论更进一步,"劳动×科技"创造更多使用价值。"使用价值 = 价值×劳动生产率"或"使用价值总量 W_S =(交换)价值量 W_1 ×科技效率因子",使用价值和价值是一致的。新劳动价值论仍然支持劳动是创造价值唯一泉源的观点,但其"科技效率因子"的存在使价值增加,这有利于研究当代发达社会中的阶级关系和各种社会矛盾的变动。其次,新劳动价值论可以将科技创新在社会经济发展中的重大作用量化。所以,新劳动价值论是呼唤科技充当"发展是硬道理"的新动力,

---

① 孙立冰:《论政治经济学的研究对象的创新与发展》,载《社会科学辑刊》2014 年第 1 期。
② 李松龄:《劳动价值论的两种解释力》,载《经济学家周报》2014 年 11 月 2 日。

也为深入研究我国经济结构调整和转变提供新的可能。① 丁堡骏等则不同意何祚庥的观点,认为科技×劳动共同创造价值的新劳动价值论不仅不是对马克思劳动价值论的丰富和发展,而且背离和庸俗化了马克思科学的劳动价值论。何先生用"使用价值等于交换价值"和"使用价值量等于交换价值量乘以一个所谓的劳动生产率效率因子"这两个命题来证明他结论的正确性。但这两个命题不仅相互矛盾,而且单独看每个命题也不能成立。②

3. 中国经济学的西化现象

邱海平提出我国经济学严重西化的问题:自 20 世纪 90 年代以来,西方经济学在中国经济学的教育体系中占据了主流地位,并在很大程度上掌握了经济学的话语权,而政治经济学、马克思主义经济学则被严重边缘化,这种严重西化的倾向已经产生了各种严重的危害,我们必须高度重视。他从课程设置和教学方面、研究生的入学考试方面、科研考核和职称评定方面、教师队伍建设和引进人才方面、经济学"核心期刊"选文标准方面系统论述西化情况。③ 宋铮认为,中国经济学几乎所有的重要工作都是在认同现代(西方)经济学基本框架的前提下,运用其具体方法研究中国现实问题,很少有人再强调创建独立于现代经济学的"中国经济学"了。日益增长的现实问题需求和逐渐单一的学术评价体系,是当前中国经济学研究的主要矛盾。变相的"洗脑",逐渐单一的学术评价体系,使得中国经济学家们缺乏独立思想。中国经济学研究应致力于"现代经济学的本土化"和"中国问题的国际化"。④

---

① 何祚庥:《必须将"科技×劳动"创造使用价值的思想引入新劳动价值论的探索和研究》,载《政治经济学评论》2014 年第 1 期。
② 丁堡骏、于馨佳:《究竟是发展,还是背离和庸俗化了马克思科学的劳动价值论》,载《政治经济学评论》2014 年第 2 期。
③ 邱海平:《我国经济学教育的严重西化倾向及其危害》,载《经济导刊》2014 年第 10 期。
④ 宋铮:《中国需要什么样的经济学研究》,载《经济导刊》2014 年 10 月刊。

第三章 国民经济学研究新进展

2014年国民经济学在中国经济发展、政府治理、宏观经济调控、微观规制改革等热点问题研究方面取得了新的进展。

一、中国经济发展

(一) 中国经济发展的挑战、机遇和新常态

1. 中国经济发展面临的挑战

洪银兴认为,我国当前要解决的发展问题是进入中等收入国家阶段的发展问题。由此决定新一轮改革的目标是缩小收入差距,促进社会公平正义;改革对象是以效率优先的收入分配体制,由效率性分配转向公平性分配。增强经济发展动力需要转变经济发展方式,不仅要打破垄断,进一步发挥市场作用,更要发挥政府的作用,支持创新。在新起点推进现代化建设的"短板"和关键都在于改变"三农"的落后状况。[①] 黄泰岩认为,随着经济增长约束条件的改变,经济增长的动力系统就要随之更换。经济转型最本质、最根本的要求和任务就是更换经济增长的发动机。我国改革开放30多年中先后完成的两次经济增长动力转型的经验检验揭示了经济周期、改革周期和动力转型的内在机制,证明了我国当前经济增长放缓的根本原因不是扩大内需的政策和措施不到位,而是需要更换新引擎,实施第

---

① 洪银兴:《以新一轮改革推动新时期经济发展》,载《经济纵横》2014年第1期。

三次动力转型。① 林木西认为，经济体制改革是全面深化改革的重点；坚持和完善基本经济制度是社会主义市场经济体制的根基；加快完善现代市场体系是发挥市场"决定性"作用的基础；加快转变政府职能是发挥社会主义市场经济体制优势的内在要求；深化财税体制改革是全面深化改革的关键一役；健全城乡发展一体化是全面建成小康社会、加快推进社会主义现代化必须解决的重大问题；构筑开放型经济是"以开放促改革"的必然要求；就业机制、收入分配机制和社会保障制度改革是经济社会体制改革的重要内容。② 张茉楠认为，当前我国经济处于周期回落和结构调整的压力集聚期，体现在经济总量增长放慢和经济结构面临调整两个方面。随着经济进入潜在经济增长率下移的新阶段，如何在"短期经济增长与长期结构调整"、"转型升级与保持合理增长速度"间找到"黄金平衡点"是当前新的重大挑战。我国需要以"降低结构失衡，提高要素效率"为核心目标，创新宏观调控思路，优化中长期供给能力，在新的增长模式中实现经济持续健康发展。③ 张斌认为，经济转型对资源配置提出了新方向，但在传统银行主导金融体系、一般服务业过度管制、公共服务供给机制和基础设施建设存在严重激励机制扭曲等因素的遏制下，资源难以有效重新配置，经济结构失衡难以化解，增长动力不足。出现了保增长的一些刺激和不匹配的金融市场化改革加剧了资源配置扭曲和金融市场风险、供求失衡加剧、内生经济增长活力下降与刺激性政策措施进入恶性循环的"经济转型综合症"。④

2. 中国经济发展面临的机遇

赵伟认为，"后危机"时段行将过去，中国经济最大的战略利益在于加快转变增长方式。从中国经济的约束条件看，全球经济失衡视野下、分层的集团化互动视野下和经济全球化视野下中国经济发展都有一些有利的因素可以利用，但利用这些因素推动国内经济转型的机率与程度，则有待于体制改革的突破与深化。⑤ 杨玲等认为，中国已经开始向工业化后期转

---

① 黄泰岩：《中国经济的第三次动力转型》，载《经济学动态》2014 年第 2 期。
② 林木西：《以经济体制改革为重点推动全面深化改革》，载《辽宁大学学报（哲学社会科学版）》2014 年第 1 期。
③ 张茉楠：《供给视角下的宏观经济形势与政策取向》，载《宏观经济管理》2014 年第 6 期。
④ 张斌：《中国经济转型综合症》，载《国际经济评论》2014 年第 4 期。
⑤ 赵伟：《"后危机"世界经济与中国选择：三个视野的综合与前瞻》，载《南京社会科学》2014 年第 1 期。

变，经济服务化成为经济结构优化升级的重要任务。1978 年以来中国服务业存在发展速度快但增加值占比、就业占比低、服务贸易迅速扩大且结构不合理、竞争力不强等特点与不足。中国服务业发展机遇与挑战共存，当前推动服务业发展应该在提高劳动力素质、积极稳妥推进城镇化的基础上，努力增加服务经济产出比重；促进生产性服务业和消费性服务业的发展与升级；提升服务业国际服务贸易竞争优势，并为服务经济发展提供良好制度环境。① 张燕生认为，在经济全球化背景下，实施超越零和博弈的战略，把握住发展的重要战略机遇期，将全球高标准自由贸易区和规则变局的挑战转化为全面深化新一轮高水平开放、新一轮高标准改革、新一轮高质量发展的强大动力，把我国建设成为高收入大国、开放大国、贸易强国和全球负责任大国。②

3. 中国经济发展的新常态

洪银兴认为，转向中高速增长是我国进入中等收入发展阶段后的基本新常态。中高速增长的新常态需要与以下三个方面新常态相互支撑：一是发展战略新常态，涉及结构再平衡战略和创新驱动发展战略；二是宏观调控新常态，涉及市场决定资源配置和明确宏观经济的合理区间；三是发展动力新常态，涉及以改善民生为着力点的消费需求拉动并与投资拉动相协调。③ 盛朝迅认为，我国经济增长将由过去两位数的高速增长转向增长速度维持在 7.5% 左右的新常态。在这种新常态下，我国发展仍处于重要战略机遇期。一方面，资源环境对经济增长的约束将持续强化，社会格局也将进一步调整优化；另一方面，新型城镇化将成为推动经济增长的主要动力。因此，应主动把握机遇，努力把握新常态，加快体制改革，建立适应以市场为导向的政府行为机制，使政府和市场各归其位，激发各类社会主体参与经济社会发展的动力与活力。④ 林木西认为，在经济新常态下应该用新的方法来应对新的变化，应该把经济发展的动力建立在改善民生、结构调整和市场化改革上来，注重房地产去泡沫化、影子银行和地方债去杠杆化、淘汰落后产能去水分化、控制互联网金融风险以及国企改革、行政

---

① 杨玲、高谊、许传龙：《经济服务化：中国的现状、机遇与挑战》，载《武汉大学学报（哲学社会科学版）》2014 年第 3 期。
② 张燕生：《经济全球化前景与中国抉择》，载《宏观经济管理》2014 年第 12 期。
③ 洪银兴：《论中高速增长常态及其支撑常态》，载《经济学动态》2014 年第 11 期。
④ 盛朝迅：《未来几年我国发展的主要趋势与特征》，载《宏观经济管理》2014 年第 10 期。

体制改革等方面的新方向和新思路。方福前认为，中国目前的经济减速并非经济衰退，中国经济减速的原因包括结构性减速和技术性减速。结构性减速认为中国的第三产业较低的劳动生产率拖累了中国经济增长，但是其实证分析发现这种说法并不能成立。技术性减速认为中国过去技术引进消化和再创新的发展模式拥有较快的技术进步速度，而如今在技术进步更多依靠自主创新的情况下，技术进步率出现了明显的下滑，导致了经济增长放缓。纪玉山等从基本经济制度、经济调节方式、经济增长驱动力以及对外经济合作方式等四个方面解释中国模式的内涵，认为中国的改革开放在取得巨大成功的同时，也带来了环境的破坏和资源的耗竭，中国模式面临着绿色转型的压力。加快产业结构升级、保护环境、发展低碳经济和循环经济、坚持绿色消费、打造绿色政府是推进中国模式转型的关键，而中国模式的绿色转型是保持中国模式本身生命力并推动未来中国经济社会可持续发展的关键所在。发展绿色经济、构建绿色政治、打造绿色社会是推动"中国模式"绿色转型的重要途径。杨飞虎认为，中国在长期增长中面临着技术进步缓慢、收入差距、政治体制改革滞后、资源环境恶化、经济结构扭曲等方面的挑战，应实施处理好政府与市场关系、构建包容性及普惠性的经济增长模式、完善制度及运行机制、提升公共投资效率等战略来促进中国经济长期持续均衡增长。①

（二）中国经济发展的影响因素

1. 要素配置

赵德起等认为，资源的有效流动是经济发展的逻辑起点，其与经济人的期望效用、资源的稀缺性、信息的完备度与对称度、货币、价格等密切相关。② 郝颖等认为，在经济规模比较小的地区，企业固定资产与权证投资降低了经济增长质量；技术投资则提升了经济增长的质量。相对于中央企业和民营企业，地方国企的投资活动对经济增长质量的负面影响较大。在经济发展水平较高的地区，民营企业的投资活动更多地与市场机制相匹

---

① 陈屹立、高昊：《新常态下的中国经济发展》，载《经济学动态》2014年第11期。
② 赵德起、林木西：《资源有效率流动的理论探与路径选择》，载《江苏社会科学》2014年第2期。

配，对经济增长的质量具有提升作用。① 王芃等从行业和企业两个层面、产品市场和要素市场两个维度对我国能源产业面临的市场扭曲进行研究发现：两层面两维度的市场相对扭曲均显著存在，而造成扭曲的原因主要是要素配置扭曲而非要素价格扭曲。②

2. 金融发展

王国静等认为，金融冲击是驱动中国经济周期波动的最主要力量，它在解释产出增长、投资增长、债务增长、工资增长和就业波动方面体现出非常重要的作用。即使存在其他多个冲击，金融冲击仍然能够解释近80%的产出增长波动。③ 龚强等认为，随着经济发展，产业结构不断升级，金融结构也必将随产业结构的变化而变迁。在中国经济由成熟制造业主导的阶段，银行为主的金融体系为经济发展提供了重要支持。随着中国经济转型和产业升级，许多产业不断接近世界技术前沿，金融市场的重要性将逐步显现，但良好的市场投资环境是金融市场有效发挥作用的前提条件。④ 张林等认为，无论是全国范围还是分东中西部地区，区域金融实力对实体经济增长均具有直接促进效应，提升区域金融实力可以显著促进实体经济增长；FDI溢出对实体经济增长的影响大小和方向都存在基于区域金融实力的双门槛效应，FDI的引入必须与区域金融实力和经济发展水平相适应。⑤

3. 人力资本

樊少华等认为，人力资本和研发水平可以吸收外国直接投资溢出的技术，促进经济增长；人力资本指标和代表研发水平的研发经费支出指标，对溢出技术的吸收存在"门槛效应。"⑥ 钞小静等认为，城乡收入差距过大会导致初始财富水平较低的农村居民无法进行人力资本投资，从而制约

---

① 郝颖、辛清泉、刘星：《地区差异、企业投资与经济增长质量》，载《经济研究》2014年第3期。
② 王芃、武英涛：《能源产业市场扭曲与全要素生产率》，载《经济研究》2014年第6期。
③ 王国静、田国强：《金融冲击和中国经济波动》，载《经济研究》2014年第3期。
④ 龚强、张一林、林毅夫：《产业结构、风险特性与最优金融结构》，载《经济研究》2014年第4期。
⑤ 张林、冉光和、陈丘：《区域金融实力、FDI溢出与实体经济增长》，载《经济科学》2014年第6期。
⑥ 樊少华、岳锋利：《外国直接投资技术溢出对中国经济增长的影响》，载《江西社会科学》2014年第4期。

劳动力质量的提高。由于现代部门与传统部门具有不同的生产效率,较低质量的劳动力只能在传统部门从事生产,这不仅不利于传统部门自身生产效率的提升,而且也减少了进入现代部门从事生产的劳动力数量,城乡收入差距通过劳动力质量影响了中国的长期经济增长。①

4. 消费需求

潘明清等认为,国民收入分配、居民收入分配及居民消费倾向在很大程度上抑制了居民消费总需求的增长,因而我国长期以来以国民收入增长为导向的扩大内需政策对消费需求的调控作用难以达到预期效果。② 刘敏等认为,我国当前促进合理消费需求增长的三个改革重点是:创新合理消费需求增长的财税政策,完善合理消费需求增长的社会保障制度体系,重构合理消费需求增长的非正式制度体系。未来我国合理消费需求发展的增长点主要在健康产品及其服务消费,信息产品及其服务消费,绿色、低碳产品消费。③

(三) 中国经济发展转型

1. 中国经济发展新阶段的主要特征

王小广认为,中国经济发展新阶段的主要特征包括:经济进入增长速度放慢、结构升级加快的新增长;增长放慢,质量提高,创新能力增强;最终需求、城镇化和服务业发展、制造业升级成为经济发展三大主力;投资主导向消费主导转化;增长率在区域间出现倒差,区域间产业大分工格局开始形成,雁形发展模式为中部地区发展创造机遇;城市发展将走集约化、人口城镇化为中心的科学规划发展路径;制度红利成为新的动力。④

2. 中国经济发展的转型

刘伟认为,中国经济发展的新目标包括经济规模的倍增和持续增长、

---

① 钞小静、沈坤荣:《城乡收入差距、劳动力质量与中国经济增长》,载《经济研究》2014年第6期。
② 潘明清、高文亮:《扩大内需:我国居民消费宏观调控的有效性研究》,载《财经科学》2014年第4期。
③ 刘敏、尹向东:《以合理消费需求主导经济发展》,载《消费经济》2014年第1期。
④ 王小广:《中国经济发展的新阶段论》,载《区域经济评论》2014年第3期。

人均 GDP 水平的提升及向高收入阶段穿越、经济结构的演变及现代化目标的实现；中国经济条件的新变化包括供给方面要依靠效率提高拉动经济增长，需求方面会由需求膨胀转为需求不足；中国经济推移的新特点包括通货膨胀压力巨大和经济增长需求动力不足双重风险并存；中国经济成长的新途径在于转变发展方式，要通过制度创新推动技术创新，从而促进发展方式转变。① 许广月认为，我国目前要实现从黑色发展到绿色发展的转变，这一发展范式的转换需要实现"五位一体"的转型：发展主体由"单一理性经济人"向"双重理性经济人"转型；发展目标导向由"只注重经济发展数量，不注重经济发展质量"向"优先注重经济发展质量，同时兼顾经济发展数量"转型，发展模式由"低成本竞争、高资源环境代价"向"高成本竞争、低资源环境代价"转型，发展过程由"线性强物质化过程"向"非线性弱物质化过程"转型，发展路径由"黑色工业化、黑色城市化与黑色现代化"向"绿色工业化、绿色城市化与绿色现代化"转型。② 李万峰认为当前我国经济进入了经济转型发展的新阶段，面临产业结构失衡、产能过剩等许多难题，必须走转型升级的新路径。"稳增长"是经济转型升级的基础，是既利当前又惠长远的政策切合点。③

（四）中国经济发展动力

1. 转变政府职能

魏杰等认为，内外国情的深刻变化要求中国从政府主导型增长方式转变为市场决定性作用的增长方式，包括市场决定资源配置的新理论、按照"市场决定论"推进改革的新思路与完善现代市场制度的新举措。实现市场决定性作用的动力在于政府职能转变，其路径包括简政放权与正确有为。④ 刘瑞认为，新版的中国式市场经济发展中的核心任务是转变政府职能，处理好市场垄断与竞争关系，引入社会理性，发挥社会组织功能。⑤

---

① 刘伟：《转变发展方式的根本在于创新》，载《北京大学学报》2014 年第 1 期。
② 许广月：《从黑色发展到绿色发展的范式转型》，载《西部论坛》2014 年第 1 期。
③ 李万峰：《关于当前我国经济"稳增长"的政策思考》，载《经济研究参考》2014 年第 27 期。
④ 魏杰、施成杰：《建立市场起决定性作用的经济增长方式》，载《经济学家》2014 年第 2 期。
⑤ 刘瑞：《打造中国式市场经济的升级版》，载《企业经济》2014 年第 1 期。

王国平认为在中国经济升级过程中,破除机制性障碍应视为重中之重,转变政府职能则是真正的突破口。将负面清单管理方式与转变政府职能改革有机结合起来,通过减少政府审批取得实质性进展而推动政府职能真正转变。①

2. 加快建设现代市场体系

宋冬临等认为国内区域市场出现整合趋势,但东部的市场分割明显强于其他区域。同时,市场分割与区域经济增长的关系并没有规律性结论,四大区域在发展战略影响下的政策效果各异。因此,要正确处理好政府与市场的关系,打破市场分割、促进区域协作,深入推进区域发展战略的实施,以此加快国内区域市场一体化的进程。②

3. 中国经济改革红利

蔡昉认为旨在提高潜在增长率的一系列改革,可以带来显著的改革红利,旨在平衡需求结构的相应改革,则有利于稳定宏观经济,也可以带来改革红利。③

(五) 中国经济发展空间

曹前满认为,四化各自肩负特殊时代使命,交互协调,四化同步发展的逻辑起点是结构转型,四化同步发展的关键在于构建城镇化体系,适应经济发展的内需化发展。④ 肖晓勇等认为未来中国工业化与城镇化协同演化的整个系统能否继续向前发展,关键在于能否吸收到高端的人力资本以及对人力资本各种表现形态所构成要素集合的合理配置。⑤ 黄信灶等认为,中国的体制弹性正在不断地弱化,且原有体制变革方式给中国经济带来的增长空间已经日益狭小,体制变革已经进入"深水期",使得变革的难度

---

① 王国平:《中国经济升级的障碍:系统性·结构性·突破性》,载《学术月刊》2014年第1期。
② 宋冬临、范欣、赵新宇:《区域发展战略、市场分割与经济增长》,载《财贸经济》2014年第8期。
③ 蔡昉:《挖掘增长潜力与稳定宏观经济》,载《中共中央党校学报》2014年第4期。
④ 曹前满:《论我国"四化"同步发展的逻辑基点与充要条件》,载《经济与管理》2014年第1期。
⑤ 肖晓勇、曹晅、吴少华:《工业化城市化耦合演化:经济增长动力研究的新视角》,载《学习与实践》2014年第5期。

越来越大。只有加快体制变革，中国的经济才具有快速增长的可能。①

二、宏观经济调控

（一）政府职能与作用

1. 政府作用不仅仅是弥补市场失灵

黄林等认为，在资源配置中，政府应该放权于市场，通过市场机制充分激发经济社会发展的活力，促进我国经济转型升级。同时要更好地发挥政府的作用。政府的作用不仅仅是弥补市场失灵，在整个社会主义建设事业中，还需要有党的领导和政府的主导。② 洪银兴认为，明确市场对资源配置的决定性作用不能放大到不要政府作用，也不能放大到市场决定公共资源的配置。更好地发挥政府作用除了通过自身的改革退出市场作用的领域外，还要承担起完善市场机制建设的职能。政府行为本身也要遵守市场秩序。③ 周耀东等认为，福利损失是"政企不分"特殊治理规则的结果，是使用这一规则的代价，重建政企关系成为减少福利损失的必然选择。国有企业要"去身份化"，政府应承担多重微观职能。④

2. 政府的社会管理职能

马万里认为中国式财政分权下地方政府经济增长型激励导致政府职能的经济增长导向，而不完善的财政体制安排、官员产生的公共选择机制和人员自由流动的 Tiebout 机制的双重缺失进一步强化了政府职能的增长导向，社会管理职能却被大大忽略了。经济高速增长的背后是政府社会性公共品供给不足，社会事业发展严重滞后，导致经济社会非均衡发展，产生公共事务中的"集体行动困境"。进一步改革不能将焦点全部集中于地方

---

① 黄信灶、靳涛：《体制弹性、增长匹配与经济增长》，载《财贸经济》2014 年第 4 期。
② 黄林、卫兴华：《重构新时代的市场与政府关系》，载《经济问题》2014 年第 8 期。
③ 洪银兴：《关于市场决定资源配置和更好发挥政府作用的理论说明》，载《经济理论与经济管理》2014 年第 10 期。
④ 周耀东、李倩：《国有代表性部门的福利损失："特定规则"的代价》，载《中国工业经济》2014 年第 8 期。

政府，换言之，中央政府事权"下移"、经济增长型激励异化、过度的政府支出地方化和监督制约的缺位共同造成了地方政府行为的经济增长导向和经济社会非均衡发展。必须辩证看待转轨过程中的地方政府及其所处的制度环境，通过政治突破、体制突破和外部保障机制等更加综合的政策措施，激发地方政府的积极性，实现激励相容，最终实现经济社会协调持续发展。①

3. 政府规模效应

文雁兵认为，适度政府规模有利于经济增长和社会福利增进，政府规模有三种效应，当政府规模较小时，增长效应占主导；当政府规模较大，挤出效应占主导；当政府规模适度时，福利效应占主导。中国适度政府规模应该控制在 0.2 左右。② 邓翔等通过研究新兴市场，认为政府消费规模对产出具有非稳定性，一般性政府支出规模和产出波动率的负向关系可能并不存在。③

（二）宏观调控目标与机制

1. 宏观调控目标

方福前认为我国宏观调控目标是二重的：第一重目标是改革、发展和稳定；第二重目标是促进经济增长、增加就业、稳定物价和保持国际收支平衡。后一重目标要服从于前一重目标。当前的宏观调控主要解决产能过剩、结构失衡和增加就业，需求管理和供给管理并重。④

2. 宏观调控机制

金雪军等认为，政策不确定性作用于宏观经济的主要机制为预期渠道，政府应当保持宏观经济政策的稳定性和持续性，并加强团结引导公众

---

① 马万里：《经济社会非均衡发展：中国式财政分权下的"集体行动困境"及其破解》，载《经济学家》2014 年第 11 期。
② 文雁兵：《政府规模的扩张偏向与福利效应》，载《中国工业经济》2014 年第 5 期。
③ 邓翔、祝梓翔：《政府规模与宏观经济稳定性》，载《经济理论与经济管理》2014 年第 4 期。
④ 方福前：《大改革视野下中国宏观调控体系的重构》，载《经济理论与经济管理》2014 年第 5 期。

合理预期。[①]

(三) 宏观调控政策

1. 财政政策

周波认为，我国财政自动稳定器的确发挥了产出稳定性作用，但由于周期性和外生相机抉择财政政策发挥破坏稳定性作用以及财政货币政策协调失效，自动稳定器产出稳定效应收益递减且随时期推移非线性变化。因而发挥财政政策的产出稳定效应应着力改革和完善我国财政制度，实施规则式财政政策，压缩自由量裁式财政政策空间，增进财政货币政策协调。[②] 洪俊杰等认为，运输基础设施、税收和其他区域振兴政策对我国工业空间分布有着显著影响，欠发达地区的实际税率降低10%、人均道路面积增加10%，则当地工业产出占全国的比重分别提高0.8%和0.5%，但这两项政策对不同产业的影响存在差异，税收政策影响的行业范围更为广泛。[③]

2. 货币政策

卞志村等认为，灵活通货膨胀目标制和混合名义收入目标制均可成为我国最优货币政策的有效实现形式，可促进经济平稳、协调发展。[④] 张勇等认为利率双轨制的效率不仅与金融市场的扭曲程度直接相关，更取决于产品市场的扭曲程度。政府应该不断降低产品市场和金融市场的扭曲，直到利率双轨制不再有效率时，再一举取消双轨制才是福利损失最小的。在短期，利率双轨制决定了货币政策主要通过管制利率渠道来传导。溢价比稳态提高时管制利率对溢价偏离做正向反应和溢价比稳态降低时管制利率对溢价偏离做轻微负向反应的相机反应规则，优于单一反应规则。[⑤]

---

① 金雪军、钟意、王义中：《政策不确定性的宏观经济后果》，载《经济理论与经济管理》2014年第2期。
② 周波：《基于我国省域面板的财政政策产出稳定效应研究》，载《管理世界》2014年第7期。
③ 洪俊杰、刘志强、黄薇：《区域振兴战略与中国工业空间结构变动》，载《经济研究》2014年第8期。
④ 卞志村、高洁超：《适应性学习、宏观经济预期与中国最优货币政策》，载《经济研究》2014年第4期。
⑤ 张勇、李政军、龚六堂：《利率双轨制、金融改革与最优货币政策》，载《经济研究》2014年第10期。

3. 财政政策与货币政策的组合

（1）新时期我国财政、货币政策面临的挑战。面临的挑战包括：财政政策的调控空间被大大压缩；地方政府债务风险加速集聚，为财政政策增添新变数；资金脱媒和金融创新加速发展，降低了传统货币政策的有效性；利率市场化、汇率市场化对货币政策操作带来新要求；外部冲击和内部矛盾相叠加，加大了财政、货币政策相配合的难度。①

（2）新时期我国财政、货币政策的组合取向。刘伟认为，积极的财政政策与稳健的货币政策是新阶段采取的"松紧搭配"反方向的组合，如何根据经济新常态下的失衡特点提高宏观政策松紧搭配组合方式的有效性、如何提高其可行性和针对性、如何控制其政策作用力度等新时期财政与货币政策的基本取向。②具体体现在：需求管理方面，实行货币稳健或小量紧缩、财政扩张的政策组合。就目前而言，不建议采取大规模的扩张性政策，而是建议采取以供给管理为主、需求管理为辅的定向"微刺激"政策体系，既保证经济增长和就业，又尽可能促进结构调整。需求管理应以财政政策为主，主要体现政府的产业政策、区域经济目标等，货币政策以定向降准为主，在需求管理中起到辅助作用。③加强财政与货币政策间的协调配合，还可以考虑：政策目标区间化，宏观调控最小化；根据周期、趋势、外部冲击搭配政策；推动政策操作从"自由裁量型"向"基于规则型"转变；完善财政性存款、外汇储备和国债市场管理，提高政策协调水平。④

4. 微刺激政策

陈彦斌等认为，政府的"微刺激"政策有其必要性，但"微刺激"的使用不能常态化、长期化。原因包括："微刺激"要依靠拉动投资稳增长；"微刺激"叠加之后的政策力度并不小；"微刺激"既稳增长又调结构的战略意图难以实现，并且可能导致经济结构进一步恶化；"微刺激"已经出现了"效应递减"现象。⑤

---

①④ 国务院发展研究中心"新时期我国财政、货币政策面临的挑战与对策"课题组：载《管理世界》2014 年第 6 期。
② 刘伟：《财政、货币政策反方向组合与宏观调控力度》，载《经济学家》2014 年第 11 期。
③ 刘伟：《"新常态"下的中国宏观调控》，载《经济科学》2014 年第 4 期。
⑤ 陈彦斌、陈小亮：《中国经济"微刺激"效果及其趋势评估》，载《改革》2014 年第 7 期。

5. 产业政策

（1）保持一定的投资速度推进产业结构调整。于泽等认为，我国需求方面的收入增长和供给方面的资本深化两个因素对我国结构转型的影响较大，而技术进步率差异的影响程度较小，因而保持一定的投资速度，从而稳定增长，提高居民收入，深化资本劳动比是调整产业结构的重要力量。①

（2）发展高端服务业推进产业高端化。马鹏等认为，应该通过城市功能优化、技术嵌入和对外开放促进高端服务业发展，并通过高端服务业集聚提升我国在全球价值链上的分工地位，获得更多的利益分配，获取产业控制力。②但杜德瑞等认为，工业化中期制造业发展与生产性服务业发展负相关，这种负相关直到工业化后期才能被消除。处于不同工业化进程的地区影响生产性服务业发展的因素区别较大，四大经济区应实行不同的生产性服务业发展战略。③楚明钦认为中国装备制造业规模的扩大促进了分工和专业化，促进了中国生产性服务与装备制造业的垂直分离，但是交易成本的下降并没有促进生产性服务与装备制造业的垂直分离。相反，财政政策的支持促进了中国生产性服务与装备制造业的垂直分离。④

（3）提升创新能力支撑产业演进。李坤等认为国家制造由"躯干国家"制造和"头脑国家"制造构成，前者向后者的高级演化需要国家制造创新能力支撑，高端装备制造产业成长的路径演化存在一个"大道定理"。⑤

（4）要素价格变动影响产业结构升级。沈于等认为，中国已经出现刘易斯拐点，劳动力成本与产业升级之间存在着动态关系，劳动力成本上升可能伴随着产业结构升级。⑥陈晓华等认为，中国制造业要素价格扭曲有加剧的倾向，但速度明显放缓，要素价格扭曲已经成为中国制造业技术复杂度升级和赶超的"助推型资源"；人力资本和物质资本是我国制造业技术复杂度升级和赶超的核心动力，生产性补贴未起到提升中国制造业技术

---

① 于泽、章潇萌、刘凤良：《中国产业结构升级内生动力：需求还是供给》，载《经济理论与经济管理》2014年第3期。
② 马鹏、李文秀：《高端服务业集聚效应研究》，载《中国软科学》2014年第4期。
③ 杜德瑞、王喆、杨李娟：《工业化进程视角下的生产性服务业影响因素研究》，载《上海经济研究》2014年第1期。
④ 楚明钦、刘志彪：《装备制造业规模、交易成本与生产性服务外化》，载《财经研究》2014年第7期。
⑤ 李坤、于渤、李清均：《"躯干国家"制造向"头脑国家"制造转型的路径选择》，载《管理世界》2014年第7期。
⑥ 沈于、朱少菲：《刘易斯拐点、劳动力供求与产业结构升级》，载《财经问题研究》2014年第1期。

复杂度的作用。①

6. 国民收入分配政策

（1）实现经济增长与公平分配的统一。陈享光等认为，经济增长带来的帕累托改进如果能够抵消收入不公平带来的不利影响，就能够实现社会福利的增进，即社会福利最大化依赖于一定的经济增长与一定的收入分配公平度相结合。②陆万军等认为，发展阶段的变化、涓滴效应和政府政策转变是改善一国收入分配的内在动力，通过相应政策强化三大机制对收入分配的调节功能，可在维持经济增长的同时改善收入分配。结合中国目前所处的发展阶段及其特征，激进式的再分配政策不仅无助于解决收入分配问题，反而可能对长期经济增长产生负面影响。逐步剔除影响收入分配的制度性因素，为中低收入人群提供倾斜性的公共服务，可以在改善分配格局的同时促进经济长期发展。③付文林等研究发现，提高我国的劳动收入不仅要对劳动力市场工资形成制度进行干预，更重要的是促进产业的价值链攀升，提高国民经济的价值创造能力。④

（2）完善政府转移支付。刘柏惠等认为，政府净转移收支改善了城镇居民逐渐增加的市场收入不平等，改善程度随时间逐渐增大。其中转移支付和税收都起到正向的调节作用，前者贡献相对更大，主要体现为对水平公平的改进；后者的作用则主要体现在垂直公平上。财政净转移收支在各地区内部的作用微弱，东部起主要作用的是税收政策，西部则是转移支付政策。⑤

7. 对外贸易政策

（1）外贸转型政策。张二震认为，中国外贸转型发展不能"急于求成"，需注意以下几点：一是从贸易方式来看，绝不是"薄"加工贸易而"厚"一般贸易；二是从价值链升级角度来看，也不是简单放弃"低端"而向所谓"微笑曲线"两侧高端全面升级；三是从产业角度来看，更不是

---

① 陈晓华、刘慧：《要素价格扭曲、外需疲软与中国制造业技术复杂度动态演进》，载《财经研究》2014年第7期。
② 陈享光、李克歌：《经济增长与收入的公平分配》，载《学习与探索》2014年第9期。
③ 陆万军、张彬斌：《改善收入分配的内在机制及政策需求》，载《经济体制改革》2014年第6期。
④ 付文林、赵永辉：《价值链分工、劳动力市场分割与国民收入分配结构》，载《财经研究》2014年第1期。
⑤ 刘柏惠、寇恩惠：《政府各项转移收支对城镇居民收入再分配的影响》，载《财贸经济》2014年第9期。

放弃低端产业转向高端产业的"转产"。中国外贸转型发展，需要耐心和毅力，必须从实际出发，一步一个脚印地扎实推进。①

(2) 外贸产品质量提升战略。韩会朝等认为，"质量门槛"效应存在行业间差异，其中对高技术行业作用最明显，对初级行业、自然资源行业的作用最低。中国在人均收入水平相对较低、国内需求条件不利于产品质量提升的背景下，发展对外贸易尤其是对高收入国家的贸易是提升中国产品质量水平的重要路径，而从基于经济效应的贸易政策角度讲，出口市场多元化战略并不一定是中国对外贸易政策的最优选择。② 张杰等认为，中国出口产品质量总体上表现出轻微下降趋势，但呈"U"型变化态势；私营性质样本的出口产品质量表现出显著的"U"型变化态势和轻微下降特征，而其他所有制性质样本的出口产品质量则表现出上升态势；大量低产品质量私营性质样本的短暂进入和退出出口市场，是导致中国出口产品质量"U"型变化的核心因素；私营和外资性质样本对中国出口产品质量增长产生重要正向贡献。这为中国对外贸易政策的调整提供了有现实意义的参考依据。③

(3) 贸易促进经济增长的二元经济结构条件。李云娥认为，当一国城市化水平高于某临界值时，其对外贸易开放将促进经济增长，相反，会抑制经济增长；同时，当城市化水平高于某临界值时，贸易开放将促进二元经济结构的转换，反之，将抑制二元经济结构的转换。④

三、微观规制改革

(一) 经济性规制的必要性及其影响

1. 政府规制的必要性

李世杰等认为，在上游制造商合谋的情形下，RPM（转售价格控制）

---

① 张二震：《中国外贸转型：加工贸易、"微笑曲线"及产业选择》，载《当代经济研究》2014 年第 7 期。
② 韩会朝、徐康宁：《中国产品出口"质量门槛"假说及其检验》，载《中国工业经济》2014 年第 4 期。
③ 张杰、郑文平、翟福昕：《中国出口产品质量得到提升了吗？》，载《经济研究》2014 年第 10 期。
④ 李云娥：《对外开放必然带来经济增长吗？》，载《南开经济研究》2014 年第 1 期。

会导致较高的零售价,在排他性策略下,RPM 则会降低零售价;因而合谋策略下的制造商 RPM 行为需要被规制;不过,部分合谋情形下的规制对象是参与合谋的制造商和零售商,主动全面合谋的规制对象是价格领导型制造商,制度约束下的被动全面合谋的规制对象则是制度本身。① 白让让认为,减少市场机制和政府干预之间的冲突是实现电力产业"结构性"减排目标的主要前提。火电行业的结构优化和能源效率提高,不仅要发挥投入品价格的引导功效,而且更要提升环境监管和规制的作用。②

2. 政府规制与行业监管措施必须因行业制宜

陈林等认为,航空航天制造业是典型的自然垄断产业,独占经营时社会生产成本最低,政府实施一定程度的市场准入规制是可行的。而石化、农药、钢铁、汽车、铁道车辆、船舶等当前受政府严格规制的重化工业并非自然垄断,过度规制不可取。③

3. 政府规制的影响

郑加梅等认为,当期和滞后一期混合价格规制对电信业生产率的影响都不大;价格上限规制对行业生产率增长具有一定的推动作用,但总体影响较小;固定利润分享规制对电信业生产率增长的同期促进作用显著,但滞后效应的消极影响较大。④ 冯永晟认为政府缺乏实行有效规制定价的能力,在电价政策上面临多个复杂权衡,要警惕以电价改革延缓电力市场化改革的风险,非线性定价政策的效果最终取决于市场的形成和竞争的引入,而非定价方式本身。⑤

(二) 环境规制的影响

1. 我国现阶段环境规制评价

李梦洁等认为,现阶段,中国平均环境规制强度仍处于"U"型曲线的

---

① 李世杰、蔡祖国:《双因驱动下转售价格控制的规制机理研究》,载《中国工业经济》2014 年第 7 期。
② 白让让:《电煤价格、产业政策与火力发电产业的技术结构升级》,载《财经研究》2014 年第 12 期。
③ 陈林、刘小玄:《自然垄断的测度模型及其应用》,载《中国工业经济》2014 年第 8 期。
④ 郑加梅、夏大慰:《激励性规制对中国电信业全要素生产率的影响》,载《财经研究》2014 年第 2 期。
⑤ 冯永晟:《非线性定价组合与电力需求》,载《中国工业经济》2014 年第 2 期。

下降阶段，东、中、西地区则分别处于拐点的右侧、附近、左侧。同时，产业结构调整会使"U"型曲线向左上方移动，即可以在较低的环境规制强度下越过拐点并在同等环境规制强度下达到更高的就业水平。因此，推进产业结构调整，制定合理的环境规制水平，并且分地区实施差异性环境政策对于实现环境规制与就业的双重红利具有重要意义。① 邓晓兰等认为，中国低碳经济政策应充分考虑经济发展的阶段性、区域发展的差异性以及碳排放驱动因素的层次性，制定统筹不同区域差异化的碳减排策略。②

2. 环境规制对产业结构调整的影响

原毅军等认为，正式环境规制能有效驱动产业结构调整，因此可将环境规制作为产业结构调整的新动力；当以工业污染排放强度作为门槛变量时，随着正式环境规制强度的由弱变强，它会对产业结构调整产生先抑制、后促进、再抑制的影响，从而验证了两者关系中显著的门槛特征和空间异质性。非正式规制强度指标总体上与产业结构调整正相关，表明非正式规制的经济效应在中国已初步显现；而外商直接投资和产业规模均不利于产业结构调整。③

3. 环境规制对产业竞争力的影响

杜运苏认为，环境规制对我国制造业竞争力的影响呈"U"型，现在我国仍处在拐点的左侧，即环境规制强度的提高将降低竞争力，"波特效应"还不显著；随着分位点的提高，环境规制对我国制造业竞争力的负面影响逐步降低，这主要是由我国产业结构和竞争力特点所决定的。随着我国制造业的转型升级，如果能够制定合理科学的环境政策，实现环境规制与竞争力良性循环是完全有可能的。④

4. 环境规制对绿色技术进步的影响

景维民等认为，合理的环境管制能够转变技术进步方向，有助于中国

---

① 李梦洁、杜威剑：《环境规制与就业的双重红利适用于中国现阶段吗?》，载《经济科学》2014年第4期。
② 邓晓兰、鄢哲明、武永义：《碳排放与经济发展服从倒U型曲线关系吗》，载《财贸经济》2014年第2期。
③ 原毅军、谢荣辉：《环境规制的产业结构调整效应研究》，载《中国工业经济》2014年第8期。
④ 杜运苏：《环境规制影响我国制造业竞争力的实证研究》，载《世界经济研究》2014年第12期。

工业走上绿色技术进步的轨道。在目前较弱的环境管制和偏向污染性的技术结构下,对外开放对中国绿色技术进步的影响可以分解为正向的技术溢出效应和负向的产品结构效应。二者在对外开放的三个方面有着不同程度的体现:进口在国内研发努力地配合下对绿色技术进步具有推进作用;出口则造成了负面影响;FDI 中两种效应均有显著体现。其正向效果的发挥有赖于环境管制的加强和政策上的合理引导。①

5. 环境规制对企业规模分布的影响

孙学敏等认为环境规制提高了企业规模分布的帕累托指数,使得企业规模分布变得更加均匀。环境规制对重度污染行业的企业规模分布趋向均匀有显著的促进作用,但对中度污染行业和轻度污染行业企业规模分布的影响并不明显;相比于东部发达地区,环境规制更有助于提高中西部地区企业规模分布的帕累托指数。②

(三) 规制体制改革

1. 破除行政垄断

王敏等认为中国能源领域的改革如果能够破除各种形式的行政性垄断,形成充分竞争的市场环境,再由市场形成价格,适时取消竞争性领域的价格管制,政府的外部性管制及时跟进,就能为中国能源发展的长治久安奠定基础,也将为中国未来经济的持续发展提供有力保障。③

2. 电力产业规制体制改革

付强等认为由监督成本异质性导致的不完全规制使得垄断者——电网总是有激励提高小工商业用户的电价水平,为了弥补由此带来的产出损失,规制者将监督成本较低的大工业用户电价降到均衡水平以下。这种规制机制虽然降低了小工商业的产出和利润,但是却增加了大工业的产出和

---

① 景维民、张璐:《环境管制、对外开放与中国工业的绿色技术进步》,载《经济研究》2014 年第 9 期。
② 孙学敏、王杰:《环境规制对中国企业规模分布的影响》,载《中国工业经济》2014 年第 12 期。
③ 王敏、徐晋涛、黄卓:《能源体制改革:有效的市场,有为的政府》,载《国际经济评论》2014 年第 4 期。

垄断供给者的利润，正是依靠该机制，垄断的电力产业才能在促进中国经济快速增长的同时获得高收入，并使中国经济陷入过度重工业化的增长模式当中。为了解决规制失效引发的问题，电力产业输配管理体制应该选择"输配一体、售电竞争"的改革路径。①

（四）规制体系改革的方向

肖兴志等认为规制系统存在结构性变化，在样本期内由"高规制波动状态"向"低规制波动状态"转换，且呈现出明显的"棘轮效应"；"低规制波动状态"下的规制效果优于"高规制波动状态"下的规制效果。②杜莉等认为，我国政府与金融机构应该双管齐下，由政府在宏观层面从制度供给与环境培育的角度，对碳金融发展及风险防控进行规制和监管；金融机构通过设计全面有效的碳金融交易风险预警指标体系、构建健全的碳金融交易风险管理组织框架、设计和实施先进完善的碳金融风险管理技术、建立严格的碳金融交易风险管理责任追究机制，提升碳金融交易行为主体及监管部门的风险识别与防控能力。③韩超认为社会性规制失效主要在于制度因素，核心可以归结为强势政府主导下地方政府竞争，从这一思路出发推进下一步改革，才是提升规制效果的关键。④

---

① 付强、于良春：《论中国电力产业输配管理体制改革路径选择》，载《东南学术》2014年第2期。
② 肖兴志、郭启光：《体制改革、结构变化与煤矿安全规制效果》，载《财经问题研究》2014年第9期。
③ 杜莉、王利、张云：《碳金融交易风险：度量与防控》，载《经济管理》2014年第4期。
④ 韩超：《制度影响、规制竞争与中国启示》，载《经济学动态》2014年第4期。

第四章 产业经济学研究新进展

2014年,学界围绕产业组织理论、反垄断与规制、产业升级与产业转移、产业集聚、产业发展、研发创新等理论和实践问题进行了深入研究,取得了一些新成果。

一、产业组织理论

(一) 双边市场

1. 相关市场的界定与垄断认定

在互联网产业中,目前有效竞争规则还没有形成,导致反垄断调查面临一定的困境。陆伟刚等以互联网产业的双边市场特征为基础,围绕双边市场价格结构非中性与交叉网络外部性两个基本特性对南北电信宽带垄断案做出分析,从其中暴露出的问题着手,从互补产品的角度就相邻市场对相关市场的影响进行了区分,厘清了在相关市场界定时容易混淆的相关性与替代性概念,将相关市场的界定严格限制在因价格变动的需求替代性上,提出了SSNIP测试方法改进思路;基于竞争性平台边与边之间关系的复杂性,在考虑宽带专属性平台具有的交叉网络外部性的同时,考虑到平台运营商不同边与同一边不同业务之间的总替代与总互补关系的非对称性,以及负反馈效应容易导致的相关市场界定过窄与过高估计滥用市场支配势力问题,提供了双边市场中市场势力与滥用的基本测算思路与方法,为双边市场环境下的垄断行为举证需要构建的证据链提供了基于这些方法的组合框架建议。①

经济理论的发展逐步证实，将传统的反垄断分析方法直接适用于双边市场将产生错误的结论。林平等通过对过去十几年间国外产业经济学界对双边市场中相关市场界定问题研究的回顾和梳理，初步评估了学术讨论中提出的一些建议，并筛选出较合理的建议，为中国反垄断法实施提供思路和参考。此外，他们也详细总结了国际产业经济学界最新的观点，建议竞争法执法机关应该根据双边市场的类型采取不同的市场界定改进方法。②

2. 双边市场中的定价

目前，双边平台的文献大多集中于平台双边最优价格结构及平台竞争问题，而较少关注平台产品或服务残值问题。对此，吴昌南以城市晚报作为双边平台进行研究，突出了晚报存在残值（废纸回收价）的特征，并沿用平台理论的定价机制，对晚报平台的资源配置效率进行研究发现，如果晚报平台向读者的定价低于其残值，且晚报平台参与主体之间信息不对称，读者和晚报方就会产生机会主义行为，默契合谋并形成虚假发行量。而在中国报业规制方面，他们认为现有属地年检制度弊端会促使晚报出版商和规制机构形成规制合谋。晚报平台的残值、信息不对称内在特征及规制合谋、稽查机制与司法缺陷、晚报同质化共同造成了中国晚报虚假发行量的问题。如果晚报平台根据交叉网络外部性以虚假发行量为基础对企业进行广告定价，会导致做广告的企业受损，社会总体福利降低，平台市场失灵。最后，他们提出了若干规制政策，以建立对晚报虚假发行量的规制政策体系。③

作为典型的双边市场，银行卡产业的运行受到交换费和刷卡手续费的影响。程贵孙等通过建立模型研究发现，银行卡组织的交换费和刷卡手续费水平与银行卡网络规模的网络外部性强度有关，即消费者持卡消费规模越大，网络外部性强度越强，则交换费和刷卡手续费水平越低。④

---

① 陆伟刚、张昕竹：《双边市场中垄断认定问题与改进方法：以南北电信宽带垄断案为例》，载《中国工业经济》2014年第2期。
② 林平、刘丰波：《双边市场中相关市场界定研究最新进展与判例评析》，载《财经问题研究》2014年第6期。
③ 吴昌南：《城市晚报：定价、虚假发行量与规制政策》，载《中国工业经济》2014年第2期。
④ 程贵孙、乔巍然：《持卡规模与银行卡刷卡手续费的关系研究》，载《产业经济评论》2014年第4辑。

(二) 网络产业

1. 定价与成本

随着网络产业由垄断向竞争的演变，接入定价理论逐渐发展起来。其中，单向接入定价是对产业放松规制，开放竞争领域的重要研究议题；双向接入定价在网络产业互联互通进程的深化过程中，日益得到关注。房林等基于四种定价规则的适用条件、优缺点、应用前景以及市场结构对接入定价影响的视角对单向接入定价理论发展进行梳理；基于线性定价、非线性定价的视角分别对对称市场和非对称市场的双向接入定价文献进行归纳。在此基础上分析接入定价理论现有研究的不足，并指出其理论未来的发展空间。①

王海兵等在考察网络购物中消费者网络外部性、产品兼容特征和单位运输成本作用基础上，围绕商家"包邮"决策，通过构建双寡头竞争模型，探讨不同策略集合下的均衡结果。研究发现，由于网络接入的开放性和消费者搜索成本的极低性，网购中商家"包邮"策略行为主要受单位运输费用、商家产品间相对兼容程度和网络效应强度三因素的综合影响；若"包邮"策略由商家内生决定时，都"不包邮"才是最优策略集合，此时商家利润和社会整体福利水平最高；若外生决定是否采用"包邮"策略，不同策略集合下商家利润正负的边界条件有异，都"包邮"时条件最为严格，但此时消费者福利水平最高；具有兼容优势的商家市场规模较大。②

2. 平台竞争

近年来，互联网反垄断问题已成为学界讨论的热点之一。傅瑜等对互联网平台市场进行考察，推导出技术进步与商业模式创新的市场不相容定律，并在不同厂商网络不兼容与平台开放策略的约束下，发现由于强烈网络效应的存在，互联网市场将出现单寡头竞争性垄断结构。这使得消费者在产品同质、厂商较多的情况下仍自觉地聚焦于特定的一家厂商，导致市

---

① 房林、邹卫星、张奇科：《网络产业接入定价研究前沿探讨》，载《产业经济评论》2014年第2期。

② 王海兵、杨蕙馨：《网购中商家"包邮"行为的经济分析》，载《山东大学学报（哲学社会科学版）》2014年第2期。

场集中度非常高；同时，零运输成本令消费者被集中到虚拟的统一市场当中，既为主导厂商最大限度地扩大市场、实现规模经济创造条件，又有利于专门满足细分需求的厂商实现规模经济，让市场足以容纳多个厂商。市场出现了单寡头平台厂商与多个厂商共生的网络生态现象，前者负责构造网络生态体系并具有市场势力，后者负责满足消费者多元化需求、进入细分市场并做大规模。自由进入的环境、快速的技术和商业模式创新、特殊的定价模式导致互联网市场的包容性竞争，垄断与竞争相生相伴，周而复始推动产业的高速发展。单寡头竞争性垄断结构本身并不会妨碍竞争，且不会因为拆分垄断企业而消除。①

随着知识经济时代的到来，企业之间的竞争向以网络效应为主要机制的标准竞争转变，其竞争焦点是安装基础，表现形式是多个技术标准在市场中竞争性扩散。对此，杨蕙馨等在 Bass 模型的基础上引入网络效应，对技术标准竞争性扩散的机制进行研究。首先在扩散方程中通过引入"网络效应增益"体现网络效应的影响，并讨论其作用和性质，进而使用非线性似不相关回归对 iOS 和 Android 在智能手机操作系统市场中竞争性扩散进行实证分析，在此基础上通过建立仿真模型进一步研究关键参数的变化对竞争性扩散趋势的影响。他们认为，技术标准的网络效应由用户数量和标准本身的技术特性共同决定，直接影响技术标准竞争性扩散过程。网络效应对竞争结果的影响主要通过安装基础的相对规模和网络连接效率两方面实现。这两种因素同时产生作用，会显著影响技术标准的市场扩散速度。②

（三）模块化

组织模块化和技术模块化之间的匹配关系，是设计与架构跨边界研发网络的关键，因而成为通过拓展研发网络边界进行技术追赶的中国企业必须面临并处理的战略问题。魏江等通过四家高技术设备制造企业的探索性案例研究，探究全球化情境下组织身份差异及单体技术与系统技术差距带来的双重影响，解构组织模块化和技术模块化间同构/异构的协同方式，建立基于组织模块化和技术模块化协同的跨边界研发网络架构。一方面，

---

① 傅瑜、隋广军、赵子乐：《单寡头竞争性垄断：新型市场结构理论构建》，载《中国工业经济》2014 年第 1 期。

② 杨蕙馨、王硕、冯文娜：《网络效应视角下技术标准的竞争性扩散》，载《中国工业经济》2014 年第 9 期。

组织模块化和技术模块化的拼合式协同、聚拢式协同、获取式协同、整合式协同是规避由组织身份差异以及单体与系统技术差距带来障碍的重要方式，同时这四种协同方式体现同构/异构的范式；另一方面，面对组织身份差异，企业可以实施接受、减弱、回避、整合四种管理响应机制，以保障同构/异构协同的实现。最后，他们结合战略管理研究中的单体技术与系统技术的差距和组织行为研究关注的组织身份差异两个维度，解构了跨边界研发网络架构中的通病，并提出组织模块化和技术模块化协同角度的解决思路和相应的保障措施，创新性地提出组织模块化和技术模块化的同构异构匹配模式，阐述了结论的启示意义，即跨边界研发网络架构障碍克服与协同运作机制以及跨边界研发网络架构设计规则的二元性。①

随着企业组织架构的主流范式逐渐从一体化转向模块化，传统产权激励理论对于新情境的解释力也逐渐减弱。周翔等对组织从一体化向模块化演进中的组织治理过程进行了考察，综合分析了剩余索取权、进入权和虚拟产权三种产权的内涵、运作机制及界定模式，并归纳出了企业产权随组织架构演进而演进的内在规律。此外，他们发现产权的有效运作依赖于产权界定模式和治理模式的匹配：如果用契约设计来界定产权就要匹配监督的治理模式，而用架构设计来界定产权就应该匹配授权的治理模式。②

二、反垄断

（一）垄断与反垄断

1. 反垄断执法

反垄断法是市场经济的"经济宪法"，以反垄断法为核心的竞争政策

---

① 魏江、黄学、刘洋：《基于组织模块化与技术模块化"同构/异构"协同的跨边界研发网络架构》，载《中国工业经济》2014年第4期。
② 周翔、吴能全、苏郁锋：《基于模块化演进的产权理论》，载《中国工业经济》2014年第10期。

及其体系需要顶层设计。于立通过 2001 年中国电信与中国联通反垄断执法案例以及与美国和欧洲成熟经验对比，说明我国现实中"分散＋配角"型执法体制的弊端及其导致反垄断执法中面临的诸多困境，这种滞后的反垄断执法体制改革，不符合关于"建立权责统一、权威高效的行政执法体制"的改革要求，造成反垄断执法体制效率低下。应成立责权统一、权威高效（且独立、专业）的反垄断执法机构，并以此作为竞争政策的执行主体。新体制的顶层设计需要注意竞争政策与产业政策、行政执法与法院执法之间关系的处理，国内与国际两个方面的协调问题、中央与地方反垄断执法体制的设计问题。①

2. 垄断与产品质量升级

经过三十多年的改革开放，中国的下游产品市场已基本实现自由竞争，而上游行业依然在很大程度上处于垄断状态。王永进等考察了上游垄断对企业产品质量升级的影响。在构建质量内生的异质性企业理论模型，阐述了上游垄断影响企业产品质量选择的作用渠道和作用条件的基础上，克服了以"价格法"衡量产品质量的局限性，结合《中国海关贸易数据库》和《中国工业企业数据库》，在考虑了价格内生性、水平差异产品种类的基础上，采用回归反推方法，对中国企业的产品质量进行了测算。研究发现，上游垄断对产品质量升级的作用取决于垄断的成因以及下游的竞争程度：从平均意义上看，上游垄断显著促进了下游企业的产品质量升级，但其对不同行业的影响存在显著差异性：由企业自身的高效率所导致的垄断对下游产品质量升级的作用与下游竞争程度有关，下游竞争程度越高，则其正面作用越小。因此，并非所有的垄断都会促进下游产品质量升级。而由政府保护所形成的垄断明显不利于产品质量升级。②

3. 相关市场界定

相关市场是反垄断政策的基石。新发展下的互联网产品具有免费、网络效应、锁定效应和平台竞争等技术经济特征，引发了对于互联网行业相关市场界定的探讨。黄坤对"3Q 反垄断案"进行分析发现，该案的独特性在于即时通讯软件、微博和社交网络等涉案的互联网产品不同于普通产

---

① 于立：《垄断行业改革与反垄断执法体制的构建》，载《改革》2014 年第 5 期。
② 王永进、施炳展：《上游垄断与中国企业产品质量升级》，载《经济研究》2014 年第 4 期。

品，主流的 SSNIP 测试不能直接应用于涉及互联网产品的反垄断案件。他们提出用"假定垄断行为测试"方法界定相关市场。假定垄断行为测试与 SSNIP 测试的区别在于考察假定垄断者的某种垄断行为是否有利可图。研究表明，国内的即时通讯软件市场可以构成本案的相关市场，而被告主张的互联网平台市场并不能构成本案的相关产品市场。这对于有关各方在涉及互联网产品的反垄断案件中更准确地界定相关市场具有重要的现实意义。[1]

（二）并购

1. 横向并购单边效应分析

在并购可能产生的两种反竞争效应中，对单边效应进行评估分析是横向并购反垄断审查的重点。余东华等在 PCAIDS（Proportionality Calibrated Almost Ideal Demand System）模型的基础上改变加总性假设，引入零次齐次性假设，构建了 H – PCAIDS 模型，并通过矩阵变换推导出了用于估计双产品市场需求系统的简化版 H – PCAIDS 模型；然后，使用以上两类模型分别估计了中国电冰箱行业的需求系统，评估了中国电冰箱行业横向并购的单边效应。分析发现，横向并购单边效应的大小取决于产品之间的替代程度、转移率、产品的市场份额以及效率改进的程度。[2]

2. 外资纵向兼并对竞争效果的影响

张雪慧等通过构建简单的上、下游市场古诺竞争模型，研究了在上游外资企业不存在效率优势时，外资纵向兼并我国企业对上游投入品价格、最终产品价格和社会福利的影响。研究发现，在一定条件下，兼并厂商会实施市场封锁，但兼并后中间投入品价格、最终产品价格都会下降。国内企业间纵向兼并的总福利增加总是高于外资企业并购国内企业的总福利增加，外资纵向并购时竞争效果评估与鼓励国内企业间兼并的产业政策目标是基本一致的。[3]

---

[1] 黄坤：《互联网产品和 SSNIP 测试的适用性》，载《财经问题研究》2014 年第 11 期。
[2] 余东华、刘滔：《基于 H – PCAIDS 模型的横向并购单边效应模拟分析》，载《中国工业经济》2014 年第 11 期。
[3] 张雪慧、林平：《外资纵向兼并下竞争效果评估》，载《山东大学学报（哲学社会科学版）》2014 年第 1 期。

三、产业升级与产业转移

(一) 产业升级

1. 产业升级的理论逻辑

金碚从工业的使命和价值视角,探讨了中国产业升级转型的理论逻辑,认为工业转型或产业升级,实质上是工业所具有的创新性和革命性的自发彰显。当前的工业转型是工业的工具效用和价值实质间内在关系的再调整,是工业创新能力的再释放,因而信息化、智能化是工业发展的逻辑必然。[1] 汪海波通过考察人类社会产业结构升级规律,以及新中国产业结构升级历程指出,当前我国产业结构的升级不仅显示工业化中后期的特点,而且在很大程度上显示了现代化的特点。我国产业结构升级的走势是:在提高自主创新能力的基础上,加速推进农业现代化,实现制造业由大到强的转变,大力发展服务业(特别是生产性服务业)以及环保产业、文化产业和海洋产业。[2]

2. 产业升级的影响因素

(1) 城镇化。潘锦云等认为,良性发展的城镇化促进工业化转型升级,有助于实现城镇和产业融合发展,但我国城镇化畸形发展带来的诸多弊端,不仅成为制约工业化升级发展的因素,也已经成为发展新型城镇化的障碍。只有把握好中级水平的工业化和城镇化同步发展关系,处理好产城融合发展新理念对城镇化和工业化发展提出的新要求,协调好城镇化和工业化在新"四化"中的作用,才会在同步推进城镇化和工业化中实现产城融合发展。[3]

(2) 劳动力成本。随着劳动力成本的攀升,产业间的比较优势发生变

---

[1] 金碚:《工业的使命和价值》,载《中国工业经济》2014年第9期。
[2] 汪海波:《中外产业结构升级的历史考察与启示》,载《经济学动态》2014年第6期。
[3] 潘锦云、姜凌、丁羊林:《城镇化制约了工业化升级发展吗》,载《经济学家》2014年第9期。

化,从而会诱发产业升级。沈于等基于上述事实,建构了一个带中间品的两商品模型,引入了上下游厂商之间的"协调"这一因素,在一个更加贴近现实的背景下,说明了劳动力成本与产业升级之间的动态关系。①

(3) 土地资本化。土地资本化是长期以来我国经济快速发展的重要推动因素。以地方政府为主导的土地资本化,通过资本集聚与政府投资促进了我国的工业化和城市化。彭昱利用 1995~2010 年的面板数据,对土地资本化所引起的产业结构变化进行经验检验,发现土地资本化是近年来我国工业化快速推进的重要原因。但这一模式不可持续,未来应通过深化土地制度改革,逐步实现自主的土地资本化以推动土地资源利用的集约化和规模化,实现我国的产业结构转型。②

3. 产业升级的路径

(1) 创新路径。张其仔研究发现,无论是利用传统的产业分类方法,还是新的产业分类方法进行分析,中国已经发生了雁阵式产业升级现象,而且进入到了雁阵式产业升级的第二阶段,东部地区在向中西部地区转移产业的同时,其自身的产业升级方向并不十分明晰;在雁阵式产业升级过程中,中国正面临比较优势陷阱的风险。应通过推进进口替代战略,建立跨界创新机制,建立中小企业广泛参与和国际合作的创新机制来明晰产业升级的方向。③

(2) 垂直专业化分工路径。赵明亮结合山东产业发展的国内外经济环境和山东产业及园区规划研究认为,依托垂直专业化分工与园区经济带动是实现山东产业转型升级的最有效路径。④

(3) 对外直接投资路径。陈建奇通过实证研究认为,对外直接投资与产业结构升级具有长期的协整关系,我国应借鉴韩国、中国台湾地区等经济体的经验,借助巨额外汇储备促进企业加快对外直接投资,以此反过来主动推动产业结构优化。⑤

---

① 沈于、朱少非:《刘易斯拐点、劳动力供求与产业结构升级》,载《财经问题研究》2014 年第 1 期。
② 彭昱:《城市化过程中的土地资本化与产业结构转型》,载《财经问题研究》2014 年第 8 期。
③ 张其仔:《中国能否成功地实现雁阵式产业升级》,载《中国工业经济》2014 年第 6 期。
④ 赵明亮:《垂直专业化分工与园区经济带动视角下山东产业转型升级路径研究》,载《产业经济评论》2014 年第 4 辑。
⑤ 陈建奇:《对外直接投资推动产业结构升级:赶超经济体的经验》,载《当代经济科学》2014 年第 6 期。

(二)产业转移

1. 产业转移的模式

(1) 大国雁阵模式。纪玉俊等认为,21世纪之后作为"头雁"的东部地区已经不具备劳动力比较优势,而以此为基础的制造业集聚对区域发展也体现出负向作用,也就是东部地区急需形成新的比较优势实现产业升级;而中西部地区在具有劳动力比较优势的情况下没有较好地承接东部地区的产业扩散,也就是缺乏与东部地区"反哺"实现对接的相关条件。① 对此,杨国才等认为当前我国中西部地区承接产业转移中普遍存在产业承接上的区域均衡配置、城市建设中的刻意追求功能分区、招商引资上的"唯数量论"等有碍城镇化质量提升的问题。所以,中西部地区承接产业转移政策亟待转向,<u>应重塑产业布局、重构产城关系、重建承接模式</u>。②

(2) 转移次序模式和空间模式。胡安俊等借助产业转移理论模型,提出了"核心区产业能否转移""按什么次序转移""以什么空间模式转移"三个假说。在此基础上,利用中国地级行政单元的三位数制造业数据对上述假说进行检验发现,中国制造业已经出现由东部向中西部地区的大规模转移。在转移次序上,按照产业替代弹性的逆序展开。高替代弹性产业先转移,低替代弹性产业后转移;在空间模式上,低替代弹性产业呈现等级扩散模式,高替代弹性产业呈现扩展扩散模式。③

2. 产业转移的影响因素

(1) 生产要素的空间配置。谢呈阳等借鉴要素资源行业间错配的研究方法,引入空间维度,在将劳动力细分为高端人才和普通劳动力的基础上构建了存在要素价格扭曲的 N 行业 M 地区生产模型,测算了目前作为产业转移主题的传统产业中的资金、高端人才和普通劳动力资源的空间错配形态、程度和由此导致的产出缺口。测算显示,经济先发达地区供给不足,而后发

---

① 纪玉俊、张鹏:《我国区域经济协调发展的大国雁阵模式》,载《产业经济评论》2014年第13卷第1辑。
② 杨国才、潘锦云:《中西部地区承接产业转移的政策应转向》,载《经济纵横》2014年第5期。
③ 胡安俊、孙久文:《中国制造业转移的机制、次序与空间模式》,载《经济学(季刊)》2014年第1期。

地区却存在不同程度的过剩,这表明产业转移的速度滞后于要素迁移的速度,应当进一步推进产业由先发达地区向后发达地区转入。①刘新争也认为,资本流动和劳动要素流动在空间上的错置,严重削弱了产业转移的经济效应,而且,这种效应在中西部劳动力工资上行压力、资本投入缺乏效率、承接地政府之间的竞争等诸多因素的作用下进一步被强化。要想提高产业转移效率,实现区域均衡增长,必须改善资本要素的空间布局。②

(2) 要素成本、区位环境和制度环境。桑瑞聪等基于长三角和珠三角地区上市公司的微观投资数据,对 2000～2010 年期间产业转移的总体趋势和时空演变特征进行实证分析发现:在行业分布上,产业转移大致按照"劳动密集型—资本和资源密集型—技术密集型"的方向进行;在地区选择上,产业转移沿着"东部沿海地区—中西部地区—海外地区"的顺序梯度进行;要素成本、区位环境和制度环境因素是产业转移的重要影响因素。③

(3) 市场作用。吴要武把跨省迁移者与省内迁移者的收入差异视为厂商转移资本的(最大)收益,估算了中西部地区跨省迁移者与省内迁移者的收入差异,进而估算东部产业向中西部地区转移时可能的收益空间。发现尽管跨省迁移者与省内迁移者的收入差异显著,但推算的总收益规模约为 805 亿～1573 亿元,对引导东部劳动密集型产业向中西部转移来说,这个收益似乎不如原先设想得那么大。这意味着,政府和学术界期待的在地区间实现产业转移的模式,不能单纯依靠市场力量来实现。④

(三) 产业结构调整的效应

1. 产业结构调整的减排效应

王文举等从投入产出理论出发,在消费和出口产品结构刚性的前提下,以投资作为调整对象,构建了产业结构调整的动态投入产出模型。研究表明:虽然城乡居民的新一轮消费结构升级有加剧中国重工业化的趋势,不利于低碳产业结构调整,但消费率的提高依然会使得产业结构向低

---

① 谢呈阳、周海波、胡汉辉:《产业转移中要素资源的空间错配与经济效率损失:基于江苏传统企业调查数据的研究》,载《中国工业经济》2014 年第 12 期。
② 刘新争:《资本重置、地区利益再分配与产业转移》,载《经济学家》2014 年第 12 期。
③ 桑瑞聪、刘志彪:《中国产业转移趋势特征和影响因素研究》,载《财贸研究》2014 年第 6 期。
④ 吴要武:《产业转移的潜在收益估算》,载《经济学(季刊)》2014 年第 1 期。

碳方向演进：如果能源结构和各部门的单位产品能耗保持在 2005 年的水平，产业结构调整对实现中国碳强度目标的贡献最高可达 60% 左右。① 与之相对，肖挺等通过将产业结构调整分设为产业结构均衡以及产业结构优化两类指标，以 1998~2012 年期间数据为样本分析了产业结构调整对我国二氧化硫排放的影响，结果表明：产业结构均衡化对于工业硫排放有着明显的限制作用，但产业结构优化除了对东部地区人均排放量有所抑制之外，基本呈现的是加剧节能减排问题的严重性。②

2. 产业结构调整的城市发展效应

柯善咨等通过地级及以上城市面板数据的计量估计显示，生产性服务业—制造业结构对生产率的影响取决于城市规模，城市需要达到一定的门槛规模方能从上下游产业关联中获得效益。随着城市规模的增大，城市经济效益发生先增长后下降的倒"U"型变化，而城市规模增大的边际收益则随产业结构向服务业转变而增加。我国大部分地级市的实际规模仍小于最优规模，因此在经济发达的大城市向服务型经济转型的同时，中小规模的地级市应该推动当地制造业的发展和人口集聚。③ 于斌斌等运用空间计量技术实证研究了城市集聚经济与产业结构变迁对劳动生产率影响的空间溢出效应。研究发现，城市集聚经济与产业结构变迁的影响效应存在显著的地区、阶段和规模差异：城市专业化经济对东部城市的劳动生产率有显著的负向效应，而对进入服务化阶段的城市劳动生产率却存在明显的促进作用；城市多样化经济是特大城市劳动生产率提升的重要来源，但其对工业劳动生产率的提高具有显著的阻滞效应；产业结构波动化有利于城市工业劳动生产率的提高，尤其是针对东部和西部的城市；产业结构高级化对正处于工业化阶段的城市并不适用，整体而言，产业结构的"反向高级化"更能促进中国城市劳动生产率的提高。④

3. 产业结构调整的收入分配效应

付才辉研究发现：产业结构升级降低了农村就业增长率，但提高了农

---

① 王文举、向其凤：《中国产业结构调整及其节能减排潜力评估》，载《中国工业经济》2014 年第 1 期。
② 肖挺、刘华：《产业结构调整与节能减排问题的实证研究》，载《经济学家》2014 年第 9 期。
③ 柯善咨、赵曜：《产业结构、城市规模与中国城市生产率》，载《经济研究》2014 年第 4 期。
④ 于斌斌、金刚：《城市集聚经济与产业结构变迁的空间溢出效应》，载《产业经济评论》2014 年第 4 辑。

民和城市初级劳动力的工资增长率，同时对农民工就业增长率存在倒"U"型影响，对城市高级劳动力就业存在"U"型影响；产业结构升级通过人力资本增长放大了城市高级劳动力的工资增长率，但却削弱了初级劳动力对高级劳动力工资增长的驱动作用。为缓和中国日益扩大的不平等与逐渐下滑的增长趋势，产业结构升级、人力资本投资和均等化以及户籍改革需要同时齐头并进。①

四、产业集聚

（一）产业集聚的影响因素

1. FDI 和劳动力流动

颜银根在新经济地理框架下构建了三地区、两部门和两要素的空间一般均衡模型，采用中国 2005 年 30 个省（市、自治区）的截面数据研究发现，FDI 和劳动力的流动对非农产业集聚具有显著的正向影响，由此造成了中国非农产业在东部沿海地区的集聚。此外，他们发现人口密度、市场潜能、人力资本等对非农产业集聚有显著的正影响。②

2. 知识溢出

王文翌等通过拓展 Griliches 的资产—价值模型，运用 2003～2011 年中国制造业上市公司数据研究知识溢出影响产业集聚与创新的机理发现：专业化知识溢出提升了上市公司的市场价值；随地理距离衰减的专业化知识溢出使上市公司 R&D 绩效高于未接受知识溢出的上市公司，这表明知识溢出促进企业的微观创新；多种距离衰减模式下的知识溢出对市场价值和 R&D 绩效的影响相差无几。这表明以知识溢出为表现的知识转移与学习是形成企业集聚的重要原因。③

---

① 付才辉：《产业结构变迁中的二元经济》，载《产业经济研究》2014 年第 5 期。
② 颜银根：《FDI、劳动力流动与非农产业集聚》，载《世界经济研究》2014 年第 2 期。
③ 王文翌、安同良：《产业集聚、创新与知识溢出》，载《经济研究》2014 年第 4 期。

3. 城市发展水平

李大垒等通过对 35 个大中城市的面板数据进行了实证研究发现，一个城市的金融业产值占 GDP 比重、职工平均工资、人均地区生产总值、工业产出水平、商业销售水平、财政支出水平、教育投入水平和位于东部地区等因素对该城市金融产业集聚发展具有正向影响，而居民储蓄水平则呈负向影响。①

4. 人才集聚

张樨樨等运用连续时间序列数据，以耦合度与耦合协调度为评判指标，构建海洋产业集聚与海洋科技人才集聚耦合发展评判模型，科学定量评估二者的协同发展态势，明辨非协同发展因素，为科学制定二者协同发展策略，提升我国海洋经济集约化发展效率提供决策参考。②

（二）产业集聚的效应

1. 行业间垂直溢出效应

胡翠等以企业所在行业的上游和下游行业集聚程度作为配套能力的代理变量，以生产率作为竞争力的衡量指标，采用 1999～2007 年全部国有及规模以上非国有制造业企业数据，结合中国的"投入—产出"表，考察了集聚在垂直行业间的溢出对竞争力的影响。研究发现：上、下游行业集聚对制造业企业生产率的影响显著为正；集聚的垂直行业间溢出效应大小与企业规模负相关；由于上、下游行业集聚水平总体较低，所以集聚对中国制造业企业生产率的平均相对贡献较小。因此，在传统优势不断减少的情况下，可以通过提高产业配套能力、促进具有垂直关联行业的集聚，提高中国制造业企业的竞争力。③

---

① 李大垒、仲伟周：《城市依附、社会嵌入与金融产业集聚》，载《当代财经》2014 年第 3 期。
② 张樨樨、张鹏飞、徐子轶：《海洋产业集聚与海洋科技人才集聚协同发展研究》，载《山东大学学报（哲学社会科学版）》2014 年第 6 期。
③ 胡翠、谢世清：《中国制造业企业集聚的行业间垂直溢出效应研究》，载《世界经济》2014 年第 9 期。

2. 工资效应

程中华等利用中国 2003~2012 年 285 个地级及以上城市的统计数据，运用空间计量模型引入地理距离分析了产业集聚对地区工资水平影响的空间溢出效应，发现中国城市职工平均工资的空间相关性呈现波动性的递增趋势；制造业集聚不利于地区工资水平的提升，生产性服务业集聚和制造业与生产性服务业共同集聚对于地区工资水平具有促进作用；从集聚外部性效应来看，MAR 外部性和 Porter 外部性抑制了地区工资水平的提升，而 Jacobs 外部性有利于地区工资水平的提升。[1]

3. 避税效应

王永培等利用 2000~2008 年中国制造业企业数据实证检验产业集聚的避税效应发现：制造业地理集聚提高了企业避税强度，族群成员协同集聚的溢出效应强化了企业间避税的相互学习和示范；位于最终消费品需求和中间投入品供给中心区域的政府通常选择征收集聚租的策略性税收行为，迫使该区域内企业更多地进行策略性避税；小企业税负承受力明显弱于大企业，避税意愿更为强烈；相对于中西部地区，长三角、珠三角等发达地区企业缴纳更多集聚租，避税活动更为频繁。政府应采取加强地区间基础设施互联互通、消除区域壁垒等一体化措施提高制造业集聚程度，实施适度的财政转移支付、税收优惠等差异化政策减轻弱势企业和落后地区税负，有效协调地区间经济增长，进而涵养税源。[2]

五、产业发展

（一）战略性新兴产业

1. 政府补贴效率

陆国庆等通过实证研究发现，政府对战略性新兴产业创新补贴的绩效

---

[1] 程中华、于斌斌：《产业集聚与地区工资差距》，载《当代经济科学》2014 年第 6 期。
[2] 王永培、晏维龙：《产业集聚的避税效应》，载《中国工业经济》2014 年第 12 期。

是显著的，创新的外溢效应也是显著的；外溢效应产出弹性系数远大于政府补贴的产出弹性系数，表明政府创新补贴对单个企业本身产出绩效作用并不大；公司治理与财务风险状况对政府创新补贴绩效有显著影响，从实证估计结果系数大小来看，对创新补贴绩效影响从大到小依次为资产负债率、独立董事占比、综合杠杆系数、固定资产比率、第一大股东持股比例。①

2. 规模效应

任保全等利用 A 股市场的战略性新兴产业上市公司数据，从产业整体、产业分类、政策支持和产权性质层面分别研究了战略性新兴产业的规模效应。结果表明，虽然战略性新兴产业整体呈现显著的规模效应，但部分产业规模效应不显著，甚至呈现规模不经济；政策支持对战略性新兴产业规模效应的作用是显著的；在产权性质方面，国有企业规模效应不显著，而非国有企业规模效应显著。②

3. 产业效率

吕岩威等运用随机前沿生产函数模型，采用 2003~2010 年面板数据，对中国战略性新兴产业 19 个细分行业的技术效率及其影响因素分析发现，中国战略性新兴产业的技术进步速度较快，但技术效率水平较低，并呈现起伏波动的特征；中国战略性新兴产业存在行业、区域异质性，不同行业、不同区域的技术效率差异明显；外生性因素中，产业集聚度、企业规模和外商直接投资对战略性新兴产业技术效率具有正向促进作用，出口贸易和国有经济比重对战略性新兴产业技术效率产生负效应；外生性因素对中国不同地区战略性新兴产业技术效率的影响不尽相同。③

4. 收入差距

任燕燕等基于我国 30 个省市 1999~2012 年的面板数据，分别利用固定效应模型和分位数回归方法分析了高新技术产业投入对城乡收入差距的影响，发现高新技术产业发展会拉大城乡收入差距且存在时滞性，不同地

---

① 陆国庆、王舟、张春宇：《中国战略性新兴产业政府创新补贴的绩效研究》，载《经济研究》2014 年第 7 期。

② 任保全、王亮亮：《战略性新兴产业存在规模效应吗？》，载《产业经济研究》2014 年第 3 期。

③ 吕岩威、孙慧：《中国战略性新兴产业技术效率及其影响因素研究》，载《数量经济技术经济研究》2014 年第 1 期。

区的影响幅度和变化趋势不同。政府应通过降低高新技术产业投入在城乡间的差距以缩小城乡收入差距。①

(二) 制造业生产率提高的主要因素

任曙明等利用 ACF 法测算生产率,在双边随机边界模型统一框架下率先定量估算融资约束、政府补贴对生产率的效应发现:平均而言,政府补贴完全抵消了融资约束对生产率的负面效应,政府补贴的平滑机制促进了装备制造企业生产率平稳持续增长。但也有 1/4 的企业出现政府补贴对生产率的正面效应小于融资约束的负面效应。因此,政府应谨慎、有针对性地制定补贴政策。② 宣烨等利用长三角 38 个城市数据,以经济地理距离作为空间权重矩阵,采用空间计量模型检验了生产性服务业层级分工对制造业生产率提升的影响。研究发现,生产性服务业层级分工通过专业化分工和空间外溢效应以及比较优势的发挥显著提升了制造业生产效率。③

(三) 生产性服务业

1. 生产性服务业发展的影响因素

(1) 制造业与生产性服务业的互动。周静认为在全球产业发展模式呈现高度"服务化"与"第三次工业革命"兴起的双重背景下,生产性服务业与制造业的互动需经历剥离独立、交叉互动和融合互动三个阶段,不同阶段二者的互动关联效应、互动溢出效应与互动辐射效应不同。在处理产业间关系及区域经济发展问题时,应充分结合理论分析作出所属阶段的准确判断,以根据阶段特点和"三效应"的强弱决定重点发展行业和未来

---

① 任燕燕、吕洪渠、阚兴旺:《高新技术产业发展对城乡居民收入差距的影响》,载《财经问题研究》2014 年第 8 期。
② 任曙明、吕镯:《融资约束、政府补贴与全要素生产率》,载《管理世界》2014 年第 11 期。
③ 宣烨、余泳泽:《生产性服务业层级分工对制造业效率提升的影响》,载《产业经济研究》2014 年第 3 期。

发展目标。① 陈启斐等构建了生产性服务进口的多边模型，分析了生产性服务进口对一国制造业技术进步提升的作用。结论显示，只有当母国制造业生产率达到一定的阈值后，生产性服务业进口才能促进制造业的技术进步，而且实证研究表明，生产性服务进口可以显著促进我国制造业的技术进步。细分行业研究表明，金融服务进口贸易、研发服务进口贸易和商业服务进口贸易都可以促进制造业的生产率的提升。②

（2）全球化。袁志刚等通过考察全球化对中国生产服务业的影响发现，全球化趋势造成生产服务业对主要产业部门投入的停滞和下滑。同时出现国外生产服务业投入对国内投入产生替代，并且这一替代集中在中、高技术含量产业部门。与此同时，虽然全球化造成国内技术变动抑制本国主要生产服务业发展，但国外技术变动和国内及国外最终需求变动都有力地拉动了中国生产服务业发展。中国未来生产服务业发展必须坚持服务业进一步对外开放，并在鼓励货物贸易出口和国内最终需求增长的同时，破除服务业领域国有企业垄断和加快人力资本积累。③

2. 生产性服务业发展的效应

（1）对城市化的影响。韩峰等在外部性和新经济地理综合框架下研究了中国284个地级市生产性服务业集聚对城市化的影响。结果显示，生产性服务业专业化和多样化集聚对城市化具有显著的技术溢出效应，且专业化集聚作用效果更明显；而生产性服务业空间集聚规模则通过市场外部性作用于城市化。生产性服务业专业化集聚对西部地区影响大于东、中部，而多样化集聚和空间集聚规模的作用由东向西依次递减。④

（2）对经济发展的影响。杨玲等在开放环境下尝试以美国、日本、欧洲和部分金砖国家为代表，研究了生产性服务贸易出口技术结构对各国包容性增长的影响效应。研究发现，一国高技术生产性服务出口密度提升可以促进包容性增长，而低技术密度增长却降低了一国经济的可持续发展，但有利于短期GDP上升。当前我国经济要实现稳定增长，应该大力提升

---

① 周静：《生产性服务业与制造业互动的阶段性特征及其效应》，载《改革》2014年第11期。
② 陈启斐、刘志彪：《生产性服务进口对我国制造业技术进步的实证分析》，载《数量经济技术经济研究》2014年第3期。
③ 袁志刚、饶璨：《全球化与中国生产服务业发展》，载《管理世界》2014年第3期。
④ 韩峰、洪联英、文映：《生产性服务业集聚推进城市化了吗？》，载《数量经济技术经济研究》2014年第12期。

高技术金融保险、专利及所有权业的出口密度,降低运输和其他商业的出口比重。为此,必要时需以牺牲短期 GDP 增长为代价。[1]

六、研发创新

(一) 研发

1. 影响企业研发的因素

(1) 政府补贴。游达明等构建了一个政府和企业间"补贴－研发－生产"三阶段动态博弈模型,探讨了研发竞争、研发卡特尔和 RJV 卡特尔等不同竞合模式下,企业生态技术创新研发投入和政府最优补贴政策。结果显示:研发补贴有利于提高企业生态技术创新的积极性,不会产生"排挤效应",并且最优补贴能够促使生态技术创新实现经济绩效和社会绩效双赢;最优补贴政策下,技术溢出与最优研发投入、产量、利润和社会福利正向相关;单位排污费用与企业最优研发投入和产量之间呈现先下降后上升的"U"型动态特征;环境损害系数一旦超过临界值,企业将面临停产的危险。[2]

(2) 政府补贴方式。张兴龙等将政府补贴分为事前一次性 R&D 补助、补贴率方式 R&D 补助和事后奖励方式 R&D 补助三种方式,使用 A 股医药制造业上市公司 2007～2013 年面板数据实证分析三种政府补贴对企业 R&D 投入的影响发现,只有补贴率方式和事后奖励方式 R&D 补助显著促进了企业 R&D 投入,其余补助方式对企业 R&D 不存在显著促进作用。对样本按产权特征进行分组研究发现,对于非国有样本,补贴率方式和事后奖励方式 R&D 补助都显著促进 R&D 投入;对于国有样本,所有方式的补助对公司 R&D 投入皆无显著影响。因此,政府应更多使用补贴率方式和

---

[1] 杨玲、郭羽诞:《生产性服务贸易出口技术结构对包容性增长的影响研究》,载《世界经济研究》2014 年第 2 期。

[2] 游达明、朱桂菊:《不同竞合模式下企业生态技术创新最优研发与补贴》,载《中国工业经济》2014 年第 8 期。

事后奖励方式进行 R&D 补助,并考虑企业产权特征。①

(3) 垄断。徐洁香等通过研究企业垄断程度对创新投入的影响发现,在垄断利润是企业创新投入唯一资金来源的情况下,垄断程度较低企业的创新投入会受到创新能力不足的制约,因此,企业的创新投入会随着其所获垄断利润的增加而增加。利用中国工业行业 2004~2010 年面板数据所进行的实证分析表明,行业利润率对研发投入有着显著的促进作用。因此,实施战略性产业政策以提高企业的市场地位是解决中国企业创新投入不足问题的有效途径。②

2. 研发的企业成长效应

李洪亚通过实证研究 R&D 投入规模和 R&D 投入强度对我国制造业企业成长效应表明,我国制造业企业规模与成长之间并不遵循 Gibrat 定律,企业成长具有"规模依赖";R&D 投入规模和 R&D 投入强度对我国制造业企业成长均产生显著正向影响,其中不考虑 R&D 的内生性,用 OLS 估计的结果均低估 R&D 投入规模和 R&D 投入强度对企业成长的影响效应;考虑 R&D 的内生性,用 IV – 2SLS 方法估计可以改善 R&D 投入规模和 R&D 投入强度对企业成长影响的低估。③

(二) 创新效率的影响因素

1. 政府行为

肖文等采用随机前沿分析方法,测算了 36 个工业行业的技术创新效率发现,中国整体平均技术创新效率在 0.5~0.6 之间,且市场化导向的技术创新效率明显低于非市场化导向的技术创新效率。通过影响因素的甄别发现,政府的直接和间接支持并不利于技术创新效率的提升;带有销售管理色彩的企业研发管理仅对市场化导向的技术创新效率有积极贡献;境外研发资金的投入有利于非市场化导向的技术创新效率提升,相反,行业

---

① 张兴龙、沈坤荣、李萌:《政府 R&D 补助方式如何影响企业 R&D 投入?》,载《产业经济研究》2014 年第 5 期。
② 徐洁香、邢孝兵:《企业垄断程度对创新投入的影响研究》,载《财贸研究》2014 年第 3 期。
③ 李洪亚:《R&D、企业规模与成长关系研究》,载《世界经济文汇》2014 年第 3 期。

外资比重则更有利于市场化导向的技术创新效率提升。① 张信东等通过聚焦多种创新产出形式,利用被认定为国家级企业技术中心的上市公司数据为样本,运用倾向得分匹配方法进行了实证研究,结果表明,享受了税收优惠政策的企业有更多的专利、新产品和科技奖励,支持了 R&D 税收优惠政策的激励效果;同时,企业享受 R&D 税收优惠政策的情况并不理想,且存在地区和行业差异。②

2. 房价上涨

自 1998 年以来,房价的快速上涨吸引了大量的资本进入房地产行业,其中不乏工业企业的身影。工业企业将有限的资源投入房地产的同时,势必影响需要大量资金支持的研究开发项目。王文春等利用 1999~2007 年全国 35 个大中城市规模以上工业企业数据,重点研究了房价上涨对工业企业新产品产出和研发投入的影响,发现房价上涨越快,当地企业的创新倾向越弱。③

3. 市场结构

李凯等构建了一个三阶段动态博弈模型,考察了非合作情形下零售商抗衡势力对制造商产品创新激励的影响。结果表明:当零售商抗衡势力较弱时,抗衡势力促进了制造商的产品创新激励,当抗衡势力较强时,买方抗衡势力抑制了上游厂商的产品创新激励;同时,买方抗衡势力增强导致原产品及创新产品的均衡价格下降,均衡产量上升,产品创新程度增强也使两类产品的均衡产量上升。在福利影响方面,买方抗衡势力同时改善了消费者效用和社会总福利。此外,买方抗衡势力增强时,中间产品市场"水床效应"是有条件的。④

4. 对外直接投资

毛其淋等利用 2004~2009 年企业微观数据,采用倾向得分匹配方法

---

① 肖文、林高榜:《政府支持、研发管理与技术创新效率》,载《管理世界》2014 年第 4 期。
② 张信东、贺亚楠、马小美:《R&D 税收优惠政策对企业创新产出的激励效果分析》,载《当代财经》2014 年第 11 期。
③ 王文春、荣昭:《房价上涨对工业企业创新的抑制影响研究》,载《经济学(季刊)》2014 年第 2 期。
④ 李凯、刘智慧、苏慧清:《买方抗衡势力对上游产品创新的激励研究》,载《产业经济评论》2014 年第 3 辑。

全面系统地评估了对外直接投资（OFDI）对中国企业创新的影响。结果显示，OFDI 与企业创新之间存在显著的因果效应，OFDI 对企业创新的促进作用具有持续性，并逐年递增；不同类型 OFDI 对企业创新的影响存在显著差异；OFDI 在总体上显著延长了企业创新的持续期，但不同类型 OFDI 对企业创新持续期的影响存在差异。①

（三）技术创新

1. 技术创新的影响因素

（1）技术性贸易壁垒。王绍媛等以演化博弈模型为理论基础，分析了国外技术性贸易壁垒与国内技术创新之间的动态演化博弈过程，实证分析中国与欧盟、美国和日本三方所处的不同的博弈区域，发现从技术性贸易壁垒严格程度的角度来看，美国最高，日本次之，欧盟最低；从对中国技术创新影响的角度来看，欧盟最强，日本次之，美国最弱。②

（2）企业规模。叶林基于差异性产品市场的古诺模型，分析了企业规模如何影响企业对产品创新和工艺创新两类创新技术的选择。研究表明，产品创新和工艺创新分别通过生产新产品和降低旧产品成本产生替代效应和规模经济效应。替代效应损失较高和规模经济使大企业倾向工艺创新；替代效应损失较低和规模不经济导致小企业倾向产品创新。这表明，加强对中小企业的创新扶持可促使企业参与产品创新，对大企业重大创新扶持可提高创新水平。就整体而言，大企业的产品创新和工艺创新水平都高于中小企业；国有企业在产品创新倾向和水平上高于非国有企业。③

（3）经济周期。传统经济理论认为经济周期与技术创新周期存在逆周期性。丁重等对 2007 年持续至今的国际金融危机对我国制造业企业创新是否存在这种逆周期影响进行实证检验发现，金融危机后中国制造业企业的创新产出有明显提升；尽管金融危机提升了企业的创新产出，但金融危机对中国制造业企业创新意愿没有产生正面影响，反而存在一定的负面影

---

① 毛其淋、许家云：《中国企业对外直接投资是否促进了企业创新》，载《世界经济》2014 年第 8 期。

② 王绍媛、李国鹏、曲德龙：《装备制造业技术性贸易壁垒与技术创新研究》，载《财经问题研究》2014 年第 3 期。

③ 叶林：《企业规模与创新技术选择》，载《经济评论》2014 年第 6 期。

响。这表明，在政府主导的转型经济技术创新环境下，金融危机虽然能够使得外部环境更重视对企业的创新支持，但却未有效提升其自发的创新意愿与动机。因此，技术创新的逆经济周期特性在我国呈现出与国外发达国家不同的特征。①

2. 技术进步的经济效应

（1）对经济增长集约化的影响。唐未兵等通过实证估计发现，技术创新与经济增长集约化水平负相关，外资技术溢出和模仿效应有利于经济增长集约化水平的提升。因此，在进一步的扩大对外开放中，要继续坚持通过利用外资引进技术的战略，强化对引进技术的消化吸收，加大技术创新和人才培养力度，夯实和提升技术创新能力。②

（2）对城镇化的影响。袁博等通过实证研究发现，城镇化、外商直接投资、技术创新三者存在长期均衡关系。外商直接投资与技术创新对城镇化的作用不同：外商直接投资对城镇化发展一直处于正向带动作用；技术创新对城镇化的冲击响应存在短期滞后效应，而且对城镇化水平的促进效果不明显。③

---

① 丁重、邓可斌：《中国企业技术创新的逆周期特征》，载《当代财经》2014 年第 8 期。
② 唐未兵、傅元海、王展祥：《技术创新、技术引进与经济增长方式转变》，载《经济研究》2014 年第 7 期。
③ 袁博、刘凤朝：《技术创新、FDI 与城镇化的动态作用机制研究》，载《经济学家》2014 年第 10 期。

第五章 财政学研究新进展

为应对不断加大的经济下行压力，政府实施积极财政政策稳增长，并推进经济结构的战略性调整和转变经济发展方式。2014年财政学界围绕这一主题对财政有关问题进行了与时俱进的深入研究，取得了一些新的进展。

一、积极的财政政策

（一）积极财政政策的措施与效果

1. 积极财政政策的主要措施

中国人民大学宏观经济分析与预测课题组认为，2015年的财政政策应当定位于更为积极的政策取向：第一，赤字率可以从2014年2.1%的标准上提高到2.3%左右，但不宜超过2.5%；第二，高度重视个别地方政府的财务困境，可以考虑建立中央财政改革专项基金以应对挑战；第三，加快推广公私合作与市政债等公共基础设施融资模式，缓解城镇化背景下地方政府遇到的矛盾；第四，减税与降息、降低企业负担的权衡上，应增加减税力度。[①] 对于财政赤字，盛立中也认为，中国目前的财政赤字水平刚刚越过2%，距离国际通用警戒线的3%还有很大作为空间，可以继续实施扩张性赤字财政政策，不过要把握住这把"双刃剑"，提高政策的含

---

① 中国人民大学宏观经济分析与预测课题组：《我国宏观经济步入新常态、新阶段》，载《宏观经济管理》2015年第1期。

金量，政策工具的运用要有前瞻性。①

2. 积极财政政策的有效性与可持续性

刘金全等通过分析积极财政政策的政策效果发现，从影响实际经济走势看，积极财政政策在有效刺激实际产出增长的同时，能够产生投资的"挤入效应"，也在一定程度上产生了消费的"挤出效应"，并体现出与货币政策一定程度的独立性，积极财政政策能够显著改善对实体经济的作用效果，但同时可能带来通胀风险；从政策效果的期限结构看，积极财政政策对产出水平具有正向的累积冲击效果，乘数作用随时间的推移呈现倒"U"型，积极财政对于产出的拉动大于财政成本的累积。为此，我国应该在充分考虑政策成本的前提下，发挥积极财政支出政策对产业转型的引导作用。②张英等在分析了自 1998 年以来的两次积极财政政策的实施内容之后，也肯定了积极财政政策所产生的正面作用，但也指出了由此带来的财政危机：从中长期来看，正向的政策效用不一定大于逆向效用，因为国民经济中存在的闲置资源毕竟有限，政府应谨慎而行，政策调整要留有余地与空间。③

3. 财政政策对产业结构调整的作用

储德银等通过系统 GMM 估计方法从总量与结构效应双重视角实证考察我国财政政策对产业结构调整的实际影响，结果发现，在总量效应方面，税收政策有利于产业结构调整，而财政支出政策却阻滞了产业结构升级；在结构效应方面，政府投资性支出和行政管理支出不利于产业结构调整，但教育支出和科技支出对产业结构调整存在正向促进作用，所得税与产业结构调整显著正相关，而商品税对产业结构调整的影响虽然为负，但并不显著。因此，政府应积极转变调控思路，摒弃单一总量增长的财政政策取向，通过税种选择、税率设计和税收优惠等方式发挥对产业调整的结构效应。④但张晓艳等则认为，财政投融资在引导产业结构调整中具有积极作用，并且结合美国、德国、日本和韩国在通过财税政策调整产业结构

---

① 盛立中：《新常态下的财政与货币政策》，载《中小企业金融》2014 年第 12 期。
② 刘金全、印重、庞春阳：《中国积极财政政策有效性及政策期限结构研究》，载《中国工业经济》2014 年第 6 期。
③ 张英、熊礼慧：《积极财政政策与政策可持续性》，载《湖北工业大学学报》2014 年第 12 期。
④ 储德银、建克成：《财政政策与产业结构调整》，载《经济学家》2014 年第 2 期。

方面的经验，提出了促进我国产业结构升级的财税政策建议。①

（二）税收政策的作用

1. 优化税收政策促进就业

马克和认为，我国促进就业的税收政策存在以下不足：残疾人就业税收政策不科学、劳动就业税收优惠政策欠公平、促进就业的税收政策与"营改增"不匹配、税收政策长效机制尚未形成等，因而需要完善我国的促进就业税收政策。②薛钢等通过建立回归模型分析了1994~2012年我国就业弹性的变动趋势、产业就业弹性差异以及影响因素，指出了我国现行税收政策与就业弹性变动趋势之间的不协调。因此，应构建经济增长与就业增长"双向激励"的宏观税收环境，加强税收政策对就业的扶持力度，细化促进就业的行业税收优惠政策，以及完善促进有效就业供给的税收政策。③

2. 优化税收政策促进小微企业发展

唐婧妮针对小微企业的特点提出了优化税收政策的建议：设立小微企业税务管理机构、按"简化、惠及面广、低税负、长期化"等原则完善小微企业税收政策。④李林木指出：从国际上看，小微企业增值税课征有两种比较典型的模式：一是免税政策和正常税制并用；二是在免税政策和正常税制之间辅以简易税制。针对我国的具体情况，我国有必要取消对小规模纳税人的简易征收率制度，构建起以正常税制为主，免税政策为辅，正常征管与简化征管并行的课税模式。⑤

3. 优化税收政策促进节能环保产业发展

田贵贵认为，节能环保产业是一个跨产业、跨地域、跨领域的综合性产业，对国家经济发展与安全都具有重大影响。当前我国已经采取的促进节能环保产业发展的财税政策存在如下问题：对节能环保产业的财政支持

---

① 张晓艳、戚悦：《促进我国产业结构升级的财税政策研究》，载《当代经济管理》2015年第1期。
② 马克和：《促进就业税收政策的不足与改革取向》，载《税务研究》2014年第8期。
③ 薛钢、赵瑞：《促进就业的税收政策研究》，载《税务研究》2014年第8期。
④ 唐婧妮：《结合小微企业特点完善小微企业税收政策》，载《财政研究》2014年第9期。
⑤ 李林木：《小微企业增值税课征模式的比较与选择》，载《税务研究》2014年第3期。

力度不够、政府采购政策不完善、缺少专门性税种等。① 应根据不同新能源产业的发展状况，优化税收优惠与财政补贴政策；资源税、环境税费、消费税改革和"营改增"应考虑到新能源产业的实际发展状况；未来政策供给与变更，要注重部门协调、产业协调和中央与地方协调。② 针对目前我国新能源汽车产业才刚刚起步，产业化发展还面临许多挑战，促进新能源汽车产业发展的政策效应远未达到预期效果等实际情况，我国应调整增值税、消费税、营业税、企业所得税等促进新能源汽车产业的发展。③

4. 优化税收政策促进收入公平分配

马海涛等运用世界银行统计数据，总结了跨越"中等收入陷阱"经济体的经验与教训，并在此基础上提出收入差距拉大成为我国步入高收入国家的障碍。我国应利用财税政策调节收入分配差距、促进基本公共服务均等化。④ 曾军平指出：以收入公平分配为目标的财税政策应以公平规则的建构为导向，而不应局限于单纯的公平结果。在政策的具体选择上，为推进收入的公平分配，财税应该有所作为，但作用范围应该有限制：应限制在保障个体基本生存、基本教育与基本健康等权利的范围之内。以此为基础，社会收入的分配最终应该由个体的自由选择与市场公平竞争去确定。⑤

二、财政支出

（一）财政预算管理体制改革

1. 财政预算管理体制改革的方向

（1）全口径预算管理体系。李燕通过对全口径预算的界定，借鉴国际

---

① 田贵贵：《促进节能环保产业发展的财税政策研究》，载《湖南税务高等专科学校校报》2014年第4期。
② 何代欣：《促进新能源产业发展的财税政策：评估与调适》，载《税务研究》2014年第9期。
③ 丁芸、张天华：《促进新能源汽车产业发展的财税政策效应研究》，载《税务研究》2014年第9期。
④ 马海涛、任强、冯鸿雁：《避免陷入"中等收入陷阱"的财税政策》，载《中央财经大学学报》2014年第1期。
⑤ 曾军平：《促进收入公平分配的财税政策：从结果公平转向规则公平》，载《税务研究》2014年第7期。

组织及他国的相关预算管理经验,提出了建立全流程、全口径、多维度的预算管理体系,以此约束和监督政府权力的运行。从全口径预算报告体系构建、深化改革的着力点等方面为我国实现全口径预算管理提出政策建议。① 邓力平认为,作为现代预算制度的主要载体,现阶段的政府预算体现为"全口径政府预算",即由公共财政预算、政府性基金预算、国有资本经营预算与社会保险基金预算共同构成的"四位一体"的复式预算体系。② 王金秀认为,虽然全口径预算管理制度增强了预算的完整性,但仍有大量非税收入游离于分税制之外。因此,应以全口径预算为基础,构建多元化地方税体系,深化分税制改革,打造全口径预算体制,提高分税制财政体制的透明度。③

(2)预算绩效管理模式。王海涛认为,当前的预算管理应在理念、方法及模式上进行制度创新,着力构建符合现代预算管理方向的预算绩效管理模式,推动公平、规范、高效的现代预算管理制度的建立。④ 李海南认为,我国预算绩效管理取得了初步成效,但在工作中的问题也很多:一是预算绩效管理中目标管理、监控、评价体系不健全;二是各层级的预算绩效管理推进不平衡;三是层面不深,只集中在较浅的项目支出中;四是预算绩效管理质量不高;五是对绩效评价结果的应用不充分。因此,应进一步完善我国的预算绩效管理模式。⑤

2. 预算软约束问题及其影响

(1)地方预算软约束的成因及其治理。陈志勇等认为,分权导致的以经济增长为标尺的地方政府投资冲动,是造成地方预算软约束的重要原因,较差的制度环境更容易诱导地方政府公共支出结构的偏向性配置,从而加剧其在建设性领域中的投资冲动,降低了预算约束调整成功的可能性。着重改革分权框架下地方政府投资竞争的扭曲性制度激励,有利于治理财政预算软约束并有效控制地方政府的扩张偏向性支出行为。⑥ 汪冲运

---

① 李燕:《我国全口径预算报告体系构建研究——制约和监督权力运行视角》,载《财政研究》2014年第2期。
② 邓力平:《中国特色社会主义财政、预算制度与预算审查》,载《厦门大学学报(哲学社会科学版)》2014年第4期。
③ 王金秀:《基于全口径预算重构分税制财政体制》,载《财政研究》2014年第1期。
④ 王海涛:《推动预算管理制度创新实施预算绩效管理》,载《财政研究》2014年第9期。
⑤ 李海南:《预算绩效管理工作存在问题的原因探析》,载《中国财政》2014年第7期。
⑥ 陈志勇、陈思霞:《制度环境、地方政府投资冲动与财政预算软约束》,载《经济研究》2014年第3期。

用中国 2002~2012 年 31 个省区的面板数据,对转移支付是否诱发地方政府的预算软约束行为等进行研究发现:转移支付预算软约束问题并非发生于个别省份,争夺转移支付的连锁反应促使各地区共同参与从而形成策略互补性质的竞争。这不仅对地方政府自主筹资产生了负面激励,同时在控制了自有财力下降的潜在影响和转移支付的"粘蝇纸效应"后,仍能够发现预算软约束对财政支出的扩张效应。这种支出扩张中体现了转移支付预算软约束与财政竞争之间的替代效应和收入效应的共同影响。①

(2) 预算软约束对社会福利的影响,马恩涛等建立了一个包含中央政府与代表性地方政府在内的跨期迭代模型,并比较了地方政府债务不受控和受控两种情形下的影响。在地方政府债务不受中央政府控制时,预算软约束对公共投资和地方债务都具有显著的正面效果,尽管其也会导致寻租活动的出现。而在地方政府债务受中央政府控制时,预算软约束并不一定会刺激公共投资。无论哪种情况,只要中央政府所提供的公共产品边际价值相对较小或地方政府分享的税收份额相对较低,预算软约束都能增进社会福利水平。②

(3) 预算软约束是伪命题。罗长林等认为,预算软约束本身就是一个自相矛盾的伪命题,是某种"机械主义"的产物,是一种"画错了"的预算线,原因在于其并没有把决定真正预算线高度的禀赋总量弄清楚。并且任何一个"软"约束问题中都存在一个"硬"约束,且都可以与所谓的"预算软约束的分析框架"无关,并各自属于更为成熟的分析框架。因此,从来就没有必要存在预算软约束这一概念来概括与此相关的大批内容庞杂的问题。③

(二) 社会保障

1. 社会保障制度的突出矛盾

(1) 城乡分割。郑功成指出,我国现有的社会保障制度体系中客观存

---

① 汪冲:《政府间转移支付、预算软约束与地区外溢》,载《财经研究》2014 年第 8 期。
② 马恩涛、于洪良:《财政分权、地方债务控制与预算软约束》,载《管理评论》2014 年第 2 期。
③ 罗长林、邹恒甫:《预算软约束问题再讨论》,载《经济学动态》2014 年第 5 期。

在的城乡分割正在阻碍新型城镇化进程,造成了效率低下与资源浪费等严重问题。应当做好统筹规划与顶层设计,进一步理顺社会保障行政管理体制,优先推进基本保障制度的城乡一体化。①

(2) 事责与财力严重失衡。林治芬认为,多年来地方政府承担了90%左右的社会保障支出,其中40%以上依靠中央转移支付,社会保障事责与财力严重失衡是我国财政体制的突出矛盾。因此,应在全面分析我国社会保障事责与财力现状的基础上,对中央与地方社会保障事责进行全面划分与财力匹配。②

(3) 养老保障的不公平。杨桂宏等指出,长期以来我国对不同群体设置不同的养老保险制度的做法越来越影响到了人民的公平感和社会的稳定,基于中国综合社会调查(CGSS)数据,比较了现阶段我国在不同单位属性就业的人员在养老社会保障待遇公平感方面存在的差异,通过建立回归模型,得出养老保障是否公平会进一步影响到整个社会的公平感,以此说明目前的养老保险"双轨制"加重了不公平感。③

2. 养老保障"并轨"改革的重点

李育通过分析世界主要国家公务员养老制度"并轨"改革的经验后认为,我国机关事业单位工作人员和企业社会职工养老保障"并轨"改革的重点在于:一是对原有的碎片化制度予以整合,建立起清晰完整又具备一定调整弹性的制度框架,保证制度微调的前瞻性;二是注重养老福利的分配与财政负担能力之间的平衡,以减少"并轨"阻力,确保新制度的可持续性。④

3. 政府购买和扶持民间养老服务的可行性及其效果

(1) 政府购买养老服务的可行性。李凤芹等按照需方建立社区养老中政府购买医疗卫生服务的总费用模型,以北京市某区为例,对该社区养老中政府购买医疗卫生服务所需费用进行测算,并与实际支出进行比较,提

---

① 郑功成:《让社会保障步入城乡一体化发展轨道》,载《中国社会保障》2014年第1期。
② 林治芬:《中央与地方社会保障事责划分与财力匹配》,载《财政研究》2014年第3期。
③ 杨桂宏、熊煜:《论"双轨制"养老保险制度对民众公平感的影响》,载《北京工业大学学报(社会科学版)》2014年第2期。
④ 李育:《养老保障体系"并轨"改革:美国经验及其启发》,载《经济学动态》2014年第10期。

出了政府购买相关服务的建议。①

（2）政府扶持民间养老机构的效果。廖楚晖运用结构方程模型（SEM），对养老制度运行、机构服务监管、社会支持的政策引导等这些政府行为影响居民机构养老意愿进行了实证分析表明：养老制度运行对机构服务监管、社会支持的政策引导对居民机构养老意愿均有显著正向影响。在市场化进程中，政府监管是维护养老机构市场化的有效手段之一，不仅能在养老制度运行与居民机构养老意愿之间起到部分中介作用，而且在养老制度运行与社会支持的政策引导之间也起到部分中介作用。②

（三）政府购买公共服务

1. 理论基础与边界

贾康等认为，政府购买公共服务在我国属于政府提供公共服务的一种新理念、新机制和新方法，是充分发挥市场在公共服务资源配置中的作用、转变政府职能和创新经济社会治理体系、推进政社合作良性互动的重要途径。公共产品细分理论、新公共管理理论、多中心治理理论、交易费用和综合绩效理论是政府购买公共服务的理论基础。基于政府购买的视角分类公共服务和基于需求侧的分析讨论政府购买公共服务的边界。③

2. 制度性因素的探究

蔺丰奇等从制度的规制性要素、规范性要素和文化—认知性要素这三大基础性要素出发，分析政府购买公共服务的制度性因素，针对目前政府购买公共服务过程中存在的相关法律法规欠缺、制度供给不足、操作流程不规范、评价和监督体系不健全等制度性缺陷，提出加强政府购买公共服务的法律体系、操作流程、理念和认知等规范化建设的相应对策建议。④

---

① 李凤芹、张秀生：《社区养老中政府购买医疗卫生服务的成本测算方法与应用》，载《财政研究》2014年第7期。

② 廖楚晖：《政府行为影响城镇居民机构养老意愿的实证研究》，载《财政研究》2014年第8期。

③ 财政部科研所课题组：《政府购买公共服务的理论与边界分析》，载《财政研究》2014年第3期。

④ 蔺丰奇、李佳航：《论政府购买公共服务达到规范化建设》，载《经济与管理》2014年第3期。

3. 引入第三方评估机制

李卫东指出，第三方评估作为一种必要而有效的外部制衡机制，在政府购买公共服务中的作用越来越凸显，应引入第三方评估机制，对公共服务的综合绩效进行监测和评估，及时发现问题、改进问题，确保政府委托开展的各项服务能实现既定目标。[①]

三、税收体制改革

（一）"营改增"

随着新行业不断被纳入"营改增"改革范围，学界对"营改增"的研究逐渐转向对交通运输业、电信业、银行业等行业的研究。

1. "营改增"对交通运输业税负的影响

王玉兰等运用沪市交通运输上市公司 2011 年财务报表数据，对样本企业"营改增"后流转税、企业所得税和应纳税所得额的升降情况进行系统分析发现，在企业没有发生新购置固定资产的情况下，"营改增"后交通运输业增值税一般纳税人税负增加、盈利水平下降。[②] 纪金莲等则采用个案研究方法，发现"营改增"使该公司总体税负有所增加，增幅达 22%，但不同的"营改增"试点项目税负变动不尽一致，"营改增"对实行简易计税方法的客运业务影响不大，对货运业务影响较大，税负增幅超过 100%，物流辅助业务税负下降达 50%。[③]

但是，王珮等也以沪深两市交通运输上市公司为样本，基于 2010～2012 年公司年报，采用双重差分模型，探讨"营改增"试点改革对交通运输业上市公司税收负担和公司业绩造成的影响。结果表明，"营改增"

---

① 李卫东：《政府购买公共服务引入第三方评估机制的分析》，载《经济研究导刊》2014 年第 13 期。
② 王玉兰、李雅坤：《"营改增"对交通运输业税负及盈利水平影响研究》，载《财政研究》2014 年第 5 期。
③ 纪金莲、祁成军、曹薇：《"营改增"对交通运输业税负影响实证分析》，载《会计之友》2014 年第 19 期。

的实施明显降低了交通运输业的货物与劳务税税负,但公司业绩水平没有显著改善;同时,交通运输企业利用"营改增"的有利时机实现了行业规模的扩张。①

2. "营改增"对电信行业税负的影响

高萍等运用"营改增"后中国移动、中国联通、中国电信三大电信运营商 2012 年年报数据,对"营改增"后电信运营商的增值税税负进行测算发现,"营改增"对电信业现有销售模式产生冲击,电信企业兼营多种业务会面临从高征税的风险。②曾璐等通过对电信企业个案进行分析发现,"营改增"初期可能出现税负不降反增的情况,影响企业利润。主要原因是:"营改增"专用发票取得困难、企业视同销售情形较多、增值税管理成本较高等。③

3. 金融业纳入"营改增"的方案设计

黄卫华认为,将金融业排除在"营改增"试点范围外,会影响增值税抵扣环节的完整性,将其纳入"营改增"范围是大势所趋。完善金融税制改革,促进金融业与其他产业的协调发展应该逐步降低金融业营业税税率、减少税基、公平内外资商业银行税制环境,最终将金融业纳入"营改增"范围。④ 在银行业"营改增"实施方案的研究方面,熊鹭等通过模型设计,揭示了国际上金融业增值税征税方法演进的内在逻辑,分析了当前中国银行业"营改增"四种主要方案对财政总收入、中央地方财政收入结构、银行客户、银行资产业务选择、银行贷款利率定价和债券价格等六个方面的影响。⑤ 袁庆禄则构建了一个同时纳入财政当局与商业银行的双边随机边界模型,对财政当局与商业银行的影响能力及其对实际税收支付率的影响效果进行了估计。结果表明:第一,财政当局与商业银行双方的影

---

① 王珮、董聪、徐潇鹤、文福生:《"营改增"对交通运输业上市公司税负及业绩的影响》,载《税务研究》2014 年第 5 期。
② 高萍、徐娜:《"营改增"对电信行业的影响分析及应对策略》,载《中央财经大学学报》2014 年第 7 期。
③ 曾璐、刘曜:《电信行业"营改增"对电信企业税负的影响》,载《开发研究》2014 年第 1 期。
④ 黄卫华:《"营改增"对我国商业银行税负效应影响》,载《中南财经政法大学学报》2014 年第 2 期。
⑤ 熊鹭、郝联峰:《银行业"营改增"方案经济效应比较》,载《财政研究》2014 年第 7 期。

响能力大小对税收支付率的形成具有重要作用;第二,商业银行的税收承受能力存在明显的个体差异,并且呈动态变化。[①]

(二) 环境税收

1. 环境税

张琳从中央与地方的关系、地方政府之间的关系、环保部门与税务部门的关系、民众与政府的关系等体制因素角度进行分析发现,我国环境税开征不易,除了受到技术性因素制约外,还受到既定利益分配关系的制约。[②] 对此,刘辉等通过构建多方合作博弈的环境税目标协调模型,提出了依据 Shapley 值确定利益主体目标权重的设计思路,并为其实现提供了相应的保障机制与手段。[③] 梁伟等通过编制社会核算矩阵,利用 GAMS 软件构建了一个包含 24 个部门的 CGE 模型,研究了环境税不同的征税环节和税率对区域节能减排效果及经济的影响。[④]

2. 碳税

高琪等定量模拟对煤炭以不同计征方式征税对代际公平、市场效率和税负转嫁的差别。结果显示,从量计征方式在税收收入上最为稳定,而从价计征在市场效率及税负转嫁上优于从量计征。但如果将暴利税起征点设置为略低于边际成本,暴利税的计征方式优于从量税和从价税。[⑤] 毛艳华等基于 CGE 模型,将全国划分为八大经济区域,采用全国各省、自治区、直辖市的投入产出表,对各区域实施碳税后的环境效应、经济效应和劳动就业效应做了实证分析,并对这八个区域提出了碳税税率的改革建议。[⑥] 从碳交易市场的角度,孙亚男提出复合碳交易体系更加符合我国国情。通

---

① 袁庆禄:《营改增背景下中国商业银行的税收承受能力度量》,载《财经科学》2014 年第 11 期。
② 张琳:《环境税开征难的体制因素分析》,载《税务研究》2014 年第 6 期。
③ 刘辉、王晨欣:《环境税制定过程中的目标冲突、协调及保障机制》,载《财政研究》2014 年第 3 期。
④ 梁伟、朱孔来、姜巍:《环境税的区域节能减排效果及经济影响分析》,载《财经研究》2014 年第 1 期。
⑤ 高琪、张萌旭:《煤炭资源税计征方式探讨》,载《财政研究》2014 年第 2 期。
⑥ 毛艳华、钱斌华:《基于 CGE 模型的分区域碳税从价征收税率研究》,载《财政研究》2014 年第 9 期。

过构建复合碳排放交易体系下的双寡头企业的合作和竞争三阶段博弈模型，对如何制定碳税税率促使社会福利最大化，不同碳减排研发策略下，企业如何确定碳计划减排量以及制定产品价格，以满足自身利益最大化等问题进行了分析。同时，对政府征收碳税税率的影响进行敏感性分析，比较分析了企业采取合作和竞争两种不同碳减排研发策略时，碳税税率的变化对产品价格、碳计划减排量、企业利润、社会福利方面的影响。①

（三）财产税

1. 房产税

单顺安认为，房产税不具备调控房价的功能，但却是地方政府的支柱性财源，也是财富再分配的一种手段。因此，在房产税制的要素设计上，应注重征税对象、具体税率、免税面积等。②雷雨恒以 2012 年为基年对未来 10 年我国开征房产税可能产生的税收收入及税收负担进行计量研究表明，开征房产税有助于形成一定的财政收入，缓解地方财政困境，且并不明显增加居民负担。③陈立中等以广州为例，模拟测算了广州市开征房产税的各种可能方案，并从业主、地方政府和住房保障三方面进行了压力测算，结果显示，房产税开征合理可行。④

2. 遗产税

贾康从遗产税考量的价值取向和改革设计的问题导向两个维度，对研究开征遗产税问题进行分析探讨。首先对遗产税价值取向考量和改革设计的大方向加以判断，认为遗产税符合中国先富共富历史过程的制度建设，继而对关联着一系列问题的税改方案设计要领，从多个角度展开抽丝剥茧的提炼分析，提出了遗产税改革的思路。⑤

---

① 孙亚男：《碳交易市场中的碳税策略研究》，载《中国人口·资源与环境》2014 年第 3 期。
② 单顺安：《房产税改革的路径选择分析》，载《财政研究》2014 年第 7 期。
③ 雷雨恒：《对我国开征房产税的税收收入与税收负担的计量研究》，载《财政研究》2014 年第 9 期。
④ 陈立中、解晓艳、陈淑云：《房产税课征方法模拟与压力测试：来自广州的例证》，载《财政研究》2014 年第 5 期。
⑤ 贾康：《遗产税的价值取向与其改革设计导向》，载《税务研究》2014 年第 4 期。

（四）对电商征税

1. 对电商征税的理论分析

王凤飞以税收征管的三个阶段，即网店自行申报纳税、督促网店自查补报、对网店进行税务稽查为出发点，构建网店征税的激励—约束长效机制，实现网店经营的规范化、系统化、专业化。[1] 谢波峰认为，征税会对电子商务产生不利影响的担忧无需夸大，提出应澄清电子商务适用的税收政策、基于消费课税转型总体设计电子商务的税收政策、有条件地制定有利于经济和商业发展的电子商务税收优惠政策。[2]

2. 对电商征税的计量与博弈分析

白彦锋等从电子商务与实体零售的关系入手，构建计量分析模型进行研究发现，电子商务增长对实体零售具有负面影响，并从地区间政府财力角度入手，提出以电子商务征税为契机，改革传统的税收征管方式，从而减轻税收背离对地区间财力的负面影响。[3] 以美国电子商务发展状况为例，李恒等分析了美国电子商务相关税收政策和做法，建立了征缴税收博弈模型，总结美国电子商务发展经验，并以此提出了建立我国电子商务税制体系的建议。[4]

四、地方政府债务与土地财政

（一）地方政府债务

1. 地方政府债务风险与防范

刘骅等基于对地方政府融资平台债务风险特性的描述，结合融资平台

---

[1] 王凤飞：《电商税收：基于网店经营模式的规范化分析》，载《财政研究》2014 年第 5 期。
[2] 谢波峰：《对当前我国电子商务税收政策若干问题的看法》，载《财贸经济》2014 年第 11 期。
[3] 白彦锋、张琦：《我国电子商务税收稽征问题探讨》，载《税务研究》2014 年第 2 期。
[4] 李恒、吴维库、朱倩：《美国电子商务税收政策及博弈行为对我国的启示》，载《税务研究》2014 年第 2 期。

财务指标,构建其债务风险预警指标体系,运用因子分析将其归结为融资平台负债、资产和利润三个方面;进而利用 K-均值聚类算法,把融资平台债务风险状态分为四类,并借助 BP 神经网络建立地方政府融资平台债务"风险阈"预警模型。分析表明,我国地方政府融资平台债务风险总体可控,但局部地区存在较大风险。① 张锋欣等基于改进的 KMV 模型,测算出 2013 年我国地方政府债务在不同本金偿还率和不确定性水平下的安全边界。结果表明,随着本金偿还率的增加,债务安全边界逐渐下降;当经济环境中不确定性水平上升时,债务违约风险提高。因此,应从开源节流、阳光管理和优化结构三个方面着手降低我国地方政府债务预期违约风险。② 曹朴则从转变政府职能、在制度层面完善地方政府债务管理体系等方面提出了风险防控的政策建议。③

2. 发展长期债券市场

王国刚等认为,面对地方政府债台高筑,需要厘清四个方面不同的债务关系:形成资产的债务和不形成资产的债务,中长期债务和短期债务,债券形成的债务和银行贷款等形成的债务,财政预算内的债务和政府性债务。要推进消费结构升级,加速城镇化建设,实现经济发展方式转变,缓解地方政府面临的财力与事权不匹配矛盾,一个较好的选择是发展长期债券市场。④

3. 地方政府债券的管理制度

谢平等认为,中国现行的地方政府债券管理制度制约了地方政府债券市场的扩大发展,改革势在必行。但管理制度改革需要在一个全面和系统的理论体系指导下进行。通过引入威廉姆森四层次制度分析框架,以及在对已有文献进行分类整理的基础上,建立了一个地方政府债券管理制度理论分析框架。⑤

---

① 刘骅、卢亚娟:《地方政府融资平台债务风险预警模型与实证研究》,载《经济学动态》2014 年第 8 期。
② 张锋欣、史占中:《我国地方政府债务安全边界探讨及风险测度》,载《经济数学》2014 年第 3 期。
③ 曹朴:《我国地方政府债务风险防控分析》,载《经济问题》2014 年第 5 期。
④ 王国刚、张扬:《厘清债务关系支持地方长期债券市场发展》,载《经济学动态》2014 年第 9 期。
⑤ 谢平、马小勇:《基于四层次制度分析框架的地方政府债券管理制度研究》,载《财政研究》2014 年第 3 期。

（二）土地财政

1. 土地财政推动城镇化的问题

崔军等通过理论和实证分析发现，中国地方政府土地财政收入的形成直接推动了空间城镇化的快速扩张；受现行地方官员考核机制制约的土地财政支出结构又现实地决定了地方政府积极带动空间城镇化，消极应对人口城镇化。因此，中国地方政府的土地财政对空间城镇化的推动作用远远大于对人口城镇化的推动作用，对城镇人口密度有显著的负向影响，是导致中国城镇化扭曲的不可忽视的因素。[①] 但是，推进新型城镇化仍然需要巨额的资金投入，无论是农民工市民化还是城镇基础设施建设都存在巨大的资金缺口和压力。可是，目前无论是土地出让金还是土地抵押融资都已经无法成为新型城镇化建设稳定可持续的资金来源。因此，王克强等认为，一是要调整土地财政收入结构，减少以增量建设用地供应为主的土地出让金收入，规范土地抵押融资收入；二是要调整土地财政支出结构，在新型城镇化阶段，土地财政支出结构应向提高城镇化质量方向转变；三是寻求土地财政以外的代偿方式，如基础建设产业基金等。[②]

2. 政府土地收益分配

汪利娜指出，在土地收益分配中，中央与地方政府的责权利不同，其利益博弈也就不可避免。降低地方政府对土地财政的过度依赖，破解中央与地方政府土地收益博弈困境，必须从制度建设入手：一是改革二元土地制度，消除"土地财政"产生的制度基础；二是深化财税体制改革，促进土地收入与社会财富的公平分配；三是改革行政体制和政绩考核机制，消除"土地财政"的利益驱动。[③]

[①] 崔军、杨琪：《新世纪以来土地财政对城镇化扭曲效应的实证研究》，载《中国人民大学学报》2014年第1期。

[②] 王克强、王沛、姚东：《新型城镇化背景下土地财政代偿机制研究》，载《财政研究》2014年第4期。

[③] 汪利娜：《政府土地收益主要来源、规模下的央地利益博弈》，载《改革》2014年第4期。

3. 土地财政的转型

葛扬等通过对相关数据进行回归分析显示，土地出让收入每增加1%，对地方经济增长就有 0.173% 的推动作用，且还在扩大，但土地出让收入对各地经济产生的影响程度不同。在拉动地方经济增长过程中，东部地区地方政府更多依赖土地出让收入，中部地区更多依赖劳动力和固定资产投资增长，西部地区则更多依赖国家对西部的固定资产投资增长。在现行制度框架下，"土地财政"仍不可或缺，且主要还应该用于促进地方经济增长和城市建设，不能因为土地财政本身存在弊端就采取完全否定和彻底取消的态度，但必须推进其转型。短期应侧重于采取相关治标措施；长期而言，必须立足社会和谐可持续发展进行制度创新，深化改革，完善土地财政。[①]

[①] 葛扬、钱晨：《"土地财政"对经济增长的推动作用与转型》，载《社会科学研究》2014年第1期。

第六章 金融学研究新进展

2014年是金融学领域波澜壮阔的一年,学界就一些热点问题进行了深入的研究,取得了明显的进展。

一、商业银行风险管理

(一) 商业银行系统性风险的测度与管理

银行体系的稳定是当下学术界及监管机构关注的焦点问题。现代金融体系的危机具有巨大的传染性和负外部性,其背后蕴含的风险不仅是一般意义上的个体风险,而且是由于巨大的杠杆和风险相关性造成的系统性风险。[1] 学者们从测度指标的角度探讨了商业银行系统性风险的测度与管理。主要有:

1. 银行规模

周强等通过对几种常用测度方法进行分析比较发现,系统性风险贡献侧重于反映银行个体风险对系统性风险贡献的影响;边际期望损失侧重于反映市场风险;系统性风险指数侧重于反映规模、杠杆等银行层面的因素;指标法也主要反映规模因素。由于规模差异较大,衡量上市银行的系统性风险贡献时,规模因素会优于其他因素,各种方法得出基本一致的结果,即大型银行的系统重要性最高。[2] 徐芳等采用夏普利指数实证衡量和

---

[1] 王璐、童中文:《风险相关性与银行系统性风险测度》,载《金融论坛》2014年第11期。
[2] 周强、杨柳勇:《论中国系统重要性银行识别》,载《国际金融研究》2014年第9期。

测度了中国单个大型银行对系统性风险的"贡献",据以判断中国的系统重要性银行,以便监管机构对系统重要性金融机构设置更加严格的监管指标。① 成祺炯等利用2006~2012年16家上市银行的数据模拟不同外部冲击下银行的破产顺序,得出了不同阈值下银行对系统性风险的贡献度排名,排名显示除了四大商业银行之外,股份制银行对系统性风险的贡献度不容忽视。监管当局应加强对股份制银行的关注。②

2. 银行业违约率

覃邑龙等研究表明,我国银行业违约风险既具有异质性,又具有系统性。中国银行违约风险,对银行自身经营产生影响,更重要的是它还能引发银行业的连锁反应系统性风险和整个金融市场的系统性风险。银行监管机构可以将银行业违约率的大小作为宏观审慎监管的一个重要预警指标。③

3. 市场化进程

尹志超等基于中国2000~2010年123家商业银行的非平衡面板数据研究中国市场化进程对商业银行风险的影响发现,市场化程度的提高会增大商业银行风险,市场化提高了银行资产收益率水平,降低了资产收益率的波动,但也使银行资本充足率下降。金融业市场化会降低资本充足率,同样是由于风险资产的增加,但对银行风险没有显著影响。市场化过程中政府与市场的关系、产品市场的发育程度、市场中介和法律制度环境等外部因素对银行风险有非常显著的影响。因此,银行风险的管理和银行体系的改革是涉及经济体系多个层面的系统工程。④

4. 风险相关性

王璐等研究了风险相关性对银行系统性风险的影响,对风险相关性指标进行设计和量化并纳入风险测度体系,基于1996~2013年中国商业银行的数据,运用主成分分析法对系统性风险进行度量。相比单一变量而

---

① 徐芳、张伟:《系统性金融风险中我国大型商业银行的"贡献"度衡量》,载《上海金融》2014年第3期。
② 成祺炯、曹前进、陈玉萍:《单个银行对系统性风险的贡献度》,载《金融论坛》2014年第9期。
③ 覃邑龙、梁晓钟:《银行违约风险是系统性的吗》,载《金融研究》2014年第6期。
④ 尹志超、吴雨、林富美:《市场化进程与商业银行风险》,载《金融研究》2014年第1期。

言，交叉变量与其他风险指标相关性更高。如果忽略风险相关性，在银行业较稳健的情况下将会高估银行业系统性风险，而在银行业风险水平较高的情况下将会低估银行业系统性风险。M2/GDP、信贷、房价指数、不良率、资本充足率等指标是影响银行系统性风险水平的重要因素。GDP 增长率、通货膨胀率等指标与系统性风险水平的相关程度较低。[1] 杨柳勇等以 11 个国家（地区）2006~2012 年的相关数据为样本进行实证检验发现，一定条件下"多而不倒"救助是监管者的最优选择，然而当存在这种"事后"最优政策时，资本要求的提高可能会通过影响银行"事前"投资决策的方式扩大银行之间的系统相关性，提高系统性风险隐患。这一效应在金融自由化程度较低的国家表现得更为显著。中国的资本监管改革应注意与金融市场化改革相协调。[2] 冯超等从宏观经济指标、银行业脆弱性指标以及系统性风险传染指标三个方面构建指标体系，计算阈值进行检验并预测。检验表明，系统性风险预警指数对半年之内的预测结果最佳。[3] 张晓玫等基于我国 16 家上市商业银行收益率数据，对非利息收入和系统性风险进行实证研究发现，他们计算得出的 LRMES 比较符合我国银行业实际情况，并与非利息收入呈显著负相关。[4]

（二）商业银行风险承担

雷光勇等运用中国 74 家上市和非上市商业银行 2007~2010 年年报数据研究表明，政府治理水平越高，商业银行资本充足率监管差值越大，贷款质量越高，银行经营业绩越好。鉴于城商行与地方政府的密切关系，现阶段地方政府治理对城商行的影响较为复杂：一方面，政府干预的加强使商业银行承担了隐形负担与改革成本，导致较低的资本充足率监管差值；另一方面，公共治理环境的改善降低了借款人的违约风险，导致信贷增加和资本充足率监管差值的下降。[5]

---

[1] 王璐、童中文：《风险相关性与银行系统性风险测度》，载《金融论坛》2014 年第 11 期。
[2] 杨柳勇、周强：《资本要求、"多而不倒"救助与系统性风险》，载《经济理论与经济管理》2014 年第 5 期。
[3] 冯超、肖兰：《基于 KLR 模型的中国银行业系统性风险预警研究》，载《上海金融》2014 年第 12 期。
[4] 张晓玫、毛亚琪：《我国上市商业银行系统性风险与非利息收入研究》，载《国际金融研究》2014 年第 11 期。
[5] 雷光勇、王文：《政府治理、风险承担与商业银行经营业绩》，载《金融研究》2014 年第 1 期。

金鹏辉等用银行业贷款审批条件指数测度银行过度风险承担行为发现，在宽松的货币政策环境下，银行会放松贷款审批条件，从而承担过度的风险。因此，央行在货币政策调控过程中应同时采取逆周期的资本调节措施来抵消货币政策对银行过度风险承担产生的影响，并对央行实施逆周期资本调节的频率、步幅和时机，以及存款准备金率的逆周期调节提出建议。[①] 他们还通过构建银行的风险承担指标，研究我国宽松货币政策对银行在资产选择上和负债选择上风险承担的影响，验证我国货币政策风险承担渠道的存在性，并分析银行风险对我国实体经济的影响。[②]

王周伟等运用14家上市商业银行2001~2012年的非平衡面板数据，构建了动态调整面板混合回归模型，对比分析基于泰勒规则构造的利差变量、M2年增长率、存款准备金率、中国银行业同业拆借利率与一年期贷款基准利率等5种货币政策工具变量对银行风险承担的作用效果。结果表明，除一年期贷款基准利率的作用不显著外，其他4种货币政策工具的银行风险承担效应在中国显著存在，其中，利差变量的系数绝对值较大，作用效果较为突出。因此，货币政策目标不应只追求币值稳定、经济增长，同时需防范宏观金融风险及失衡的累积。[③]

刘生福等利用动态非平衡面板系统GMM模型，分析了中国62家商业银行2000~2012年间的财务数据，发现货币政策调控对银行风险承担行为具有显著的负向影响，且这种负向关系对数量型货币政策工具变量反映更加敏感。货币政策调控对银行风险承担行为的影响具有明显的异质性特征。其中，系统重要性银行的风险承担行为具有正向截距效应和负向斜率效应；自有资本比率较高和规模较大的银行对宽松货币政策的反映较为审慎；热衷于表外业务的银行在货币政策趋于宽松时会更加激进。因此，构建中国宏观审慎管理框架，需要将金融稳定目标纳入货币政策反应函数，实现货币当局与监管当局的统一协调。同时，对异质性银行实施动态化和差别化的审慎监管，有利于实现金融改革和金融发展

---

① 金鹏辉、张翔、高峰：《银行过度风险承担及货币政策与逆周期资本调节的配合》，载《经济研究》2014年第6期。
② 金鹏辉、张翔、高峰：《货币政策对银行风险承担的影响》，载《金融研究》2014年第2期。
③ 王周伟、王衡：《不同货币政策工具的银行风险承担效应比较研究》，载《金融论坛》2014年第12期。

的长期稳定。①

黄秀秀等采用中国13家上市银行2005~2012年的相关数据,构建动态面板数据模型分析贷款集中度对银行风险承担行为的影响发现,贷款集中度的不同代理变量对银行风险承担行为的影响存在差异性,在一定范围内提高最大十家客户贷款比例可抑制银行风险承担行为,行业贷款集中度和地区贷款集中度对银行风险承担行为无显著影响。地区贷款集中度对银行风险承担行为的影响依赖于银行规模与其资本充足率,银行规模越大、资本越充足,则风险承担行为对贷款集中度的反应越不敏感。监管部门应据此采取有针对性的措施防范银行的信贷集中度风险。②

袁鲲等应用三阶段最小二乘法考察了杠杆率约束对银行资本、风险承担行为的影响。他们发现,兼顾了杠杆率约束的资本监管促进了我国商业银行资本水平的不断提高与风险水平的逐步下降,银行资本变动与风险水平变动之间存在显著的负相关关系。面对越来越严的监管标准,监管压力不仅作用于资本相对不足的银行,同样也作用于资本充足性银行,资本水平较高的银行具有更强的资本补充能力,向目标资本水平调整的速度更快。《巴塞尔协议Ⅲ》关于杠杆率与资本充足性相结合的监管精神强化了金融风险监管,对未来我国商业银行表外业务及风险计量方法的使用具有重要的意义。③

许坤等基于面板数据回归和DAG因果分析法,重点分析了信用风险缓释工具对银行风险承担行为的影响。他们认为,贷款损失准备金率、不良贷款率与信用风险缓释工具呈负相关,说明了信用风险转移创新改变了我国银行风险承担行为,减少了其风险承担水平。④

孙建雅等以2005年1季度至2013年4季度14家上市银行相关数据为样本,构建PVAR模型研究经济增长、资本充足率管制、市场预期和货币政策等银行外部因素对银行风险承担的动态冲击效应及其影响。研究表明,资本充足率管制对银行风险承担波动的影响最大,且能有效降低银行

---

① 刘生福、李成:《货币政策调控、银行风险承担与宏观审慎管理》,载《南开经济研究》2014年第5期。
② 黄秀秀、曹前进:《贷款集中度对银行风险承担行为的影响》,载《金融论坛》2014年第11期。
③ 袁鲲、饶素凡:《银行资本、风险承担与杠杆率约束》,载《国际金融研究》2014年第8期。
④ 许坤、殷孟波:《信用风险转移创新是否改变了银行风险承担行为?》,载《国际金融研究》2014年第7期。

风险承担波动;经济增长能在半年内显著改善银行风险承担水平;货币政策有一定的影响,而市场预期的影响则相对较小。因此,应加强商业银行的资本充足率约束,并重视经济增长与货币政策对银行风险承担的影响,以维护金融稳定。[1]

(三) 商业银行利率风险管理

宋文娟等利用中国16家上市商业银行的股价数据,对中国上市商业银行及整个银行业的长期(累计)风险和短期风险进行测算表明,国际金融危机发生期间中国上市商业银行及整个银行业风险水平普遍偏高;当前中国上市商业银行的长期(累计)风险相对稳定,并处于较低水平;2013年隔夜拆借利率的飙升导致银行业风险加大,对此应增强风险预警与防范;中国上市商业银行短期风险的杠杆效应较低;中国的银行机构之间存在显著的系统相关性。[2]

黎灵芝等选取2008~2013年14家上市银行的数据,分析存款竞争与银行风险的互动关系发现,存款利率上限管制没有限制存款竞争,价格和非价格引起的存款竞争有可能会提高银行的信用风险,但有助于刺激银行改善流动性。存款市场约束通过数量渠道约束银行的信用风险承担行为,通过价格渠道约束银行的流动性风险,存款利率上限放开会提高银行的流动性风险。流动性风险和信用风险的变化会对存款市场竞争产生显著的影响,银行提高流动性的行为及银行不良贷款率上升会加剧存款市场竞争,中国银行业的存款竞争存在显著的顺周期性特点。[3]

陆静等从盈利模式和信贷过度增长的角度分析了银行面临的风险状况。研究表明,当非利息收入占比较低时,银行收入的多样化难以发挥分散风险的作用,贷款过度增长将给商业银行带来较高风险。因此,商业银行在应对利率市场化改革的过程中,应谨慎行事,在规范经营和控制风险

---

[1] 孙建雅、何凯、程细玉:《外部冲击对银行风险承担波动的影响》,载《金融论坛》2014年第11期。

[2] 宋文娟、孙立新:《中国上市银行长期风险和短期风险的测量》,载《金融论坛》2014年第10期。

[3] 黎灵芝、胡真、邓坤:《存款竞争、市场约束与银行风险行为》,载《金融论坛》2014年第10期。

的前提下开展中间业务。①

施恬认为，修正的久期缺口模型能够较好度量我国商业银行的利率风险。对股份制银行的实证分析表明，选择不同的久期缺口防御策略将产生不同的管理效果。②

谢四美研究表明，不同规模的商业银行在管理利率风险的能力上存在差异，中小规模银行在资产负债表结构调整上的灵活性优于大规模商业银行；多数商业银行中长期资产与负债匹配失衡，面临着较大的中长期利率风险；存贷利率发生非对称性变化时，商业银行可能面临较大风险，现阶段中国商业银行的利率风险管理尚处于较低水平。为此，商业银行应构建高效的利率风险内部防范体系，营造良好的利率风险管理的外部环境，提高管理利率风险的能力。③

李成等通过计算银行同业拆借头寸动态 VAR 值，对不同类型银行利率风险的差异性进行分析表明：(1) 银行业整体利率风险较大，但同业拆借利率风险尚小；(2) 银行间同业拆借市场利率波动的杠杆效应显著，利好消息影响大于利空消息，其中城市商业银行和外资银行杠杆效应更为明显；(3) 不同类型银行利率风险差异较大，其中股份制商业银行利率风险最高，国有商业银行次之，城市商业银行和外资银行居后。④

二、影子银行的影响及管理

(一) 影子银行的影响

1. 对货币政策的影响

解凤敏等将影子银行引入银行存款乘数模型，分析影子银行通过分流

---

① 陆静、王漪碧、王捷：《贷款利率市场化对商业银行风险的影响》，载《国际金融研究》2014 年第 6 期。
② 施恬：《商业银行利率风险管理中久期缺口测算及其防御策略》，载《上海金融》2014 年第 5 期。
③ 谢四美：《商业银行利率敏感性缺口与利率风险防范》，载《金融论坛》2014 年第 2 期。
④ 李成、郑怡：《商业银行利率风险的表现特征及分类差异性解析》，载《金融论坛》2014 年第 2 期。

银行存款、扩大社会信用供给对于货币供给的补充与替代效应,运用向量误差修正模型和状态空间模型及 2002～2013 年月度数据进行实证分析表明,影子银行规模扩张总体上扩大了货币乘数,但因经济周期和货币政策立场不同而具有明显"非对称性";在社会总需求扩张阶段,影子银行可以有效补充银行信贷供给不足,而在货币政策紧缩时期,影子银行信用扩张对银行信贷形成替代;影子银行顺周期变化与货币政策逆周期调控之间的矛盾弱化了货币政策效果。① 裘翔等认为,影子银行体系在对传统商业银行形成有益补充的同时,也在一定程度上削弱了货币政策的有效性。此外,影子银行经营者的风险偏好以及经营者、所有者之间的代理问题会对影子银行利率以及宏观经济变量产生明显的影响。② 王振等通过引入银行和影子银行的信用创造和流动性创造功能,对传统的 IS - LM 模型进行修正来分析影子银行对货币政策的影响。结果表明,影子银行的发展对货币政策传导机制如信贷、利率的传导效果造成影响;中央银行货币政策调控难度加大,应执行更为谨慎的货币政策;影子银行的发展对经济具有扩张作用,但也存在影子银行资金不具有长期效应等问题,应注意防控其风险。③

2. 对银行稳定性的影响

占怡等运用因子分析方法构建稳定性综合评估指数,对影子银行与我国银行体系稳定性之间的关系进行观察发现,2010 年以来,我国影子银行呈快速增长态势,已经改变了我国银行业主导的金融体系和风险结构,是当前影响银行体系稳定性的重要因素,需要从强化影子银行监管和推动经济结构尽快转型等方面加以改善。④ 刘超等基于我国影子银行 2002～2012 年数据,建立 VAR 模型研究影子银行对金融发展和金融稳定的脉冲响应,结果显示,影子银行系统对我国金融发展具有正向促进作用,但其发展对金融稳定产生负向冲击。因此,要充分发挥影子银行对金融发展的积极作用,降低金融风险,就必须通过强化并表监管、实行差异化监管等

---

① 解凤敏、李媛:《中国影子银行的货币供给补充与替代效应》,载《金融论坛》2014 年第 8 期。
② 裘翔、周强龙:《影子银行与货币政策传导》,载《经济研究》2014 年第 5 期。
③ 王振、曾辉:《影子银行对货币政策影响的理论与实证分析》,载《国际金融研究》2014 年第 12 期。
④ 占怡、王龙:《中国影子银行信贷规模及对银行体系稳定性的影响分析》,载《世界经济与政治论坛》2014 年第 5 期。

建立全面的影子银行监管体系。① 戴国强等研究表明，影子银行对银行风险有两种不同影响渠道：在影子银行发展初期，正面影响占据主导地位，银行风险随影子银行规模增加而减小；在影子银行达到一定规模后，负面影响占据主导地位，银行风险随影子银行规模增加而增大。②

3. 对经济增长的影响

张亦春等实证研究了影子银行体系对商业银行稳健性和经济增长的影响。结果表明：影子银行的发展会增强商业银行的稳健性，但影响程度较小，且不具长期效应；影子银行的发展对经济增长有积极的促进作用，并且影子银行规模的变化将对经济增长的波动产生一定的影响。③

4. 对中小企业融资成本的影响

刘珺等认为，垄断和融资地位不平等造成一些企业过度借贷，资本的逐利性使得企业倾向于将超募资金投入到高收益的影子银行业务中。这类影子银行业务造成了中小企业融资成本上升，部分资金没有完全、直接进入实体经济，导致了社会福利净损失。④

5. 对地方政府债务的影响

吕健采用动态空间杜宾模型实证检验了影子银行对地方政府债务增长的推动作用。研究发现，影子银行的发展有力地推动了地方政府债务增长，这种推动作用在西部最大，中部次之，但是东部并不显著。⑤

（二）影子银行管理

国际金融危机爆发以来，影子银行体系作为引发危机的重要因素，引起了各国政府和金融监管者的高度重视。从中国各类影子银行业务的风险

---

① 刘超、马玉洁：《影子银行系统对我国金融发展、金融稳定的影响》，载《经济学家》2014年第4期。
② 戴国强、方鹏飞：《利率市场化与银行风险》，载《金融论坛》2014年第8期。
③ 张亦春、彭江：《影子银行对商业银行稳健性和经济增长的影响》，载《投资研究》2014年第5期。
④ 刘珺、盛宏清、马岩：《企业部门参与影子银行业务机制及社会福利损失模型分析》，载《金融研究》2014年第5期。
⑤ 吕健：《影子银行推动地方政府债务增长了吗》，载《财贸经济》2014年第8期。

评估来看，目前我国影子银行体系总体风险可控，结构上有风险暴露隐患。未贴现承兑汇票、委托贷款结构较为简单，同属银行表外业务，其风险与银行信贷相当。银行理财产品最大的风险是期限错配与收益率错配风险。信托贷款中信政合作、基建信托及产能过剩行业的信托违约风险较大。小额贷款公司等非典型金融机构的规模较小。① 因此，应加强对影子银行的管理。

裴平等根据影子银行的基本属性，将中国影子银行划分为金融机构类影子银行和民间融资类影子银行，并系统分析了这两类影子银行的信用创造机制。在此基础上，他们选取 2003~2012 年的样本数据，对样本期内中国影子银行的信用创造规模进行了具体测算，提出了趋利避害、促进中国影子银行健康发展的政策建议。②

王曼怡等认为，影子银行近年来在我国发展迅速，现有金融体系功能的缺失和深层次的抑制性因素为其发展提供了土壤。现阶段，影子银行在一定程度上有助于推动我国金融体系功能和结构的完善，但是与生俱来的风险特征也威胁着经济的平稳运行。我国金融深化改革的推进为影子银行的治理提供了良好的契机，应该积极推进利率市场化，提高金融体系的透明度，采取有效的风险隔离措施，防止影子银行的风险向商业银行蔓延，同时，要在金融创新的进程中及时完善相关法规，对影子银行实行动态监管。③

李建军等分析了影子银行风险传染机制及其影响，并以 2007~2012 年中国影子银行业务数据进行检验显示，信托公司部门是主要的风险源，银行部门是系统性风险最主要的承担者，观测期内影子银行部门系统性风险整体呈现上升趋势。防控系统性风险应从影子银行业务风险隔离机制、资本与杠杆率监管、信息透明度、宏观审慎框架和风险应急机制等建设着手。④

---

① 李俊霞、刘军：《中国影子银行体系的风险评估与监管建议》，载《经济学动态》2014 年第 5 期。

② 裴平、印文：《中国影子银行的信用创造及其规模测算》，载《经济管理》2014 年第 3 期。

③ 王曼怡、张译文：《金融深化改革加速进程中我国影子银行的审视与管理》，载《经济学动态》2014 年第 2 期。

④ 李建军、薛莹：《中国影子银行部门系统性风险的形成、影响与应对》，载《数量经济技术经济研究》2014 年第 8 期。

三、人民币汇率变动

(一) 人民币汇率变动的影响因素

华民简要分析了金本位制和管理纸币本位制下的汇率决定问题,并指出汇率并非简单地由市场力量决定。在当前的管理纸币本位制下,汇率是由储备货币发行国的政策意图和货币政策决定的,基于这一认识,他认为,我国应根据自身在国际货币体系中的地位以及我国的发展阶段和禀赋特征来选择合理的汇率制度。①

肖立晟等首次测算了中国的金融实际有效汇率,并分解了名义汇率与资产价格对金融实际有效汇率的贡献。结果表明,中国金融实际有效汇率可以有效反映金融资产的相对融资成本,是贸易实际有效汇率的有益补充。对于中国而言,金融实际有效汇率的波动主要源于名义汇率的波动,源于发达经济体的短期资本主要以套汇为目的,源于新兴经济体的则主要是以套利为目的。国际金融市场的波动率指数和央行的外汇市场干预,与金融实际有效汇率正相关。短期内,波动率指数解释力度较高,长期内,央行的外汇市场干预解释力较高。②

沙文兵等在测算 2004 ~ 2012 年人民币境外存量基础上,实证分析人民币境外存量与人民币汇率的互动关系表明,人民币境外存量的增加(减少),会引起人民币的升值(贬值);人民币的升(贬)值也会引起人民币境外存量的增加(下降)。在两者的相互关系中,人民币境外存量变动对于人民币汇率变动的影响居于主导地位。③

毛中根等指出,国家之间资本和产品流动的渠道越通畅、风险共享程度越高,国内消费增长状况与货币币值波动状况的联系就越紧密。他们利用 2001 年第 1 季度至 2010 年第 4 季度中国、美国、日本的数据进行验证

---

① 华民:《汇率是由市场力量决定的吗?》,载《上海金融》2014 年第 7 期。
② 肖立晟、郭步超:《中国金融实际有效汇率的测算与影响因素分析》,载《世界经济》2014 年第 2 期。
③ 沙文兵、童文俊:《人民币境外存量与汇率互动关系研究》,载《世界经济研究》2014 年第 2 期。

显示：在2005年7月人民币汇率形成机制改革前后，中美、中日消费支出增长率之差与汇率变化率的关系发生了显著的转变，汇改前表现为不相关甚至负相关，汇改后表现为正相关；而美日情形则有所不同，消费支出增长率与汇率变化率关系一直表现为正相关。这为中国扩大居民消费需求提供了新的解决思路。①

陆前进等综合考察政府支出、贸易条件等对外部实际汇率的影响显示，经常项目、政府支出等对实际汇率影响为正；贸易品产出和贸易条件对实际汇率的影响为负。经常项目、政府支出、贸易品产出和贸易条件能够解释实际汇率的变动，实际汇率预测误差方差被政府支出、贸易品产出和贸易条件解释相对较多，政府支出、贸易品产出和贸易条件是影响实际汇率的重要因素。②

周源等探究了人口年龄结构对于均衡汇率的影响方向和力度，认为人口老龄化带来的抚养比上升趋势确实会造成人民币均衡汇率的升值压力，验证了汇率升值的需求效应。③

杨长江等建立了较为全面地反映收入平等性对实际汇率影响机制的理论模型，认为收入平等性的变化会通过"相对收入效应"、"结构需求效应"、"消费倾向效应"等需求面影响机制和"物质资本积累效应"、"人力资本积累效应"等供给面影响机制对实际汇率产生影响，并利用了跨国面板数据验证了收入平等性对于实际汇率影响的倒"U"型关系。④

（二）人民币汇率传递机制

王胜等运用非线性平滑转换回归模型研究了人民币名义有效汇率变动对我国通货膨胀的影响，并且使用动态非线性格兰杰因果关系检验确认了两者间的单向因果关系。研究表明：人民币名义有效汇率对通货膨胀存在负向影响，但汇率传递系数存在显著的非线性特征，在较高的通货膨胀区间，人民币名义有效汇率传递系数较高；在较低的通货膨胀区间，人民币

---

① 毛中根、洪涛、叶胥：《汇率波动与居民消费：基于中国、美国、日本数据的检验》，载《世界经济研究》2014年第1期。
② 陆前进、温彬：《财政支出、贸易条件和中国的实际汇率》，载《金融研究》2014年第6期。
③ 周源、唐晓婕：《人口年龄结构对均衡汇率的影响研究》，载《金融研究》2014年第6期。
④ 杨长江、石欢、裘佳杰：《收入平等性与实际汇率》，载《金融研究》2014年第10期。

名义有效汇率传递系数迅速下降。[1]

刘军使用误差修正模型对中国1994年1月~2007年4月季度数据进行实证分析表明，人民币汇率变动对消费者价格的传递是不完全的。长期内汇率变动对消费者价格的传递弹性为-0.268，短期汇率传递水平为-0.006。汇率传递程度较低，具有滞后性。[2] 刘军等还对比研究了中、美、日三国名义汇率变动对消费者价格的非对称效应。（1）不同变动幅度下，汇率对消费者价格的传递存在非对称效应，但三国方向上存在差异。人民币汇率波动较大时，对消费者价格的影响较高，而日本和美国则相反。（2）汇率传递具有国别差异。中国的汇率传递水平较高，美国次之，日本最低。（3）当短期波动偏离长期均衡时，美国的调整力度较高，日本次之，中国相对较低。（4）相比固定汇率制度，浮动汇率制度下，汇率传递水平相对较低。[3]

王国松阐述了人民币升值的逆传递效应的传导机制。运用协整与向量误差修正模型，实证检验了人民币名义有效汇率与人民币对美元的双边名义汇率的逆传递效应。结果表明，无论长期还是短期，人民币升值都不具有通货紧缩效应，而是具有逆传递效应，并且名义有效汇率的逆传递效应强于双边名义汇率。[4]

田涛等分析人民币汇率变动与我国出口贸易的关系表明，整体上人民币汇率与我国出口之间的关系并不显著，但其对分类产品出口的影响存在显著差异性。汇率变动对我国资源型产品与食料类产品的出口影响较小，而对劳动密集型产品和资本与技术密集型产品的出口影响较大。人民币汇率变动幅度与人民币汇率变动的不确定性是分别影响我国劳动密集型产品与资本和技术密集型产品出口的主要原因。[5]

李艳丽等分析预期对汇率出口价格传递效应的影响表明，汇率预期会通过价格效应和替代效应两个渠道影响出口需求和价格，且在持续性单向汇率预期和双向汇率预期下，汇率预期传递效应存在明显差异。在实证检验中，他们利用多重结构突变点检验方法分析了人民币汇率及预期对中国

---

[1] 王胜、曾智：《我国汇率传递的非线性特征分析》，载《世界经济研究》2014年第8期。
[2] 刘军：《人民币汇率对消费者价格传递：理论与实证》，载《上海金融》2014年第3期。
[3] 刘军、佘传奇、熊雪：《汇率传递的非对称效应》，载《上海金融》2014年第10期。
[4] 王国松：《人民币升值的逆传递效应：基于供给冲击和需求冲击的分析》，载《经济理论与经济管理》2014年第10期。
[5] 田涛、陈鹏、商文斌：《人民币汇率变动、异质性传导与出口贸易结构》，载《上海金融》2014年第4期。

出口价格的传递效应。结果显示，在1999年至2012年间，人民币汇率、汇率预期及其他因素与出口价格之间的关系出现了三次结构性变化；2005年汇改后，市场对人民币存在单向升值预期的阶段，汇率预期的替代效应占据主导地位，在其他阶段汇率预期的价格效应占据主导地位。①

张先锋等利用面板数据模型对2001～2011年我国22个制造业细分行业进行实证检验发现，人民币汇率上升、出口交货值增加、行业出口依存度提高对出口学习效应有显著促进作用。人民币本币汇率上升通过促进企业增加研发投入和人力资本投入，有助于出口学习效应的提升。进一步的研究表明，在汇率倒逼机制的作用下，资本技术密集型行业的出口学习效应尤为显著。②

沈骏采用2012年1月1日至2012年12月26日境内银行间即期询价市场人民币/美元汇率和香港市场即期人民币/美元汇率的5分钟收盘价数据，基于VECM – DCC – MVGARCH模型，从境内外市场间人民币即期汇率的价格发现和波动溢出效应两个视角，对在岸和离岸人民币兑美元汇率之间的动态变化关系进行实证分析发现，从短期看，内地市场和香港市场都展现出均值回归，且呈现相互引导的趋势；从长期看，香港市场在人民币汇率偏离长期均衡状态时的调整速度慢于内地市场，内地市场在价格发现中起主导作用。在波动溢出方面，两个市场都存在波动聚集性和杠杆效应，存在双向的波动溢出效应，内地市场的波动溢出效应强于香港市场。③

马丹采用1994～2011年中国对142个国家（或地区）的面板数据同时估计了人口年龄结构对人民币实际汇率产生的综合影响和通过不同机制产生的单独影响。研究发现：（1）中国劳动人口占比主要通过需求结构机制和"巴拉萨—萨缪尔森效应"机制影响人民币实际汇率，而经常项目机制不显著；（2）中国劳动人口占比上升会通过需求结构机制导致人民币实际贬值，通过"巴拉萨—萨缪尔森效应"机制导致人民币实际升值；（3）中国劳动人口占比上升通过"巴拉萨—萨缪尔森效应"机制对人民币实际汇率产生的正向影响大于其通过需求结构机制产生的负向影

---

① 李艳丽、彭红枫：《人民币汇率对出口价格的传递效应》，载《金融研究》2014年第10期。

② 张先锋、刘晓斐、孙纲：《汇率倒逼机制与出口学习效应》，载《世界经济研究》2014年第9期。

③ 沈骏：《境内外人民币汇率的价格发现与波动溢出效应》，载《上海金融》2014年第4期。

响。并最终导致人民币实际汇率升值。[①]

王中昭等分析中国与东盟各国汇率的时变相关性、传染性和结构突变等问题发现：（1）人民币汇率短期波动对东盟各国形成了一定的区域性辐射能力。（2）中国等外部因素对东盟各国汇率的波动影响平均仅占6%左右，各国汇率自身的波动集聚性起主导作用。人民币汇率对大多数东盟国家汇率传导有效，但持续性特征不存在。（3）中国与东盟汇率时变相关系数均为带有结构突变无单位根的趋势平稳过程，存在短期动态联动滞后效应，外部因素不能改变其长期均衡运行路径。（4）时变相关结构突变并没有改变人民币带动大多数东盟国家货币升值趋势，呈现出"传染性升值"，传导的有效性从弱到强，区域货币联动趋势的雏形初现。[②]

（三）人民币汇率变动的经济影响

1. 对宏观经济的影响

徐小君等对人民币汇率变化与中国经济波动之间的动态影响关系进行了经验研究。结论表明：（1）汇率变化对经济波动起着减缓和稳定性的作用；（2）需求因素的外生冲击是导致经济波动的主要源头；（3）货币政策传导的汇率影响渠道作用效果不显著。[③]

王亮等以2005年7月为界，对中国汇改前后贸易条件对宏观经济波动影响的差异性进行实证检验表明，汇改后贸易条件冲击引起的宏观经济波动比汇改前固定汇率下的更为剧烈。因此，中国在选择汇率制度调整的力度和速度上应充分考虑经济的可承受度和成本，与此同时积极寻求相关对策避免贸易条件的过度恶化。[④]

张翔等讨论了我国货币供给冲击对经济的影响以及货币政策应对国际冲击的策略。研究发现，人民币汇率弹性增强后，货币供给冲击对经济的

---

① 马丹：《人口年龄结构影响人民币实际汇率的传导机制识别》，载《金融研究》2014年第5期。
② 王中昭、杨文：《人民币汇率对东盟各国汇率传染及其时变相关有效性研究》，载《国际金融研究》2014年第11期。
③ 徐小君、陈学彬：《人民币汇率变化与中国经济波动：加速效应还是稳定机制？》，载《国际金融研究》2014年第12期。
④ 王亮、黄斌全、吴浜源：《贸易条件变化对宏观经济波动的影响》，载《经济评论》2014年第5期。

影响被更缓慢的释放,我国货币政策调控将获得更大的空间,使得货币政策更具有灵活性。而且不管汇率弹性如何,净出口下降都能有利于促进我国经济增长,而汇率弹性的增强则更有利于降低国际资本流动的顺周期效应和提高我国货币政策的自主性。①

干杏娣等采用 2000~2013 年省际面板数据,运用静态面板 GLS 方法和动态面板系统广义矩方法对人民币汇率升值通过进出口渠道对我国产业结构升级的影响进行了分析。研究表明:人民币升值通过出口渠道对第二产业产出份额有负面作用,却对第三产业产出份额有正面作用;通过进口渠道对第二产业产出比重有负向影响,对第三产业产出比重有显著的正向影响。人民币汇率升值通过出口和进口贸易渠道有助于我国产业结构升级。②

李芳等通过构建包含人民币汇率、短期国际资本流动及房地产价格的 MS-VAR 模型并选取中国 2005 年 7 月至 2012 年 12 月的月度数据进行实证研究表明,在不同的经济状态下,三个变量间的动态关系不同。在两区制下,人民币升值会带来房地产价格上升,房地产价格上涨也会导致人民币升值且持续时间较长,但区制 1 下的响应幅度要明显小于区制 2。③

曹伟等运用系统 GMM 估计方法,研究了汇率水平变化和汇率波动幅度对行业固定资产投资和省份固定资产投资的影响。研究表明:劳动密集型行业因人民币升值而大幅减少投资,而资本密集型行业投资对汇率变动敏感性不强。人民币汇率水平变化对东部地区和西部地区的投资均存在显著影响,而对中部地区的影响十分有限。④

2. 对进出口的影响

邓小华等采用向量自回归模型,以年度数据为基础探讨汇率变动的贸易收支结构效应,刻画两者之间的脉冲响应关系,从而得出我国实际汇率变动对我国出口贸易和进口贸易的影响。从长期看,人民币实际汇率升值

---

① 张翔、何平、马菁蕴:《人民币汇率弹性和我国货币政策效果》,载《金融研究》2014 年第 8 期。

② 干杏娣、陈锐:《人民币升值、进出口贸易和中国产业结构升级》,载《世界经济研究》2014 年第 9 期。

③ 李芳、李秋娟:《人民币汇率与房地产价格的互动关系》,载《国际金融研究》2014 年第 3 期。

④ 曹伟、申宇:《汇率变动对固定资产投资的影响研究:理论及中国实证》,载《数量经济技术经济研究》2014 年第 7 期。

将降低贸易顺差,贬值将降低逆差。人民币汇率变动影响我国对外贸易的长期效应大于短期效应。①

苏海峰等实证研究了人民币汇率变动对中国贸易出口、进口以及净出口的时变性影响。结果表明,汇率变动对贸易收支的影响机制在2002年中国加入WTO和2005年汇改后有较为明显的变化。2002年以前,汇率变动对出口的负向影响不断加强,而在2002~2005年期间,这种负向影响达到最大,且相对稳定。在此期间,由于进口与出口的同向变动,汇率对贸易差额的影响并不明显。2005年以后,由于汇率制度改革后出现人民币的单边升值,国际资本为了从人民币升值中获益,通过贸易渠道进入中国,从而促进了出口的增加。由于汇率变动对进口影响强度变化不大,最终出现了货币升值与贸易顺差增长共存的局面。②

王宇哲等研究发现,在考虑汇率传递效应及进口国收入变动的情况下,人民币名义有效汇率升值仍会对中国出口(数量及总额)产生显著负面影响。在人民币盯住美元时期内,名义有效汇率升值对出口的负面影响比人民币对美元升值时期更加明显。③

周诚君等发现汇率仅是影响出口的因素之一,其影响方向和力度大小还取决于其他结构性制度性条件。此外,外部需求、出口商品结构、经济发展阶段、劳动力成本、比较优势变化等因素对中国出口有更重要、更确定的影响。运用时序数据并首次使用出口国面板数据的实证研究显示,出口的人民币升值弹性为 -0.09~-0.54。跨国面板数据分析也表明,汇率变化只能解释各国出口变化的小部分,且随着中国自2008年进入中等收入国家,汇率升值对出口的影响有所减弱。尚不存在人民币过快或过度升值的证据,应继续推进汇率形成机制改革,使市场供求对汇率水平及波动起决定性作用。④

戴翔等利用1994~2013年中国经验数据,实证检验了人民币实际有效汇率变动对中国服务出口增长的影响。结果表明:(1)人民币实际有效

---

① 邓小华、李占风:《汇率变动对我国贸易收支影响研究》,载《经济学动态》2014年第7期。

② 苏海峰、陈浪南:《人民币汇率变动对中国贸易收支时变性影响的实证研究》,载《国际金融研究》2014年第2期。

③ 王宇哲、张明:《人民币升值究竟对中国出口影响几何》,载《金融研究》2014年第3期。

④ 周诚君、傅勇、万阿俊:《人民币升值是影响中国出口的主要因素吗?》,载《金融研究》2014年第11期。

汇率变动对服务出口增长具有显著负面的滞后影响；（2）分部门来看，人民币实际有效汇率变动对新型服务贸易部门出口增长影响，超过对传统部门出口增长影响。在进一步推进人民币汇率形成机制改革以及增强人民币汇率弹性进程中，应注意避免汇率过度波动对我国服务贸易发展可能带来的不利影响。适当而稳健的汇率政策，不仅对于扩大服务出口，而且对于服务出口结构优化升级，都有重要意义。[1]

梁中华等考察了2005～2007年间人民币迅速升值对出口企业盈利能力的影响。结果表明，2005～2007年人民币升值后，与非出口企业相比，出口企业的权益回报率显著降低5%。出口企业盈利能力的降低主要来自创造收入能力下降和销售利润率降低两个因素，且前者占主导。对出口依赖程度越高的企业，人民币升值对其盈利能力的负面影响越大。[2]

3. 对收入分配的影响

李颖等利用面板联立方程两阶段最小二乘回归，实证考察了人民币实际汇率变动对工资份额和利润份额的影响。研究发现，人民币贬值提高了利润份额、降低了工资份额，从而恶化了收入分配不公；人民币升值则有利于改善收入分配不平等。汇率变动对收入分配的作用效果会受企业价格加成比例和资本产出比的影响——价格加成比例的提高会削弱汇率变动的收入分配效果，而资本产出比增加会提升汇率变动的收入分配效果。[3]

徐伟呈等利用岭回归实证研究了人民币实际汇率变动对中国制造业就业和工资的影响。结果发现，汇率的长期趋势在实际汇率构成中的比重远大于短期趋势，所以汇率长期趋势对就业的影响远大于短期趋势的影响，因此选取加权法测算的人民币实际汇率作为汇率指标更加合理；通过制造业进口投入水平和出口份额这两条传导机制，人民币实际汇率升值会导致制造业就业水平下降，但进口投入水平上升或出口份额下降会部分地抵消这一不利影响。[4]

---

[1] 戴翔、张二震：《人民币汇率变动是否影响了中国服务出口增长》，载《金融研究》2014年第11期。

[2] 梁中华、余淼杰：《人民币升值与中国出口企业盈利能力》，载《金融研究》2014年第7期。

[3] 李颖、钱程、王海兵：《人民币汇率变动的收入分配效果研究》，载《经济科学》2014年第3期。

[4] 徐伟呈、范爱军：《人民币实际汇率变动对就业的影响》，载《世界经济研究》2014年第10期。

四、货币政策

(一) 新形势下货币政策的转型

李良松指出，2008年金融危机终结了发达国家中央银行"单一目标、单一工具"货币政策调控模式而转向"多目标、多工具"。随着利率市场化的不断推进，我国未来可建立价格型调控为主、兼用数量型调控的货币政策调控模式，并采用"短期利率为主+数量型指标"的双重操作目标模式。正常情况下，央行应维护操作目标利率稳定，但特殊情形时，也可在操作目标利率稳定和流动性指标稳定之间权衡。[①]

胡志鹏指出，当前在物价形势稳定、国际收支趋于平衡、经济潜在增速下行、杠杆率不断快速攀升的背景下，"控杠杆"与"稳增长"同时成为货币当局的现实目标，给其政策操作带来了较大挑战。他通过构建一个涵盖居民、企业、金融机构和货币当局的DSGE模型来考察"稳增长"和"控杠杆"双重目标下货币当局最优政策设定。结果表明，最优货币增速本身受到多方面因素制衡，单纯依靠货币当局使用货币政策工具来降低杠杆率的效果并不理想，且货币当局政策效果缺乏稳定性。因此，当前有必要减轻货币当局控杠杆的压力，通过包括结构性改革在内的多种措施来化解高杠杆率。[②]

汪仁洁认为，现阶段我国经济放缓，结构性矛盾、发展不平衡、涉农小微企业融资难等问题尤为突出。若采取传统全面调控货币政策的"一刀切"模式，只会加剧当前各种矛盾。2014年两次"定向降准"揭开了定向调控货币政策的序幕。当前定向调控货币政策在有效性、精准性上还存在实施困难，但这掩盖不了定向调控政策解决当前突出问题的定向精准微调优势。定向调控货币政策，应注重与其他政策、手段配合使用，立足金融创新，瞄准"靶点"精准发力。[③]

[①] 李良松：《中国货币政策双重操作目标选择》，载《上海金融》2014年第5期。
[②] 胡志鹏：《"稳增长"与"控杠杆"双重目标下的货币当局最优政策设定》，载《经济研究》2014年第12期。
[③] 汪仁洁：《货币政策的阶段性特征和定向调控选择》，载《改革》2014年第7期。

贺力平指出，推动货币市场发展，促使货币市场与信贷市场更加紧密的相互联动关系，是利率市场化后中央银行有效发挥利率政策工具作用的必要条件。推进利率市场化不仅需要商业银行经营活动的转型，也需要中央银行货币政策的转型。传统的数量型为主的货币政策工具应有必要调整，价格型货币政策工具（利率工具）应发挥更大的作用；同时，两种货币政策工具之间应有相互配合协调的关系。①

张勇等研究发现，利率双轨制的效率不仅与金融市场的扭曲程度直接相关，更取决于产品市场的扭曲程度。政府应该不断降低产品市场和金融市场的扭曲，直到利率双轨制不再有效率时，再一举取消双轨制才是福利损失最小的。在短期，利率双轨制决定了货币政策主要通过管制利率渠道来传导。溢价比稳态提高时管制利率对溢价偏离做正向反应和溢价比稳态降低时管制利率对溢价偏离做轻微负向反应的相机反应规则，优于单一反应规则。②

杨弋帆将电子货币纳入货币供给的研究范畴中，考察了不同主体通过不同方式发行电子货币对货币供给及货币乘数的影响，构造了包含第三方支付机构的三级创造体系。研究发现，电子货币能够通过货币创造机制影响货币供给，而第三方支付机构在放大货币乘数方面尤为明显，需要中央银行在政策制定中更加关注。③

林仁文等从要素配置市场化及行业准入限制逐步放开的角度，考察了中国市场化进程中的货币政策有效性。（1）对于国企经济，贷款基准利率的作用将逐步减小，而存款基准利率和存款准备金率的作用会逐步提高；（2）对于民企经济，存、贷款基准利率，以及存款准备金率的作用，都将逐渐减小；（3）对于总体经济，贷款基准利率的作用将逐步减少，存款基准利率和存款准备金率的作用，将在改革前期不断上升，在改革后期逐步下降；（4）在市场化改革的不同阶段，针对不同的政策目标，最有效的货币政策工具将有所差异。④

---

① 贺力平：《利率市场化与中国货币政策转型》，载《金融论坛》2014年第7期。
② 张勇、李政军、龚六堂：《利率双轨制、金融改革与最优货币政策》，载《经济研究》2014年第10期。
③ 杨弋帆：《电子货币对货币供给及货币乘数的影响机制研究》，载《上海金融》2014年第3期。
④ 林仁文、杨熠：《中国市场化改革与货币政策有效性演变》，载《管理世界》2014年第6期。

(二) 货币政策的跨国传导

马勇等通过构建开放条件下的新凯恩斯宏观经济模型，为考察经济开放度和货币政策有效性之间的动态关系提供了一个基于一般均衡框架的微观基础，并通过模拟分析得出了货币政策有效性随经济开放度提高而下降的基本结论。并运用中国 1992～2012 年季度数据的实证检验了这一结论。[①]

路继业利用新开放宏观经济模型研究经济全球化过程中，外部需求冲击与美联储政策取向对中国通货膨胀动态的影响及最优政策应对机制。研究发现：（1）美联储政策取向对中国通货膨胀具有重要影响，也相应影响中国货币当局最优政策选择。（2）若美联储为相机抉择的政策制定者，则"浮动汇率＋利率规则"是中国最优的政策选择；若美联储为强硬反通胀的政策制定者，则固定汇率制度是中国最优的政策选择。（3）货币政策是否具有可信性是决定中国最优政策选择的核心，增强政策可信性并建立强硬反通胀的政策声誉能够稳定中国的通货膨胀。（4）汇率制度选择并不必然遵循由固定到中间再到浮动的唯一路线，中国货币当局应根据外部冲击、美联储的政策取向做出具体选择。[②]

张晶晶等通过构建 SVAR 模型研究美国货币政策对中国汇率和利率渠道的传导效应。结果表明，美国价格和数量型货币政策冲击对中国名义和实际汇率及名义利率均没有显著影响，汇率渠道和利率渠道美国货币政策冲击对中国的传导作用都不明显。美国价格型货币政策冲击对中美利差具有很强的解释力，美国数量型货币政策冲击对人民币兑美元汇率差有较大的影响。境内外汇率差与跨境资金流动走势高度一致。[③]

何国华等根据蒙代尔—弗莱明—多恩布什模型说明美国和日本货币政策变动对中国产出的影响及其传导渠道，并选取美国、日本和中国 2000～2012 年利率、汇率、通货膨胀以及对外贸易等方面的月度数据，采用 SVAR 模型进行实证分析表明，美国扩张性的货币政策主要影响中国的通

[①] 马勇、陈雨露：《经济开放度与货币政策有效性：微观基础与实证分析》，载《经济研究》2014 年第 3 期。

[②] 路继业：《外部需求冲击、美联储政策取向与中国通货膨胀动态》，载《国际金融研究》2014 年第 7 期。

[③] 张晶晶、刘凌：《美国货币政策对中国汇率和利率传导的实证研究》，载《上海金融》2014 年第 1 期。

货膨胀和汇率水平,而日本货币政策则对中国的对外贸易情况影响程度更大。因此,在防范外国货币政策变动对中国产出水平的冲击时,对美国应更多地关注输入型通货膨胀和美元贬值对中国的不利影响,对日本则应关注中日双边贸易关系。①

路妍等采用 VAR 模型对美日欧量化宽松货币政策对中国货币政策的影响进行实证分析发现:美日欧量化宽松货币政策对中国货币政策有显著影响,并通过 M2、实际有效汇率和利率进行国际传导。鉴于美日欧量化宽松货币政策调整或退出会对中国货币政策带来一定的冲击,中国应采取相应的对策。②

张学勇等运用全球 30 个国家和地区的股票市场及货币政策数据,实证研究货币政策在国际间股票市场的外溢性。研究发现,一国货币政策在国际间股票市场确实存在显著的溢出效应,其宽松的货币政策会引起其他国家和地区股票市场收益率提高,紧缩的货币政策会引起其他国家和地区股票市场收益率降低。在经济危机时期,一国货币政策的外溢性更大。③

曹伟等利用 2005 年 7 月汇改以来的月度数据,研究了中国货币政策对东南亚五国的外溢效应。结论表明:(1)中国货币供给量对马来西亚、印尼以及菲律宾三国的定期存款利率有显著的格兰杰影响,中国同业拆借利率对马来西亚、泰国以及印度尼西亚的定期存款利率具有显著的格兰杰影响。(2)中国货币供给量对五国通货膨胀影响的格兰杰成因不明显,中国同业拆借利率对新加坡和印度尼西亚的通货膨胀有明显影响。(3)双边汇率变动对中国与五国进出口贸易的影响存在显著的格兰杰成因。另外,中国货币政策短期对东南亚五国金融经济的影响较为显著,而对反映实体经济状况的进出口贸易影响相对较小,对实际经济的影响需要经历较长的时滞。④

---

① 何国华、彭意:《美、日货币政策对中国产出的溢出效应研究》,载《国际金融研究》2014 年第 2 期。
② 路妍、刘亚群:《美日欧量化宽松货币政策对中国货币政策的影响研究》,载《经济学动态》2014 年第 4 期。
③ 张学勇、王丽艳、张伟强:《货币政策在国际间股票市场的外溢性研究》,载《国际金融研究》2014 年第 8 期。
④ 曹伟、王旭祥:《国际储备货币视角下货币政策的外溢效应:理论及中国的实证》,载《上海金融》2014 年第 4 期。

(三) 货币政策效果

蒋海等采用中国 1992～2011 年的宏观经济数据,对中国货币政策的有效性进行了检验。结果发现,货币政策总供给效应限制了央行对产出和通货膨胀的反应空间,而私人部门适应性学习预期会进一步缩小其操作空间。同时,较高的工资刚性导致货币政策抑制宏观经济波动的效果非常有限。①

黄宪等在粘性信息理论框架下运用马尔科夫区制转换向量自回归模型分析货币政策调控的非对称效应,并给予了实证检验。结果表明:当通胀预期低而稳定时,数量型宽松货币政策更有利于推动实体经济增长;当通胀预期水平较高或波动性较强时,扩张性货币供给的产出效应不明显,且提高利率对长期通货膨胀的调控效果亦不佳。同时,通货膨胀在货币政策冲击下呈现出明显的持续性波动特征。②

张金城对我国货币政策调控、流动性管理与宏观经济稳定之间的关联效应和作用机制进行了理论和实证分析。结果显示,M0、M1、M2 三个层面的货币供给与通货膨胀、实际产出存在着显著的单向以及双向的波动溢出效应;相对于通货膨胀,实际产出和货币供给中存在着更为紧密的均值溢出关系。③

胡东等利用动态面板数据 Sys–GMM 模型实证研究了 2002～2012 年 14 个发达及发展中国家央行财务实力与货币政策调控效果及操作的相关关系。研究表明:中央银行财务实力对货币政策调控确实有比较显著的影响,以资本水平衡量的财务实力有利于央行控制通胀,以盈利能力衡量的财务实力有利于央行维护金融稳定,央行财务实力较弱会显著约束货币政策操作。因此,中央银行应着力增强财务实力,提高货币政策调控有效性。④

梁璐璐等探讨了宏观审慎政策的作用效果:(1)在传统冲击下,宏观审慎政策不会影响货币政策的目标;在非传统冲击下,遵循泰勒规则的货

---

① 蒋海、储著贞:《总供给效应适应性学习预期与货币政策有效性》,载《金融研究》2014 年第 5 期。
② 黄宪、王书朦:《通货膨胀预期视角下货币政策的非对称效应研究》,载《财贸经济》2014 年第 1 期。
③ 张金城:《货币政策调控、流动性管理与宏观经济稳定》,载《国际金融研究》2014 年第 3 期。
④ 胡东、冉茂盛:《中央银行财务实力与货币政策调控有效性》,载《经济科学》2014 年第 2 期。

币政策与宏观审慎政策相互配合，对于通胀目标还起到一定的保护作用。（2）宏观审慎政策会改变各部门的资产配置，从而部分改变经济体的格局，但不会对经济体的总体运行状态产生结构性影响，因而具有中立性特征。[1]

杨柳等认为，后危机时期资本调整成本增大会弱化技术进步对经济增长的促进作用，对扩张性货币政策效力则制约更显著，且产出和消费均经历约 5 个季度的倒驼峰调整过程，呈现典型的"高投资低消费"的有效需求不足局面。[2]

王任全面分析了货币政策冲击和利率市场化对企业行为的影响：利率通过三种渠道对通货膨胀率产生影响，分别是需求面集约边际、供给面集约边际和广义边际；货币政策冲击会同时从需求面和供给面影响企业进入市场的行为，忽略成本传导机制会低估货币政策冲击对实体经济的影响；假定利率市场化会加剧银行业竞争从而使得利差收窄，负利差冲击则会通过成本传导机制，促使企业扩大产出并吸引更多的市场参与者，进而影响价格、工资、劳动和消费。[3]

张伟等认为，货币政策的冲击会改变产业经济变动轨迹，进而导致总体经济发生波动，预期效应机制促使产业向适应于政策预期的方向发展；货币政策短期内影响资本密集型产业，长期则会影响到传统产业。因此，保持货币政策的审慎性、持续性和一致性，是促进产业经济向更高级化方向发展的关键。[4]

五、互联网金融

（一）互联网金融的概念与内涵

吴晓求认为，所谓互联网金融指的是以互联网为平台构建的具有金融

---

[1] 梁璐璐、赵胜民、田昕明、罗金峰：《宏观审慎政策及货币政策效果探讨：基于 DSGE 框架的分析》，载《财经研究》2014 年第 3 期。
[2] 杨柳、王笑笑、王晓敏：《经济转型时期的资本调整成本、技术冲击与扩张性货币政策效果》，载《数量经济技术经济研究》2014 年第 3 期。
[3] 王任：《成本传导机制、企业行为与货币政策》，载《金融研究》2014 年第 4 期。
[4] 张伟、郑挺、黄炎龙：《货币政策的预期冲击与产业经济转型效应分析》，载《金融研究》2014 年第 6 期。

功能链且具有独立生存空间的投融资运行结构。这里,"以互联网为平台"是最基础的要素,它意味着对物理空间的摆脱,意味着货币流的牵引力量甚于信息流,意味着硬成本到软成本的过渡。"金融功能链"和"独立生存空间"也是互联网金融必不可少的元素,相较于传统金融(商业银行)的运行结构而言,互联网金融是一种"异物",是一种基因发生某种变异的金融,这种"基因变异"本质是一种飞跃。互联网金融不同于金融互联网。传统金融(这里更多地指的是商业银行)吸纳、运用包括互联网技术在内的现代信息技术,去创新某些金融工具、构建新的网络系统,但原有的运行结构和商业模式并没有发生变化,这种金融与互联网的结合称之为金融互联网。金融互联网是一个创新但不是飞跃,因为在金融互联网中,互联网是一个手段,是手臂的延伸,而不是平台。[①] 饶越认为,互联网金融是提高金融体系核心功能上的创新,具体体现在互联网金融完善了支付结算体系、提升了资源配置效率、优化了风险配置功能等方面。[②]

贾甫等则认为,互联网金融是基于互联网技术的金融创新和金融重塑的新金融范式,而金融互联网则是传统金融技术的升级。虽然二者在融资方式、资金运用、风险处理和流动性管理等方面存在微妙差异,但是也出现融合趋势,而且由于金融互联网和互联网金融都具有金融属性、互联网技术属性、处理信息不对称的功能,以及互联网金融的广义性,二者之间的边界并不清晰。基于风险控制的目标,金融互联网与互联网金融之间存在几种替代和融合模式:互联网金融下的合伙制银行、直接融资平台、内生化融合和独立基础上的融合。[③]

(二) 互联网金融对金融市场的影响

1. 积极影响

黄绍辉等认为,互联网技术通过共享企业历史信息和信用记录等方式,在均衡状态下使商业银行承担的坏账损失减少,同时绩差企业将逐步

[①] 吴晓求:《中国金融的深度变革与互联网金融》,载《财贸经济》2014年第1期。
[②] 饶越:《互联网金融的实际运行与监管体系催生》,载《改革》2014年第3期。
[③] 贾甫、冯科:《当金融互联网遇上互联网:金融替代还是融合》,载《上海金融》2014年第2期。

放弃作假骗贷行为，使得信贷市场整体效率得到提升。① 林宏山认为，互联网金融自身特性有助于社会各阶层获取各种金融服务：一是互联网金融具有提供广泛、可获得且高质量普惠金融服务的能力；二是互联网金融借助我国较为完善的网络平台，可迅速拓展普惠金融业务；三是互联网金融具有强大的生命力，能提供持续性的普惠金融服务；四是互联网金融能集中利用闲置、零碎金融资源，满足资金供求双方的需求，提高整个社会的收益，有力地促进了实体经济发展。因此，可以通过对互联网金融进行规范，推进我国普惠金融的发展。②

2. 带来的挑战

戴国强等认为，互联网金融增加银行风险，具体通过两种渠道：一是推高了银行的资金成本，降低了银行的盈利能力，因此增加了银行风险；二是互联网金融间接推高了贷款利率，贷款申请者将选取风险更高的投资项目，这也增加了银行风险。而在对融资成本影响方面，互联网金融增加融资成本，纠正存款利率管制带来的利率扭曲。③ 互联网金融企业在支付结算特别是线上小额支付结算领域将对商业银行形成较大挑战；在代理理财和负债业务领域对商业银行造成分流，带来成本效益压力；在资产业务领域更多起到对银行信贷的补充和少量替代作用，难以撼动银行主导地位；最值得关注的是互联网企业软硬件结合竞争客户入口对银行客户资源的持续分流。④

（三）互联网金融风险和监管

谢平等认为，互联网金融监管要把握以下五个要点：（1）监管的必要性。对互联网金融，不能因为发展不成熟就采取自由放任的监管理念，应该以监管促发展，在一定的底线思维和监管红线下，鼓励互联网金融创新。（2）监管的一般性。对互联网金融，金融风险和外部性等概念仍然适用，侵犯金融消费者权益的问题仍然存在。因此，互联网金融监管的基础

---

① 黄绍辉、李楠：《商业银行网络信贷模式与发展路径研究》，载《金融论坛》2014年第5期。
② 林宏山：《互联网金融助推普惠金融发展探讨》，载《上海金融》2014年第12期。
③ 戴国强、方鹏飞：《利率市场化与银行风险》，载《金融论坛》2014年第8期。
④ 中国工商银行渠道管理部课题组：《互联网金融时代的跨行业渠道竞争》，载《金融论坛》2014年第7期。

理论与传统金融没有显著差异，审慎监管、行为监管、金融消费者保护等主要监管方式也都适用。（3）监管的特殊性。互联网金融的信息技术风险更为突出，"长尾"风险使金融消费者保护尤为重要，在互联网金融监管中要特别注意。（4）监管的一致性。互联网金融机构如果实现了类似于传统金融的功能，就应该接受与传统金融相同的监管；（5）监管的差异性。对不同类型的互联网金融机构，要在风险识别的基础上分类施策，但在涉及混业经营的领域要加强监管协调。①

程华认为，我国互联网金融的创新主体是以百度、阿里巴巴和腾讯为代表的互联网多边平台企业，其竞争表现出明显的双边市场特征，如不均衡的双边用户定价结构、集中度较高但不稳定的寡头垄断市场结构、企业间复杂的竞合关系等。互联网金融的监管需要充分考虑多边平台用户间网络外部性的存在，放松基于成本的价格规制，正确评价垄断的社会福利影响，建立综合性的消费者保护机制，促进平台企业间有序竞合关系的形成。②

魏鹏认为，互联网金融存在经营主体风险、法律合规风险、技术操作风险、市场流动风险、资金安全风险和货币政策风险等。发达国家对互联网金融的监管主要包括对第三方支付、网络信贷、网络银行、众筹融资的监管。为改善国内互联网金融监管现状，应明确监管原则，适度监管和协调监管并重；充分发挥行业自律组织的作用；加快互联网金融法律法规建设，通过立法明确互联网金融机构的性质和法律地位；完善互联网监管规则，明确互联网金融企业的业务经营范围及监管主体。③

（四）P2P 网络借贷

1. P2P 网络借贷的影响因素

温小霓等以中国最大的 P2P 网络借贷网站拍拍贷为例，采用二元 logistic 回归模型建立网络借贷模型，研究影响借贷成功率的因素，并进行

---

① 谢平、邹传伟、刘海二：《互联网金融监管的必要性与核心原则》，载《国际金融研究》2014 年第 8 期。
② 程华：《互联网金融的双边市场竞争及其监管体系催生》，载《改革》2014 年第 7 期。
③ 魏鹏：《中国互联网金融的风险与监管研究》，载《金融论坛》2014 年第 7 期。

蒙特卡洛模拟。结果表明：借款利率、借款人历史失败次数对借款成功率有负的影响，而借款金额、借款人历史成功次数、信用积分、审核项目数对借款结果有正的影响。同时，借款人的性别、住宅情况也对借款结果有影响。与传统金融相比，P2P 网络借贷除应重视模式创新之外，更要充分运用大数据的优势进行有效的信用评估和风险评估，从而为征信体系建设和借贷双方服务提供有利条件。[①] 王会娟等基于"人人贷"的数据，研究 P2P 网络借贷平台的信用认证机制对借贷行为的影响。结果表明，信用评级越高，借款成功率越高且借款成本越低。进一步分析发现，对借贷行为影响较大的是工作认证、收入认证、视频认证和车产、房产认证等认证指标。相比单纯的线上信用认证方式，线上和线下相结合的信用认证方式更能提高借款成功率并降低借款成本。"人人贷"的信用认证机制能够揭示信用风险，缓解借贷双方的信息不对称，但评级指标的单一决定了其风险揭示作用的局限性。为了进一步发挥信用认证机制的风险揭示作用并降低借贷双方信息不对称，应丰富和完善多层次认证指标，规范线下信用认证方式，加强政府对 P2P 网络借贷平台信用认证机制的监管。[②]

2. P2P 网络借贷的发展方向

韩斯玥等认为，国际 P2P 平台未来预计将向着金融产品日趋专业性和复杂化的方向发展，资产证券化水平将会逐渐提高，风险定价能力提升，并为投资者提供更加专业的金融服务。目前，P2P 平台的信贷规模仍处于较低水平阶段，对其风险定价的专业性和风险及成本管理的考验还未到来，商业银行在 P2P 平台冲击下消亡的可能性微乎其微。P2P 平台与商业银行未来会首先经历一个以合作、借鉴等方式为主的融合阶段，最终基于各自优势，并针对不同的风险客户进行业务领域的重新分化。[③]

[①] 温小霓、武小娟：《P2P 网络借贷成功率影响因素分析》，载《金融论坛》2014 年第 3 期。

[②] 王会娟、廖理：《中国 P2P 网络借贷平台信用认证机制研究》，载《中国工业经济》2014 年第 4 期。

[③] 韩斯玥、黄旭、贺本岚：《国际 P2P 行业发展趋势与商业银行未来发展》，载《金融论坛》2014 年第 3 期。

六、资本账户开放

(一) 资本账户开放的条件

宋玉华等采用 61 个发展中国家 1980~2011 年的数据研究表明：(1) 一国放开资本管制实现资本项目自由化必须满足其前提条件，即总财富大于总支出。(2) 当一国公共支出的目标是社会福利最大化时，中等财富水平的国家更易实现资本项目自由化。(3) 资本管制的实施应是逆周期的：经济繁荣时资本项目有自由化倾向，此时应加强资本管制，抑制热钱流入，控制经济过热；当经济进入衰退时有抑制资本项目自由化的倾向，此时在防止资本外逃的基础上，应适当放松资本管制，鼓励资本流入。[①]

(二) 资本账户开放对经济的影响

陆军等使用 44 个国家和地区在 1973~2013 年间的面板数据，考察资本账户开放、制度质量与经济增长三者间的关系。结果表明，一是资本账户开放、制度质量对人均实际 GDP 增长率的共同影响呈现倒"U"型；二是相同资本账户开放程度下，OECD 国家解禁资本账户获得的经济增长红利显著高于新兴市场国家和发展中国家。资本账户开放对经济增长的影响是间接的，它的作用力大小取决于一定的制度基础，这些制度基础包括：有效的投资者保护、相对健全的法律体系、高效的行政体系等。[②]

张婧屹分析资本账户政策对人民币汇率调整路径的影响表明，资本账户实现完全可兑换初期，人民币实际汇率会出现过度升值的现象，之后逐渐贬值至长期均衡水平；若政府希望避免初期人民币大幅度的升

---

① 宋玉华、曾绍龙：《资本管制决定因素的一般理论与实证分析》，载《经济理论与经济管理》2014 年第 1 期。
② 陆军、熊衍飞：《资本账户开放、制度质量与经济增长》，载《金融论坛》2014 年第 11 期。

值，并放缓调整速度，建议在资本账户实现完全可兑换后，降低资本账户项下的交易成本，尤其是降低流出资本的交易成本；在资本账户实现完全可兑换前，政府应同时取消对流入和流出资本的限额管制。但如政府先取消对流出资本的限额管制，反而会增大人民币实际汇率过度升值的幅度。①

方显仓等分析我国人民币资本账户开放与银行体系风险的相互影响关系发现：中国资本账户开放度对银行体系风险具有显著、较快速的影响。实证分析表明，资本账户开放水平提高 1 个单位时，银行体系风险提高 0.65 个单位，而且脉冲响应函数分析表明，这种影响的传导较为迅速，甚至会影响到整个金融体系风险。反之，国内银行体系风险上升的冲击会较温和地延缓资本账户开放进程，国内金融风险是影响资本账户开放步伐的重要因素。②

（三） 资本账户开放路径效应

杨荣海在对近年来美元、欧元、日元、英镑和瑞士法郎国际化进程中资本账户开放概况综述的基础上，重点分析了当前货币国际化进程中的资本账户开放路径效应，得出以下结论：一是当前外国直接投资流入的增加，可以推动货币的国际化。二是由于金融风险迅速在全球传递，发达国家量化宽松货币政策的执行，越来越多的国家开始实施资本管制以应对跨境资本流入，所以，对外直接投资的流出，不利于货币国际化进程的深入。三是国外证券组合股权流入的增加，有助于促进投资货币职能的体现，有利于当前货币的国际化。最后，发行国际化货币国家国内的宏观经济环境，包括稳定的经济增长率，以及对国内通货膨胀率的控制都是当前货币国际化进程中资本账户顺利开放的必备条件。③

孙俊等实证模拟资本账户不同开放路径所引发的宏观经济效应发现，外商直接投资过度开放、对外证券投资严厉管制的策略有其时代局限性，甚至可能掉入经济"低增长、高波动"的极端陷阱。因此，应管理直接投

---

① 张婧屹：《资本账户政策对人民币汇率调整路径的影响》，载《上海金融》2014 年第 2 期。
② 方显仓、孙琦：《资本账户开放与我国银行体系风险》，载《世界经济研究》2014 年第 3 期。
③ 杨荣海：《当前货币国际化进程中的资本账户开放路径效应分析》，载《国际金融研究》2014 年第 4 期。

资的效率和结构、逐步放松中国对外证券投资管制。①

(四) 资本账户开放的对策建议

余永定认为,如果资本项目开放问题处理不当,中国国内宏观经济稳定和危机防范的难度将大大增加。对此应认识到:(1) 强调资本项目开放并不是所有国家都必须追求的经济体制标准范式。资本项目开放对一国的利弊要具体问题具体分析。(2) 资本项目包括了众多子项目,在每个子项目下,又包含众多的不同层级的次级子项目。开放资本项目并非指同时开放资本项目中的所有项目,甚至并非指同时开放其中众多项目。资本项目中各个子项目的开放是可以分开(或分组)进行的,这就有一个时序问题;同时,也存在一个或多个项目开放之后,经过多长时间、在什么条件下再开放另一些项目的问题,这是速度问题。资本项目中的每个子项目的开放必须满足相应的必要条件,各子项目的开放应遵循必要的时序。②

李向阳等认为,资本项目的开放对一国货币国际化至关重要,但资本项目的开放要有序适度进行:(1) 资本项目的双向开放,应有序进行。依据国际经验,一般遵循的顺序是:先直接投资,后间接投资;先长期,后短期;先开放流入,后开放流出;先放松对金融机构的管制,再放松对非金融机构和个人的管制。目前人民币资本项目的开放程度已经较高,但离人民币国际化的要求仍有一定差距。实现可兑换的目标需要着力推进个人资本项目和证券投资领域,特别是组合投资和衍生品交易等。(2) 扩大资本项目的开放要把握好度。资本项目的可兑换不是完全自由,不受约束的可兑换。世界上没有任何一个国家实现了不受约束的完全可兑换。人民币资本项目的可兑换,要从中国实际出发,明确开放进程中要遵守的基本原则,在多维区间内拟订目标,进行必要的监管和约束是维护金融稳定的必然选择。③

---

① 孙俊、于津平:《资本账户开放路径与经济波动》,载《金融研究》2014 年第 5 期。
② 余永定:《寻求资本项目开放问题的共识》,载《国际金融研究》2014 年第 7 期。
③ 李向阳、丁剑平:《人民币国际化:基于资本项目开放视角》,载《世界经济研究》2014 年第 5 期。

七、利率市场化

（一）利率市场化的宏观经济效应

陈彦斌等研究利率管制对总需求结构失衡的影响以及利率市场化改革的宏观经济效应发现，利率管制能够扩大投资、挤压消费，而融资约束强化了利率管制的作用效果，因此利率管制加剧了总需求结构失衡程度。如果进行利率市场化改革，家庭可支配收入将增加，居民部门消费占GDP的比重将提高4.7个百分点，总需求结构有所改善。但是，利率市场化之后贷款利率会提高25.4%，投资规模将因为资金成本上升而大幅萎缩，而融资约束使得资本配置效率难以改善，两方面作用将使总产出下降7.2%。由于目前经济和社会对产出下降的承受力较低，因此利率市场化改革不宜过于激进。[①]

陆军等对中国存款利率约束与宏观经济波动的非线性关联进行实证研究表明：（1）中国在1996年1月至2013年11月期间的大部分时间都处于存款利率有约束状态，而存款利率约束在总体上减少了产出的波动。（2）存款利率有约束时，货币供应量等数量型冲击对产出影响幅度更小、持续时间更短，利率等价格型冲击对经济增长的作用周期更长。紧缩性的利率政策对经济的抑制效果更为明显，而货币供应量适合作为常规的调控手段。（3）存款利率无约束时，数量型冲击总体上持续性更强，价格型冲击则容易引起经济增长短期内大幅波动。紧缩性的利率政策对经济的冲击更为温和，而货币供应量对经济的冲击非常剧烈。[②]

王潇运用随机效应模型和54个国家1970~2000年间的数据，分析利率市场化改革对经济增长的影响发现：利率市场化改革对经济增长有明显的影响；利率市场化改革对发展中国家的影响要大于对发达国家的影响；对发达国家经济增长率的影响趋于积极，对发展中国家经济增长率的影响则有正有负，整体综合动向不十分明晰。利率市场化改革与维

[①] 陈彦斌、陈小亮、陈伟泽：《利率管制与总需求结构失衡》，载《经济研究》2014年第2期。

[②] 陆军、陈郑：《存款利率市场化与中国宏观经济波动》，载《金融论坛》2014年第5期。

持经济增长率稳定可能存在冲突。因此，对于中国而言，可以考虑通过给银行等金融机构预留政策准备期、注重实体经济的发展和承受状况、防范改革中带来的相应冲突等措施来促进利率市场化改革对经济增长形成正向影响。[1]

(二) 利率市场化对企业的影响

李媛以 10 家银行业金融机构为样本，利用 2005～2012 年数据，对商业银行盈利状况进行差异性比较发现，在 2007 年的利率调整中，尽管央行存贷款基准利差收窄，银行总体盈利能力并没有显著下降；在 2008 年、2012 年的利率调整中，随着基准利差收窄，银行总体盈利能力明显下降，出现差异原因在于宏观经济环境。因此，若在经济上升时期大力推进利率市场化，对于商业银行盈利状况的冲击会比较小，利率市场化推进应选准时点。[2]

赵平利用中国贷款利率浮动上限放开后的省区动态面板数据，对贷款利率上浮的个体私营企业贷款效应进行检验。研究表明，贷款利率上浮将显著缓解个体私营企业贷款供给约束，贷款利率上浮幅度对个体私营企业贷款占总贷款的比重均具有显著的正向影响。因此，为了缓解个体私营企业贷款供给约束，必须加快推进中国利率市场化的改革进程。[3]

严宝玉等通过对近年来企业融资状况和融资成本情况的问卷调查，分析利率市场化改革对实体经济的影响。调查结果显示：贷款利率上升将推升企业融资成本，大型企业贷款利率提升更为普遍；传统工业企业融资难度上升，信贷资源向现代制造业、现代服务业等高附加值产业倾斜，资金配置效率有所提高；近半数企业融资难度有所上升，不同规模企业对融资难度感受不同；企业融资渠道进一步多元化，大中型企业融资手段更为丰富，小微企业信贷约束将有所改善；企业贷款仍面临诸多难题，银行业服务实体经济能力仍需进一步提升。[4]

---

[1] 王潇：《利率市场化改革与经济增长》，载《金融论坛》2014 年第 5 期。
[2] 李媛：《利率市场化对商业银行盈利能力的影响研究》，载《上海金融》2014 年第 8 期。
[3] 赵平：《贷款利率市场化与个体私营企业贷款供给约束》，载《金融论坛》2014 年第 5 期。
[4] 严宝玉、李宏瑾、孙丹：《利率市场化对实体经济的影响及政策应对》，载《上海金融》2014 年第 12 期。

(三) 应对利率市场化的策略选择

陆静等提出，商业银行应对利率市场化的对策包括：一是采取发展中间业务、提高非利息收入占比的措施无可厚非，但要特别注意中间业务收入来源的多样化，否则会增加银行风险；二是在贷款利率由于市场竞争可能下降、存贷利差缩小的情况下，在加大信贷投放量的同时，不应忽略贷款质量，更不能因为追求信贷过度增长而降低贷款标准和抵押要求；三是不断完善风险预警机制。[1]

黄树青等分析了存款利率市场化进程的不同阶段商业银行的策略选择，并对利率市场化进程中我国商业银行反应策略进行描述性检验。研究发现：利率市场化初期利率是主要竞争手段，银行业的利差会缩小；随着市场化进程的推进，商业银行逐步对业务作出调整，利率不再是主要竞争手段，银行业的利差也会扩大。这一进程的实现有赖于中间业务等非利差相关业务的发展。我国仍处于利率市场化的早期阶段，商业银行中间业务发展有限，利率仍然是主要竞争手段，必须逐步提高利率浮动幅度，防止恶性竞争。[2]

许友传等对存款利率在市场化后的合理上浮空间进行了经验估算显示，保守估计和激进估计的行业存款利率在市场化后的合理上浮空间分别是17.05%和48.02%。这表明当前1.1倍的基准利率上限管理相当谨慎，对商业银行存款利率进行1.2~1.3倍的基准利率上限管制属中性选择。测算表明国有银行和规模较大的股份制银行在存款利率市场化后有较高的利率上浮空间和管理弹性，若基于单体银行试点冲击成本最小等考量，择先进行存款利率市场化的试点震动测试或不失为较优选择。[3]

---

[1] 陆静、王漪碧、王捷：《贷款利率市场化对商业银行风险的影响》，载《国际金融研究》2014年第6期。

[2] 黄树青、孙璐璐：《存款利率市场化进程中商业银行定价策略的动态选择》，载《上海金融》2014年第5期。

[3] 许友传、杨骏：《当前存款利率市场化的合理空间及其试点方式》，载《金融研究》2014年第11期。

八、民间金融

(一) 正规金融与民间金融的关系

刘西川等运用 2013 年浙江 987 户农户调查数据，实证考察农户信贷市场中正规与非正规部门之间的关系发现：(1) 正规部门与非正规部门存在互补关系，且这种关系在贷款对象为富裕群体时更加明显。(2) 互补关系具体体现在农户同时参与正规与非正规两个信贷部门，两个部门同时提供生产性贷款与消费性贷款以及共同支持某一借款者。(3) 两个部门实现互补的内在原因是它们各具比较优势，且能够策略性地利用对方行为所反映出的信息来制定贷款决策。[①]

张宁等实证研究农村家庭在生产投资方面借入非正规高息借款的选择行为及其原因表明，是否受到银行信贷配给对农村家庭借入非正规高息借款的决策影响并不显著，而受到自我信贷配给对家庭借入非正规高息借款的概率具有显著正向作用，即借入非正规高息借款是农村家庭的主动选择行为，而非由于受到银行信贷配给的缘故；选择自我信贷配给的家庭是基于对银行贷款交易成本、时滞、期限等因素的考虑，而受到银行信贷配给却未借入非正规高息借款的家庭主要是基于对利率的考虑。因此，我国农村金融改革应以需求为导向，强调贷款技术和产品服务的创新，而不仅仅是"增量"。[②]

朱柯达以温州为样本，从利率角度实证研究表明，正规金融信贷利率是民间借贷定价的重要参考，民间借贷利率又反过来反映整个资金市场的盈缺状况，而资金的盈缺决定了银行贷款利率高低，两者在反映市场资金供求宽紧方面，存在一种相互佐证的关系。银行贷款利率是否受民间借贷利率的影响，以及存在多大的影响，尚不得知。考虑到民间借贷利率是最接近真实市场水平的资金价格，不排除银行在利润驱动下，向中小企业收取隐性成本或寻租等行为的可能。所以，民间借贷不仅仅是正规金融的补

[①] 刘西川、杨奇明、陈立辉：《农户信贷市场的正规部门与非正规部门：替代还是互补？》，载《经济研究》2014 年第 11 期。

[②] 张宁、张兵：《非正规高息借款：是被动接受还是主动选择？》，载《经济科学》2014 年第 5 期。

充,至少从利率角度来看,民间借贷利率和正规金融利率存在一定的互动关系。因此,规范和引导民间借贷,促进民间金融阳光化、规范化,有助于资金市场的均衡和金融体系的稳定。①

(二) 民间金融对经济的影响

邓路等以统战部等机构对全国民营企业的调研数据为样本,实证检验了民间金融、制度环境与地区经济增长的关系。研究发现,地区制度环境越差,民营企业越倾向于采用民间金融融通资金;民间金融对于民营企业的业绩具有负面的影响,从而会对当地经济增长产生负向作用;但是,如果民间金融能够被良好的制度环境所约束,其对地区经济增长的负面作用就会被显著削弱。②

胡金焱等运用2011年中国家庭金融调查(CHFS)数据,检验了社会网络对城乡家庭创业选择的影响、作用机制及其城乡差异。研究发现,社会网络对于城镇和农村家庭创业行为均有显著的促进作用,但对农村家庭作用更大。这主要是由于社会网络通过民间融资,为受到金融约束抑制的农村家庭自营工商业提供资金支持,对于金融约束相对不严重的城镇地区而言,社会网络对家庭自营工商业中的民间融资并没有显著影响。③

(三) 民间金融发展的对策建议

刘西川等认为,从国内外实践来看,建立正规金融和非正规金融之间的金融联结将是发挥两个部门比较优势的重要发展方向。首先,非正规信贷部门某些做法和贷款技术值得正规信贷部门学习、模仿和借鉴。其次,应加强正规金融机构与农民专业合作社等组织的合作。需要指出的是,有必要对非正规借贷尤其是有息借贷实施监测以避免它们所产生的不利影响。④

邓路等建议:一是在关注民间金融对地区经济增长影响时,不可忽视

---

① 朱柯达:《温州民间借贷与正规金融间的利率影响研究》,载《上海金融》2014年第12期。
② 邓路、谢志华、李思飞:《民间金融、制度环境与地区经济增长》,载《管理世界》2014年第3期。
③ 胡金焱、张博:《社会网络、民间融资与家庭创业》,载《金融研究》2014年第10期。
④ 刘西川、杨奇明、陈立辉:《农户信贷市场的正规部门与非正规部门:替代还是互补?》,载《经济研究》2014年第11期。

制度环境的作用,通过制度环境的改善,可以不断弱化民间金融对于经济增长的负面冲击。二是民间金融的快速发展,表明民间金融活动有其存在的客观基础和现实需求,而真正解决民营企业融资难问题的关键仍在于实现民间金融与正规金融的适度融合,通过引导民间金融规范化发展,满足社会多元化融资需求。①

杨贵桥提出,在民间借贷活跃时期,针对"非法吸存"认定标准中"亲友标准"仅以"未公开宣传"和"特定对象"为条件,实际上并不能很好地区分民间借贷与非法集资,不利于亲友间借贷乱象的有效规制。这源于"亲友"标准以身份性因素考量市场行为,以亲友关系掩盖市场关系,从而忽略了亲友间转贷行为的公开性。在立法上,需要进一步明确"亲友"的内涵与外延,规定亲友间借贷的资金必须是出借人的自有资金,限制或禁止亲友间借贷后的转贷行为,将亲友间借贷行为中的利诱性因素纳入立法,适当提高亲友间有偿借贷的最低额度和人数限制门槛,从而凸显"亲友"标准的"民间性",规范民间借贷的发展。②

黄冠豪认为,民间金融的发展可以有效地改善"两多、两难"问题,促进民间资本投向实体经济。不过,现行税收政策存在阻碍民间借贷阳光化、对不同金融主体税收歧视、推动民资进入小微企业上导向性不强,以及对民间融资中借贷双方利息处理上税收政策不对接等问题。通过合理设计民间融资税负、根据交易实质确定不同主体的税收待遇与风险拨备水平、将小微企业的税收优惠延伸到民间金融机构,以及对借贷利息实付实扣等措施可以有效地减少民间金融发展中的困扰。③

九、存款保险制度

(一) 建立存款保险制度的重要意义

刘东华等提出,存款保险制度是国家保护存款人利益和维护金融体系

---

① 邓路、谢志华、李思飞:《民间金融、制度环境与地区经济增长》,载《管理世界》2014年第3期。
② 杨贵桥:《论"非法吸存"认定中的"亲友"标准》,载《上海金融》2014年第10期。
③ 黄冠豪:《民间金融发展之税收政策探究》,载《上海金融》2014年第10期。

稳定的重要基础设施。在我国新一轮金融改革中，存款保险制度是重要的配套措施和不可或缺的战略支点：（1）存款保险制度是推进利率市场化改革的前提条件，因为利率市场化将使现阶段收入来源依然主要依赖于利息收入的我国商业银行面临较大的挑战和风险，部分银行可能因利差收窄、利率波动风险加大而陷入经营困难。（2）存款保险制度是降低市场准入门槛、鼓励民间资本进入银行业的基础条件。鼓励民间资本进入金融业，对建立一个市场导向、高效而富有弹性的金融体系意义重大。民营银行往往是中小型金融机构，其规模较小、抗风险能力较弱，在竞争中会"天然"地处于劣势地位。存款保险制度的建立，将为民营银行等中小金融机构构建与大型金融机构公平竞争的环境，有助于形成有效竞争的市场环境。（3）存款保险制度有助于完善金融机构的市场化退出机制。建立存款保险制度，有助于运用市场化的方式处置金融机构的退出，避免过多的行政干预，使目前隐性的政府信用担保向市场信用担保转变，从而使金融机构的退出机制更符合市场规律。①

王海巍提出建立商业银行存款保险制度具有重要的现实意义：（1）确立我国商业银行在经济体系中的独立法人地位，可以实现存款保险制度由政府隐性担保向存款保险机构显性担保的革新。打破中国存款资金"本金无风险"的旧有机制，促进直接融资市场的繁荣，建设结构优化的投融资渠道。（2）明确我国商业银行存款的风险属性，监督商业银行的经济行为，抑制货币过度扩张。（3）利率市场化的深入推进必然要求商业银行存款保险制度为其护航。通过建立完善的存款保险制度，可有效降低挤兑风险，促进中小银行与大型银行公平竞争，完善金融机构有序退出的机制，维护金融稳定。（4）变革公众对银行存款的传统意识，发挥市场配置资金基础性作用。（5）维护我国银行业的公信力，保障公众的存款权益和金融体系的稳定。②

王道平等基于全球73个国家的跨国经验面板数据，研究了利率市场化改革和存款保险制度建设对银行风险的影响。研究发现，存款保险制度的建立，将有助于减少利率市场化改革后的银行风险水平，增进银行体系稳定；值得注意的是，当银行风险水平较低时，存款保险制度的建立对于银行风险的减弱作用并不太明显，但随着银行风险水平的上升，存款保险

---

① 刘东华，李晓隽：《建立存款保险制度的意义和对策》，载《经济纵横》2014年第2期。
② 王海巍：《我国中小商业银行存款保险制度的探讨运用》，载《金融理论与实践》2014年第1期。

制度的建立对于抑制银行风险过度承担的作用愈发明显。[①]

(二) 存款保险定价

罗宏锋根据商业银行风险管理的实践,总结已有的存款保险定价模型,考虑银行计提的损失准备金与预期损失的关系,对基于商业银行资本配置的存款保险定价方法进行了改进。对国内13家银行的存款保险费率进行了测算,测算时间跨度为2004~2012年。测算结果显示,我国四大国有银行的存款保险费率可限定在5个基点以内,股份制商业银行的存款保险费率多数在5~25个基点左右。这对商业银行的承受能力而言是可以接受的。[②]

魏修建等对我国地方性商业银行的存款保险定价进行研究表明:(1) 鉴于我国地方性商业银行绝大多数都未能上市融资,综合利用BP神经网络和D-S证据理论方法,合理使用预期损失定价模型,可以有效估算地方性商业银行的风险等级,能较为精确地对地方性商业银行的存款保险进行定价。(2) 对地方性商业银行的存款保险费率,可以按照不同的风险级别实行差别定价,并且每一个等级的费率可以在一定区间内波动。可以考虑将我国地方性商业银行的存款保险费率划分为四个等级:Ⅰ级的合理费率区间为[0,1.1%],Ⅱ级的合理费率区间为[1.2%,1.7%],Ⅲ级的合理费率区间为[1.8%,2.9%],Ⅳ级的合理费率区间为[3.0%,7.1%]。这种划分有利于存款保险机构根据商业银行的风险及信用实行差别及弹性定价。(3) 在采用差别定价时,地方性商业银行单位存款所应缴纳的保险费应相对更高。在推行差别定价时容易造成商业银行缴费存在事实上的不公平现象,因此,在推行存款保险制度时,应在初期实行统一费率,之后随着银行风险识别体系的不断完善,再逐步由统一费率向差别费率和弹性费率过渡。(4) 在存款保险制度推行初期,政府应对地方性商业银行提供必要的政策扶持,然后再逐渐过渡到完全自支,这样才能促进地方性商业银行的稳定与发展。[③]

[①] 王道平、杨骏:《利率市场化、存款保险制度与银行风险》,载《南开学报》2014年第6期。
[②] 罗宏锋:《考虑拨备充足率的存款保险定价研究》,载《财经问题研究》2014年第7期。
[③] 魏修建、李思霖、王聪:《我国地方性商业银行存款保险定价研究》,载《经济问题》2014年第11期。

吕筱宁等的分析表明：存款保险保费除受银行资产收益率、波动率的影响之外，与银行系统对破产银行资产的收购能力负相关，且负相关程度随经济形势的恶化而加剧；保费与整个银行系统参保银行数目之间也呈负相关关系。①

（三）建立存款保险制度的政策建议

敬志勇等以美国联邦存款保险公司（FDIC）实施存款保险制度框架为基础，测算中国各上市银行 2011~2012 年的存款保险费率和存款保险制度成本负担。结果表明，现阶段中国大范围推行显性存款保险制度存在一定的制度执行阻力。(1) 中国商业银行的利息类业务占比普遍较美国的银行高，银行参保成本高昂。因此，存款保险制度对于质量较高的上市银行存在一定压力；对于风险相对较高、管理能力尚未达到较高要求的银行，将会面临更高的参保成本。(2) 短期内存款保险公司无法积累充分的存款保险基金，需要中国政府在一定时期内继续提供隐性担保，但最终需要建立市场化的显性存款保险制度。一旦存款利率完成市场化，不充分的存款保险基金难以覆盖潜在的银行危机损失，政府在一定时期内有必要向银行提供隐性担保，使存款保险制度得以有效运行。(3) 存款保险制度最终实现全覆盖，但具体实施需要分阶段分批次进行。可以优先选择风险管理质量较高的银行参加存款保险，并给予创新业务的便利。对于风险管理质量较低的银行暂缓参加存款保险，并限制其业务扩展，限期改进风险管理，超限后按照标准收取保险费，最终实现显性存款保险制度的全覆盖。②

邱兆祥等认为，在存款保险制度建立之初，首先要考虑的应该是银行业市场是否会发生逆向选择问题。防范逆向选择应从四个方面入手：一是建立强制存款保险制度对接审慎监管制度；二是存款保险制度的功能定位要准确；三是存款保险机构应该建立科学合理的定价机制；四是积极引导隐性存款保险制度退出银行业市场。③

---

① 吕筱宁、秦学志：《考虑银行破产外部效应的存款保险定价模型》，载《运筹与管理》2014 年第 4 期。
② 敬志勇、王周伟：《基于 FDIC 实践的中国上市银行存款保险费率测算》，载《金融论坛》2014 年第 3 期。
③ 邱兆祥、王丝雨、安世友：《我国构建存款保险制度的逆向选择问题研究》，载《教学与研究》2014 年第 11 期。

第七章　区域经济学研究新进展

2014年，学界围绕区域经济学的一些热点理论问题和重大实践问题进行了深入的研究，取得了一些新的研究进展。

一、区域经济学学科的发展

我国的区域经济学学科是在引进西方理论基础上发展起来的，在学科的基础理论研究方面还处于起步阶段，加强我国区域经济学学科建设仍是重要任务。

（一）区域经济学的基础理论

我国学者对区域经济学的理论研究基础还较为薄弱，且相关研究成果还较少。在中国期刊全文数据库中以"区域经济学基础理论"为主题的搜索中只有12篇相关学术论文，以"区域经济学"为主题的搜索中，在2014年只有131篇相关学术论文。

1. 区域经济发展模式的内涵

国内外对区域经济发展模式的研究较早，但对区域经济发展模式内涵的理解及评价标准却存在争议。尚勇敏等对国内外学者的研究进行了总结，并对经济发展模式相关概念进行了辨析，得出区域经济发展模式为"实现一定发展目标的途径"，并且区域经济发展模式应包括经济发展具有可持续性、发展模式具有可借鉴性、发展模式具有一定边界。①

2. "区域"的概念及内涵

目前,学界对区域经济学的研究存在对区域概念的内涵认识不统一、区域经济学研究的范围过宽、忽视基本概念的识别等三个方面的不足。

蔡之兵认为,造成"区域"概念难以界定的原因主要有:行政区域概念的限制、区域概念空间属性导致的学科交叉性,以及区域经济学迅猛发展造成的混乱与学科基础不受重视。目前对区域概念的定义存在三个不足:学者对区域概念的定义不统一、区域的概念与区域经济学研究内容之间的关系不密切、学界对界定区域概念内涵工作的重视程度不够。区域的概念应该包括三个基本特点:原始空间性、主观划分性以及相似性;区域的研究范式应该分为两大步骤:第一步按照不同的标准对空间范围进行划分形成区域;第二步对划分出来的区域进行研究。②

3. "区域经济学"的发展阶段

徐云松从两条主线框架系统梳理了区域经济理论四个历史阶段的代表性观点,认为区域经济理论发展的代表性阶段主要有:区位理论(杜能、李嘉图、克里斯塔勒、勒施、艾萨尔德)、传统区域发展理论(索洛、纳克斯、佩鲁、缪尔达尔、约翰·弗里德曼)、近代区域经济发展理论(施特尔、托德、韦弗)以及新发展的产业集群理论(波特)和新经济地理学(克鲁格曼、藤田、博格曼、莫瑞、马丁、沃纳伯尔斯)。③

(二) 区域经济学理论拓展

随着经济发展的全球化以及以互联网技术为代表的信息技术时代的来临,区域经济学研究中对于区位同质化、实体化的假设已经越来越不适应现代区域经济问题研究的需要。基于此,一些学者认为应该拓宽区域经济学研究的视野,同时加强区域经济学与相关学科的交叉融合(空间经济

---

① 尚勇敏、曾刚:《区域经济发展模式内涵、标准的再探讨》,载《经济问题探索》2015年第1期。
② 蔡之兵:《区域的概念、区域经济学研究范式与学科体系》,载《区域经济评论》2014年第6期。
③ 徐云松:《区域经济理论:历史回顾与研究述评》,载《石家庄铁道大学学报(社会科学版)》2014年第3期。

学、地理政治经济学、经济地理学以及城市经济学等)。将以上这些交叉学科进行有机的综合运用和提炼,可以发展成为更加符合现代空间经济活动研究需要的广义空间经济学。

鉴于目前区域经济学对于现实的空间经济问题解释不足的现象,陈秀山等认为,应当对区域经济学理论做进一步的创新和拓展,而广义空间经济学则是一个包含性更好、研究范围更广的学科。广义空间经济学泛指用三维空间向度研究经济的学科,它本身也是一个松散的学科群,经济地理学、区域经济学、新经济地理学、地理经济学和狭义空间经济学都包含于其中。①

陈秀山等进一步引入并发展了空间经济学的非主流学派——地理政治经济学。探索人类空间经济活动规律的科学都可以归结为广义的空间经济学。在广义空间经济学中居支配地位的各种学说虽然在具体研究的理论与方法上有差异,但是它们的经济学基础都是主流经济学。此外,地理政治经济学是在继承马克思主义政治经济学的资本主义经济批判传统基础上,将地理或空间因素引入对经济系统的研究中形成的交叉学科,是广义空间经济学大家庭的重要成员。它秉承空间经济不平衡发展和异质空间的理论观念,主要运用定性和案例分析以及社会——空间辩证法的研究方法。生产过程是地理政治经济学研究的基础,它强调生产的空间位置及其内部的阶级关系。地理政治经济学与主流经济地理学将长期在冲突与融合中并存,数理模型可能成为其交流的语言,空间接近与异质空间是其冲突与融合的焦点。②

二、区域经济发展

(一) 区域经济差距

协调区域经济发展是跨越"中等收入陷阱"的重要举措,探索中国区

---

① 陈秀山、左言庆:《空间经济研究的非主流学派:地理政治经济学》,载《教学与研究》2014年第4期。
② 陈秀山、左言庆:《地理政治经济学的两种方法论:历史唯物主义与批判现实主义的比较》,载《区域经济评论》2014年第5期。

域经济差距演变规律，预判未来变化趋势及影响，是完善区域政策的重要前提。

1. 区域经济发展差距现状

（1）区域之间的差距。朱承亮等通过对 1978～2010 年中国地区经济差距的演变轨迹及区域来源进行分析发现：改革开放以来，中国地区经济差距的演变轨迹已由"U"型转化为倒"N"型，1990 年和 2003 年是两个拐点。[①] 皮亚彬也认为，近年来我国区域经济发展的差异出现了新的现象和趋势。在经历了 1978～2004 年区域差距不断拉大的过程后，从 2004 年至今，我国四大地区之间的经济发展差距在呈现出逐年缩小的态势。[②] 陈秀山等基于多区域、多行业竞争模型，研究了空间经济活动中集聚与分散动力的机制。研究表明：作为厂商定位主要动力的经营利润呈现从中心到外围的负梯度，空间经济的中心——外围格局短期难以改变，贸易成本的进一步下降可能使中间区和外围区也对厂商定位变得有吸引力。基本可以将东部、中部、西部区域称为经济的中心、中间、外围区，经营利润从中心到外围递减。[③]

（2）区域内部的城乡收入差距。随着中国经济的快速发展，在区域差距没有得到有效缓解的同时，由于我国城乡二元结构，城乡收入之间的差距也在不断拉大。钞小静等认为，当前我国的城乡收入差距较大，且城乡之间的人力资本差距也较大。[④]

2. 影响区域差距的因素

（1）城镇化。欧阳金琼等通过实证检验发现：城镇化并不会必然缩小城乡收入差距，它与城镇化所处的发展阶段以及城乡收入差距的大小有关。从时间进程来说，城镇化对城乡收入差距的作用有先缩小、后扩大、再缩小的三阶段变化规律；从地区差异来说，经济发达、城镇化水平高、农业劳动力丰富的地区随着城镇化的进一步加速，城乡收入差距扩大的趋

---

① 朱承亮、岳宏志：《中国地区经济差距的演变及区域分解》，载《云南财经大学学报》2014 年第 1 期。
② 皮亚彬：《集聚与扩散并存》，载《经济与管理评论》2015 年第 1 期。
③ 陈秀山、左言庆：《多区域多行业竞争中的空间经济集聚与分散动力机制研究》，载《西南民族大学学报（人文社会科学版）》2014 年第 1 期。
④ 钞小静、沈坤荣：《城乡收入差距、劳动力质量与中国经济增长》，载《经济研究》2014 年第 6 期。

势有可能得到缓解,对经济欠发达、城镇化水平低、农业劳动力稀缺的地区来说,城镇化有可能进一步扩大城乡收入差距。[1] 孙华臣等认为,劳动力在区域内部迁移有利于缩小城乡收入差距,而外省迁入的劳动力不利于城乡收入差距的缩小,但是影响效果并不显著。[2] 李顺毅认为,目前我国大多数地区城市体系中出现大城市过度扩张而中、小城市发育不足的失衡结构,这是导致我国目前城乡收入差距较大的主要因素。[3]

(2) 空间集聚对区域差距的影响。覃一冬等在新经济地理学的框架下,通过构建理论模型对经济活动的空间集聚与地区收入差距的作用机制进行分析发现:经济活动的空间集聚会导致地区居民之间收入差距的扩大,并且空间集聚对地区收入差距的影响作用会随地区运输成本的下降而削弱。[4] 但是,陆铭等认为通过户籍制度改革和土地制度改革,在资本和人口自由流动的前提下,空间的集聚可以破解区域效率与平衡的冲突。[5]

(3) 资本流动对区域差距的影响。彭文斌等认为促进资本和生产要素在各区域间的自由流动,有利于促进区域之间生产资料的有效配置,提升各地区的劳动生产率和资源配置效率,进一步可以缩小区域经济发展的差距。[6]

(4) 劳动力流动对区域差距的影响。安虎森等基于新经济地理学的视角,将户籍制度和土地产权制度作为约束条件,对我国劳动力钟摆式流动模式下区域差距的问题进行了研究。研究表明:当技术进步率达到能够释放出大量农业剩余劳动力时,将发生剩余劳动力向发达地区的转移,这种劳动力流动会加剧区际发展的差距;当技术进步率达到欠发达地区也能够承接产业转移时,原先在发达地区务工的劳动力将反向流动,劳动力反向流动会促进欠发达地区的经济发展,缩小地区发展的差距。[7]

(5) 地区经济发展水平。许明等认为,提高一个地区的整体经济发展水平可以有助于缩小城乡收入差距,有助于实现区域内的经济效率与社会

---

[1] 欧阳金琼、王雅鹏:《城镇化对缩小城乡收入差距的影响》,载《城市问题》2014年第6期。
[2] 孙华臣、卢华:《城乡收入差距演变:劳动力迁移的贡献》,载《财经问题研究》2014年第8期。
[3] 李顺毅:《城市体系规模结构与城乡收入差距》,载《财贸研究》2015年第1期。
[4] 覃一冬、张先锋:《空间集聚会扩大地区收入差距吗》,载《当代财经》2014年第5期。
[5] 陆铭、向宽虎:《破解效率与平衡的冲突》,载《经济社会体制比较》2014年第4期。
[6] 彭文斌、吴伟平:《中国区域差距与资本流动关系的实证研究》,载《统计与决策》2014年第3期。
[7] 安虎森、刘军辉:《劳动力的钟摆式流动对区际发展差距的影响》,载《财经研究》2014年第10期。

公平的协调发展。①

（6）财政分权体制。马万里等认为，财政分权是导致城乡收入差距的主要来源，且工资收入是城乡居民的主要收入来源。②

（二）东北地区经济发展滞后

2014年8月8日，国务院出台了《关于近期支持东北振兴若干重大政策举措的意见》（以下简称《意见》），《意见》针对东北地区产业结构调整问题，提出要激发市场活力、深化国企改革、提升产业竞争力等一系列举措，为推进东北振兴提供了重要机遇。与此同时，我国学者就东北地区经济发展问题、产业升级、对外开放等进行了研究。

1. 东北地区经济发展的主要问题

高万里认为，东北三省区域经济发展中主要面临如下几个问题：资源条件及区位条件利用不充分，中心城市的拉动作用不足；特色经济的主体企业规模较小，创新能力和综合竞争力较弱；专业化整合程度较低，产业结构的层次低、链条短；经济特色不够显著。③

2. 东北地区加快发展的政策建议

（1）加快产业结构调整。邱振卓认为，应该加快完善有利于产业结构调整的政策环境；不断优化现有产业结构（推动生产要素优化重组和传统产业改造，大力培育先进核心技术促进工业化与信息化有效融合）；积极发展传统产业的替代产业和接续产业；要结合东北地区的比较优势发展新兴产业，大力发展现代服务业。④

（2）创新驱动经济发展。郑文范等认为，应该从提高创新能力入手解决目前东北地区产业结构的趋同现象，应大力推动科技创新驱动；提高集成创新能力，大力推动工程创新驱动；加强科技成果产业化，大力推进产

---

① 许明、刘长庚：《区域经济发展水平与城乡收入不平等》，载《经济问题探索》2015年第1期。
② 马万里、戎姝霖：《中国式财政分权与城乡收入差距：分析框架及实证检验》，载《经济体制改革》2014年第6期。
③ 高万里：《浅析东北三省区域经济发展与特色问题》，载《农业经济》2014年第12期。
④ 邱振卓：《东北地区产业升级的困境与出路》，载《开放导刊》2015年第1期。

业创新驱动；深化改革，大力推进制度创新驱动。①

（3）扩大对外开放。王清明等认为，东北地区扩大对外开放最根本的障碍因素在于东北地区对国际市场的依赖性不大，产品主要面对国内市场，对东北亚而言缺乏明显的比较优势，这使得内陆边境相对沿海边境在发展功能上处于劣势。东北地区在深入推进对外开放的进程中，必须正确处理好立足内需与扩大对外开放的关系。应认清东北地区扩大对外开放的战略定位，把握新机遇，推进东北地区扩大对外开放的战略举措。②

三、区域经济政策

（一）区域经济政策的基本取向

1. 推进区域经济协调发展

魏后凯深入分析了习近平总书记关于区域发展的思想和论述，可以总结为六个字：公平、协调、共享，这是在 1978 年邓小平同志提出的"两个大局"的战略思想的基础上进而发展和深化的。③ 范恒山认为，当前我国促进区域协调发展应抓实抓好以下几项工作：一是坚持分类指导，坚定不移从实际出发制定区域政策；二是坚持上下联动，始终注重发挥中央和地方两个积极性；三是坚持攻坚克难，科学把握促进区域协调发展方向和重点；四是坚持改革创新，探索优化区域协调发展新路径；五是坚持远近结合，着力构建长效机制。④

2. 协调区域经济发展中的效率与平衡。

一个国家的发展始终面临着经济增长与区域平衡的双重目标，尤其对

---

① 郑文范、孙家成：《论创新驱动与东北老工业基地再振兴》，载《科技进步与对策》2014年第24期。
② 王清明、丁四保：《东北地区扩大对外开放的地缘障碍因素分析》，载《当代经济研究》2014年第1期。
③ 魏后凯：《公平、协调、共享 习近平区域发展战略思想支点与特征》，载《人民论坛》2014年第15期。
④ 范恒山：《促进区域协调发展：基本方向与重点任务》，载《经济研究参考》2014年第13期。

于中国这样的发展中大国,破解效率与平衡之间的矛盾显得尤为重要。陆铭等认为,在经济集聚发展已经成为全球趋势的背景下,要实现人均意义上的区域平衡,有两个选择:一是在劳动力流动不充分的情况下,通过转移资源的"动钱"方式来实现地区间经济总量的平衡;二是消除各种限制劳动力流动的障碍,"动人"和"动钱"相结合,同时实现经济集聚和人均意义上的区域平衡。可以通过增强劳动力的流动性来实现效率和平衡的双赢。[①] 针对空间集聚引起的空间经济效率与区域平衡之间的权衡问题。刘修岩基于中国 1999~2010 年的省级面板数据进行实证分析认为,空间集聚是推动地区总体经济增长的重要力量,但同时也是导致地区内部收入差距扩大的关键因素。区域差距和经济增长是难以避免的现象,在空间集聚的扩散阶段还没到来之前,期望地区之间的平衡增长是一种奢望。中国区域协调发展政策的重点不应是平衡地区经济活动的空间分布,而应侧重于尽量消除阻碍空间集聚和区域一体化的制度因素,以实现生产在地理上集中但生活水平趋同。应当通过消除地方市场的保护,打破区域之间的贸易壁垒、完善公共服务设施、改革农村土地制度以及户籍制度等方式,同时发挥市场与城市化的作用,鼓励劳动力和生产要素的跨区域流动,促进人口分布和经济活动的平衡化。[②]

3. 区域经济政策的未来方向

孙久文等认为,我国未来的区域政策应该沿着以下三个方向努力:区域政策体系化、规范化;区域机制市场化、多元化;区域协调机制化、长效化。区域政策应该在培育经济增长极、缩小区域差距以及促进区域协调发展方面发挥更加重要的作用。[③]

(二) 区域经济发展三大战略

1. 推进"京津冀"一体化

2014 年 2 月 26 日习近平总书记在北京主持召开的座谈会上指出,努

---

① 陆铭、向宽虎:《破解效率与平衡的冲突》,载《经济社会体制比较》2014 年第 4 期。
② 刘修岩:《空间效率与区域平衡:对中国省级层面集聚效应的检验》,载《世界经济》2014 年第 1 期。
③ 孙久文、原倩:《我国区域政策的"泛化"、困境摆脱及其新方位找寻》,载《改革》2014 年第 4 期。

力实现京津冀一体化发展是一个重大国家战略,要坚持优势互补、互利共赢、扎实推进,加快走出一条科学持续的协同发展路子来。目前,北京、天津、河北三地(京津冀)区域面积占全国的1.9%,人口占全国8%,所创造的国内生产总值占全国的11.1%。未来,"京津冀将是我国最具增长潜力的新兴增长极,也是打造世界级城市群的理想区域。

(1) 推进"京津冀"一体化需处理好"四大关系"。祝尔娟认为,推进"京津冀"一体化要处理好以下四个关系:中心城市与所在区域、北京与天津分工合作、经济社会生态协调发展、市场与政府的关系。应该以顶层设计为统领,推进京津冀三地的战略对接;积极探索建立横向与纵向结合、公平与效率兼顾的区域协调机制;"京津冀"各方政府必须立足比较优势,在利益契合点上率先实现突破。[①]

(2) 推进"京津冀"一体化要实现"四个结合"。陈耀认为,实现以下"四个结合"对推进"京津冀"一体化十分必要:把促进内部相对均衡化与提升整体竞争力相结合;把政府主导与市场调节很好结合起来,尤其要尊重市场规律;把存量布局调整优化与增量建设引导相结合,尤其要重视增量引导的作用;把三地自主合作对接与体制机制的创新结合起来。[②] 此外,作为中心城市的石家庄要担负起带动全省发展的历史使命,提升自身定位,着力打造京津冀核心区的第三极,努力缩小与北京、天津两地的经济差距。[③]

(3) 加强地区之间的协调机制。马晓河认为,改革开放以来,"京津冀"地区取得了持续快速的发展。但是,该地区间发展差距扩大,协调机制缺乏,产业结构既雷同又竞争,资源环境问题比较突出等。实现"京津冀"一体化必须建立三地协调机制,将基础设施和公共服务一体化、产业协同发展、加快周边城市体制改革和城市功能建设、统筹治理大气污染和产能过剩等问题作为重点采取有效措施进行推进。[④]

(4) 促进产业分工合作。为了更加有效地实现京津冀地区产业结构的互补及合理分工,肖金成等认为,应该采取如下战略:建设区域经济共同体,在竞争与合作中实现共赢;发挥各自比较优势,提升产业分工层次;

---

① 祝尔娟:《推进京津冀区域协同发展的思路与重点》,载《经济与管理》2014年第3期。
② 陈耀:《京津冀一体化要力求"四个结合"》,载《中国发展观察》2014年第5期。
③ 陈耀:《京津冀协同发展背景下省会城市提升的战略思考》,载《经济与管理》2015年第2期。
④ 马晓河:《从国家战略层面推进京津冀一体化发展》,载《国家行政学院学报》2014年第4期。

引导产业合理布局，推进产业集群发展；延伸产业链条，提升整个区域的国际竞争力。① 在三地产业分工过程中，应该注重北京首都功能与城市功能的协调。杨开忠认为，解决北京"空间"危机的出路不在迁都，而在于"展都"，按照发挥市场决定作用和政府辅导作用相结合的原则，形成以北京为核心的首都功能承载区，不断疏解北京的非首都核心功能。② 为了优化"京津冀"制造业空间格局，李国平等认为，应加快落实区域性产业政策，加快重要节点城市的交通基础设施建设，进一步推进区域产业合作及产业链延伸，促进区域制造业空间格局的多极化发展。③

2. 推进"一带一路"战略

2013年9月和10月，习近平总书记分别在访问哈萨克斯坦和印度尼西亚时提出共同建设"丝绸之路经济带"和"21世纪海上丝绸之路"（简称"一带一路"）倡议，2014年12月中央经济工作会议把"一带一路"确定为优化经济发展格局的三大战略之一。

（1）"一带一路"战略的基本内涵。"一带一路"战略顺应了时代要求和各国加快发展的愿望，是一个内涵丰富、涉及面广、包容性强的巨大发展平台。陈耀认为，"一带一路"战略的基本内涵可以理解为：传承古今，促进我国与世界各国在物质和文化等方面的交流合作；内外开放，鼓励内陆地区同沿海地区一同参与，扩大内陆地区的对外开放水平，从而促进我国区域之间的均衡发展；东西互济，增强贸易往来，实现中外互赢。④

（2）推进"一带一路"战略实施的步骤。白永秀等认为，推进"丝绸之路经济带"战略实施应该分为以下三个基本步骤：构建丝绸之路经济带核心区，推进泛中亚经济一体化；打造丝绸之路经济带扩展区，推进亚洲经济一体化；建立丝绸之路经济带辐射区，推进亚欧经济一体化，提升全球经济一体化水平。⑤ 申现杰等认为，在"一带一路"战略的实施过程

---

① 肖金成、李忠：《促进京津冀产业分工合作的基本思路及政策建议》，载《中国发展观察》2014年第5期。
② 杨开忠：《京津冀大战略与首都未来构想》，载《学术前沿》2015年第2期。
③ 李国平、张杰斐：《京津冀制造业空间格局变化特征及其影响因素》，载《南开学报（哲学社会科学版）》2015年第1期。
④ 陈耀：《"一带一路"战略的核心内涵与推进思路》，载《中国经济观察》2015年第1期。
⑤ 白永秀、王颂吉：《丝绸之路经济带：中国走向世界的战略走廊》，载《西北大学学报（哲学社会科学版）》2014年第7期。

中政府应该做到：加快落实同周边国家和区域的"五通"建设；与"一带一路"沿线及周边国家和地区构建高标准的自由贸易区网络；立足重点领域，扩大国际区域合作。①

（3）推进"一带一路"战略的目标。卫玲等认为，我国实施"一带一路"战略的目标可分为三个阶段：在初级阶段的战略目标是打造完全便利的战略通道，确保道路联通和贸易联通；在深化阶段，应该注重文化交流、经济发展和生态保护，增进与他国的相互了解，同时应对挑战；在高级阶段，实现成员国在空间上的一体化，建立关税同盟，不断扩充组织成员。②

3. 推进长江经济带发展战略

国家发布的《关于依托黄金水道推动长江经济带发展的指导意见》（《意见》）和《长江经济带综合立体交通走廊规划（2014～2020年）》意味着长江经济带再次上升为国家发展战略。

（1）长江经济带发展战略的意义。陈建军认为，长江经济带发展战略的实施和推进具有以下重大意义：长江经济带战略实现了东、中、西三大区域的联动；将联动长三角、大武汉（长江中游）和成渝三大城市群，由此撑起三大发展区域的骨架，形成具有世界意义的长江沿岸城市带；联动了"两带一路"的国家区域战略，使之具有了整体特征；有利于发挥上海自由贸易区建设对长江流域的示范带动作用。③

（2）长江经济带发展区域合作的中短期策略。张智勇等认为，从中短期来看，由地方政府代表参与的长江经济带区域合作陷入了不完全合作博弈的"囚徒困境"，其中地方利益的调配是一把双刃剑，行政区划的刚性界限是实现长江经济带区域合作中短期亟待解决的现实问题，可以从改变博弈方的支付结构、化静态博弈为重复博弈、构建从双边互信到多边互信的倒逼机制这三个维度来有序推进。④

（3）长江经济带产业结构的基本格局。黄庆华等基于SSM模型对

---

① 申现金，肖金成：《国际区域经济合作新形势与我国"一带一路"合作战略》，载《宏观经济研究》2014年第11期。
② 卫玲、戴江伟：《丝绸之路经济带：形成机理与战略构想》，载《西北大学学报（哲学社会科学版）》2014年第4期。
③ 陈建军：《长江经济带的国家战略意图》，载《人民论坛》2014年第15期。
④ 张智勇、杨再惠：《长江经济带区域合作的优化路径》，载《理论与改革》2015年第1期。

2003~2012年长江经济带三次产业结构的演变进行研究表明：长江经济带三次产业产值稳步增长，份额有所提高，结构演变过程中第二、第三产业交替主导；长三角地区产业结构合理，第三产业凭借较强的竞争力成为地区经济的主导产业；长江中上游地区经济增速较快，第一、第二产业竞争力强，形成以第二产业为主导的经济体系；政策导向影响、要素价格变化、区域分工合作以及产业发展的客观规律是长江经济带产业结构演变的主要影响因素。①

（4）长江经济带全要素生产率的区域差异。吴传清等基于 DEA 理论，采用曼奎斯特指数法对长江经济带的全要素生产率进行了测度，发现改革开放以来长江经济带全要素生产率变动具有时间周期性和空间不平衡性，存在较大的地区差异性，且这种地区差异的变动呈现出波动起伏特征。长江上、中、下游全要素生产率的区域差异性及周期波动性主要经历了以下三个阶段：较小幅度的周期性波动阶段（1979~1989）；大幅度的上升和下降阶段（1989~2003）；大幅度的峰谷波动阶段（2003~2012）。②

（三）"十三五"时期我国区域经济发展政策取向

1. "十三五"时期区域经济发展的战略重点

肖金成认为，"十三五"期间，"京津冀"协同发展、长江经济带以及珠江—西江经济带将成为我国区域发展与合作的战略重点。③

钱津认为，县域经济一体化是"十三五"时期的发展重点，从改革开放后的实际情况来看，中国除省会城市外，经济发展的行政区域主要表现是县域。省域经济的发展要靠县域经济，地级市经济的发展也要靠县域经济，县域经济是整个国民经济的区域细胞，县域经济发展的水平决定中国经济发展的水平。④

---

① 黄庆华、周志波，刘晗：《长江经济带产业结构演变及政策取向》，载《经济理论与经济管理》2014年第6期。
② 吴传清、董旭：《长江经济带全要素生产率的区域差异分析》，载《学习与实践》2014年第4期。
③ 肖金成：《"十三五"我国区域发展的三大战略重点》，载《中国经济周刊》2015年第3期。
④ 钱津：《县域经济一体化是"十三五"时期的发展重点》，载《区域经济评论》2015年第1期。

2. "十三五"时期区域发展的任务

刘元中认为,"十三五"时期我国区域发展面临着以下任务:持续缩小区域差距(绝对差距与相对差距);有效化解区域之间产业结构趋同和产能过剩的问题;优化产业结构,发挥城镇化的集聚效应;进一步完善中央与地方政府的关系。①

陈耀认为,在"十三五"期间,我国要构建五大都市圈(京津冀、长三角、珠三角、中三角城市圈、成渝城市圈),推动内部一体化,培育国际竞争优势;以"一带一路"引领国内全方位开放,加强内陆和沿边"短板"建设;引入"区域治理"理念,建立有效的跨行政区协调机制。②

四、区域经济转型

(一) 推进区域经济低碳发展

1. 加强各区域的经济集聚

我国学者的相关研究成果普遍认为经济集聚有利于减少单位产值的工业污染排放强度。陆铭等在省级层面进行实证研究发现:人口和经济活动的集聚度提高有利于降低单位工业增加值的污染物质的排放强度。在保持其他条件不变的情况下,地级市市辖区非农业人口规模的基尼系数增加1个标准差会导致工业 COD 排放强度下降约 19.03%,工业废水排放达标率增加约 2.27 个百分点,工业烟尘排放强度下降约 14.54%,工业粉尘排放强度下降约 22.49%。我国当前通过行政手段阻碍人口和经济活动向区域中心城市集聚的政策并不利于实现既定的减排目标。③ 杜震等也认为:产

---

① 刘元中:《"十三五"时期我国区域发展:更多元、更均衡》,载《区域经济评论》2015 年第 1 期。
② 陈耀:《"十三五"时期我国区域发展政策的几点思考》,载《区域经济评论》2015 年第 1 期。
③ 陆铭、冯皓:《集聚与减排:城市规模差距影响工业污染强度的经验研究》,载《世界经济》2014 年第 7 期。

业集聚有利于减少城市工业排放，集聚效应利用不足和环境外部性治理失灵导致实际工业排放偏离合理水平；城市规模越小，对工业的依赖程度越高，经济密度越低，产业集聚不足所产生的影响越大，大城市在环境治理效率上并没有体现出应有的优势。[1] 肖宏伟等基于 2006~2011 年我国省级面板数据，应用时空地理加权回归模型（GTWR）实证检验了各驱动因数对碳排放规模和碳排放强度影响的时空差异。研究发现：城镇化、人口集聚有利于减少人均碳排放量和人均碳排放强度。[2]

2. 加大西部地区的碳减排力度

西部地区目前处于西部大开发第二轮经济发展的重要阶段，由经济发展所带来的碳排放问题日渐严重。在探寻西部地区碳减排和经济可持续发展路径方面，涂正革等基于 1999~2010 年西部地区五大生产部门的 CO_2 排放量的指数进行分解发现：（1）经济规模每增长 1 万元，CO_2 排放平均增加 2.97 吨。（2）平均能源强度在 12 年间下降 24.67%。（3）能源结构重型化略有加重，其中，工业和运输业的能源结构重型化最为严重。（4）经济结构重型化处于加重阶段。工业化水平每提高 1 个百分点，CO_2 排放平均增加 4.89MT（百万吨）。应当合理控制工业和运输业的增长速度，鼓励商业的发展；提高能源利用率，降低能源强度；优化调整能源结构，开发清洁能源；优化调整经济结构，合理控制工业化进程。[3]

（二）提升区域经济增长质量

楚尔鸣等基于 2000~2011 年的省级面板数据，采用随机前沿分析模型，从 TFP（全要素生产率）增长率的角度分析了我国八大区域经济增长质量的动态变化。结果表明：我国 TFP 增长率整体上呈中西高东部低的格

---

[1] 杜震、卫平：《集聚经济、外部性治理与城市工业排放效率》，载《城市问题》2014 年第 10 期。
[2] 肖宏伟、易丹辉：《基于时空地理加权回归模型的中国碳排放驱动因数的实证研究》，载《统计与信息论坛》2014 年第 2 期。
涂正革、韩生贵：《碳减排与西部地区经济的可持续发展》，载《西南民族大学学报（人文社会科学版）》2014 年第 1 期。
[3] 楚尔鸣、马永军：《区域经济增长质量的动态变化及收敛性检验》，载《湘潭大学学报（哲学社会科学版）》2014 年第 1 期。

局，区域之间的经济发展有一定的趋同趋势，但是整体效率偏低；发达地区的技术进步变化率和技术效率变化率低于欠发达地区；各区域的资源配置效率和规模经济效率从动态来看，均呈上升趋势，但是欠发达地区还有很大的改进空间。[1] 王鹏等对我国 30 个省的经济效率进行分析认为，目前我国的经济效率存在较为严重的区域失衡现象，区域经济效率呈现由东到西梯度降低的态势。[2]

（三）加快区域产业转型

芮雪琴等基于我国 30 个省市 2001～2010 年度的面板数据，运用面板数据 VAR 的计量分析方法，对产业集群升级与区域产业转型之间的互动关系进行研究表明：产业集群升级与区域产业转型之间存在双向的因果互动关系。因此，既可以通过区域转型来带动产业集群的升级，也可以通过产业集群升级来促进区域产业的转型。[3]

（四）推进区域经济一体化

区域一体化是全球化下区域经济发展和区域空间结构优化的重要趋势。刘志彪认为，限制地方政府参与市场竞争的功能、范围、边界和程度，破除行政壁垒，是实现地区间竞相开放、推进区域经济一体化的主要措施。要把企业作为推进区域经济一体化的主体；要选择合适区域经济一体化发展的产业组织形式；要把产业集群升级作为区域一体化的重要载体。[4]

徐建中等认为，区域产业一体化是区域经济一体化的核心内容，区域产业一体化也是加快区域经济发展的必由之路，区域产业一体化能否顺利实施和推进，关键在于制度安排、法律保障和机制创新。[5] 王安平

---

[1] 王鹏、宋德斌：《结构优化、技术创新与区域经济效率》，载《商业研究》2014 年第 9 期。
[2] 蒋兴明：《产业转型升级内涵路径研究》，载《经济问题探索》2014 年第 12 期。
[3] 张辉：《中国产业结构与经济增长研究：1990～2012》，载《华东经济管理》2014 年第 12 期。
[4] 刘志彪：《区域一体化发展的再思考》，载《南京师大学报（社会科学版）》2014 年第 6 期。
[5] 徐建中、荆立新：《区域产业一体化发展的支撑保障体系构建》，载《理论探讨》2014 年第 4 期。

认为,产业一体化主要表现为产业目标一体、产业功能对接、产业布局协同、产业要素互通等四个方面。结构互补是产业一体化发展的基础,制度构建是产业一体化推进的保障,分工与合作是产业一体化的主要方式。①

五、区域经济创新体系

(一) 区域创新体系存在的主要问题

1. 区域创新体系的建设仍然任重道远

黄速建等认为,我国区域创新体系已经具备较好的产业基础和基础设施条件,但是由于缺乏顶层制度设计、各区域在国家创新战略中的定位不清晰、缺乏创新制度保障等因素,我国区域创新体系的建设仍然任重道远,亟待进行公共治理方式和公共政策创新。②

2. 创新体系的区域差异

程叶青等通过理论和实证分析并探讨了 2000 年以来中国区域创新的时空动态。结果表明:(1) 自创新战略实施以来,中国各省区创新能力出现总体提升态势,但是,东部沿海地区仍然在创新产出中居于压倒性地位;(2) 中国区域创新产出与创新投入的空间集聚随时间推移不断强化,创新产出"热点"地区与创新投入"热点"具有高度的时空耦合特征;(3) 人均 GDP、研发投入、研发人员及在校大学生数对省区创新产出有显著的直接影响。各地区之间的创新活动存在明显的空间溢出效应。③

---

① 王安平:《产业一体化的内涵与途径》,载《经济地理》2014 年第 9 期。
② 黄速建、刘建丽:《当前中国区域创新体系的突出问题》,载《学术前沿》2014 年第 17 期。
③ 程叶青、王哲野、马靖:《中国区域创新的时空动态分析》,载《地理学报》2014 年第 12 期。

(二) 区域创新的影响因素

1. 区际创新资源的流动

赵昱等基于中国省域大中型工业企业数据,应用空间计量经济学方法对国际创新资源流动模式的分析发现:国际创新资源在省域的分布具有显著的空间集聚和空间依赖性,呈现以东部长三角、珠三角和环渤海经济区为核心,中西部内陆省区为外围的核心边沿格局;国际创新资源对本土企业的创新产出有显著正向作用,但其作用程度小于自主研发努力;省域自主创新活动存在显著的正向空间溢出。[1]

2. 区际产业转移

马永红等根据系统动力学原理与方法,通过建立区际产业转移与区域创新系统要素耦合的 SD 模型分析发现:在欠发达地区承接产业转移过程中,加强中介机构、高校和科研院所的实力有助于提高区域创新能力。此外,产业转移技术水平对区域创新能力的影响比较复杂,在创新投入方面需要制定有针对性的产业技术转移政策。[2]

3. 技术市场

许水平等通过省级层面的实证研究发现:技术市场发展对区域创新能力的提升有显著的促进作用,在区域创新能力越强的地区,技术市场的促进作用越大。[3]

4. 金融实力

刘乃全等认为,在全国层面,金融实力的增强有助于提升区域创新能力;并且相对于发达区域,落后区域的金融体系的完善对当地自主创新能力的提高更为重要,因此扩大这些区域的金融规模、优化金融机构、吸引

---

[1] 赵昱、杜德斌、柏玲、张祥、石奇:《国际创新资源流动对区域创新的影响》,载《中国科技论坛》2015 年第 2 期。

[2] 马永红、李欢、王展昭:《区际产业转移与区域创新系统耦合研究》,载《科技进步与对策》2015 年第 1 期。

[3] 许水平、尹继东:《区域技术市场发展对创新能力的影响》,载《科技管理研究》2014 年第 4 期。

金融人才成为当地政府的当务之急。①

六、城市化与城市群建设

(一) 城市发展模式

1. 发展大城市

张自然等认为，兼顾效率和长期增长应该成为城市化模式的落脚点。发展大城市和大城市带动周边城市发展的城市群战略应当成为我国城市化模式选择的首选。因此，中国的城市化应做到：调整城市规模结构，提高城市化的聚集度；充分发挥市场配置资源的决定性作用；通过持续的效率改进推动技术创新和经济结构调整；进行城市治理模式的创新；在土地制度、户籍制度及产业结构方面进行城市化制度的创新。②

陆铭分别从"密度"和"距离"的角度分析目前我国城市发展过程中的问题发现：低密度不利于当地的就业，不利于在城市社区中形成服务业发展，从而会进一步影响生活的便利性，与此同时，人口密度的降低会增加交通需求。通过测量中国每一个城市到14个核心大城市的距离，发现离大城市越远，经济增长率越低。我国现在城市发展在思维上存在一个很大的误区：强调发展中等城市、小城市时候，把中小城市的发展与大城市核心带动力做了一个切割，牺牲了大城市的核心带动力和规模经济效应。而且，目前我国城市存在的一个普遍性问题是：过度强调"职住分离"，导致核心区域人口密度较小，城市边缘人口密度过大，由于对于服务业和公共服务的需求，会导致核心地区的交通拥挤、降低了生活便利性、加大了通勤需求并且不利于环境的保护。中国的地方政府急需认识到密度和距离对于城市（特别是新区）发展的重要意义，以防当前的低密度、远距离模式给城市发展留下后遗症。在高密度的城市，应该建设更加

---

① 刘乃全、陈晔、仇晋文：《金融实力对区域自主创新能力的影响分析》，载《科技管理研究》2014年第1期。
② 张自然、张平、刘霞辉：《中国城市化模式、演进机制和可持续发展研究》，载《经济学动态》2014年第2期。

完善的商业配套和服务，城市结构应由过去的平面扩张型转向高密度垂直型。①

也有学者认为城市规模不是越大越好。如王小鲁认为，虽然大城市的经济效率较高，但是城市规模过大会引来如城市病、交通拥堵、空气污染等一系列负效应。因此，规模收益上升的同时也加大了成本。并且，要避免城市的过度扩张，光靠户籍控制是无法奏效的，需要清理不必要的特殊政策以降低给其造成额外吸引力。②

2. 发展城市群

方创琳认为，中国城市发展的模式应该是发展城市群，严格控制特大城市和超大城市，合理发展大城市，鼓励中等城市，积极发展小城市和小城镇。③

（二）城市规模

1. 城市的规模效应

（1）对劳动生产率的影响。一般认为，城市规模的扩大有利于劳动生产率的提升。余壮雄等基于中国工业企业数据的分析表明：集聚效应是解释中国大城市生产率优势的基本原因，而选择效应并不存在。进一步的分析发现：集聚效应在城市与企业层面的表现截然不同，累计集聚效应与城市规模之间呈倒"S"型关系，小城镇向小城市以及大城市向特大城市的扩张能够带来更大的边际集聚效应，而集聚效应系数与企业规模之间呈倒"U"型关系，中、小企业比大企业在集聚中获益更多。④

（2）对城市生产率的影响。柯善咨等分析产业结构和城市规模对我国城市经济效益的协同影响机制发现：生产性服务业——制造业结构对生产率的影响取决于城市规模，城市需要达到一定的门槛规模才能从上下游产业关联中获得效益。随着城市规模的增大，城市经济效益会出现先增长后

---

① 陆铭：《活在城市，还是生活在城市》，载《上海交通大学学报（哲学社会科学版）》2014 年第 4 期。
② 王小鲁：《城市规模不是越大越好》，载《中国房地产业》2015 年 Z1 期。
③ 方创琳：《中国城市发展方针的演变调整与城市规模新格局》，载《地理研究》2014 年第 4 期。
④ 余壮雄、杨扬：《大城市的生产率优势：集聚与选择》，载《世界经济》2014 年第 10 期。

下降的倒"U"型变化,而城市规模增大的边际收益则随产业结构向服务业转变而增加。我国目前大部分地级以上城市的规模普遍偏小,所以扩大城市规模有利于提高集聚经济效益。在经济发达的大城市向服务型经济转型的同时,中小规模的地级市应该推动当地制造业的发展和人口集聚。[1]

(3) 对居民幸福感的影响。孙三百等基于中国的微观调研数据进行分析发现:城市规模与居民幸福感呈"U"型关系,曲线最低点处市辖区人口规模为300万人左右。[2]

2. 城市的最优规模

王俊等在新古典经济的框架下,构建了一个经济增长模型,系统分析了拥挤效应、经济增长和城市规模的关系。研究发现:城市规模收敛于最优城市规模,稳态时,集聚效应与拥挤效应相抵消;短期内,外生冲击会影响长期经济均衡的位置,改变城市的最优规模;横向而言,不存在统一的最优城市规模,不同等级的城市都有其不同的最优城市规模;纵向而言,城市的最优规模是一个动态的过程。政府在城市化建设中,应该根据城市的实际情况控制城市规模。[3]

陈钊等通过国际经验比较,认为我国大多数的城市规模偏小。根据齐普夫法则,首位度城市人口规模的确定可以基本决定这一城市体系内的其他城市的人口规模。[4] 王小鲁通过数理模型分析发现:大约在100万~400万人口(按户籍人口计)这个区间,城市的净规模收益是最大的,可以称为城市的最优规模区间。[5]

(三) 城市群建设

1. 城市群现状

叶裕民等认为,按照城市群发育程度,由高到低可以划分为都市连绵

---

[1] 柯善咨、赵曜:《产业结构、城市规模与中国城市生产率》,载《经济研究》2014年第4期。
[2] 孙三百、黄薇、洪俊杰、王春华:《城市规模、幸福感与移民空间优化》,载《经济研究》2014年第1期。
[3] 王俊、李佐军:《拥挤效应、经济增长与最优城市规模》,载《中国·人口资源与环境》2014年第7期。
[4] 陈钊、陆铭:《首位城市该多大?——国家规模、全球化和城市化的影响》,载《学术月刊》2014年第5期。
[5] 王小鲁:《城市规模不是越大越好》,载《中国房地产》2015年Z1期。

区、成熟城市群、潜在城市群三类。当前中国已形成"4+8+12"的城市群级别结构，即4个都市连绵区、8个成熟城市群、12个潜在城市群，在空间分布上构成了中国"准菱形"的城市群架构。我国城市群地区是中国经济、人口、就业的核心聚集区域，但经济聚集程度有所下降，人口和就业的聚集程度则不断增强。①

2. 城市群建设的思路

汪阳红等认为，城市群是由众多城市在特定区域范围内共同组成的具有紧密联系的城市集合体，具有高密度性、枢纽性、网络性和共生性四个基本特征。我国城市群的发展应该遵循以下三大思路：提升核心城市功能，促进城市合理分工；优化空间结构，实现可持续发展；构建政府之间的合作治理机制，实现共赢发展。②张学良等认为，中国城市群目前呈现出明显的梯度发展特征，城市群经济在大部分城市群的发展中并没有得到充分实现，从而造成效率损失和发展失衡。加强要素集聚、完善城市体系、提高可持续发展能力，是中国城市群未来提升竞争实力的主要途径。③

倪鹏飞认为城市群的合作是未来我国区域合作的新趋势，通过城市群之间的合作可以实现各区域、各城市之间的优势互补，有利于区域之间的资源优化配置、资源共享以及产业结构在更大范围内的整合和分工；同时也有利于平衡各地区之间的经济发展，在更大范围内发挥大型城市的辐射、联动效应。建立多层次、全方位的城市群合作网络，可以考虑如下方式：按合作形式划分；按合作领域划分；按合作距离划分；按行政关系划分；按合作目的划分；按合作依托划分；按合作层次划分。④

（四）推进新型城镇化

1. 新型城镇化的内涵

（1）以人为核心的城镇化。陈栋生认为，以人为核心的城镇化是指以

---

① 叶裕民、陈丙欣：《中国城市群的发育现状及动态特征》，载《城市问题》2014年第4期。
② 沈阳红、贾若祥：《我国城市群发展思路研究——基于三大关系视角》，载《经济学动态》2014年第2期。
③ 张学良、李培鑫：《城市群经济机理与中国城市群竞争格局》，载《探索与争鸣》2014年第9期。
④ 倪鹏飞：《城市群合作是区域合作的新趋势》，载《中国国情国力》2014年第2期。

资源高效利用为基础,以人口的自主空间转移为路径,以城乡基本公共服务均等化为着力点,以可持续发展为底线,全面改善人民生活品质,提高社会保障水平,实现由传统乡村生活向现代城镇社会的转型。[1] 肖金成认为,推进农业转移人口市民化是城镇化的首要任务和本质要求。[2] 简新华认为,新型城镇化的根本核心在于从以 GDP 增长为本、以房地产为核心转向以人为本、以人为核心。[3]

(2)具有中国特色的城镇化。魏后凯等认为,"中国特色的城镇化",既可以是新型的城镇化,也可以是传统的城镇化,只要它具有"中国特色";而"新型城镇化"的某些模式和做法,既可能符合中国的国情特点,也可能只适合于某些发达地区,只要它是"新型的"。事实上,"中国特色的城镇化道路"和"新型城镇化道路"并非是分割的,而是具有有机联系的整体。中国特色新型城镇化道路的基本特征,大体可以归纳为多元、渐进、集约、和谐、可持续。[4]

2. 城市化发展的经济效应

(1)对国际贸易的影响。倪鹏飞等通过构建开放经济下农村剩余劳动力转移模型,运用 1995~2010 年 40 个未完成工业化国家的数据,对城市化滞后与国际贸易关系进行研究发现:在开放经济体系下,假若国内存在大量剩余劳动力,并且本国产品及服务可向国外市场出售,则该国城市化率滞后于工业化率的程度与净出口比例显著正相关;市场化水平越高、城市失业率越低、卫生设施改善越少的国家或地区,出现滞后城市化的可能性也就越高;滞后城市化与人均 GDP 存在倒"U"型关系。[5]

(2)对居民收入的影响。王元春等基于 2002~2008 年间我国 181 个地级及以上城市的面板数据,通过构建人口城市化和土地城市化指标,采用动态面板模型探讨了城市化进程对城乡居民收入差距的影响效应。研究发现:从全国总体样本来看,人口城市化进程和土地城市化进程均对降低城乡居民收入差距有显著作用,人口城市化进程的作用是土地城市化进程

---

[1] 陈栋生:《走以人为本的城镇化道路》,载《发展研究》2014 年第 4 期。
[2] 肖金成:《以人为核心的新型城镇化》,载《中国金融》2014 年第 1 期。
[3] 简新华:《新型城镇化与旧型城市化之比较》,载《管理学刊》2014 年第 6 期。
[4] 魏后凯、关兴良:《中国特色新型城镇化的科学内涵与战略重点》,载《河南社会科学》2014 年第 3 期。
[5] 倪鹏飞、颜银根、张安全:《城市化滞后之谜:基于国际贸易的解释》,载《中国社会科学》2014 年第 7 期。

的近2倍。分区域研究后发现：人口城市化指标对缩小城乡居民收入差距的作用在东中西部依然显著，且呈现出逐渐增大的趋势；土地城市化的作用在中西部地区显著为负，在东部地区并不显著，且从数值上也比人口城市化小得多。这说明人口城市化水平的提高是缩小城乡居民收入差距的重要因素，且新型城市化的核心应是人口城市化。①

（3）对经济增长的影响。张远军以1987~2012年间中国各省市的面板数据为样本进行了实证研究发现：在城市化进程中，主要通过固定资产投资、基础设施改善来刺激经济增长。并且，城市化、贸易开放促进经济增长的作用具有空间差异性，在沿海地区的作用显著大于内陆地区。②

3. 城镇化存在的主要问题

（1）城镇化进程中的两极化倾向。魏后凯认为，近年来我国城镇化进程中出现了特大城市规模迅速膨胀、中小城市和小城镇相对萎缩的两极化倾向。通过系统数据进行分析发现：当今中国社会正由城乡二元结构转变为由城乡之间、城镇之间、城市内部三重二元结构相互叠加的多元结构。③

（2）半城镇化问题较为严重。江曼琦认为，目前中国城镇化存在不完全城镇化的问题，大部分农民只实现了职业上的农转非，而没有实现身份上的市民化；人口与土地的城镇化不同步问题较为严重，2000~2010年全国城镇建成区面积增长了61.6%，但同期城镇人口只增长了46.1%，导致"空城"现象较为普遍。④ 焦晓云也认为，目前我国农业转移人口没有真正融入现代城市的"半城镇"化问题较为严重，且易引起社会不公、农村空心化、虚抬城镇化率等一系列相关问题。⑤

（3）大型城市的城市病问题较为严重。根据国务院2003年批复的《北京城市总体规划（2004~2020年）》，到2020年北京总人口规模应控制在1800万人左右，但到2012年年末，北京的常住人口已达2069.3万人，其中常住外来人口达到773.8万人。向春玲认为，在中国城镇化进程

---

① 王元春、方齐云：《城市化对城乡居民收入的影响》，载《城市问题》2014年第2期。
② 张远军：《城市化与中国省际经济增长：1987~2012》，载《金融研究》2014年第7期。
③ 魏后凯：《中国城镇化进程中两极化倾向与规模格局重构》，载《中国工业经济》2014年第3期。
④ 江曼琦：《中国城镇化的特点、挑战与道路选择》，载《江苏师范大学学报（自然科学版）》2015年第1期。
⑤ 焦晓云：《城镇化进程中"半城镇化"问题及对策探析》，载《当代经济管理》2015年第3期。

中,在一些大城市人口规模不断扩大的同时,带来了一系列的城市病,如城市房价过高、交通拥挤、环境污染、城市内部收入差距过大以及城市内部二元结构等。①

4. 推进新型城镇化的改革思路

王小鲁指出,尽快改革行政管理体制是保障我国新型城镇化健康发展的必要前提。此外,对财税体制进行改革(改善政府支出结构)是解决新型城镇化问题的重要条件。对现行的征地和土地出让制度进行相应的改革,使市场在土地资源的配置方面发挥决定性作用。② 杨开忠认为,新型城镇化改革的优先领域有:自由迁徙改革、土地改革、创新体系改革、投融资改革、环境管理改革、城市规划和设计改革。③ 倪鹏飞认为,可以通过以财税体制改革为突破口,逐步构建城乡和区域一体的制度和政策;优先发展交通体系、解决子女教育问题,逐步推进基础设施与公共服务的一体化和均等化。④

---

① 向春玲:《中国城镇化进程中的"城市病"及其治理》,载《新疆师范大学学报(哲学社会科学版)》2014 年第 2 期。
② 王小鲁:《新型城镇化:如何落实?》,载《中国房地产业》2014 年 Z2 期。
③ 杨开忠:《新型城镇化的改革取向》,载《中国国情国力》2014 年第 10 期。
④ 倪鹏飞:《关于中国新型城镇化的若干思考》,载《经济纵横》2014 年第 9 期。

第八章 人口资源环境经济学研究新进展[*]

2014年，学界主要围绕人口老龄化、流动人口和人口素质推进了人口经济学的研究；从深化能源效率和石油安全、稀有矿产资源和水资源，以及资源型区域可持续发展等角度推进了资源经济学研究；重点从大气污染、环境经济框架下的技术进步和环境规制角度推进了环境经济学研究。

一、人口经济学研究新进展

（一）人口老龄化

人口老龄化不断加深且发展速度较快的人口结构变化特征，已经得到学界的广泛认可，因此学界研究的重点从对人口老龄化程度和速度考察，转向推进人口老龄化的经济影响研究和应对人口老龄化的策略选择研究。

1. 人口老龄化的经济影响

（1）对居民储蓄率的影响。人口老龄化对居民储蓄率的影响方向，实证研究得出了完全相反的结论，2014年的研究结果仍然延续了这种分歧。一种观点认为，人口老龄化会降低居民储蓄率。比如，陈会星等以陕西省为例的实证分析表明，人口老龄化水平与储蓄有着较显著的负线性关系，老年抚养系数与储蓄率呈负向关系，老龄化的加速导致居民储蓄减少，从

---

[*] 本成果受到国家社科基金青年项目——保障国民经济可持续发展的水利投资最优规模研究（12CJL065）和教育部人文社科青年基金项目——迈过"中等收入陷阱"的水资源支撑问题研究（11YJC790276）支持。

而减少了投资来源和资本积累。① 另一种观点则认为人口老龄化不会降低居民储蓄率。比如,胡翠等对家庭储蓄率的实证研究则指出,考虑到中国不仅已进入老龄化快速发展的阶段,同时也进入城市化高速发展阶段,即越来越多的农村人口将进入城镇,且农村养老保险制度也在不断完善,人口老龄化这一因素本身可能并不会使储蓄率降低。然而,其对城镇和农村家庭的分别考察却发现,人口老龄化程度加深会提高城镇家庭储蓄率,但会降低农村家庭储蓄率。② 这些分歧的产生,可能是样本选择的原因,也可能是时间区间选择的原因,但是学者们并没有对此进行解释。

(2) 对收入不平等的影响。人口老龄化对收入分配的影响方向,学者们之间也存在截然不同的两种观点。一种观点认为,人口老龄化程度加深会加剧收入分配不平等。比如,蓝嘉俊等研究表明,人口老龄化会显著地拉大收入不平等,老龄化系数每上升1%,会使收入不平等上升0.118%,老年抚养比每上升1%,会使收入不平等上升0.131%。而且,老龄化对收入分配的影响是随着经济发展阶段性变化而逐渐释放的,收入水平较高或者老龄化水平较高的国家,人口老龄化对收入不平等的影响更大。③ 另一种观点则认为,人口老龄化有助于缓解收入不平等。比如,邓明指出,人口老龄化将会通过影响技术进步方向从而间接影响收入分配。在完全竞争市场下,老年人口抚养比提高将导致技术偏向于劳动力,从而有利于收入分配向劳动力倾斜。④

(3) 对技术进步方向的影响。人口老龄化程度的加深会由于要素相对价格的变动,影响技术进步方向。邓明指出,控制要素价格扭曲之后,老年人口抚养比越高,技术越偏向于劳动力。⑤

(4) 对消费的影响。一是由于不同年龄人群的消费支出结构差异巨大,人口老龄化将导致消费结构发生变化,食品、家庭设备用品及服务、医疗保健和居民的消费比重上升,衣着、交通和通信、教育文化娱乐服务和其他商品和服务的消费比重下降。⑥ 二是老龄化程度的加深、老年人口

---

① 陈会星、李开宇、徐欢、李璨:《基于人口红利视角下的老龄化与经济增长研究》,载《河南科学》2014年第11期。
② 胡翠、许召元:《人口老龄化对储蓄率影响的实证研究》,载《经济学》2014年第4期。
③ 蓝嘉俊、魏下海、吴超林:《人口老龄化对收入不平等的影响:拉大还是缩小?》,载《人口研究》2014年第5期。
④⑤ 邓明:《人口年龄结构与中国省际技术进步方向》,载《经济研究》2014年第3期。
⑥ 茅锐、徐建炜:《人口转型、消费结构差异和产业发展》,载《人口研究》2014年第3期。

规模增加将会带动政府消费量增加,从而消费主体结构产生影响。① 三是由于区域间的人口年龄结构存在差异,从而人口老龄化对区域消费结构的影响也存在差异。②

2. 应对人口老龄化的战略选择

第一,加快技术进步。武康平等引入技术进步率对在最优增长理论RCK模型进行修正,研究发现,只要技术进步率高于老龄化率,老龄化带来的额外负担就能够被技术进步吸收,经济系统就能够容许老龄经济存在。但与不考虑老龄化率的经济系统相比,平衡增长路径中的人均产出增长率相对较低,如果政府在老龄经济系统中发挥积极作用,则会使得人均产出增长率与社会福利更高。③ 孙爱军等则指出,人口老龄化使得劳动力短缺,投资和出口促进经济增长的贡献减弱,技术进步是促进经济增长的可靠动力之一,④ 从经济增长新动力角度强调了技术进步的作用。

第二,根据消费结构变化调整产业政策。茅锐等指出,由于人口结构变迁将从需求层面对各产业造成异质性的冲击,因此有必要根据居民消费结构的走势制定产业政策,以避免产业发展与消费需求脱节,进而造成产业结构与需求结构的错配。⑤ 石贝贝等也指出,应当适应人口老龄化趋势,积极发展老年产业,开发老年消费市场。这样既可以满足老年人的需求,又能扩大市场总需求并拉动内需,进而促进经济增长。⑥

第三,提高人力资本水平。针对人口红利不断衰减,学者们比较一致地提出了加大人力资本投资,创造第二次人口红利的对策建议⑦。比如,孙爱军等指出,随着人口日益老龄化,未来的人口结构变迁将会对经济增长产生显著的负面影响,中国应当扩大公共教育投入规模,尤其是提升农村劳动力的受教育水平,实现人口红利转向人力资源红利。⑧

第四,避免经济强刺激。陆旸等通过对我国与日本人口结构对比发现,我国1980~2030年和日本1960~2010年的人口结构变化特征极其相

---

① ② ⑥ 石贝贝、王金营:《人口发展变化对区域消费影响的实证研究》,载《人口研究》2014年第1期。

③ 武康平、倪宣明、殷俊茹:《浅析人口老龄化对经济发展的影响》,载《中国人口·资源与环境》2014年第12期。

④ ⑧ 孙爱军、刘生龙:《人口结构变迁的经济增长效应分析》,载《人口与经济》2014年第1期。

⑤ 茅锐、徐建炜:《人口转型、消费结构差异和产业发展》,载《人口研究》2014年第3期。

⑦ 原新、刘厚莲:《中国人口红利真的结束了吗》,载《人口与经济》2014年第6期。

似，我国 2010 年前后潜在增长率等主要宏观经济指标变化趋势与日本 1990 年前后也十分相似——人口结构转变导致潜在增长率降低。然而，日本在人口红利消失后仍然坚持采用经济刺激计划试图维持之前的经济增长速度，最终导致经济泡沫不断膨胀并破裂，对实体经济的破坏可能远不止是"失去的十年"。中国应该借鉴日本的教训，避免采用经济刺激方案，人为推高经济增长率。①

（二）流动人口

流动人口是人口经济学关注的另一个重要问题，与 2013 年相比，对流动人口特征的分析进一步聚焦于人口向城市群的流动，并开始重视流动人口带来的经济社会变化。

1. 流动人口向城市群集中趋势明显

纪韶等基于"六普"数据分析发现，我国 24 个城市群内部及城市群之间的人口流动规模庞大，流动人口总量约占到全国 1/2 的总人户分离人口。同时，我国城市群的人口流入和流出均表现出集中化趋势，城市群人口流入的集中趋势尤为显著。城市群人口流动在区域选择上呈现出"极化"和"属地化"特征，表现为东部城市群和所在经济区内的城市群成为主要的人口流入区域，城市群内部流出人口主要流向了东部地区和城市群所在的经济区内。②张耀军等分析我国的人口流动格局也得出了同样的结论，即省外流入人口的空间布局存在明显空间集聚，京津冀、长三角和珠三角是省外人口流入的集聚中心。但是，京津冀城市群中，京津两个中心城市对周边城市的辐射带动作用还远远不够，导致京津冀城市群省外流入人口的集聚范围远远小于长三角和珠三角。③

2. 人口流动的经济影响

第一，带动人口集聚区消费增长。石贝贝等研究表明，人口从一个地

---

① 陆旸、蔡昉：《人口结构变化对潜在增长率的影响：中国和日本的比较》，载《世界经济》2014 年第 1 期。
② 纪韶、朱志胜：《中国城市群人口流动与区域经济发展平衡性研究》，载《经济理论与经济管理》2014 年第 2 期。
③ 张耀军、岑俏：《中国人口空间流动格局与省际流动影响因素研究》，载《人口研究》2014 年第 5 期。

区向另一个地区流动是人口活跃程度的表现，人口从多个地区向同一个地区流动所呈现出来的集聚效应对区域消费产生正向刺激作用。① 雷潇雨等以城镇化水平为切入点研究表明，人口向城镇流动能促进城市消费率的增长，但是城镇化速度过快则会起到阻碍作用。②

第二，缩小收入差距。杨华磊等研究发现，合理的人口流动有利于缩小收入差距。一方面，中国市场化程度提升过程中，省际收入差距正在缩小，原因主要在于省际人口迁移引致了省际人均产值重新分配；另一方面，乡村人口、农业人口或第一产业人口持续转移到城镇和第二、第三产业上，引致人均产值在城乡重新分配，缩小了城乡收入差距。③

第三，影响FDI空间选择。杨成钢等通过空间自相关、重心演变和空间面板数据模型分析发现，省外流动人口对FDI的空间选择影响比省内流动人口的影响大，即流动人口的跨省迁移的长距离流动对FDI的空间选择影响更为显著。④

3. 人口流动与区域经济增长的耦合度

逯进等研究发现，我国各省区人口迁移与经济增长都存在稳定的正向协调演进机制，但总体看二者的耦合度并不高，且区域间存在较大差异，从空间上表现出由东至西依次递减态势。当前各区域都存在耦合衰退趋势，这意味着，随着我国经济发展方式转型的不断深入，经济增长与人口迁移将出现逆向变动趋势，未来由高素质人力资本迁移带动的经济增长特征将愈发明显。⑤

（三）人口素质

对人口素质的研究主要集中在人力资本对经济增长的影响、人力资本

---

① 石贝贝、王金营：《人口发展变化对区域消费影响的实证研究》，载《人口研究》2014年第1期。
② 雷潇雨、龚六堂：《城镇化对于居民消费率的影响：理论模型与实证分析》，载《经济研究》2014年第6期。
③ 杨华磊、周晓波、吴义根：《省际及城乡无差距下的户籍人口、非农业入口与城镇化率》，载《区域经济评论》2014年第6期。
④ 杨成钢、曾永明：《空间不平衡、人口流动与外商直接投资的区域选择》，载《人口研究》2014年第6期。
⑤ 逯进、郭志仪：《中国省域人口迁移与经济增长耦合关系的演进》，载《人口研究》2014年第6期。

促进经济增长的条件和作用机制上。

1. 人力资本对经济增长的影响

第一,对区域经济的影响。目前的研究无论从理论还是从实证角度,都肯定了人力资本对区域经济增长的影响。邵琳研究发现,适龄劳动力数量的增加对经济增长的促进作用越来越弱化,说明单纯依靠劳动力数量的增加来拉动经济增长的时期已经结束,需要在进一步提升劳动力素质方面多做努力,教育经费支出在区域经济增长中正在扮演着越来越重要的角色。要保证各区域经济的平衡、稳定和持续增长,一定要提高人力资本的利用和开发程度。① 张晓蓓等也指出,我国经济存在条件趋同的潜力,其中固定资本和人口增长率均朝着有利于经济趋同的方向变动,而人力资本是区域经济失衡加剧的重要原因,落后地区较低的初期收入所产生的后发优势几乎可以完全被人力资本的落后所抵消。因此,落后地区只有加大人力资本投资力度,改善本地劳动力人口素质,才有可能赶超先进地区,实现区域经济均衡发展。②

第二,对农业发展的影响。刘宁指出,农村劳动力向非农产业转移使各地区农村人力资本出现不同程度的流失,降低了农业人力资本存量,从而降低了人力资本对区域农业增长的产出弹性,影响了财政支农效果。③

2. 人力资本促进经济增长的条件

刘伟等将人力资本跨部门流动引入带外部性的 Uzawa – Lucas 模型研究发现,人力资本在促进经济增长和提高社会福利水平之间存在一定的冲突性,人力资本持续不断地从物质生产部门转移到教育部门一定可以加快人力资本的积累速度,然而,快速的人力资本积累不一定能够促进经济增长,也不一定能够提升社会的整体福利水平。因此,政府应该权衡"大力发展教育促进经济增长"和"提高社会福利"两个政策目标,来选择合适的教育发展水平。换句话说,政府在促进教育发展时应该把握一个合适

---

① 邵琳:《人力资本与区域经济增长》,载《人口学刊》2014 年第 2 期。
② 张晓蓓、李子豪:《人力资本差异加剧了区域经济失衡吗》,载《经济学家》2014 年第 4 期。
③ 刘宁:《农村人力资本流失的区域农业增长效应研究》,载《人口与经济》2014 年第 4 期。

的"度"。政府发展教育的规模和速度应当和经济发展阶段相适宜。①

3. 人力资本促进经济增长的作用机制

刘生龙利用1990~2010年省级面板数据，运用随机前沿分析方法计算各省份全要素生产率（TFP）发现，人力资本的直接效应和溢出效应均对TFP增长率产生了正向影响，意味着提高人力资本对中国经济长期可持续增长具有重要意义。人力资本的溢出效应意味着提高内陆地区人力资本水平能够更好地吸收和利用东部先进地区的技术溢出，从而形成对先进地区的追赶效应，有利于缩小地区发展差距。②

二、资源经济学研究新进展

资源经济学的研究仍然更多地关注包括石油、电力等在内的能源问题，并不断深化能源效率和石油安全等研究。随着战略性新兴产业的快速发展和水资源危机不断加深，对资源的关注进一步拓展至稀有矿产资源和水资源领域。同时，重点关注了资源型区域的可持续发展问题。

（一）能源效率

当前，我国经济增长中面临巨大的能源压力已经成为学者们的共识，在此背景下，学者们不再满足于对我国能源效率进行简单测度，并实证分析能源效率的影响因素，从而寻求节能降耗的途径，而是开始转向从测度方法上进行修正和完善，重新测度和分解能源效率，试图寻求能够更能反映我国能源消耗状况的科学方法，从而能够更好地辨识出影响能源消费的关键因素，找到更为有效的节能降耗途径，使能源能够支撑未来经济增长。

1. 能源效率测度方法的修正和完善

能源效率测度方法的修正和完善主要从三个维度展开：

---

① 刘伟、张鹏飞、郭锐欣：《人力资本跨部门流动对经济增长和社会福利的影响》，载《经济学》2014年第2期。
② 刘生龙：《人力资本的溢出效应分析》，载《经济科学》2014年第2期。

第一,对指数分解法(IDA)和生产理论分解方法(PDA)进行综合。林伯强等针对能源效率研究的主要方法指数分解法(IDA)和生产理论分解方法(PDA)存在的优缺点,将二者进行了综合,提出了分析能源强度变化的综合分解框架,以进一步分析部门能源强度变化的机理为 IDA 分解结果提供更好的经济学解释,以及解决 PDA 模型在产业结构效应和能源结构效应(能源间替代效应)测度上的缺陷。①

第二,将要素价格扭曲和技术非效率纳入分解框架。袁鹏将要素价格扭曲和技术非效率纳入分解框架,建立能源需求增长的分解框架,并采用二次型函数形式替代超越对数形式,直接由成本函数而非份额函数导出要素需求函数,避免在每个分解项中都包含能源价格变量,以对要素替代在能源消费总量变化中的作用进行定量化研究。②

第三,将能源投入的生产率贡献从整体要素投入中分离出来。张少华等针对当前研究中简单的单要素能源效率指标(如能耗强度),未能考虑资本、劳动等投入要素和要素替代缺陷,以及当前基于 DEA(数据包络分析)测度的全要素能源效率只是考虑了能源投入或者非合意产出,而没有单独分解出能源这种投入要素的生产率影响的缺陷,使用一种基于投入冗余的全要素生产率指数(ISP)来重新测度"真正意义上的"能源生产效率,并将能源效率分解为技术变化与技术效率变化两项。③

2. 能源效率的影响因素

即使在能源测度和分解研究方法改进和完善的基础上,依然没有消除学者们在影响我国能源效率因素问题上的分歧。出现这些分歧的原因,可能在于:一是研究方法不同。由于能源效率测度指标各有优劣,因此学者们为了达到不同研究目标,选择了不同的研究方法,或者从不同角度对研究方法进行了拓展和完善;二是研究区间不同。比如,林伯强等的研究区间为 2003~2010 年,袁鹏的研究区间为 1985~2010,张少华等的研究区间为 1985~2009 等。他们之间的分歧主要表现在:

第一,技术进步的作用。一般认为,技术进步能够提高能源效率,然

---

① 林伯强、杜克锐:《理解中国能源强度的变化:一个综合的分解框架》,载《世界经济》2014 年第 4 期。
② 袁鹏:《中国能源需求增长的因素分解》,载《数量经济技术经济研究》2014 年第 11 期。
③ 张少华、蒋伟杰:《基于 ISP 指数的中国能源生产率再测度与分解研究》,载《数量经济技术经济研究》2014 年第 6 期。

而，实证研究结果并没有给予充分支持，而是得出了不同结论。比如，林伯强等实证研究认为，技术进步是我国能源强度下降的主要推动力，推动能源强度累计下降 20.3%，年均下降 3.2%。[①] 张少华等认为，之前的研究大多都"高估"了我国能源效率，能源技术进步提升缓慢导致能源生产率不高，但是，2002 年之前能源生产率的提升主要依靠技术进步，2002 年之后，能源技术进步缓慢。平均而言，技术进步是中国能源生产率提升的主要驱动力，年均增长率达到 2.53%。[②] 袁鹏则得出，技术变化对能源需求没有起到显著的抑制作用，主要原因在于 1997 年前技术变化是能源增用的，之后是能源节约的，两阶段的技术变化效应正负相抵，导致研究期间技术变化效应较小。[③]

第二，要素替代。延续之前的争论，学者们对要素替代对能源效率的作用方向和强度仍然未达成共识。比如，袁鹏认为，劳动力与能源之间价格扭曲的变化显著地增加了能源需求，而资本与能源之间的价格扭曲效应则不明显；能源对劳动力的替代和资本对能源的替代从正反两个方向对能源需求产生了重要影响，但由于正负相抵，总的替代效应较弱。[④] 而林伯强等则指出，能源替代恶化阻碍了中国能源强度下降。[⑤]

第三，技术效率。袁鹏指出，规模效应在能源需求的增长中起到了决定性作用，这主要是因为中国经济的快速增长对能源需求的巨大拉动作用，技术效率的提升有效地降低了能源需求。[⑥]张少华等进一步细化了技术效率效应变化特征指出，2002 年以后，技术效率变化日益成为中国能源生产率提升的主要力量，可能表明中国的能源生产率将逐渐走上依靠效率提升的轨道上来。[⑦]然而，林伯强等却指出，技术效率恶化阻碍了我国能源强度下降。[⑧]

（二）油价与石油安全

21 世纪以来，国际油价持续上涨，虽然 2008 年的国际金融危机暂时中断了油价快速上涨，然而也仍然处于高度波动并时常反弹。面对油价高

[①][⑤][⑧] 林伯强、杜克锐：《理解中国能源强度的变化：一个综合的分解框架》，载《世界经济》2014 年第 4 期。
[②][⑦] 张少华、蒋伟杰：《基于 ISP 指数的中国能源生产率再测度与分解研究》，载《数量经济技术经济研究》2014 年第 6 期。
[③][④][⑥] 袁鹏：《中国能源需求增长的因素分解》，载《数量经济技术经济研究》2014 年第 11 期。

涨和大幅波动，在我国石油对外依赖度不断提升的情况下，油价和石油安全开始受到学界的高度关注。

1. 将石油价格纳入经济增长研究框架

石油价格不仅被纳入宏观经济分析框架，如张大永等从短期和长期两个角度分析了国际油价冲击与我国经济增长的相互关系发现，在短期，国际油价变化会影响我国经济增长，但这种因果关系是单向的，在长期，国际油价与我国宏观经济存在非对称性，油价上涨对经济的影响程度远远高于油价下跌时的影响。① 而且石油价格还被纳入人民币汇率等具体经济领域，如李志斌等研究了原油和人民币汇率之间的价格传递关系发现，原油价格变动冲击无论短期或是长期都是导致人民币汇率价格波动的重要因素，但是人民币汇率对原油价格波动影响有限。②

2. 深入分析石油价格变动背后的原因

影响石油价格波动的因素主要有三个：OPEC 供给策略、资本投机和中国需求。俞剑等认为，在不同样本区间内，三个因素冲击对国家油价会产生明显的时段效应，对国际油价的即期走势、短期波动和长期走势的影响都有不同。中国原油进口仅对滞后一个季度国际油价产生明显的正向拉动效应，而资本投机和 OPEC 供给会给国际油价带来一定的短期正面影响，且对国际油价具有明显的长期正向推动效应，从而反驳了简单地将国际油价高涨归结于中国旺盛的石油需求的观点。③ 朱彤等虽然通过 OPEC 策略行为理论研究的梳理也肯定了 OPEC 对短期国际油价的影响力和控制力，但却认为 OPEC 的市场势力长期将被市场的价格反映所约束，包括价格上涨对需求的制约、对非 OPEC 供给的刺激、对投机的刺激，以及替代能源供给的刺激等。④ 很显然，这种研究结论的差异，主要是因为研究方法不同所致，这就需要实证研究进一步对理论研究得出的结论进行检验和验证。

---

① 张大永、曹红：《国际石油价格与我国经济增长的非对称性关系研究》，载《经济学（季刊）》2014 年第 2 期。
② 李志斌、张维：《贵金属现货、原油和人民币汇率动态关系的实证分析》，载《财贸经济》2014 年第 4 期。
③ 俞剑、陈宇峰：《谁才是推高国际油价的真实动因？》，载《金融研究》2014 年第 2 期。
④ 朱彤：《OPEC 策略行为理论研究述评》，载《经济理论与经济管理》2014 年第 2 期。

3. 初步探讨我国石油安全战略

开源和节流是就我国石油安全战略提出的具有共识的战略措施，主要包括通过改革挖掘国内油气增产潜力和鼓励新能源等替代能源的开发利用，以及通过淘汰落后产能和改造升级提高能源效率。除此以外，还强调了加强国际领域石油合作、优化和多样化石油贸易、加大能源外交，以及加快发展能源金融等。①

（三）稀有矿产资源

随着人类经济发展进入工业化后期和后工业化时期，稀有矿产资源需求量逐步扩大，并成为高端制造业和战略性新兴产业发展的关键原材料，这种变化体现在学术研究中，就是资源经济学的研究从传统能源和传统矿产品扩展到包含稀有矿产资源的研究。

1. 对稀有矿产资源的战略性进行定量评估

李鹏飞等采用三因素分析框架，从供应风险、环境影响、供应受限的三个维度，设计了9项指标，对稀有矿产资源的战略性进行定量评估显示，铂族金属的战略性最高，铯的战略性最低，在此基础上，提出了要尽快制定实施稀有矿产资源的国家战略，将原来主要关注能源安全提升到了国家资源安全的新高度。②

2. 关注稀土战略调整

方虹等通过核算稀土主要产品出口的全成本和收益发现，我国以资源禀赋为基础的稀土贸易并未带来足够的贸易利益，而是付出了沉重的环境代价和资源代价，从而提出了资源成本内部化、环境成本内部化、进出口并重、实施稀土储备和加强国际投资合作等稀土战略调整建议。③何欢浪对下游发达国家稀土储备对我国稀土关税政策的实施效果研究发现，虽然

---

① 李继尊：《关于中国石油安全的思考》，载《管理世界》2014年第8期；张大永、曹红：《国际石油价格与我国经济增长的非对称性关系研究》，载《经济学（季刊）》2014年第2期。
② 李鹏飞、杨丹辉、渠慎宁、张艳芳：《稀有矿产资源的战略性评估》，载《中国工业经济》2014年第7期。
③ 方虹、王红霞：《基于全成本视角的中国稀土贸易代价及战略调整研究》，载《财贸经济》2014年第3期。

关税政策效果会随着外国稀土储备的释放有所削弱,但是针对现有稀土上下游行业的市场结构,我国应继续实行出口关税政策。同时,我国也应逐步建立政府和行业层面的稀土战略储备制度,争夺稀土的国际市场定价权。①

(四) 水资源

目前,国内2/3的城市出现不同程度的缺水,水资源对经济增长的制约作用日益凸显,因此,水资源开始受到学界的重视,并纳入经济增长框架进行研究。

1. 工业用水与经济增长的关系

张陈俊等基于2002~2010年省级面板数据模型,选区工业用水的绝对指标和相对指标,分别对我国31个省份进行全国及地区分组(全国组、东部组、中部组、西部组)研究工业用水与经济增长的关系发现,全国组、东部组、中部组、西部组,工业用水的绝对指标与经济增长之间分别呈"N"型、倒"U"型、"N"型和"单调递增"型曲线关系;工业用水相对指标与经济增长之间分别呈现倒"N"型、倒"N"型、"U"型和倒"N"型;这说明工业用水与经济增长之间的关系并不是唯一的,而是多样的。②

2. 虚拟水贸易

虚拟水是通过贸易有效调节水资源丰欠的重要手段。朱启荣利用2010年我国投入产出表与44个行业数据分析了我国贸易中的虚拟水问题,结果发现,2010年我国出口贸易输出的虚拟水与进口贸易输入的虚拟水数量均十分巨大,分别高达1397亿吨和1395亿吨,存在2亿吨的虚拟水净流出。从而提出了有针对性地调整进出口贸易结构,能够产生巨大的节水效益,成为节约水资源的重要途径。③

---

① 何欢浪:《下游进口国家的稀土储备与我国稀土出口政策》,载《财经研究》2014年第4期。
② 张陈俊、章恒全:《新环境库兹涅次曲线:工业用水与经济增长的关系》,载《中国人口资源与环境》2014年第5期。
③ 朱启荣:《中国外贸中虚拟水与外贸结构调整研究》,载《中国工业经济》2014年第2期。

（五）资源型区域的可持续发展

关于资源型区域的研究不再局限于检验"资源诅咒"是否成立和"资源诅咒"的形成原因，而是进一步深化了"资源诅咒"效应的内在机理研究、资源依赖对政府财政透明度影响和资源型区域可持续发展路径探讨。

1. "资源诅咒"效应的内在机理研究

第一，将人力资本跨区域流动纳入"资源诅咒"效应研究，规范分析了"资源诅咒"效应是否发生取决于资源产业部门生产要素替代弹性与规模报酬率之间的大小关系，以及人力资本外流对资源型区域经济增长的影响还取决于消费者的边际效用弹性所反映的教育投资倾向大小，从而深化了人力资本与"资源诅咒"关系研究。①

第二，将空间相关性纳入"资源诅咒"效应研究，传导机制分析表明，资源产业依赖主要通过对技术创新水平和对外开放程度的挤出效应、削弱制造业投入的荷兰病效应以及强化政府干预的制度弱化效应对我国省域经济增长产生显著的间接抑制效应，其中荷兰病效应是首要原因。②

2. 拓展资源依赖的经济发展效应研究

辛兵海等突破了资源依赖对经济增长影响的框架，将资源依赖对地区经济发展的影响拓展到对了财政透明度的影响，实证研究发现，资源依赖是我国地方政府财政透明度的另一影响因素，进而从新的角度支持了对资源依赖程度较高地区进行产业结构调整和产业升级的政策建议。③

3. 探讨了资源型区域经济发展的新路径

第一，培育内部增长机制。赵曦等结合西部民族地区广泛存在的"资源诅咒"，设计了包括以资源利益共享机制、资源开发管理机制、资源环境保护机制、资源评估监督机制和社会资本参与机制为核心的自主性资源

---

① 杨莉莉、邵帅：《人力资本流动与资源诅咒效应：如何实现资源型区域的可持续增长》，载《财经研究》2014年第11期。
② 杨莉莉、邵帅、曹建华：《资源产业依赖对中国省域经济增长的影响及其传导机制研究》，载《财经研究》2014年第3期。
③ 辛兵海、张志超：《资源依赖降低了财政透明度吗》，载《财贸经济》2014年第8期。

开发机制，培育内生增长机制，提高区域自我发展能力，从而摆脱"资源诅咒"困境。①

第二，进行低碳转型。徐君等提出了包括制定低碳转型总体规划、健全低碳政策法规、加大金融支持、调整经济结构、推动能源结构低碳化，以及全员参与低碳行动的资源型城市低碳转型路径设计。②

第三，发展循环经济。褚艳宁认为，资源型地区的产业结构转型，应从本地区资源丰富的比较优势出发，充分高效利用自然资源及其伴生资源，走循环经济的发展道路。③

三、环境经济学研究的新进展

（一）大气污染

全球气候变暖和生态问题，使得全球对碳排放问题高度关注，与2013年相比，2014年对碳排放的研究，更加细化到雾霾、二氧化碳和二氧化硫等具体的空气污染方面。

1. 雾霾污染

2013年以来，雾霾污染日益严重，引发学者们对雾霾的关注，并纳入经济学研究框架进行分析。其中，以马丽梅等运用空间计量方法的研究最具代表性④。她们取得的进展主要有：

（1）总结了雾霾污染特征。第一，雾霾的空间集聚效应明显。我国各地区的雾霾污染存在正的空间自相关且相关性长期处于稳定状态，局部地区表现为雾霾高省份，邻近地区雾霾也高的高—高类型集聚区，主要集中

---

① 赵曦、丁如曦：《资源诅咒与中国西部民族地区资源开发机制设计》，载《西南民族大学学报（人文社会科学版）》2014年第12期。
② 徐君、高厚宾、王育红：《生态文明视域下资源型城市低碳转型战略框架及路径设计》，载《管理世界》2014年第6期。
③ 褚艳宁：《资源型地区循环经济发展的问题破解》，载《经济问题》2014年第5期。
④ 马丽梅、张晓：《中国雾霾污染的空间效应及经济、能源结构影响》，载《中国工业经济》2014年第4期；马丽梅、张晓：《区域大气污染空间效应及产业结构影响》，载《中国人口·资源与环境》2014年第7期。

于京津冀、长三角以及与两大经济体相连接的中部地区，空间集聚效应明显。第二，雾霾污染存在显著的溢出效应。邻近地区 $PM_{2.5}$ 浓度每升高 1%，就会使本地区 $PM_{2.5}$ 浓度 0.739。第三，雾霾污染与经济发展处于上升通道。雾霾污染与经济发展的倒"U"型关系并不存在或还未出现，随着人均 GDP 持续增长，雾霾污染在不断恶化。

（2）分析了雾霾污染形成的经济原因。第一，人口密度不是决定 PM_{10} 的本质因素；第二，自然因素是影响 PM_{10} 的关键因素，沿海或降雨量较多，PM_{10} 相对较低；第三，三大产业中，工业对 PM_{10} 的影响极为显著，工业结构中的八大行业对 PM_{10} 的贡献极大，约占工业总消耗量的 95%；且经济越为发达，工业结构对 PM_{10} 的影响就越为突出，成为主导因素；第四，以煤炭所占比重为主的能源结构也加剧了雾霾污染。

（3）提出了雾霾污染的解决方案。第一，考虑到雾霾污染的空间集聚和溢出性，强调区域联合治理；第二，短期内通过优质煤使用，长期内加大太阳能、风能等其他能源使用，改变能源结构；第三，调整工业布局，优化产业结构。

2. 二氧化碳（CO_2）和二氧化硫（SO_2）排放

（1）二氧化碳减排。针对我国承诺的二氧化碳减排的巨大压力，学者们从新的角度提出了 CO_2 减排的对策建议。

第一，取消煤炭补贴。刘伟等运用可计算一般均衡模型（CGE）模拟取消煤炭补贴产生的 CO_2 减排效应表明，煤炭补贴激励经济个体对煤炭的过度使用，导致了 CO_2 的大量排放，取消煤炭补贴可以降低单位 GDP 二氧化碳排放 1.78%。[①]

第二，分区域分解 CO_2 减排责任。张为付等指出，我国地区经济社会发展不平衡，地区间碳排放存在较大差距，要在全国范围内倡导低碳发展模式，只能通过区域分解 CO_2 减排责任、分区控制的方法实现整体减排目标。一是应以各省份未来经济发展规模为依据，将全国减排规模进行省份分解，从区域地方层面控制省份的 CO_2 排放规模；二是以技术创新和节能产品研究为措施，提高经济发展质量，明确各省份的 CO_2 排放强度目标，

---

① 刘伟、李虹：《中国煤炭补贴改革与二氧化碳减排效应研究》，载《经济研究》2014 年第 8 期。

从地方层面控制 CO_2 排放强度。[1]

第三，实施贸易减排战略。李真以非竞争型投入产出模型为基础，对 27 个行业的进口真实碳福利情况进行结构性分解，估算结果表明，中国存在较大进口减排空间，CO_2 排放程度较大的基础性行业是重点进口减排行业。中国的贸易减排政策制定应重视进口减排的巨大空间，从全行业角度出发采取差别化政策推动贸易结构调整，同时把握进口和出口两条线索，从进口替代及进口技术溢出两条路径发挥进口减排作用，"用排放配额换技术"落实国际低碳技术合作机制，形成以进口拉动提高出口排放效率的"双管齐下"贸易减排战略规划。[2]

（2）二氧化硫排放。对二氧化硫等污染物排放的研究，主要集中在分析排放源泉和带来的影响两个方面。

第一，二氧化硫等污染物排放主要来自于污染密集型产业。程钰等对山东省 1991～2011 年工业经济增长的大气环境效应研究发现，SO_2、烟尘、粉尘等大气污染物排放状况总体趋势改善，但污染物排放的产业集聚性特征明显，其中占工业总增加值 25%～45% 的污染密集型产业，大气污染物排放量占总排放量的 90% 以上。因此，调整产业结构成为污染物减排的重要途径。[3]

第二，二氧化硫等工业气体排放对公共健康造成巨大危害。陈硕等以火电厂二氧化硫排放为例，考察了二氧化硫排放对公共健康的影响发现，二氧化硫排放量每增加 1%，万人中死于呼吸系统疾病及肺癌的人数将分别增加 0.055 和 0.005。该气体每年造成的死亡人数在 18 万人左右，导致的相关治疗费用超过 3000 亿元。[4]

（二）环境经济框架下的技术进步

技术进步对环境治理和碳减排的作用日益受到重视，不断在环境经济

---

[1] 张为付、李逢春、胡雅蓓：《中国 CO_2 排放的省际转移与减排责任度量研究》，载《中国工业经济》2014 年第 3 期。

[2] 李真：《进口真实碳福利视角下的中国贸易碳减排研究》，载《中国工业经济》2014 年第 12 期。

[3] 程钰、徐成龙、任建兰、刘雷：《山东省工业结构演变的大气环境效应研究》，载《中国人口·资源与环境》2014 年第 1 期。

[4] 陈硕、陈婷：《空气质量与公共健康：以火电厂二氧化硫排放为例》，载《经济研究》2014 年第 8 期。

框架下推进绿色技术进步和环境科研投入等问题研究。

1. 绿色技术进步的影响因素

第一,合理的环境管制。景维民等在偏向性技术进步框架下考察了环境管制对绿色技术进步的机制指出,技术进步具有路径依赖性,合理的环境管制能够转变技术进步方向,有助于中国工业走上绿色技术进步的轨道。①

第二,对外开放。景维民等指出,在目前较弱的环境管制和偏向污染性的技术结构下,对外开放对中国绿色技术进步的影响可以分解为正向的技术溢出效应和负向的产品结构效应。二者在对外开放的三个方面有着不同程度的体现:进口加速了中国工业的绿色技术进步,出口则造成了负面影响,FDI 中两种效应均有显著体现。其正向效果的发挥有赖于环境管制的加强和政策上的合理引导。②

第三,行业特征。周五七测度 1998~2010 年中国工业 36 个细分行业绿色 TFP 的动态变化发现,行业平均规模和行业企业集中度对行业绿色 TFP 增长均具有显著的促进作用,行业资本深化则抑制了行业绿色 TFP 增长;行业私营企业比重的提高并没有促进行业绿色 TFP 增长;FDI 和煤炭消费比重均对行业绿色 TFP 增长有显著的负面影响。③

2. 技术进步角度的污染形成机制

孙军等通过经验分析发现,发达国家技术进步更多地考虑自身利润状况而不是进步本身给社会带来的影响,这种模式下的技术创新最多属于次优,而不是整个社会最优,因此新技术会带来污染的外部性不断增加,环境规制将会出现,该技术将被更新的技术取代。发达国家环境改善一是因为环境规制,即末端治理;二是通过跨国投资向发展中国家转移。伴随着后发国家的不断工业化,发达国家的环境污染型技术进步逐步在全球范围内展开,环境污染在全球蔓延,技术进步路径被锁定。当越来越多的后发国家进入工业化过程时,末端治理模式将变得不可持续。因此,后发国家应该采取顶端治理模式,从源头上尽最大可能切断技术进步与环境污染之

---

①② 景维民、张璐:《环境管制、对外开放与中国工业的绿色技术进步》,载《经济研究》2014 年第 9 期。
③ 周五七:《行业特征对低碳约束下工业绿色 TFP 增长的影响》,载《中国人口·资源与环境》2014 年第 5 期。

间的联系，限制污染的出现，而不是等到污染出来之后进行治理。①

3. 环境科技投入

薛刚等从企业技术效率角度检验了环境公共支出与经济增长之间的作用和传导机制发现，中国环境公共支出中用于科研等技术开发性资助支出较少，没有对企业的技术效率创新提供良好的外部条件。因此，中国政府应在规模上进一步加大环境公共支出力度，在结构上提高在环境科研、环境生态信息建设、环境健康教育上的支出比重，充分发挥环境公共支出建设良好外部技术创新环境的积极作用。②

（三）环境规制

近年来，随着资源耗竭和环境污染问题日益严重，政府环境规制的水平不断提高，但仍有一部分惯性思维认为，环境规制水平的提高会影响经济的发展。为此，学者围绕环境规制对经济的影响展开了大量研究，基本都肯定了环境规制对经济的积极作用。

1. 对产业结构的影响

围绕环境规制是否有利于优化产业结构，学者们进行了多角度的实证研究，并都得出了肯定的结论。

第一，污染密集型企业淘汰角度。原毅军等基于1999~2011年中国30个省份面板数据，就环境规制能否成为一个有效的倒逼机制驱动产业结构的调整进行检验发现，正式环境规制有效驱动了产业结构调整，具有较低边际治污成本的企业获得了绿色发展比较优势，而边际治污成本很高的企业则不断萎缩，使得污染密集型行业的落后和过剩产能得以淘汰。同时，非正式的规制强度总体上也对产业结构调整产生了正向促进作用。③

第二，污染密集型行业出口竞争力角度。傅京燕等使用2002~2010年我国与18个贸易对象国分行业的面板数据和贸易引力模型研究发现，

---

① 孙军、高彦彦：《技术进步、环境污染及其困境摆脱研究》，载《经济学家》2014年第8期。
② 薛钢、陈思霞：《中国环境公共支出、技术效率与经济增长》，载《中国人口·资源与环境》2014年第1期。
③ 原毅军、谢荣辉：《环境规制的产业结构调整效应研究》，载《中国工业经济》2014年第8期。

虽然短期内环境政策可能会增加企业的生产成本，削弱产品的国际竞争力，但在长期内，环境政策的影响是变化的，且当环境规制强度超过临界点，其对贸易的影响会发生逆转，有利于污染密集型企业行业出口竞争力的形成。①

2. 对企业规模分布的影响

孙学敏等以制造业企业数据为样本计量检验了环境规制对企业规模分布的影响，结果发现，环境规制提高了企业规模分布的帕累托指数，使得企业规模分布变得更加均匀。区分行业污染强度和地区经济发展水平差异后，环境规制对重污染行业的企业规模分布趋向均匀有显著促进作用，但对中度和轻度污染行业影响不显著。相比于东部发达地区，环境规制更有助于提高中西部规模分布的帕累托。环境规制不仅有益于保护人类赖以生存的自然环境，而且能够改善企业规模分布不均匀的状态，促进生态环境与经济环境的良性循环。②

3. 对全要素生产率的影响

王杰等通过对1998～2011年工业数据的计量检验分析发现，环境规制与企业全要素生产率之间符合倒"N"型关系，环境规制水平较弱时，企业环境成本较低，技术创新动机不够，全要素生产率降低；当环境规制水平提高到一个合理水平时，就会促进全要素生产率的提高；而当环境规制强度超过了企业所能承受的负担，全要素生产率会下降。在我国重度污染行业、中度污染行业和轻度污染行业中，我国目前环境规制水平整体较低，只有少数重度污染行业突破了第一个拐点，其他行业仍处于第一个拐点之前，因此制定合理的环境规制水平，有利于企业提高创新水平。③

---

① 傅京燕、赵春梅：《环境规制会影响污染密集型行业出口贸易吗？》，载《经济学家》2014年第2期。
② 孙学敏、王杰：《环境规制对中国企业规模分布的影响》，载《中国工业经济》2014年第12期。
③ 王杰、刘斌：《环境规制与企业全要素生产率》，载《中国工业经济》2014年第3期。

第九章 国际经济学研究新进展

2014年是世界经济复杂变化的一年，也是中国崛起深刻影响世界经济格局的一年，学界就国际经济学的有关热点问题展开了深入研究，取得了新的进展。

一、国际经济新形势与中国参与全球经济治理

(一) 中国崛起背景下的国际经济新形势

1. 国际经济发展的矛盾

张蕴岭认为，当今全球经济发展中的主要矛盾是迅速崛起的新兴经济体与老牌发达国家之间争夺经济主导地位的矛盾。其中，作为新兴经济体代表的中国，近年来的快速崛起改变了当今世界经济格局，中国渐渐成为国际经济活动的重要参与者。当前的国际经济形势，是中国发展的一个重要战略机遇。但也应当看到，中国的发展将会遭受一些国外势力的阻碍和干扰。中国应"练好内功"，在国际上尽快同其他国家建立起互信关系和制度化合作机制，抓住机遇，迎接挑战，实现经济的进一步腾飞。①

2. 新兴经济体与发达经济体的关系

杨盼盼等认为，世界经济的新形势表现为新兴经济体与发达经济体增

---

① 张蕴岭：《中国发展战略机遇期的国际环境》，载《国际经济评论》2014年第2期。

长趋势的脱钩。受国际金融危机冲击较为严重的发达国家并没有顺利走出危机阴影，导致同新兴国家之间的国际收支失衡问题愈发严重。这一国际经济形势有利于中国的发展。随着中国经济实力的增强以及对外经济参与度的上升，一方面可通过加强与新兴经济体之间的经济往来，为其提供市场并进行直接投资；另一方面可加强同发达国家之间的经济合作。作为连接发达经济体与新兴发展中国家之间的桥梁，在实现两者经济良性互动的同时，提升中国的经济实力和国际地位。[①]

3. 我国与周边国家的关系

高程认为，当前，中美关系由"注重追求相对经济收益的正和博弈"转变为"以权力竞争和相对国际影响力为目标的零和博弈"。在美国的干预下，中国同东亚其他国家的关系由原来的"互利、兼容"格局转变为"竞争、相斥"格局。面对当前周边的新格局，中国需要以国家利益为核心，在处理与周边国家的关系时坚持"共同发展、开放竞争和相互包容"的理念，主动塑造一个以我为主、具有自我扩展和深化能力的周边合作秩序，以获得与本国实力增长相称的影响力。这是中国实现民族复兴的战略需要，也只有这样才能真正实现和平崛起。[②]

（二）中国参与全球经济治理的方式

1. 提供公共品

裴长洪认为，全球经济治理的对象是经济问题，应从经济学的视角和方法来探讨全球经济治理问题，而公共品的需求与供给是一个分析全球经济治理的可能视角。中国要提升在全球经济治理中的地位，必须增加对公共品的供给，而实现这一目标除了需要提升国力外，还应加大对外开放力度，使经济体制更加适应全球经济治理的规则，进而全面提高公共品供给能力。[③]

[①] 杨盼盼、徐奇渊：《新兴经济体与发达经济体趋势脱钩：中国将发挥关键作用并受益》，载《国际经济评论》2014年第1期。
[②] 高程：《中国崛起背景下的周边格局变化与战略调整》，载《国际经济评论》2014年第2期。
[③] 裴长洪：《全球经济治理、公共品与中国扩大开放》，载《经济研究》2014年第3期。

2. 参与全球投资治理体系

王碧珺认为，中国不论是吸引外商直接投资的数量还是对外直接投资的数量，都已位居世界前三。在全球范围内开展对外投资的过程中，中国急需解决降低投资壁垒和保护投资安全的问题，并需提高对外投资目的国对中国国企投资模式的认可度。但当前的全球投资治理体系缺乏统一的、有约束力的规则，无法实现对全球投资的促进和保护。中国可借此机会，参与到全球投资治理体系的构建中，发出自己的声音和利益诉求，推动构建一个全球范围内的多边投资体系。①

3. 构建全球经济治理的战略框架

隋广军等认为，未来10~15年，中国将从经济大国逐渐升级为经济强国，中国参与全球经济治理的能力也将不断增强。中国应作为国际制度体系的深度参与者、重要建设者和共同改善者，按照参与进程的渐进性、参与方式的合作性和参与层面的国内外统筹性原则，进一步融入全球经济治理体系中，构建一个与综合实力相适应、权力和责任基本对称、发展共同利益和促进本国利益相结合的参与全球经济治理的战略框架。在提升中国国际地位的同时，推动公正合理的国际经济新秩序的建立与完善。②

二、国际经济关系中的能源与环境

（一）我国对外贸易中的资源消耗

1. 对外贸易中的能源消耗

谢建国等研究发现，1995年以来中国能源消耗率不断提高，出口产品的总能耗量大于进口产品的总能耗量，且贸易净能耗处于递增趋势。贸

---

① 王碧珺：《中国参与全球投资治理的机遇与挑战》，载《国际经济评论》2014年第1期。
② 隋广军、陈伟光、程永林、蔡伟宏：《中国参与全球经济治理的战略：未来10~15年》，载《改革》2014年第5期。

易净能耗指标显示，中国是一个能源消耗的净出口国。其中，出口规模扩张是中国能源消耗增加的主要原因。但近年来的出口结构优化以及单位产值能耗量的降低，使中国出口净能耗增加趋势有所缓解，出口产品结构也逐渐向低能耗转变。因此，积极优化中国的进出口贸易结构对于降低中国的贸易能耗具有重要意义。① 崔连标等研究发现，2007 年中国国际贸易隐含能源占世界能源总消耗的 34%，是所有国家中贸易隐含能源出口最多的国家。世界能源消费中心正在东移，亚太地区直接能源净进口量中的 53% 会以贸易隐含能源形式再次出口至欧洲和北美地区。②

2. 对外贸易中的水资源消耗

朱启荣研究发现，中国进出口贸易的虚拟水数量巨大，且贸易中存在 2 亿吨的虚拟水净流出量，这不利于中国水资源的节约。可通过调整进出口贸易结构，降低虚拟水的净流出量，实现水资源节约的目标。③

（二）引进外资中的环境污染

1. 外资进入造成环境污染

曹翔等研究发现，外资虽然被认为具有更先进的技术，但流入我国的外资并不一定都会有更友好的环境保护效果；有些外资是低质量的资源攫取型企业，造成更严重的大气二氧化硫污染问题。因此，在引进外资时要注意筛选，并对外资的环境保护情况进行监管。④ 张宇和蒋殿春研究发现，外资进入显著地引起当地产业结构向污染性行业转移，造成当地环境状况恶化。虽然外资进入会增加当地政府对环境的监管，但这又会引起外资向环境监管不足的地区转移，总体上破坏了我国的环境状况。因此，减轻外资进入对我国环境的负面影响，必须加强地区之间的协调合作，共同采取

---

① 谢建国、姜珮珊：《中国进出口贸易隐含能源消耗的测算与分解》，载《经济学（季刊）》2014 年第 4 期。
② 崔连标、韩建宇、孙加森：《全球化背景下的国际贸易隐含能源研究》，载《国际贸易问题》2014 年第 5 期。
③ 朱启荣：《中国外贸中虚拟水与外贸结构调整研究》，载《中国工业经济》2014 年第 2 期。
④ 曹翔、余升国：《外资与内资对我国大气污染影响的比较分析》，载《国际贸易问题》2014 年第 9 期。

有效的环境监管措施,防止外资对环境污染由监管较强的地区流向环境监管较弱的地区。①

2. 外资进入造成环境污染具有阶段性差异

卢进勇等研究发现,在引进外资的不同阶段,外资对环境的影响是有差别的。外商直接投资会造成工业废水排放的增加,引起地区水污染问题恶化。工业二氧化硫的排放情况,随着引资阶段的不同而有差异。在 FDI 引进的初级阶段,其对当地环境破坏较为严重,但随着引资结构的调整和引资质量的提升,当处于"引资高级阶段"时,外商直接投资会减少当地工业二氧化硫的排放量。②

三、对外直接投资

(一) 外商直接投资的效应

1. 技术溢出效应

陈丰龙等研究发现,经济转型并没有显著促进外商直接投资的技术溢出。市场化程度不同的国家和地区,经济转型对外商直接投资技术溢出的影响也不同。在市场化程度较高的转型国家,经济转型并未显著促进外商直接投资的技术溢出;但在市场化程度较低的转型国家,经济转型显著加快了外商直接投资的技术溢出效应的发挥。不同市场化程度的转型国家间,外商直接投资的技术溢出呈现差异性,可能与各国的转型方式不同有关。有些国家是激进式转型,而有的国家是渐进式转型。大规模私有化是激进式转型的主要表现,这在一定程度上会阻碍外商直接投资的技术溢出效应的发挥。因此,我国在经济转型期应当警惕私有化的危害。③ 何兴强

---

① 张宇、蒋殿春:《FDI、政府监管与中国水污染》,载《经济学(季刊)》2014 年第 1 期。
② 卢进勇、杨杰、邵海燕:《外商直接投资、人力资本与中国环境污染》,载《国际贸易问题》2014 年第 4 期。
③ 陈丰龙、徐康宁:《经济转型是否促进 FDI 技术溢出:来自 23 个国家的证据》,载《世界经济》2014 年第 3 期。

等研究发现，经济发展水平越高、基础设施越完善、人力资本水平越高，外商直接投资的技术溢出效果越明显。经济发展到一定程度才会形成较强的竞争承受能力和消化吸收能力，进而促进外商直接投资的技术溢出。完善的基础设施可使跨国公司把生产过程中的各阶段连成一体，从而减少交通运输成本和交易成本，增强本国企业对外商直接投资技术溢出的学习效应和竞争效应。当前，中国大部分地区的基础设施建设已达到充分利用外商直接投资技术溢出的条件，但人力资本水平还明显不足，因而应进一步加强人力资本投资。①

2. 经济增长质量的提升效应

随洪光和刘廷华研究发现，外商直接投资对于发展中国家的经济增长质量的提升具有显著的促进作用。外商直接投资提高了发展中国家的增长效率和经济发展的可持续性。投资所在地区的政府在有效利用外资方面发挥着积极作用。与非洲和拉美地区相比，亚太地区外资对经济增长质量的提升作用最明显，而拉美地区的政府干预效果最好。此外，政府作用将随着一国市场化程度的加深而逐渐降低。相比于受政府主导的外资引进形式，自由流动的外商直接投资更符合增长的一般规律。②

3. 不同国家对华直接投资效应存在差异

孙早等研究发现，美国的对华直接投资主要涉及高技术产业，对溢出效应的控制也最为严格，对中国资本密集型工业的贡献在当期显著，滞后期则明显减弱；以追求高市场化程度为战略目标的欧盟的对华直接投资与中国工业绩效改善之间存在显著的正相关关系；东（南）亚跨国企业侧重于利用文化趋同性来降低劳动生产要素的成本，来自这一地区的对华直接投资对中国劳动密集型工业的贡献明显强于资本密集型工业。现阶段的中国，应采取差异化的引进外资战略，善于利用外资倒逼效应释放新的制度红利，才能保证外资有助于中国工业自主创新能力提升这一战略目标的实现。③

---

① 何兴强、欧燕、史卫、刘阳：《FDI 技术溢出与中国吸收能力门槛研究》，载《世界经济》2014 年第 10 期。

② 随洪光、刘廷华：《FDI 是否提升了发展中东道国的经济增长质量》，载《数量经济技术经济研究》2014 年第 11 期。

③ 孙早、宋炜、孙亚政：《母国特征与投资动机》，载《中国工业经济》2014 年第 2 期。

（二）中国对外直接投资

1. 中国对外直接投资存在的问题

（1）投资不足。乔晶等研究发现，现阶段中国对外直接投资规模表现为投资不足而非投资过度。中国对外直接投资在不同地区的不足程度也有差别。对欧洲投资不足程度高于对北美的投资不足，但随着时间的推移，投资不足问题有所缓解。中国对发达国家、制度质量和技术水平较高的国家或地区的投资不足程度更严重，对资源丰富国家或地区的投资不足程度较低。双边投资协定一定程度上可缓解对外直接投资不足问题。因此，妥善处理与东道主国家的经济关系、签订双边投资协定是解决我国对外直接投资不足问题的重要途径。[1]

（2）处理好与OECD成员关系。针对中国对外直接投资会削弱经合组织（OECD）成员对外投资地位的观点，姚树洁等研究发现，中国对外投资从总体看挤占了OECD成员的对外投资，但这一挤占效应受东道国特征的影响。在资源丰度较低、国民收入较高，以及位于亚、欧、北美洲的东道国存在显著的挤占效应。而在资源丰度较高、国民收入低的国家，特别是在非洲和拉丁美洲，中国的对外直接投资并未对OECD成员产生挤出效应。这一理论发现有力反驳了西方学者抛出的"新殖民主义"中国对外投资威胁论。[2]

2. 中国对外直接投资效应

（1）显著促进母企业的技术创新。毛其淋等认为，对外直接投资企业的海外分支机构可通过吸收东道国的先进人才等研发要素，或与东道国进行研发合作，学习先进技术，可以显著提高自身的技术水平和创新能力。海外分支机构可通过企业内部渠道将其先进的技术成果转移到母公司，提高母公司的技术水平和创新能力。中国向高收入国家进行对外直接投资更有利于企业创新，因为向高收入发达国家直接投资与投向发展中国家相

---

[1] 乔晶、胡兵：《中国对外直接投资：过度抑或不足》，载《数量经济技术经济研究》2014年第7期。

[2] 姚树洁、冯根福、王攀、欧璟华：《中国是否挤占了OECD成员国的对外投资？》，载《经济研究》2014第11期。

比，面临更加激烈的产品质量竞争，企业需要更多的研发投入来提升产品质量，从而有利于提高企业的技术创新能力。对外直接投资对母公司创新的促进作用具有持续性，呈现逐年递增的趋势。[1]

（2）有利于促进出口。对外直接投资不仅显著提高了企业出口占销售的比例，而且提高了企业出口的概率；显著降低企业退出出口市场的风险，即倾向于延长企业出口持续期。因为对外直接投资企业在东道国设立分支机构后，为满足运营需要，会从母国购买设备、原材料等产品，从而促进母国出口。同时，一些企业对外直接投资是为了获取国外的先进技术。当企业掌握先进技术、提高自身生产效率后，也会促进其出口。因此，我国政府应鼓励和引导企业"走出去"，进而促进我国出口贸易快速增长。[2] 蒋冠宏等也认为，我国商贸服务类企业对外直接投资显著促进了企业出口；投资高收入国家的"出口效应"最为明显；企业对外直接投资的"出口效应"先上升后下降，呈现倒"U"型；企业对外直接投资不仅增加了出口的深度边际，也扩展了出口的广度边际。我国企业对发展中国家的直接投资并没有显著替代企业的出口。因此，可鼓励我国有实力的企业开展对发展中国家的直接投资，而不必担心损害母国的出口。[3]

四、对外贸易

（一）我国对外贸易的影响因素

1. 资本市场深化

姚博认为，当一国的资本市场发展程度较低时，资本市场深化有利于降低企业的出口成本，促使出口数量和种类的增加，使该国国际贸易出现正向流动；当资本市场发展程度较高时，资本市场深化有利于降低企业的

---

[1] 毛其淋、许家云：《中国企业对外直接投资是否促进了企业创新》，载《世界经济》2014年第8期。
[2] 毛其淋、许家云：《中国对外直接投资促进抑或抑制了企业出口》，载《数量经济技术经济研究》2014年第9期。
[3] 蒋冠宏、蒋殿春：《中国企业对外直接投资的"出口效应"》，载《经济研究》2014年第5期。

对外直接投资成本,使出口企业转向对外直接投资,制造业贸易的出口数量和种类下降,导致该国国际贸易出现逆向流动。随着资本市场发展程度的加深,一国国际贸易会出现"先正向后逆向的流动趋势,外部融资依赖性大的部门其倒"U"型拐点对应的资本市场深化程度也会更高"。[1] 盛雯雯研究发现,随着国家金融体系的完善和金融市场的发展,企业的融资成本会逐渐下降。而企业融资成本下降会导致企业投资偏好呈现先提高后降低的趋势。因此,该国在资本密集型行业的比较优势会随着金融发展呈现先提升后下降的倒"U"型过程。在这一机制的作用下,资本密集型行业最终会从传统发达国家向发展中国家转移,这就解释了当前的国际分工新形态。[2]

2. 产业结构升级

樊茂清等研究发现,经过多年发展,中国的生产活动不断向全球价值链高端攀升,中国企业在全球生产网络中的地位不断上升。随着中国人口红利的逐渐消失,劳动力成本上升,中国劳动密集型产业产品的国际竞争优势减弱,其占贸易总额的比重开始下降,对国内增加值的贡献在减少。而中国制造业和服务业领域的知识密集型产业贸易在迅速发展,说明中国企业走上了产业升级道路,未来知识密集型企业对贸易增加值的贡献会越来越高。[3]

3. 关税下降

田巍等研究发现,中间品关税下降会显著促进企业研发。具体的影响机制是:中间品关税下降在一定程度上增加了企业利润,从而为企业扩大研发提供了必要的资金支持,并进一步促进企业对已有技术的模仿和吸收。中间品贸易自由化对中国企业研发的影响主要体现在生产过程研发的改进上,而在自主研发新产品上,中国企业的表现并不令人满意。[4]

---

[1] 姚博:《资本市场深化对国际贸易流动的影响机制研究》,载《世界经济文汇》2014年第5期。
[2] 盛雯雯:《金融发展与国际贸易比较优势》,载《世界经济》2014年第7期。
[3] 樊茂清、黄薇:《基于全球价值链分解的中国贸易产业结构演进研究》,载《世界经济》2014年第2期。
[4] 田巍、余淼杰:《中间品贸易自由化和企业研发:基于中国数据的经验分析》,载《世界经济》2014年第6期。

4. 农业剩余劳动力的转移

项松林等研究发现，农业剩余劳动力的转移会在一定程度上降低制造业实际工资，而实际工资降低保护了低效率的老产品出口企业不被市场淘汰。随着老产品出口企业国际市场地位的巩固，会减缓研发和出口新产品的进程，从而不利于我国新产品的生产和出口。现阶段由于受诸多因素的影响，要实现中国出口增长从以老产品为主转向以新产品为主的难度仍然较大。①

5. 企业的融资能力

文东伟等研究发现，企业的融资能力与企业进入出口市场正相关。企业的融资能力越强，企业更有可能进入出口市场。劳动密集度越高的企业，出口可能性和出口密集度都更高，说明中国出口依然依靠廉价劳动力的成本优势，特别是私营企业和中小型企业。但中国的体制性信贷歧视使私营企业和中小企业面临较强的融资约束，抑制了出口。在劳动力成本日益攀升的形势下，降低对私营企业的信贷歧视和增强中小型企业的融资能力，并提高私营企业和中小型企业的生产率水平，对于扩大中国的出口规模和增强中国企业的出口竞争力都具有重要的现实意义。②

6. 地理集聚

佟家栋等研究发现，企业经济活动的地理集聚有利于企业出口，尤其是对外部融资依赖度较高的出口企业。这是因为，距离上的临近克服了企业之间的信息不对称，有利于企业获取商业信贷和各种非正式融资。此外，地理集聚有利于民营企业和外资企业的出口，而对国有企业的出口影响不明显。地理集聚对不同地区企业的出口抉择影响也有差别，即有利于东部和中部地区企业的出口。③

---

① 项松林、赵曙东、魏浩：《农业劳动力转移与发展中国家出口结构：理论与中国经验研究》，载《世界经济》2014 年第 3 期。
② 文东伟、冼国明：《企业异质性、融资约束与中国制造业企业的出口》，载《金融研究》2014 年第 4 期。
③ 佟家栋、刘竹青：《地理集聚与企业的出口抉择：基于外资融资依赖角度的研究》，载《世界经济》2014 年第 7 期。

（二）出口产品的技术水平

1. 存在的问题

鲁晓东认为，中国在出口规模激增的同时，出口技术含量仅有微弱提升，中国出口技术水平仍较低。近年来，中国出口对经济增长的作用在国内受到劳动力成本优势减弱的影响；在国外，则遭受越来越多的反倾销、反补贴歧视。这些因素都不利于中国的出口，并增加了中国过度依赖出口的经济增长模式的风险。而出口中遇到的问题归根到底是由于企业出口产品的技术水平偏低、可持续竞争力差造成的。因此，未来中国的对外开放政策应从单纯注重数量转为注重技术水平的提升，只有不断提高企业生产率，实现出口产品的技术升级，才能实现中国出口的可持续发展。[①]

2. 出口产品技术升级的途径

（1）完善制度。戴翔等研究发现，制度的完善有利于出口企业更全面地融入产品的国际分工，也有利于提升企业出口的技术复杂度。分工的细化意味着交易费用的上升，而完善的制度有利于降低企业融入产品分工的交易费用。尤其是处于较高层次即技术复杂度高的生产环节，制度的完善程度更加重要。当前，在中国劳动力成本比较优势逐渐减弱的背景下，通过提高制度质量，使企业进一步融入产品国际分工体系，有利于提升中国企业出口的技术复杂度，进而提升中国在全球价值链中的地位，激发中国的国际竞争优势。[②]

（2）加大人力资本投资和鼓励外资企业在中国建立研发机构。王孝松等研究发现，行业员工的受教育水平与外商投资企业的比重显著影响中国出口产品的技术含量。其中，行业员工的受教育水平越高，该行业出口产品的技术水平越高。外商投资企业比重高也会显著提升企业出口产品的技术水平。因为，外商投资者不再将中国仅仅作为生产基地，而是更多地作

[①] 鲁晓东：《技术升级与中国出口竞争力变迁：从微观向宏观的弥合》，载《世界经济》2014年第8期。

[②] 戴翔、金碚：《产品内分工，制度质量与出口技术复杂度》，载《经济研究》2014年第7期。

为研发基地,从而促进生产中的技术进步。因此,加大人力资本投资、鼓励外资企业在中国建立研发机构、引导出口企业向价值链高端攀升有利于提升我国出口产品的技术复杂度。①

---

① 王孝松、翟光宇、林发勤:《中国出口产品技术含量的影响因素探究》,载《数量经济技术经济研究》2014 第 11 期。

第十章 经济史学研究新进展

2014年，经济史学界就经济史领域中大家关注的一些重要问题进行了深入细致的研究，取得了一些可喜的成果。

一、经济史理论与方法

（一）对中国近代没有发生工业革命的解释

1. 英国发生工业革命有其成熟的条件

赵鼎新认为，欧美新一代学者（即所谓"加州学派"）认为欧亚文明的发展始终处于同一步调，中国直到18世纪仍与西方一样具有产生工业资本主义的可能，而工业资本主义率先发生在英格兰具有非常大的偶然性。其实，虽然早先的欧洲中心论是完全错误的，但"加州学派"的观点也有失偏颇。具体地说，工业资本主义是在以下条件下在英格兰发生的：国家掌握了一支主导世界的海军；资产阶级拥有自主的政治和思想形态，以及高度制度化的产权；理论/形式理性和个人利益导向的工具理性主义逐渐成为精英共识；科学与技术发明不断加速发展。而这些在晚期中华帝国都没有发生。晚期中华帝国的经济繁荣得益于帝国有力的统治、务实的商业政策、庞大的人口和土地，以及长期的王朝中期繁荣。这些优势使经济发挥出了极大的潜能，但却不能为中国带来工业资本主义。①

---

① 赵鼎新：《加州学派与工业资本主义的兴起》，载《学术月刊》2014年第7期。

2. 不能简单用地理位置解释走向现代化的原因

裴广强认为,"加州学派"将中国西北与江南之间巨大的地理差异,作为江南未能走向近代化的关键原因,并将英国煤炭偶然所处的地理位置,看作是导致中西分流的决定性因素之一。这不但忽略了江南及其邻近地区的煤炭储量及开发情况,更试图从纯粹地理环境的角度去看待这一重大命题,简化了近代早期江南与英国在燃料利用方面的深层差别。通过对近代早期英国与江南及其邻近地区煤炭业的比较,可发现两地在燃料利用结构、矿业政策、开采技术方面存在很大差异,致使煤炭业在两地趋向了完全不同的发展道路。这为批判地回应"加州学派"有关中西分流"偶然论"的观点,提供了一个新的视角。①

3. 对"李约瑟之谜"的解释

靳清等认为,"李约瑟之谜"的讨论已经很多,虽皆粲花之论,却难成气象。中国与欧洲如此霄壤之别的历史结果背后必然有其支配历史的现象。战争似乎更能担当这一角色,因为它关乎个人、民族、国家的生存与安全。中国没有先于西方发生工业革命,不是中国"做错了什么",而是"没做什么"。中国,这个天朝上邦乐于"正其谊","明其道",用朝贡体系襟带四周,所以容易成为"睡狮"。战争对技术的需求是急迫的、大量的,也是苛刻的。战争与技术发明、发现之间具有一定的数量关系。②

(二) 生产力、生产关系与上层建筑的关系

1. 生产力决定生产关系的变迁

齐虹认为,通过对我国农村生产关系变迁的历史回顾,发现上层建筑对农村生产关系的路径选择在一定时期内起着强制作用。但从长期来看,生产力总会为自己选择适合的生产关系,不断为自己开辟出道路。人民公社制度内包含着错误的奖惩机制,因而破坏了生产力;联产承包制内含着

---

① 裴广强:《想象的偶然:从近代早期中英煤炭业比较研究看"加州学派"的分流观》,载《清史研究》2014 年第 3 期。

② 靳清、贾全星:《基于战争视角的"李约瑟之谜"的一个新解释》,载《中国经济问题》2014 年第 2 期。

"多劳多得、少劳少得"的正确奖惩机制,因而激发了农民的生产积极性,促进了农村生产力的发展。对比改革前后农村的发展绩效可以看出,只有遵照实践的逻辑,也即尊重现实生产力、尊重农民意愿的逻辑来变革生产关系,才能促进生产力的发展。①

2. 思想文化对生产关系的作用

刘静暖等认为,国学易经包含着深邃的生态文明思想与深厚的生态经济理论,是古人留下的一份珍贵的生态文化遗产。易经运用八经卦诠释生态经济巨系统的构成、运行机理、评判标准等生态维度;运用六十四重卦讨论生态经济的七大主题:生态经济周期性波动问题、生态经济愿景思想、生态运行规律、生态资源、生态预警、生态危机及对策,搭建了完整的生态保护、绿色发展的思想框架。深入挖掘易经的生态思想对于当代树立生态文明观,建立具有中国特色的生态思想体系,促进中华民族伟大生态复兴的实现具有重要启示意义。② 彭小瑜认为,研究西方经济史的学者注意到,许多基督宗教人士在16、17世纪资本主义勃然兴起的时期,曾经自觉或不自觉地放弃对个人主义道德的批评。然而基督宗教的主流派别,包括罗马天主教,始终保留着与贪婪和剥削冲突的社会经济观念。在16世纪创立耶稣会的依纳爵·罗耀拉并不排斥工商业活动,而且认为不能回避市场经济带来的制度和生活变化。他严厉批评对财富的贪婪以及由此派生的野心和傲慢,鼓励信徒积极介入社会生活,包括从事工商业,但是要求他们接济贫弱者,注重财富的社会公益性。在商业社会批评贪婪永远是惹人厌烦的事情,然而这是历史上基督宗教人士经常做的。他们的言行还说明,把基督宗教简单看作是资产阶级的一种思想文化,恐怕是值得商榷的一种思路。③

(三) 对中国近现代经济的历史考察

1. 对中国近代 GDP 的估算

刘巍首先从国民收入核算理论角度出发,解释了巫宝三等学者估算的

---

① 齐虹:《历史哲学视野下农村生产关系变革的逻辑路径研究》,载《兰州学刊》2014年第5期。
② 刘静暖、杨扬、孙媛媛:《易经的生态文明思想及其当代价值》,载《河北经贸大学学报》2014年第2期。
③ 彭小瑜:《"修德以轻货财为首务":对依纳爵社会和经济观念的现代反思》,载《北京大学学报(哲学社会科学版)》2014年第5期。

近代中国 GDP 涵盖未进入市场的产品是完全合乎逻辑的,不存在认识误区。然后,从经济学逻辑和计量经济学方法角度简要回答了杜恂诚和李晋对作者先前之工作提出的质疑:第一,对 1913～1926 年 GDP 估算的理论函数、计量模型、数据质量做了必要的说明和澄清;第二,对 1887～1912 年 GDP 之估算理论函数对近代中国的适用性、近代中国进口额主要影响因素是国民收入和汇率之结论的可靠性,做了进一步的论证。①

2. 对中国近现代经济转型的考察

高文杰认为,中国历史上存在两次大的转型:一次是从封建制向郡县制转型;另一次是从帝制向民主共和制转型。后者中有两个经济转型:一是从相对自由的经验主义的传统经济走向理性主义计划经济(1840～1956 年),二是从理性主义计划经济走向社会主义市场经济(1956 年至今),大致遵循着帝国—官僚制下的自由经济——自由经济——党国一体的威权制下的自由经济——全能主义和理性主义的计划经济——非理性和无计划的命令经济——社会主义市场经济路径。这两次转型在转型动因、方向、目标、方式、绩效方面存在着差异,但都从根本上改变了资源配置方式、经济发展模式和经济运行轨迹。②

3. 关系型合约的历史局限性

谢冬水在关系型合约的框架下,通过一个简单的微观治理模型探讨了传统中国经济增长的动态过程。他认为,传统中国社会主要依赖关系型合约维持社会经济的运行,而关系型合约对经济绩效的影响则受经济交易规模的限制。在传统中国经济发展的早期、经济交易规模较小时,关系型合约是一种有效的治理机制,它通过节省社会经济运行的交易成本促进经济增长。但是到了明清时期,随着经济交易规模的扩大,关系型合约的治理成本越来越高,依赖关系型合约难以有效调动资源和促成交,导致经济陷入停滞。国家如何采取政策措施以推动合约治理从关系型合约向规则型合约转变,将是中国能否成功实现经济转型的一个重要因素。③

---

① 刘巍:《近代中国 GDP 估算理念、方法与功用:答杜恂诚和李晋的质疑》,载《广东外语外贸大学学报》2014 年第 4 期。
② 高文杰:《文明冲突、国家重建与中国历史大转型中的两次经济转型》,载《西安交通大学学报(社会科学版)》2014 年第 2 期。
③ 谢冬水:《合约形式、交易规模与经济绩效:对传统中国经济停滞的微观解释》,载《财经研究》2014 年第 4 期。

4. 中国经济发展的驱动力转换

田国强等认为，近代以来具有明显转折性全局意义的社会经济大变革区间有四个：从洋务运动到维新变法图强、辛亥革命与市场经济的探索、计划经济与社会主义的联姻和改革开放引领中国复兴之路。在全面深化改革的新时期，改革的关键是要全面推进国家治理体系和治理能力现代化，其先决条件是要合理界定政府与市场、政府与社会之间的治理边界，解决政府职能越位、缺位和错位并存的问题。三次以国有企业推动工业化的不成功的尝试，启示当下应让国有经济发挥重要作用而非主导作用，促进非国有经济的进一步发展，由此才能实现中国经济发展驱动力的切换。[1]

（四）经济史学学科

1. 经济史的地位

陈清等认为，谈之经济，似乎同历史毫无瓜葛，只与当下有关。而说起经济史，就经济学专业的大部分学生也存在"不知魏晋，无论秦汉"的"世外"之感——不知"食货"为何物，亦不明晰"货殖"之用途。反而对"ABC 理论"，某某之模型的认识和解析，兢兢业业，乐此不疲，广征近年数据，以从所引理论、模型之正当。[2]

2. 经济史研究的进展与不足

郑成林等认为，中国近代内债史研究是近十年来中国近现代史研究的一个重要领域。随着史料的整理与出版，一批颇具学术价值的论著如雨后春笋般涌现，研究视野也有较大拓展，并嵌入了新的理论与方法，尤其在公债思想、内债整理与偿还、内债承募机构、地方公债和内债与金融业等方面取得新进展。但也存在一些缺憾和问题，如论题稍显狭窄、量化研究仍然匮乏、分析框架较为单一，而且围绕一些重要问题未形成讨论与对话。因此，有必要进一步放宽视野、改进方法、拓展研究主题和系统发掘

---

[1] 田国强、陈旭东：《近现代中国的四次社会经济大变革：国企改革的镜鉴与反思》，载《探索与争鸣》2014 年第 6 期。

[2] 陈清、熊飞：《经济研究的历史倾向：由经济史研究说起》，载《新经济》2014 年第 19 期。

资料，以推进中国近代内债史的研究逐步走向繁荣。[1]

二、历史上的"三农"问题

(一) 农村的土地关系

王希岩认为，井田制是夏商周时期将土地划为方块田并定期进行分配的田制形式。它由天子、诸侯、卿大夫、士、村社成员多层次复合所有。在赋役制度上，夏行贡法，商贡助兼用，周行贡、助、彻。无论井田制还是贡、助、彻，都不是静止不变的，不但各自有制度变迁，相互之间还有制度关联。[2]

胡英泽认为，清代关中土地问题是学术研究的一个焦点。通过对拓展资料的研究表明，清代关中地权分配既有无地、少地户，也有占地十数亩、数十亩者，耕地面积数百亩者也屡有记载。占地数百亩者家户多采取租佃经营方式。无论是经商者还是非经商者，购买土地仍是投资的重要对象。对清代关中经济社会的理解，要综合考虑生态环境、政治、军事、水利、赋税制度等因素，这些因素影响了土地收益是否能够稳定、高额，进而形塑了关中地权的历史面貌。[3]

董佳认为，抗战时期以黑峪口村为代表的晋西北农村社会在中共领导下发生巨大变化，农民阶级的升降导致其村内土地的重新分配，继而引发的土地买卖和地权转移又使各村庄间的原有土地归属格局，出现以下结果：一是村庄内部的土地分配趋向分散和小型化，小农家庭经济发展迅速；二是各村土地开始向本村集中，原本混乱无序的村落土地关系和村界也由此变得逐渐清晰。[4]

---

[1] 郑成林，刘杰：《近十年来中国近代内债史研究的回顾与思考》，载《湖北大学学报（哲学社会科学版）》2014 年第 2 期。

[2] 王希岩：《井田制与贡、助、彻》，载《山东师范大学学报（人文社会科学版）》2014 年第 1 期。

[3] 胡英泽：《清代关中土地问题初探》，载《中国经济史研究》2014 年第 2 期。

[4] 董佳：《抗战时期边区农村的地权转移与乡村土地关系：以晋绥边区黑峪口村为中心的历史考察》，载《中国经济史研究》2014 年第 2 期。

(二) 农业问题

1. 世界历史中的中国农业文明

孟庆波认为，近代以前，中国一直以其农业文明辉煌于世界。早在中美两国产生直接接触之前，美国已经对中国农业有所了解；19世纪20年代中期以后，美国人对中国农业的认识逐渐丰富、清晰，美国的早期期刊也迎来了刊发有关中国农业文献的高峰。以目录学的方法整理这些期刊材料，可以从宏观的角度把握美国早期对中国农业研究的状况。①

2. 科学技术对农业发展的作用

邢千里认为，科学技术对农业发展具有巨大的推动作用，农业生产力的提高依赖于农业科技水平的提高。新中国成立以来，科学技术对农业生产的影响表现在：种子革命、化肥的使用、农药的使用和农作物栽培技术的改进等。为促进农业更好的发展，我们应遵循"趋利避害，转害为利"的原则，减少这种影响的负面作用。②

3. 农业发展的自然生产力

李银蟠认为，农业的自然再生产是生物因素和环境因素的统一，自然生产力主要表现为生物生产力和环境生产力的结合。生态环境对农业生产的作用是综合的，并带有强烈的地区性。环境作用和人的应对互动的结果，首先表现为不同地区不同民族的不同生计方式。有的自然力可以"无偿"获得，有的自然力可以成为特别高的自然生产率的基础，从而为农业生产提供低成本、高效益的发展途径。但自然生产率是不稳定的，单纯建立在优越自然条件基础上的自然生产率缺乏推动社会进步的稳固基础。劳动的自然生产率和社会生产率应当协调发展。③

---

① 孟庆波：《以目录学方法看美国早期期刊对中国农业的记述（1757～1842）》，载《社会经济史研究》2014年第2期。
② 邢千里：《新中国成立以来科学技术对农业生产的影响》，载《农业考古》2014年第1期。
③ 李银蟠：《自然生产力与农史研究（中篇）：农业中的自然生产力和自然生产率》，载《中国农史》2014年第3期。

4. 发展农业合作社的路径

任强在文章中系统梳理并归纳了合作社的五种发展路径,即:传统模式、国家主义模式、市场导向模式、法团主义模式、混合模式。这五种发展路径也基本上代表了合作社与政府关系的五种不同形态。在对上述五种关系模式分析的基础上,作者认为政府如果想成功推动合作社的发展,就必须在处理与合作社关系时把握以下三点:一是保证合作社的自愿性、独立性、自主性以及民主治理的内部结构;二是必须鼓励并促进合作社之间的合作,尤其是纵向的合作;三是建立于传统发展模式、市场导向模式、法团主义模式之上的"混合模式"是一种比较理想的合作社发展政策取向。①

(三) 农民问题

玉米播种与农民起义的关系。陈永伟等利用长期面板数据,对玉米被引入中国后,对明清农民起义发生率的影响进行了定量分析。结果显示,玉米播种时间和农民起义发生率存在"U"型关系:短期内,玉米的引种确实有助于降低气候灾害引发的农民起义的发生率,但这种效应是逐渐减弱的。到清朝中后期,玉米播种时间更久的地区甚至更易受水旱灾害危害,进而更易爆发农民起义。这说明了以玉米为代表的美洲作物的引种并未能让中国像欧洲国家那样摆脱"气候—治乱循环"。②

三、工业、企业史

刘杰认为,手工业是金代最基本的经济门类之一。1978 年以来,关于金代手工业的研究,我国学界已经取得了一定的成果,主要包括关于金代手工业的综合研究、具体的手工业部门研究、金代手工业的地区、生产管理研究。这些研究成果对于进一步研究金代手工业乃至金代经济具有积

---

① 任强:《政府角色与合作社发展:历史与比较的视野》,载《浙江学刊》2014 年第 3 期。
② 陈永伟、黄英伟、周羿:《"哥伦布大交换"终结了"气候—治乱循环"吗:对玉米在中国引种和农民起义发生率的一项历史考察》,载《经济学》2014 年第 2 期。

极的推动作用。①

杨永认为，基于近代化的需求，清末中国开始了铁路建设。但在资金筹集上来源的单一，资金管理上士绅化带来的混乱以及企业内部"官本位"的始终存在，最终导致铁路"商办"政策的失败，反映了清末时期政府经济职能和体制的存在问题，同时也体现了这一时期企业制度的特点。②

樊卫国认为，民国初年，棉纺业快速扩张及其内部结构失衡，导致20世纪二三十年代棉花、棉纱价格截然不同的市场走势，上海等地民族棉纺业深陷困境。为了帮助华商纱厂摆脱危机，行业组织——华商纱厂联合会殚精竭虑展开了包括行业自救和向政府求救等一系列组织化措施，但由于行业救市行为与企业经营行为之失序，总体成效不大。陷于市场困境的华商纱厂，根本性制约因素缘于"商人办厂"的经营习俗和农商社会粗放式管理模式。③

左世元认为，1927～1929年，国民党政权展开了"整理"汉冶萍公司的活动。目的是发展国家资本主义，增强自身统治的基础。在日本的干预和阻挠下，国民党政权无论是武汉政府还是南京政府均无法真正对汉冶萍公司进行接管整理。国民党政权丧失了将汉冶萍公司收归国有的一次良机，而汉冶萍公司则在政治和经济上进一步依靠日本，最终沦为日本的附庸。④

张忠民在对1954年上海私营工业企业的扩展公私合营进行系统梳理和考察的基础上，认为1954年私营工业企业扩展公私合营，是新中国成立后对私营工业企业进行的第一次大规模、成批量的私有企业制度变革，也是此后不久全国范围内全行业公私合营高潮的前奏。扩展公私合营最直接的结果是公私合营工业企业在工业中比重的大大上升，并且显示出了中国共产党领导下，私营工业企业向公私合营企业转化不可逆转的历史趋势。⑤

董志凯认为，新中国成立之初，毛泽东及其战友就十分清楚：中国取得核心竞争力的基础是独立自主的国民经济体系。毛泽东领导下的中国共

---

① 刘杰：《改革开放以来的金代手工业研究》，载《东北史地》2014年第1期。
② 杨永：《从近代企业制度的角度观清末铁路"商办"政策的失利：以商办川汉铁路公司为例》，载《唐山师范学院学报》2014年第3期。
③ 樊卫国：《市场歧变、行业困厄与企业习俗：论20世纪二三十年代市场危机中的华商棉纺业》，载《社会科学》2014年第5期。
④ 左世元：《汉冶萍公司与国民党政权之关系：以1927-1929年整理汉冶萍公司案为中心》，载《江汉学术》2014年第2期。
⑤ 张忠民：《1954年上海私营工业企业的扩展"公私合营"》，载《中国经济史研究》2014年第3期。

产党以高超的政治军事韬略维护了中国的独立与统一,使中国自立于世界民族之林,从而为中国经济发展、工业化建设赢得了机遇。初步建立起独立完整的工业体系和国民经济体系,是毛泽东及其领导下的党和国家在经济领域耕耘成果的集中体现。①

四、商业、对外贸易史

(一) 商业史

1. 商会的作用

刘本森认为,威海卫商埠商会成立于 1916 年,该商会在英国的殖民下成立和发展,商会领导李翼之、谷铭训等人带领商会整顿商务、福商利贾,倡行公益、服务地方,参与政治、影响社会。威海卫商埠商会在成长中与殖民政府进行合作与抗争,体现了近代中国商人在自身、社会、国家利益面前的抉择。而威海卫商埠商会作为一个存在于英国租借地内的近代商业组织,既有其作为近代商业组织的普遍性特征,又有其地处殖民租借地的特殊性。②

彭南生认为,1921 年上海商界总联合会分裂为以陈则民为代表的旧总会和以赵南公为中心的新总会,始则肇端于国民大会问题上的争执,继则加深于江苏省议会选举上的舞弊。政见的分歧是双方对立的基本原因,权力争夺是彼此角力的关键因素,商界内部的派系矛盾则是新、旧两总会摊牌的重要推手,在政争、权争与派系之争的背后,既掺杂着宁波帮与非宁波帮之间复杂的地缘因素,也存在着内部制度设计不合理、商联会成员社会成分复杂等组织缺陷。透过这一个案,不仅可以观察到商人团体参与政治的深度及其所受到的冲击,更能透视外部政治力量对商人团体的渗透

---

① 董志凯:《毛泽东与新中国独立完整工业体系的建立及中国的现代化》,载《马克思主义研究》2014 年第 8 期。
② 刘本森:《近代殖民租借地商业组织的典型个案:以威海卫的商埠商会(1916~1930)为例》,载《江汉学术》2014 年第 3 期。

及其所带来的影响。①

2. 商会组织特征

马德坤认为,民国时期,济南同业公会以发展时段而论,组织机构经历了会董制、委员制、会长制和理事制等几种形态。根据国民政府的法令,逐渐形成了入会、经费管理、选举、任期、议事和调控等比较完备的组织管理制度。但由于受经济发展及政治环境等因素的影响,济南同业公会在实际运作中还暴露出诸多弊端。②

3. 商会法对商会发展的作用

朱英认为,20 世纪 20 年代中后期,随着国民党推行的商民运动逐步兴起与扩展,商会开始遭遇前所未有的生存危机。修订商会法以确保自身存在与发展的合法性,成为许多商会的强烈诉求。国民党起初采取的策略模棱两可,但在建立南京国民政府之后,从"革命的破坏"进入"革命的建设"新阶段,对商会性质与作用的认识也有所改变,最终于 1929 年 8 月颁行新商会法,商会随之安全渡过政治危机而得以继续合法存在。③

4. 徽商的文化自觉及其价值

王世华认为,所谓文化自觉,是指对某一事物所具有的清醒的理性认识,表现出一定的先进性,并且能够付诸实践。徽商是一个有文化自觉的商帮,表现在如下几点:一是敢于冲破传统的四民观,毅然走上经商之路。二是能够树立正确的义利观,自觉坚持商业道德。三是自觉投身到各种文化事业中,对收藏、刻书、戏剧、书法、医学、教育都倾注了极大的热情,这是对文化的一种敬畏及对文化传承的责任担当。四是秉承正确的财富观,勇于社会担当。五是不少徽商认清形势,自觉实现转型。徽商之所以有这种文化自觉,是因为徽商"贾而好儒",有文化、有信仰。有文化就富于理性,能够正确处理各种问题;有信仰,才能有敬畏,才能自觉地去践行。文化和信仰,两者具备,才能升华为文化自觉。④

---

① 彭南生:《政争、权争与派系之争:上海商总联会分裂原因初探》,载《史学月刊》2014 年第 8 期。
② 马德坤:《论民国同业公会的组织制度与运作机制:以济南为考察中心》,载《兰州学刊》2014 年第 3 期。
③ 朱英:《二十世纪二十年代商会法的修订及其影响》,载《历史研究》2014 年第 2 期。
④ 王世华:《论徽商的文化自觉》,载《北京联合大学学报(人文社会科学版)》2014 年第 1 期。

（二） 对外贸易史

1. 中国的贸易制度与政策

（1）清朝海外贸易法令的实质。何燕认为，清朝为与外国进行海外贸易，制定了相关的海外贸易法令及实施细则。这些外贸法令的出台，看似是规范边贸活动，实际上是统治者为了防止因贸易大增而出现对其统治不利的现象。外贸法令的实质是限制、禁止双边贸易交流。①

（2）对明朝海上贸易政策的二元现象进行解释。陈燕等认为，从航海技术、生产力发展水平以及海岸线等条件看，明代时期的中国发展海洋自由贸易的条件相较于同时期的欧洲更为优越，然而中国却在对外实行二元贸易政策情况下，逐渐从开放走向封闭。②

（3）近代中国对外贸易制度对华茶出口的影响。张跃等研究发现，在中外茶叶贸易中，具有市场优势地位的洋行与茶栈等中间商共同主导构建了近代华茶对外贸易制度。该制度保障了中间商对贸易的垄断和利益的实现，却阻碍了近代华茶贸易及茶业的发展。由于近代中国社会和政府无力对此贸易制度进行相应变革，致使近代华茶贸易转型与茶业发展更加困难。针对这些问题的研究与反思，对当前中国的改革和制度建设具有借鉴意义。③

（4）中日的"闭关锁国"政策比较。张晓刚等认为，17～18世纪之交，中国和日本相继进入封建社会的最后发展阶段，中日两国社会体制虽存在较大差异，但在对外关系方面却不约而同地实行"闭关锁国"政策。然而，锁国并非意味着与外部世界的彻底隔绝，如将其与东亚国际贸易相联系来考察，则毋宁称之为国家政治权利控制下的有限对外开放暨广州、长崎"一口通商"之贸易形态。通过比较可以看出，作为两港口核心贸易输出品的生丝及白银为亚洲贸易的良好运转提供了重要保障。但是，由于两国国内社会经济发展水平及"锁国体制"对两个港口影响力度的不同，在近代东亚转型期来临的前夜，两座港口对各自国家社会变迁所起到的作

---
① 何燕：《清朝海外贸易法令对社会经济的影响》，载《兰台世界》2014年第5期。
② 陈燕、余熙明：《明代中国海外贸易政策的二元性及其原因探析》，载《经济科学》2014年第2期。
③ 张跃、董烈刚、陈红兵：《中间商与近代中国对外贸易制度：以近代华茶对外贸易为例》，载《财经研究》2014年第7期。

用却大不相同，也对后来中日两国的早期现代化发展进程产生了迥异的影响。①

2. 丝绸之路的变迁

郭卫东认为，绵延千年丝绸之路的停歇是中外交通史上的重大事件，除了国际情势的变迁以外，棉花的普及以及对丝绸形成替代作用也是丝路衰绝的内在原因。好在中国茶叶转成国际市场上的俏货，丝绸之路变换成"茶叶世纪"。丝绸与茶叶及棉花的替代是古代与近代国际贸易商品转换的典型表征，对中国与世界的影响是巨大的。②

3. 华商与洋商关系的变迁

张国义认为，在中国近代对外贸易中，华商与洋商的关系在不同时期随着政治、经济、科技条件的变化而有所改变：19世纪四五十年代，由于华、洋商人各具优势，对外贸易需合作完成，双方由相互"依附"而达成"共生关系"；六七十年代，条约体制确立，贸易范围扩大，华商参股洋商企业，洋商更注意对中国国内贸易施加影响，双方在"合作"中有竞争；八九十年代，"商战"观念的传播及贸易方式的变革，推动华、洋商之间关系向"市场竞争关系"转变。③

五、财政、金融史

（一）财政史

1. 中央集权型的财政体制

王文素等认为，夏商与西周的政体形态属于原始联邦制，其财政体制属于原始分权型财政体制，政体形态和财政体制相匹配。春秋战国时期各

---

① 张晓刚、刘钦：《锁国时期中日两国对外贸易中输出品结构考察：以广州与长崎为对象》，载《社会科学》2014年第2期。

② 郭卫东：《丝绸、茶叶、棉花：中国外贸产品的历史性易代：兼论丝绸之路衰落与变迁的内在原因》，载《北京大学学报（哲学社会科学版）》2014年第4期。

③ 张国义：《中国近代对外贸易中华商与洋商关系之辨析》，载《上海对外经贸大学学报》2014年第1期。

诸侯国内部的改革确立了由分封制演变为封建制的政体形态,逐步建立了中央集权型的财政体制。诸侯国内部政体形态变化和财政体制的变迁,最终推动了全国范围内的政体形态变化——秦王朝的建立则标志着中央集权型封建专制政体和财政集权体制在全国的建立。先秦历代的政体形态变化和财政体制变革表现出较强的匹配性、同步性和法定性,它给我国当前财政体制改革提供了很多有益的启示。①

2. 税收体制

胡铁球认为,明清时,许多税关设有保家、铺户等来"保收税银"或"保承钱粮",形成了法定的中间代纳制度,属经制关役。从过关商人视角去看,保家等中间组织在为商人提供住宿、兑换、贸易、运输、搬运、贮存等各类服务的同时,还代理商人办理过关手续并交纳关税;从管理税关的衙门视角来看,保家等中间组织具有代理税关开写报单、递报数目、丈量、稽查、估税、保收税银、总收各类费用等职能,甚至税关的公私费用皆取之于他们,是政府极为倚重的力量。可以说,明清时期这些中间组织成为税关运转的中轴。②

李光伟认为,光绪年间,面对清中期以来日益严重的积欠与亏空问题,清廷将民间慈善机构行之有效、成熟完善的财务公开机制——征信录模式引入赋税征缴领域,制定并推行钱粮征信册制度,以革除官吏中饱,增加财政收入。钱粮征信册在举办的十余年间,遭遇了成本虚耗、技术落后、工匠短缺、造册滋弊、民众知识文化水平低、田赋管理混乱、官僚敷衍因循等诸多因素的阻滞,以失败告终,这表明清廷已无法通过制度创新剔除钱粮经征积弊。③

(二) 金融史

1. 金融组织

(1) 银号的运作。左海军认为,民国时期,天津银号的资本规模经历

---

① 王文素、梁长来:《我国先秦政体形态变化与分权财政体制变迁》,载《经济研究参考》2014年第4期。
② 胡铁球:《明清关税中间代理制度研究》,载《社会科学》2014年第9期。
③ 李光伟:《晚清赋税征缴征信系统的建设》,载《历史研究》2014年第4期。

了长期的缓慢增长过程,无论是平均资本规模,还是资本增长速率,乃至增资的积极性都落后于上海。与华资银行相比较,无论是单个银号资本还是天津银号的总资本额,都明显小于银行。但是银号通过股东无限责任、市面拆借以及迟期支付等特殊资金运作机制,弥补了银号资金较小带来的缺陷。特殊的融资方式保障了银号可以依靠较少的资本,形成较大的资力。相对于银行,银号即使资本"狭小",在社会经济运行中仍具有较好的社会融资能力。①

(2) 票号的运作。燕红忠认为,山西票号的创立和发展是中国传统金融发展过程中的一个重大创新,代表了中国金融体系的自主发展和演进路径。由于官商关系、公共信用和财产权利的不同,山西票号的"官商结合"模式并没有形成一个新的稳态均衡和有效制度安排,进而未能促进公共金融和新式金融体制的建立,其近代化转变的尝试也没能取得成功。研究表明,公共信用、政府职能的转变和政府参与金融市场的方式不仅决定了金融体制的变革和转型,也是现代金融市场良好运行的基础和保障。②

2. 货币发行

张燚明认为,过往的研究者对于中共根据地边币的考察往往局限在以中共角度切入,忽视了国民政府的反应与对策。仅就晋察冀边币来看,国民政府在1939年5月至1940年7月间,先后推出3套解决方案。但由于国民政府对中共边币研究不足,了解不够,导致其所制订的对策多停留在纸面而难以在形势错综复杂的抗战前线付诸实施,加之其工作效率亦极为拖沓,造成了以上解决方案在残酷的货币斗争中——破产。③

3. 金融产品

(1) 宋代香料充当金融工具。彭波等认为,宋代长期的战争状态导致了政府财政的高度紧张,迫使宋代发展出一种比较发达和复杂的金融体系。在当时的特定条件下,进口香料为政府提供了重要的财政支持,成为国家所依赖的重要金融工具,既可以变卖成现钱,也可以直接用于对内对

---

① 左海军:《民国时期天津银号资本与资力的再估计》,载《中国经济史研究》2014年第2期。
② 燕红忠:《从山西票号看传统金融的近代化转变:基于与英格兰银行发展路径的比较视角》,载《财经研究》2014年第8期。
③ 张燚明:《抗战时期国民政府对中央晋察冀边币的应对与处理》,载《抗日战争研究》2014年第2期。

外支付，还可以充当政府经营的资本，并充当国家信用的保证，甚至于发展到在其价值的基础上发行信用凭证充当流通手段。因此，香料在中国宋代具有比较强烈的货币性质。①

（2）股票的地位。云妍认为，对 1920 年盛宣怀遗产清理结果的研究发现，至少在盛宣怀晚年，有相当一部分资产置于城市特别是上海租界的地产业，招商局与汉冶萍公司等企业的股票也占据了相当份额，这反映了时代与社会变迁已经渗入到私人资本领域。同时，对盛家遗产分配的结果进行再研究，发现盛家子孙分得的多是房产，而大部分股票则划给了作为盛氏公产的"愚斋义庄"，似乎说明城市地产具有更高的投资吸引力。②

（3）高利贷。龙登高等认为，从高利贷观念历史演变的角度，反思其道德与法律的迷雾，解释其金融与经济逻辑，这样的研究具有特殊学术价值。高利贷之所以广受诟病，一方面起因于消费型借贷下的穷人困境，而后来逐渐增多的投资型借贷则相对容易被接受；另一方面，原始形态的借贷多发生于熟人亲友之间，人格化交易受到强烈的道德抨击，而不特定群体之间的高利借贷则突破了道德谴责而逐渐扩展，以利息和抵押为约束纽带的市场机制形成，并为社会所认可。对高利贷的道德抨击、宗教与法律禁令从来都是适得其反，政府也不可能提供有效的替代产品。高利贷以残酷竞争的途径，使稀缺资本配置到具有生命力的个体与企业，实现优胜劣汰。③

4. 金融监管

（1）金融监管的历史转型。易棉阳认为，近代中国前后出现了两种金融监管制度，即北京政府时期的市场化监管制度和南京政府时期的行政化监管制度。在市场化监管制度模式下，因政府监管的缺位，中国金融业出现大发展与大混乱并存的局面，这种局面导致了高昂的交易费用，阻碍了金融业的健康发展。南京国民政府上台以后，通过强制性制度变迁确立了行政化监管制度，在行政化监管制度模式下，政府取代市场主体成为金融监管的主体，政府法令取代同业法规成为金融监管的主要依

---

① 彭波、陈争平、熊金武：《论宋代香料的货币性质》，载《中国经济史研究》2014 年第 2 期。

② 云妍：《盛宣怀家产及其结构：基于 1920 年盛氏遗产清理结果的分析》，载《近代史研究》2014 年第 4 期。

③ 龙登高、潘庆中、林展：《高利贷的前世今生》，载《思想战线》2014 年第 4 期。

据，政府的介入降低了交易费用，使中国金融业在抗战爆发前结束了长期混乱的格局。①

（2）信用管理。孙建国认为，中国近代债信缺失条件下，建立一种信用评价和信用管理机制显得尤为重要。虽然民国政府维护"债信"很大程度上是基于持续发行公债的角度考虑，但其维护债信的措施对于中国近代债信维护机制的建立与完善还是具有一定的积极意义。②

5. 金融体制

（1）金融体制的历史转型。丁骋骋认为，近代以来，对应三次改革开放带来的巨大社会变革，我国金融业也经历三次转型与大发展：1865～1895 的 30 年为传统金融向现代金融的转型；1897～1927 年的 30 年为外来金融向本土金融的转型；新中国改革开放以来的 30 年为动员金融向配置金融的转型。三次转型都有其深刻的思想基础与理论背景，由于所处时代特殊的政治背景与社会环境，转型过程中分别由外国势力、国内民间力量及政府三个不同主体占据主导地位，由此导致每一种金融形态的主体功能完全不同。③

（2）金融革命。杨德平等认为，金融革命对工业革命具有重要意义，英、法、德等国早期的金融革命都曾促进了工业革命的形成。在中国，因为工业比较利益未充分显现，以及金融剩余虽然存在但被购置土地或进行奢侈性消费等渠道"消耗"，导致中国传统农贷制度不可能实现农村金融与城市金融的二元分野及那个历史环节所需要的"金融革命"，从而也无法承担由农村向城市、由农业向工业转移金融剩余的功能，限制了中国传统一元经济向二元经济的突破。④

6. 货币政策

霍晓荣认为，嘉庆道光年间，银钱比价由原来的银贱钱贵转为银贵钱

---

① 易棉阳：《近代中国两种金融监管制度的比较：基于交易费用视角的研究》，载《财经研究》2014 年第 1 期。
② 孙建国：《论近代债信缺失与民国政府债信维护》，载《中国经济史研究》2014 年第 3 期。
③ 丁骋骋：《百年中国金融：转型与发展：近代以来我国金融业三次转型的政治经济学分析》，载《经济学家》2014 年第 1 期。
④ 杨德平、鲍国良、张俊岩：《金融新视角求解"李约瑟之谜"初探》，载《经济问题》2014 年第 2 期。

贱，学者们对这种转变的原因众说纷纭。他利用数据对银贵钱贱的原因进行了实证分析，结果显示在众多因素中，只有人口对银钱比价存在显著影响，即人口的迅速增加是银贵钱贱的主要原因。针对银贵钱贱，政府采取的货币政策主要是减铸铜钱、禁银出洋和禁止鸦片进口。①

六、生态环境与灾害救济史

（一）生态环境史

1. 生态脆弱地区的环保

滕海建认为，在燕北西辽河流域这个干旱半干旱的生态环境脆弱地区，如果无视自然环境的特点，大面积高强度发展农业则会加重土地的载荷，导致环境退化乃至生态危机。燕北西辽河地区日益加剧的沙化趋势及其他生态环境问题，均与过密的农业耕作有关联。夏家店下层文化时期、辽代、清代以来本区发生的过度农业垦殖导致生态环境的恶化就是典型例证。历史教训是：对于燕北西辽河流域这样的生态脆弱地区，经济活动方式的选择尤须慎重。②

2. 环境治理方式

罗晓翔认为，明清时期，随着城市人口增长与经济发展，南京内河水环境不断恶化，秦淮河河道淤塞与水质污染日趋严重。这一现象在江南城镇中具有普遍性。城河事务体现出较强的官办性质，这既折射出南京独特的政治地位，也反映了地方行政格局的调整及财政制度的沿革。但由于治理方式的局限，历次治水工程皆无法取得长效，也不能遏止水环境恶化的趋势。③

---

① 霍晓荣：《嘉庆道光年间的银贵钱贱与政府的货币政策》，载《北京社会科学》2014年第1期。
② 滕海建：《论燕北西辽河地区的经济形态与地理环境的互动关系：从环境史角度考察》，载《郑州大学学报（哲学社会科学版）》2014年第5期。
③ 罗晓翔：《明清南京内河水环境及其治理》，载《历史研究》2014年第4期。

(二) 灾害救济史

蒋积伟认为，救灾方针关系到救灾工作的发展方向、根本途径和基本方法。新中国成立以来，中国政府在不同时期制定了不同的救灾方针。从其基本脉络来看，救灾方针不断向科学化的方向发展，新救灾方针体现了一种官民有序互动、科学分工、以人为本的现代救灾理念。但总体来看，在新的方针指导下，救灾社会化的问题尚有待进一步探索。[①]

梁芷铭认为，从农业灾害的预防、治理措施、灾害救荒三个方面分析总结了先秦秦汉时期的农业政策减灾思想，揭示出这一时期的农业政策减灾思想处于革故鼎新、承前启后的重要历史时期。为我国当今社会的减灾救荒活动提供了有益借鉴。[②]

赵宇恒认为，小农经济是中国古代封建社会的发展根本，但受到气象、水文等自然环境的强烈约束。传统的重民思想和维护国家长治久安的需求，使得历代政府都极为重视赈灾，具体措施包括赈粮、赈款、平粜、工赈等。在建立模型、分析赈灾措施的经济学含义和影响、评价其经济绩效之基础上，比较分析了刘晏赈灾主张的优势及启发。[③]

[①] 蒋积伟：《新中国救灾方针演变考析》，载《当代中国史研究》2014年第2期。
[②] 梁芷铭：《先秦秦汉农业政策减灾思想研究》，载《农业考古》2014年第4期。
[③] 赵宇恒：《中国古代赈灾措施及其影响的经济学分析：以刘晏和前朝各项措施的经济学效益为切入点》，载《三峡论坛：三峡文学·理论版》2014年第3期。

分报告二：

2014 年中国经济学前十大热点研究新进展

第十一章 经济增长与发展问题研究新进展

发展是执政党的第一要务，是实现"中国梦"的必然要求，因而必须坚持以经济建设为中心。在这样的大背景下，经济增长与发展近些年来始终是经济学界关注的头号问题。2014年学者们又将这一问题的研究引向深入，取得了新的进展。

一、中国经济增长与发展的新特征

2010年第1季度至2014年第4季度，我国经济经历了连续20个季度的减速期。至2014年GDP增速已降至7.4%，这是自1998年亚洲金融危机爆发以来的最低点。种种迹象表明，中国经济发展进入"新常态"。学者们通过横向与纵向对比，总结了"新常态"下经济增长与发展的基本特征。

（一）经济增速换挡主要肇始于内因

中国正在经历经济增速换挡，虽然7.4%的绝对增速令发达经济体望尘莫及，但增速的回落速度有过之而无不及。实际上，这也是1998年亚洲金融危机以来，我国经济增速的第三次回落。第一次是肇始于1997年的亚洲金融危机，第二次是2008年全球金融危机。与前两次相比，本轮经济下滑是在外部环境没有明显变化的情况下发生的，因此只能归结为内因。一种可能的原因在于，我国当前潜在增速回落属于后发国家追赶进程中的阶段转换而不是追赶周期的结束。我国的后发优势并未终结，只是内容和结构发生变化，压缩式增长的条件和潜力依然存在。当前的阶段转换是从数量扩张型高增长转向质量提升型中高速增长。① 我国经济增长的驱动力正在发生两个关键变化：一方面，经济增长从同时依靠要素投入和全要素生产率增长转向更多地依靠全要素生产率的增长；另一方面，全要素生产率增长的主导形式发生变化，由主要依靠资源要素从闲置状态或低效部门向高效部门的转移，逐步转变为更多依靠行业内部企业之间或不同技术产能之间优胜劣汰。

本轮经济增速放缓的本质原因还是在于，由之前的由速度换质量的经济增长方式向更注重质量和结构优化的经济发展模式的转型。这样的转型对经济增速带来的冲击，与以往相比，可能将会持续更长的时间。多数学者均认为，我国不太可能在短期内重回之前两位数的高经济增速时代。但如果能够保持定力，通过适当的微刺激来坚守保增长的底线，同时大力推动改革，我国到2020年仍有希望顺利实现既定的国民经济增长目标。

（二）换挡期经济增长与发展的新特征

2014年是大改革与大调整拉开序幕的一年，也是中国宏观经济沿"新常态"轨迹持续发展的一年。② GDP增速逐季回落而物价水平却相对稳定，就业没有出现恶化；贸易顺差大幅回落，但非贸易品和服务业却依然保持相对强劲的发展势头；经济景气下滑过程中，劳动力成本却在"民工荒"中保持较高增速；微观领域持续出现"融资难""贷款难"和"融资期限错配"等问题的同时，金融宏观领域的流动性却在持续攀升，金融机构的财务绩效保持高位增长。2014年中国宏观经济出现的这几大典型事实说明，中国经济运行进入了与以往不同的新的轨迹。③

这种新轨迹首先表现在对经济增长与发展结果的诉求点发生了切换，从盲目追求速度，转向多维度的质量提升，如要素质量、过程的把控、环境质量等。④ 质量可视为经济增长的可行能力的提升，它与速度之间存在一定的矛盾，在一定范围内不可兼得。有研究发现它们之间存在倒"U"型关

---

① 张军扩：《增长阶段转换的成因、挑战和对策》，载《管理世界》2014年第12期。
② 中国人民大学宏观经济分析与预测课题组：《2014~2015年中国宏观经济分析与预测》，载《经济理论与经济管理》2015年第3期。
③ 刘元春：《2014年中国宏观经济形势分析》，载《经济学动态》2014年第11期。
④ 朱方明、贺立龙：《经济增长质量：一个新的诠释及中国现实考量》，载《马克思主义研究》2014年第1期。

系，越过一定临界点后再追求速度就会偏离发展的根本目标。① 1978～2010年，我国经济结构失衡水平先降后升，产业结构、投资消费结构、区域经济结构、国际收支结构不断恶化，就说明了这一点。②

雾霾等环境问题使人们对经济增长的价值产生了怀疑，环境追求被提高到一个新的高度。李晓西等借鉴人类发展指数构建了"人类绿色发展指数"，测算了包括中国在内123个国家的绿色发展指数。结果显示，虽然中国已远远超过了联合国指定的千年发展目标，但如何提高资源的利用效率，仍需要付出艰巨的努力。目前中国排名第86位，还处于浅绿色发展水平阶段，可以说绿色发展任重而道远。③

简而言之，新常态下经济增速从过去的两位数高速调为中高速，而经济发展的质量成为新的关注点，短期速度与长期续航能力的取舍、总量与结构的均衡、人与环境的协调等，为经济增长与发展注入了新的内涵。这种转变并不是一朝一夕就能实现的，需要从战略维度提供新的支撑，如结构平衡与创新驱动战略、区间调控与民生战略。④

2014年人们对中国经济增长与发展追求的描述打上了深深的中国烙印，如"中国梦"一次被学术界频频引用。官方对于"中国梦"这一概念的认可始于2012年年底，它已不仅仅是一个热门词汇，更是承载和表达了政党和国家的愿景。国家富强、民族振兴、人民幸福是中国梦的三大维度，而国家能力尤其是经济能力是实现包括这三大维度的中国梦的根本保证。理论界较多的解读是"民族复兴中国梦"，这无疑是正确的。但如果将其置于马克思"资本内在否定性"的发展坐标，对整个经济、社会和人的发展做历史的考察，就会发现，"人民幸福"才是中国梦的最终目标。⑤"中国梦"涉及诸多领域，但从根本上讲，只有实现经济的伟大复兴，各种梦想才有可能实现。⑥

当然，除了像"中国梦"这样寄托了人们美好憧憬的经济发展愿景外，也有不少学者对换挡期中国经济增长与发展的后果表示担忧，如中等

---

① 叶初升、李慧：《以发展看经济增长质量：概念、测度方法与实证分析》，载《经济理论与经济管理》2014第12期。
② 刘燕妮、安立仁、金田林：《经济结构失衡背景下的中国经济增长质量》，载《数量经济技术经济研究》2014年第2期。
③ 李晓西、刘一萌、宋涛：《人类绿色发展指数的测算》，载《中国社会科学》2014年第6期。
④ 洪银兴：《论中高速增长新常态及其支撑常态》，载《经济学动态》2014年第11期。
⑤ 沈斐：《中国梦的经济学诠释》，载《马克思主义研究》2014年第3期。
⑥ 谢地，谢斯儒：《中国梦的经济学解析》，载《经济学家》2014年第1期。

收入陷阱问题,这是多年来经济结构演变与要素禀赋变化的累积结果,①要避免它,只能依靠创新驱动来重塑经济增长模式,比如,通过工业制造2025规划摆脱制造业对人的要素的粗放型依赖。

二、中国经济增长与发展的驱动力

一直以来,中国学者对经济增长与发展问题的研究都可以纳入到古典增长理论、新古典增长理论、新增长理论、新制度经济学、结构主义理论等主要流派的研究框架。当然,这并不是说没有任何创新,2014年的最大改变就在于融入了更多中国元素的分析视角。

(一) 古典范式下的"马克思趋势"

经济增长理论有两大传统,一是古典传统,源于斯密、李嘉图、马克思、凯恩斯的分支。二是新古典传统,源于马歇尔、索洛的某些开创性研究。最近十余年古典理论所衍生的一种基于古典—马克思传统的经济分析框架得到了极大地发展和相当程度的应用。李海明运用这一模型对1978~2012年中国的数据进行了验证,结果发现,中国经济存在劳动生产率提高和资本生产率下降的"马克思有偏技术进步",这意味着,中国经济在固定工资份额的假设下,遇到了实际工资率上升、长期利润率下降的"马克思趋势"。②

(二) 新古典框架下的稳态增长及其偏离

新古典理论从资本、劳动和全要素生产率的角度对经济增长的源泉进行了剖析,并提出稳态增长的概念。在技术外生的假设下,它取决于劳动人口、资本总量与经济增速的协调,此时人均产出增速与人均资本持平,这样的最佳状态很难达到,被称为"刀锋山的舞蹈"。如果只单纯依赖投

---

① 陆旸,蔡昉:《人口结构变化对潜在增长率的影响:中国和日本的比较》,载《世界经济》2014年第1期。

② 李海明:《一个古典—马克思经济增长模型的中国经验》,载《经济研究》2014年第11期。

第十一章　经济增长与发展问题研究新进展

资而没有技术进步，在人口增长的条件下，经济将趋于零增长。

对照中国的实践，一直以来，都是投资驱动增长的。而世界经验表明，通过高投资来拉动经济，不仅会导致结构失衡的后果，也不具有可持续性，但是我国在经历了近 20 年的经济高速增长后，整体形势尚可，因此，王秋石等认为，我国的投资率可能被严重高估，它也没有引起严重的结构扭曲问题，未来投资仍是中国经济增长的重要驱动力。[①]进一步，按投资主体不同，可以将投资分为国有部门投资和个体私营部门投资，这两个部门在资本边际产出、要素收入分配机制等方面存在差异，因此，两部门投资比例的变化将通过影响资本积累与消费的方式来影响经济增长的均衡特征。鉴于此，战明华等将反映中国现实的部门投资异质性这一因素作为新的约束条件引入新古典框架下的拉姆齐－卡斯－库普曼斯模型，认为民营部门投资占比提高是促使中国走出低水平均衡的重要原因。[②]

在投资中固定资产投资是一个重要组成部分，一般认为，它与经济增长的联系非常密切，但在我国，由于国有经济在国民经济中的比重依然很高，国有部门的固定资产投资占比过大，而后者的经济动机并不强，因此弱化了两个周期之间的关联程度。[③]

与投资、储蓄密切相关的一个问题是投资转化效率。基于索洛的新古典经济增长模型和菲尔普斯的"黄金率水平"的研究表明，我国的实际储蓄率长期以来高于最优储蓄率，且幅度较大，而理想的最优储蓄率的波动要小于最优储蓄率的波动，与实际储蓄率也更为接近，出现这一现象的可能原因在于，我国实际经济增长速度要远大于预期增长速度，而投资是和实际经济增长相对应的，因此，理想的最优储蓄率较高[④]。张勋则对总储蓄率做了进一步的分解，并区分为城市居民、农民工和农民三大群体，结果发现，源于社会保障水平等的差异，农民工的边际储蓄倾向要比农民和城镇居民高。在农业劳动力向非农部门转移的进程中，其高储蓄行为也推动了家户储蓄率和国民储蓄率的上升。[⑤]

---

① 王秋石：《中国投资率真的这么高吗》，载《经济学家》2014 年第 8 期。
② 战明华：《部门投资异质性与中国经济增长的多重均衡》，载《财经研究》2014 年第 3 期。
③ 李祥发、冯宗宪，《房地产周期、固定资产投资周期与经济周期的关联性》，载《经济理论与经济管理》2014 年第 4 期。
④ 范祚军、常雅丽、黄立群：《国际视野下最优储蓄率及其影响因素测度》，载《经济研究》2014 年第 9 期。
⑤ 张勋、刘晓、樊纲：《农业劳动力转移与家户储蓄率上升》，载《经济研究》2014 年第 4 期。

在新古典模型中，资本与人口是硬币的两面。比如，按拓展的索洛模型，人口结构可以部分地解释中国经济增长之谜。研究表明，包括人口年龄结构、性别结构等在内的人口结构指标能够解释中国经济增长的18%。少儿抚养比对经济增长具有显著的负向效应，而老年抚养比与经济增长呈倒"U"型关系，拐点将在2034年前后出现。①

（三）新增长理论与创新驱动力

新古典理论的一个重大缺陷就在于技术外生性假设，于是就产生了巴罗所指出的"它能解释一切，却独独不能解释长期增长"的问题。后来的卢卡斯对这一问题进行了很好的补充。他将人力资本的概念引入增长理论中，使技术进步内生化，并对技术进步的实现机制进行路径分析，从而搭建了新增长理论的雏形，并逐渐成为西方经济学的一个主流分支。

作为发展中国家，我国技术进步的实现形式有外向模仿引进和自主研究开发两种方式。基于产品差异、厂商垄断和规模报酬递增的两国模型，选择"吸收主动技术溢出—吸收被动技术溢出—自主研发"的赶超路径是可行的。但这一过程并非一帆风顺，后发国家既可能因吸纳溢出效应而实现经济赶超，也可能因依赖过度而陷入模仿陷阱，并出现发展的停滞，其根本还是在于能否从一味地对外模仿转向消化吸收后的自主研发。模仿纵使可以使后发国家达到中等收入，但要再实现飞跃难上加难。②

类似地，很多研究者发现，作为一个泱泱大国，中国不太可能通过技术贸易的形式实现技术上反超。③ 技术反超根本还是在于自己，要苦练内功，实现自主创新，这与教育和研发投入密不可分。有人在内生增长理论的框架下，构建了兼顾技术模仿、自主创新和教育投入的增长模型，结果发现，高等教育能够通过推动自主创新以促进经济增长，而随着水平创新的提高，这一效应进一步增强。相应的，中等教育则通过促进技术模仿推动经济增长，同时随着垂直创新的提高，这一效应也将进一步放大。需注意的是，这两类增长机制并不相容，而是存在一定的挤出效应，因此在不同的阶段需要不同的教育政策来配合，才能更有效地推动适合于本国的技

---

① 刘铠豪、刘渝琳：《破解中国经济增长之谜》，载《经济科学》2014年第3期。
② 魏枫：《技术进步视角下经济赶超与停滞的原因研究》，载《经济学家》2014年第3期。
③ 苏志庆、陈银娥：《知识贸易、技术进步与经济增长》，载《经济学家》2014年第8期。

术创新策略,并驱动经济增长。①

另一些研究专门考察了人力资本的作用。郭晗等通过构建一个结构时变弹性的生产函数,将资本结构、劳动结构和人力资本结构纳入增长框架,运用1997~2012年的省级面板数据估计了这一时期的要素弹性动态特征后发现,近年来我国潜在增长率的下降,主要是由资本存量增速下降所导致的,但人力资本结构升级减缓了这一趋势。②

(四) 新制度经济学与改革红利

与古典和新古典理论不同,新制度经济学认为,资本存量的增加只是经济增长的结果,而不是原因,制度才是经济增长的关键,只要制度供给有效,同样可以实现经济绩效的提升。从静态维度,制度决定了交易成本;从动态维度,制度决定了激励结构。一个经济体之所以能够保持增长,根本上还是制度鼓励了增长。随着新一届政府提出全面深化改革,用改革红利撬动经济增长后,制度创新及其在经济增长中的作用,重新引起了人们的重视。

严成樑利用1997~2009年省级面板数据发现,市场化对经济波动有抑制作用,市场化水平越高,居民消费和企业投资的增长越稳定。③ 市场化水平通过政府与市场的关系、非国有经济的发展、产品市场的发育程度等方面对经济发展产生影响。但是这种影响的程度并非一成不变的,一般认为,目前我国体制变革的弹性正在不断弱化,原有体制变革方式的边际收益正在递减,体制变革已进入"深水区",只有敢于进入"深水区",尝试新的模式,并加大变革的力度,中国才有可能再一次享受到"改革红利"。④

新制度经济学侧重于讨论具体制度安排的效率问题,它通常是通过一种调节的方式来对其他变量发挥作用而产生间接影响,这也是交易费用理论的思想内核。比如,现在人们高度重视环境问题,但强化环境规制会带

---

① 郝硕博、倪霓:《创新异质性、公共教育支出结构与经济增长》,载《财贸经济》2014年第7期。
② 郭晗、任保平:《结构变动、要素产出弹性与中国潜在经济增长率》,载《数量经济技术经济研究》第12期。
③ 严成樑、沈超:《转型时期制度变迁对我国经济波动的影响研究》,载《经济理论与经济管理》2014年第1期。
④ 黄信灶、靳涛:《体制弹性、增长匹配与经济增长》,载《财贸经济》2014年第4期。

来怎样的结果？会不会以牺牲经济增长为代价？有研究表明，当经济增长进入到一个新的阶段时，更严格的环境规制非但不会阻碍增长，还会对全要素生产率产生正向作用，并带来质量与增长的双赢结果。① 另一个例子就是土地制度，它能对经济的长期均衡产生影响：自由、无约束的、以私有制为基础的土地制度促进土地集中，诱发社会差距扩大，多数人的社会福利水平下降，显然，尽管它能促进增长，但不利于发展。相比之下，限制土地所有权流转，但允许使用权承包的集体所有制经济中，既能保证长期发展的效率，也能保证社会的基本公平，避免因社会差距扩大对长期社会总体进步的负效应。② 可见，制度有时候要在增长与发展之间做出权衡。

新制度经济学不仅强调正式的制度安排，还强调非正式制度安排，如道德、宗教、社会规范的作用，它们统称为交易治理机制。有学者从经济史的角度比较了二者的利与弊。"皇权不下县"，历史上中国社会，特别是基层社会主要是依赖非正式的关系型合约来维持社会经济的运行，虽然它会限制交易规模，但在交易规模较小时也能促进经济增长。到了明清时期，随着交易规模的扩大，关系型合约越来越难以维系，成本急剧增加，并导致经济陷入停滞。③ 以史为鉴，建立以市场为资源配置基本手段的交易治理机制，才是推动经济发展的根本，其他的人为干预机制包括政府干预不能取代其决定作用的地位。

（五）新政治经济学视野下的政治经济周期

政治经济学似乎是一个古典的概念，但实际上，中国尚未穿越政治经济学周期，"政治先行"特色明显，经济服从于政治。利益集团等字眼也不再遮遮掩掩，而是频频见诸报端。相较于制度，政治是一个更高层面的问题，当我们一脸严肃地谈论政治话题时，总回避不掉它对经济的影响，例如，反腐属于政治范畴，但它对经济的影响已有目共睹。

诸多研究表明，许多国家经济增长或技术进步的停滞都与利益集团的阻碍有或多或少的关系。魏福成等在一个无限期、内生化的政治竞争框架

---

① 李树、翁卫国：《我国地方环境管制与全要素生产率增长》，载《财经研究》2014 年第 2 期。
② 陈昆亭、周炎、虞晓芬：《土地制度与长期福利分析》，载《南开经济研究》2014 年第 6 期。
③ 谢东水：《合约形式、交易规模与经济绩效》，载《财经研究》2014 年第 4 期。

内,考察了经济发展条件与利益集团权衡的问题,并指出,在某些情况下,进行政治改革,摆脱利益集团的阻碍,是实现经济效率提升的必要条件。① 我国的政党制度与西方国家存在明显的差异,它们如何影响经济波动,是近年来学术界的一个研究热点。比如,基于 1978~2008 年的省级面板数据,有学者发现,中国经济波动与每五年召开一次的中国共产党全国代表大会密切相关,党代会召开前的年份,各省名义 GDP 增速较平时下降 3.3 个百分点,而其后,GDP 增速又会高出 2.6 个百分点。其中的原因可能在于党代会前中央和地方政府对官员的监察力度加强,从而限制了地方政府财政支出总量并改变财政支出结构,导致各省固定资产投资和经济增速双双下降。党代会之后,相关压力的减轻使得政府监察力度减弱,在晋升激励下,地方政府财政支出总额和偏向于投资建设的财政支出增加,使得经济增速回升。②

除了监察力度外,官员变更导致政策不稳定也是影响经济波动的一个重要传导路径。杨海生等以 1999~2003 年地级市官员的变更样本为基础,通过考察后发现,政策的不稳定性对经济增长有着显著的抑制作用,这种作用体现在多个维度,特别是财政政策和货币政策方面。③ 伴随着官员的变更,新当政者通常会因为政策偏好的不同而大幅度调整既有政策,进而损害各类主体的预期。比如,政策的不稳定性会对 GDP、投资、消费、出口和价格变动带来意料之外的冲击,并诱发实际汇率贬值、股票价格以及房地产价格的下跌。总之,政策的稳定性对经济发展至关重要④,我们要避免"半夜鸡叫"式的突袭。

(六) 金融压抑理论与金融深化

1973 年,麦金农和肖提出了著名的金融压抑理论,他们指出发展中国家过多的金融管制,如利率管制、外汇管制与本币高估、信贷配额、金

---

① 魏福成、邹薇、马文涛:《集体行动、政治竞争与发展的障碍》,载《经济学(季刊)》2014 年第 2 期。
② 梅冬州、王子健、雷文妮:《党代会召开、监察力度变化与中国经济波动》,载《经济研究》2014 年第 3 期。
③ 杨海生、陈少凌、罗党论、佘国满:载《政策不稳定性与经济增长》,载《管理世界》2014 年第 9 期。
④ 金雪军、钟意、王义中:《政策不确定性的宏观经济后果》,载《经济理论与经济管理》2014 年第 2 期。

融产品单调等，抑制了私人储蓄和投资，是阻碍经济发展的一个重要因素。只有废除金融管制，经济增长与发展才能获得新的活力。新一届政府提出了要深化金融改革，逐渐放松利率管制、构建多层次资本市场、引入股票发行注册制等，都与金融深化理论不谋而合，许多学者对此展开了研究。

我们首先要解决的一个问题是，金融发展对经济增长到底有没有作用？实证研究的结论似乎并不简单：在不同的金融发展水平下，其作用是不一样的，具体表现为门槛效应与边际效应递减的非线性特征。低于门槛值的金融发展对经济增长呈负向作用，而过高的金融发展水平可能对经济增长的作用有限。具体来说，西部地区的门槛值要高于中部，而中部地区又高于东部。东部地区金融发展对经济增长的促进作用最大，其次是中部，西部地区最低，而边际递减效应在东部较为明显。[1] 王国静等尝试将金融冲击引入到动态一般均衡模型中，以此来解释金融冲击对实际经济变量和金融变量的影响，结果发现金融冲击是中国经济周期波动的一个重要力量，它在解释产出波动、投资增长、债务增长、工资以及就业的波动方面颇有威力，特别是对于产出波动，其解释力超过80%。[2] 换个角度，金融冲击对实体经济的巨大影响，应引起我们的格外重视，处理不慎，经济就会陷入旷日持久的衰退大潮中。1997年东南亚金融危机后的泰国、印度尼西亚、俄罗斯，不仅经济全面崩盘甚至直接导致政权更迭。在金融深化过程中我们要牢记这个教训，不能放任自流，盲目照搬金融自由化思想。最近肇始于6月26日的A股市场暴跌，就敲响了这个警钟。

我国目前正经历着一个资产价格快速上涨的资本化过程，而财政压力下政府又有着很强的干预金融的动机和行为。刘文革等认为，政府干预对金融发展的经济增长效应特别是增长质量有一定的削弱作用。[3] 当前经济资本化和虚拟经济的发展出现偏移，引起金融资源向投机领域过快集中，而政府干预又使金融资源配置更加扭曲。只有进一步明确政府的权责边界，减少对银行信贷、上市公司等的直接干预，才能更好地发挥金融的潜在作用。

消费需求乏力，是困扰我国内生式增长的一个瓶颈，而金融改革可能

---

[1] 杨友才：《金融发展与经济增长》，载《金融研究》2014年第2期。
[2] 王国静、田国强：《金融冲击和中国经济波动》，载《经济研究》2014年第3期。
[3] 刘文革、周文召、仲深、李峰：《金融发展中的政府干预、资本化进程与经济增长质量》，载《经济学家》2014年第3期。

会是一个解决途径。陈彦斌等的研究表明,利率市场化改革能使我国居民部门消费占 GDP 的比重提高 4.7 个百分点,而投资占 GDP 的比重降低 1.6 个百分点,因此总需求结构能得到改善。①

谈金融深化就离不开开放与国际化,如国际资本流动的问题,它们对经济增长有双重作用,很难用好与坏来一言以蔽之。崔建军等的研究表明,不同类型的经济指标存在即期效应和滞后效应两种,且一般而言,滞后效应大于即期效应。② 国际资本从流动到发挥作用存在明显时滞,这无形中增加了系统性风险的隐患。但换个角度看,金融开放与国际资本流动在一定条件下又能推动国内经济的增长与发展。金融开放的影响取决于这两种不同方向的影响的综合结果。如果引入财富效应,金融开放的影响会更复杂,其影响渠道是财富效应会刺激各国投资者对高风险、高收益类资产的追逐,并衍生出不同的经济增长绩效。因此,在金融开放问题上,政府既要积极也要稳妥,开放顺序应先易后难,不能急于求成,同时要不断完善风险防范对冲机制,加快金融体系的制度性变革。③

(七) 供给学派与供给冲击

20 世纪 30 年代的经济大危机使凯恩斯的需求管理思想成为很多国家的国策基调,但到了 70 年代滞涨问题使凯恩斯主义的有效性受到质疑。1974 年为了说服白宫助理切尼,拉弗画了一条倒"U"型的税收曲线,供给学派由此粉墨登场。其实,往前推演,该学派可以追溯到芒德尔。虽然这个学派缺乏精巧的理论机制,也引起了不少的争议,甚至有人怀疑过这个学派到底存在不存在,但事实证明,到 70 年代末,供给学派在美国经济学界已然成为一个独树一帜的理论分支。供给学派一个重要思想就是通过减税等手段把调控的焦点从需求管理转向供给管理,因为需求会自动适应供给。

针对中国情况,沈坤荣等就指出,目前中国经济增长乏力,经济增长模式要从以前的需求管理转向供给管理阶段,在这一过程中税收结构的优

---

① 陈彦斌、陈小亮、陈伟泽:《利率管制与总需求结构失衡》,载《经济研究》2014 年第 2 期。
② 崔建军、王利辉:《金融全球化、金融稳定与经济发展研究》,载《经济学家》2014 年第 2 期。
③ 王高望、赵晓军:《财富效应、金融开放与长期增长》,载《经济科学》2014 年第 2 期。

化是一种必然选择,只有矫正税制的扭曲,改善税收的有效制度供给,资源配置效率才能得到进一步的提升。①

当然,影响供给的因素,除了税收外还有很多其他的外生冲击,如灾难、国际油价,甚至太阳黑子运动,它们对中国经济产生了怎样影响?人们也展开了相应的研究,这里不再详细介绍。具体可参考陈国进②、张大永③、吕朝凤④等的文献。

(八) 发展经济学框架下的结构转型

第二次世界大战后的半个多世纪,发展经济学逐渐兴起,与其他理论不同,发展经济学的视角更多地关注于经济发展中的结构性问题,如产业结构、城乡结构、人口结构等问题。它的一个核心观点就是,结构转型是经济增长与发展的原动力。刘易斯模型就是一个典型。结构转型在中国仍在如火如荼地推进,如城镇化,它与经济增长的关系仍是一个不老的话题。

刘燕妮从产业结构、投资消费结构、金融结构、区域结构、国际收支结构等五个维度对中国的经济结构进行了刻画。她利用 1978~2010 年的数据发现,不同结构转型对经济增长发挥了不同的作用:产业结构、投资消费结构、金融结构的转型对经济增长质量产生了负向效应,而区域结构、国际收支结构的转型对增长质量产生了正向效应。⑤

从三次产业的关系来看,在结构转型期,农业虽然仍会发挥重要作用⑥,但它对经济增长的贡献主要是通过间接方式实现的,如劳动力从农业向非农业部门的转移,它对经济增长的促进作用已经超过农业增长本身。按照配第-克拉克定律,在一国产业结构演进过程中,农业占比不断下降,工业部门占比先上升后稳定,服务业占比则逐渐上升,它在工业化

---

① 沈坤荣、于红艳:《税制结构优化与经济增长动力重构》,载《经济学家》2014 年第 10 期。
② 陈国进:《罕见灾难风险与中国宏观经济波动》,载《经济研究》2014 年第 8 期。
③ 张大永、曹红:《国际石油价格与我国经济增长的非对称性研究》,载《经济学季刊》2014 年第 1 期。
④ 吕朝凤:《中国经济周期特征与太阳黑子均衡》,载《数量经济技术经济研究》2014 年第 1 期。
⑤ 刘燕妮、安立仁、金田林:《经济结构失衡背景下的中国经济增长质量》,载《数量经济技术经济研究》2014 年第 2 期。
⑥ 盛来运、付凌晖:《转型期农业发展对经济增长的影响》,载《中国农村经济》2014 年第 1 期。

第十一章　经济增长与发展问题研究新进展

中后期阶段主要是取代了农业份额的下降，此时，服务业崛起在经济增长与发展中所扮演的角色日益重要。赵娜以创意产业为例进行了研究，认为创意产业可以培育成经济增长的新引擎，其全新的增长方式、产业间的融合以及对科技创新的高度重视，为经济结构转型带来了新的推动力，最终会从供给和需求两个维度推动经济增长。①

另一个值得关注的问题是人口结构问题，它与产业结构转型密切相关。可以说，工业化进程中人口结构变迁与农业人力资本的深化，是一个重要的催化剂。② 它会直接或间接地影响一个国家的潜在增长率，人口红利是经济增长的一个重要因素，人口红利从根本上讲还是人口结构的问题。从第六次全国人口普查数据来看，中国的人口结构已经或正在发生大的变化。老年化与生育率下降的问题使人们担心中国是否正在失去人口红利这一传统的增长引擎，它甚至引发了对中等收入陷阱③、劳动生产率与国际竞争力等问题④的进一步担忧。应对人口红利问题的一大法宝是争取二次人口红利，即通过提高人力资本来开发既有劳动者的生产率潜能，特别是对于日益短缺的农民工来说，这不失为企业缓解用工荒问题的一个良策。要开发农村转移劳动力的人力资本，还需要其他一些配套的措施，如缩小城乡收入差距⑤，否则事倍而功半。当然，人力资本积累也有一个合适的度，过分地强调它，也未必能增加社会福利。⑥

最后一个问题是城镇化，它与劳动力转移问题密切相关，政府对其经济引擎功能寄予了厚望。王必达等利用 1997～2012 年的数据发现，我国目前还处于刘易斯第一阶段，剩余劳动力仍大量存在，农村劳动力转移和城镇化仍大有可为。⑦ 广义的城镇化除了人口城镇化之外，还包括土地城镇化。近年来，土地城镇化的经济增长贡献在提高，而人口城镇化的贡献

---

① 赵娜、王昱勋、李雄飞：《创意产业与经济结构转型》，载《经济科学》2014 年第 6 期。
② 郭剑雄：《从马尔萨斯陷阱到内生增长：工业化与农业发展关系再认识》，载《中国人民大学学报》2014 年第 6 期。
③ 陆旸、蔡昉：《人口结构变化对潜在增长率的影响：中国和日本的比较》，载《世界经济》2014 年第 1 期。
④ 胡翠、许召元：《人口老龄化对储蓄率影响的实证研究》，载《经济学（季刊）》2014 年第 4 期。
⑤ 钞小静、沈坤荣：《城乡收入差距、劳动力质量与中国经济增长》，载《经济研究》2014 年第 6 期。
⑥ 刘伟、张鹏飞、郭锐欣：《人力资本跨部门流动对经济增长和社会福利的影响》，载《经济学（季刊）》2014 年第 1 期。
⑦ 王必达、张忠杰：《中国刘易斯拐点及阶段研究》，载《经济学家》2014 年第 7 期。

率在下降。① 但也有学者对此持有不同的观点,刘铠豪等认为,人口城镇化对经济增长能产生正向影响,但由于统计上不足,其作用可能被低估了。②

三、中国经济增长与发展的调控政策

目前经济仍在不断探底,在区间调控的新思维下调控政策也在转型。对于这一问题,学者们分别从调控思维、需求管理、供给调节、产业政策等维度进行了分析。

(一) 区间调控的新思维

西方经济学经典教科书认为,一国经济调控主要围绕经济增长、充分就业、物价稳定、国际收支平衡等四个目标来进行。随着时间的推移,人们发现,这四个目标是远远不够的,如前面提到的环境问题,它正成为调控政策目标体系的一个新成员。③ 但上述目标通常又是相互矛盾的,如经济增长与物价稳定之间,菲利普斯曲线就刻画了它们之间的替代关系。至于环境与经济增长间的潜在冲突,争论更是由来已久。既然"新常态"不再是单纯追求量的增长,而是注重质的提升,那么,这些目标就要统筹兼顾而不能偏废,这对传统的调控模式提出了挑战。这是其一,此外,党的十八届三中全会提出要让市场在资源配置中发挥决定性作用,如何正确地处理好市场与政府的关系,也是摆在我们面前的一个现实问题。这些问题综合发力,调控思维必须适应形势的变化而做出新的调整。

方福前认为,要重构我国的调控体系,必须在改革的大视野下进行,它包括调控理念的转型、调控目标与调控架构的优化等。④ 就调控理念来说,我国调控政策一直都是建立在"可控性"的信念基础之上,而"可

---

① 郑鑫:《城镇化对中国经济增长的贡献及其实现途径》,载《中国农村经济》2014 年第 6 期。
② 刘铠豪、刘渝琳:《破解中国经济增长之谜》,载《经济科学》2014 年第 3 期。
③ 李梦洁:《环境规制与就业的双重红利适合于中国现阶段吗?》,载《经济科学》2014 年第 4 期。
④ 方福前:《大改革视野下中国宏观调控体系的重构》,载《经济理论与经济管理》2014 年第 5 期。

控性"的信念与市场在资源配置中起决定性作用的要求不相容,况且改革开放以来,政府对政策工具和相关经济参数的控制能力不断衰减,要做到"可控性",也越来越力不从心。因此,我们要正确地处理政府与市场的边界,不能再沿袭过去"有计划的商品经济下"下那种"计划调节为主,市场调节为辅"的思维惯性,而是将资源配置的决策权真正地交给市场。区间调控思维正是适应了这一要求,它并不要求经济增速时刻符合计划的要求,只要不突破底限,就可以交给市场来处置,其间,可以兼顾物价稳定、环境保护、收入分配等其他目标,而不必为增长速度锱铢必较。只有当速度快要跌破容忍底限时再进行干预,且干预主要集中在宏观和中观层面,减少微观干预。

当然,区间调控并不一定就是被动的"只守底限"的调控模式。近年来,由于受国内外多种因素的影响,我国经济运行合理区间的下限受到三次冲击,相应地,政府也进行了三次"下限保卫战"。刘树成认为,与其守住下限,不如把握中线,使宏观调控上下都有回旋的余地。[①] 为摆脱"经济增速下滑—微刺激—小幅反弹—再下滑—再刺激"的循环怪圈,避免年年打"下限保卫战",就要改革调控方式,由应急式救火转向规划性应对。

(二) 财政货币政策的组合拳

在本轮经济下滑背景下,我国经济运行呈现出与以往不同的特点,比如,经济增速下降与就业形势向好并行、通货紧缩抬头但工资上涨压力犹在,这些新现象都对传统的需求管理模式提出了挑战。作为需求管理的两大支柱,财政与货币政策也必须做出相应的调整。

刘伟认为,在当前的政策体系中,为更好地处理总量调控与结构升级的问题,需求管理应以财政政策为主、货币政策为辅的政策组合,财政政策以宽松为基调,并与产业政策、区域发展目标相结合,货币政策则稳健偏紧,并以定向降准等"微刺激"政策为主。这样既能从总量上保证经济增长和就业目标,又能尽可能地促进结构转型与升级。[②]

刘元春认为,不管是财政政策还是货币政策,在预调和微调方面都要

---

① 刘树成:《改革宏观调控方式与把握合理区间中线》,载《财贸经济》2014 年第 7 期。
② 刘伟:《克服新失衡必须改变宏观调控方式》,载《经济学家》2014 年第 3 期。

强化。具体来说，货币政策要保持定力，在避免全面宽松的前提下，可以适度加大定向宽松的广度和力度，以应对经济下行压力，同时加强预期管理以提高货币政策的有效性。至于财政政策，为了给改革创造宽松的环境，可以适当提高宽松的力度。此外，为了应对可能出现的突发的加速下降，政府必须研究储备政策和应对预案，并加速构建社会安全网，比如，社会保障与救济体系，实现"社会政策托底"，对冲宏观经济恶化所可能带来的冲击。①

类似地，祝宝良也认为，在当前经济回升势头不稳固的情况下，有必要扩大财政赤字规模，并通过结构性减税来激活社会需求。至于货币政策，则左右为难，过紧，则不利于市场主体形成稳定的预期，也不利于经济增长目标的实现，同时也可能会触发潜在的金融风险；过松，则不利于"去产能"、"去杠杆"、"去泡沫"，不利于为转型升级争取空间，因此货币政策最好还是中性的，在稳健的同时，依相机决策原则适当进行预调和微调。②

（三）产业政策与供给调节

诸多学者认为，"新常态"下单纯的需求管理已难以满足经济调控的需求，供给调节应登堂入室，甚至超过需求管理而成为主流。③有学者指出，自2008年以来，我国经济增速之所以大幅下滑，内需不足只是问题的表象，不合理的供给调节政策才是根本。比如，产业政策扭曲了投资结构，并诱发供求结构失衡。在这种情况下，利用补贴或者税收优惠手段来刺激居民消费，或通过宽松的财政政策来扩大投资支出，虽然能解决需求不足的一时之问题，但不能从根本上解决有效供给不足的问题，这又会反过来加剧需求不足的问题。所以，现在的当务之急就是尽快解除各种抑制性的供给调节政策，降低社会资本的进入门槛，通过市场调节作用来改善社会投资的流向，并带动供给结构的优化。④

改善供给结构的一个重要维度就是服务业对制造业的渗透与改造，如美国TMT产业带动了传统制造业的升级，不仅大幅度提高了制造业的生

---

① 刘元春：《2014年中国宏观经济形势分析》，载《经济学动态》2014年第11期。
② 祝宝良、闫敏：《2014年宏观调控政策取向》，载《中国金融》2014年第1期。
③ 刘伟：《克服新失衡必须改变宏观调控方式》，载《经济学家》2014年第3期。
④ 徐朝阳：《供给抑制政策下的中国经济》，载《经济研究》2014年第7期。

第十一章 经济增长与发展问题研究新进展

产率、降低了成本,还提高了研发与需求的匹配度,改善了产品的供给结构。这可以视作制造业促进服务业、服务业又反过来改造制造业的成功典范。换个维度看,这也是新型工业化的本质内涵。反观我国,我国提出新型工业化概念已久,但实际中践行还有很大差距。张月友发现,我国制造业与服务业之间非但没有互促,反而出现了遏制现象,即所谓的"产业互促悖论":中国工业化阻碍本国服务业的发展,服务业也没有反过来有效地促进制造业升级。之所以出现这种现象,主要还是中国制造业主要依托国际代工的模式来实现,对本国服务业的依赖并不强,研发、销售等服务环节仍保留在国外。另一方面,中国的生产服务业也确实不发达,难以对制造业形成有效的支持。要改变这一情况,还需要产业政策的扶持和利益上的引导,强化制造业与本土服务业的关联度,另外,就是通过扩大服务业开放,弥补生产服务业的短板。①

改善供给结构,需要政府从绿色 GDP 的视角,对生态农业、循环工业等绿色产业提供支持。② 类似地,对于附加值和技术含量高的战略型新兴产业,也应财政税收信贷等政策进行扶持,并通过它们来带动经济增长方式的转变。③

---

① 张月友:《中国的"产业互促悖论"》,载《中国工业经济》2014 年第 10 期。
② 孙瑾、刘文革、周钰迪:《中国对外开放、产业结构与绿色经济增长》,载《管理世界》2014 年第 6 期。
③ 肖兴志、何文韬、郭晓丹:《能力积累、扩张行为与企业持续生存时间》,载《管理世界》2014 年第 2 期。

第十二章 资本市场问题研究新进展

2014年的中国资本市场是不平凡的一年。"新国九条"重磅出台,从顶层设计为资本市场改革创新奠定了基础;沪港通的开闸使我国资本市场对外开放又迈出坚实的一步;时隔14个月IPO重启,创出2000年以来A股市场单周新股发行获批数量的最高纪录;A股市场由熊转牛,中国股市的市值超越日本成为全球第二大市场;上市公司的融资渠道和利润的分配也引发了广泛热议。针对这些热点问题,学界进行了深入讨论,并取得了一些新的进展。

一、"新国九条"

2014年5月9日,国务院印发了《国务院关于进一步促进资本市场健康发展的若干意见》,简称为"新国九条"。"新国九条"提出,到2020年,基本形成结构合理、功能完善、规范透明、稳健高效、开放包容的多层次资本市场体系。对于中国未来经济社会的发展来说,如何强调资本市场的重要性都不为过。从作为个人投资者的自主选择权的实现、社会资源的市场有效配置到正确厘定政府与市场的关系,无一不充分体现在规范高效开放的资本市场之中。有人认为,"新国九条"将不负众望,开启中国资本市场新的一页,为资本市场的发展奠定制度基础。但也有不少市场人士认为"新国九条"缺乏新意,投资者不要有过高的期待。

(一)"新国九条"的积极作用

尹中立等认为,国务院出台"新国九条"是有针对性的,不仅是为了解决股票市场的低迷问题，更重要的是为了解决中国金融结构的不合理状况，同时还为了解决中国企业普遍面临的高杠杆难题。资本肩负多重历史使命。"新国九条"找准了股市的症结。鼓励上市公司进行市值管理，如果能纳入央企的考核指标中，必将对股票市场产生深远的影响。但当前的外围环境对股票市场不利。从国际看，美国货币政策面临调整，资本回流美国是大趋势，包括中国在内的新兴经济体面临压力，这与 2004 年颁布"国九条"时的背景恰好相反。从国内看，主要是房地产泡沫面临破灭，由此导致产能过剩问题和金融风险日益显现。①

叶菲菲认为，与 2004 年的"国九条"直指股权分置改革有所不同，"新国九条"是在资本市场方面落实中央全面深化改革的具体行动，因而是指导资本市场发展的总纲领，包含了大量新政策、新举措。从市场最关心的股票发行注册制改革，到构建股票市场的退市制度；从完善全国中小企业股份转让系统，到建立统一的登记结算制度；从完善公司债券公开发行制度、发挥债券作用，到建立健全私募发行制度。几乎在每个领域，"新国九条"都将制度建设放在重要位置。②

金言认为，"新国九条"的推出旨在进一步明确以市场化的方向和意志推进资本市场建设。中国的资本市场成立之初在制度设计上就存在偏差：一是在定位上偏向筹资方，即上市公司，对投资者保护不够；二是行政干预，实行审批制。这两点导致中国资本市场结构、投资理念文化出现问题。"新国九条"将从根本上解决这些问题，深度推进资本配置市场化，通过着力推进制度建设、优化市场环境，真正理顺市场和政府在资本市场发展中的关系，让投资者长远受益。③

（二）"新国九条"面临的挑战

张小松认为，"新国九条"政策要发挥实效、接地气，关键在于上市公司的执行。因此，"新国九条"对上市公司投资者关系管理提出了新的要求。首先，要无差别平等对待所有股东，与中小投资者的沟通不能偏废。"新国九条"颁布后，投资者咨询热线、上市公司网站、上交所 E 互

---

① 尹中立、范文玲：《解析"新国九条"》，载《当代经济管理》2014 年第 7 期。
② 叶菲菲：《新国九条——资本市场领域的系列同步深化》，载《现代商业》2014 年 18 期。
③ 金言：《"新国九条"对资本市场和银行业的影响》，载《中国城市金融》2014 年第 6 期。

动等中小股东信息渠道均面临改版升级,在主动性和互动性上多下功夫,以适应中小投资者的新要求。其次,要杜绝功利性的投资者关系管理。不能口渴了才去挖井,为了融资才想起投资者。平时就要注重与投资者的沟通与联系,点滴积累,才能达成互信。①

王文剑认为,"新国九条"充分表达出改革者顺应民意、深化改革的诚意,意义还是应该得到充分肯定。然而,实践证明,在一个缺乏法制环境和法制共识的市场中,措施和规定的力量总是有限的。特别是,如果没有真正撼动既得利益者的利益基础,即使政策高调出台,更多人也会拿出拭目以待的消极态度加以对待。而这样的消极态度反馈到资本市场上的表现,今天已经看到。②

二、资本账户开放

中国逐步开放资本账户已形成广泛共识,但在开放具体时间表和分布次序上各方依旧莫衷一是:激进者呼吁莫在畏葸不前,贻误改革良机;谨慎者则认为当前并非加快开放的良机。各方权衡厉害取舍,激烈辩论。此番激烈争论源于中国人民银行2012年2月23日公布《加快资本账户开放条件基本成熟》的研究报告。报告认为中国正处于资本账户开放战略的机遇期,并提出短期、中期、长期规划建议。而根据IMF报告披露,在资本账户的40项划分中,中国不可兑换仅存4项。针对资本账户开放攸关经济金融稳定、内外部失衡调整、人民币汇率制度改革、外汇储备管理等亟待解决的现实问题,学术界进行了热烈的讨论。

1. 资本项目开放与汇率机制形成的关系

余永定认为,看不出中国有什么必要加快资本项目的自由化,应先发展汇率形成机制,由市场来决定,在做好准备后,再谈资本自由化。③ 而连平则认为,资本账户开放,应与利率市场化和汇率形成机制改革协同发

---

① 张小松:《浅谈新国九条对中小投资者权益保护的若干影响》,载《东方企业文化》2014年第13期。
② 王文剑:《"新国九条"缺乏改革诚意》,载《企业观察家》2014年第7期。
③ 余永定:《资本自由化要小心》,载《资本市场》2014年第1期。

展，有针对性的、有节奏的推进。①

2. 资本项目开放的具体条件

宋玉华认为，一国开放资本管制实现资本项目自由化必须满足一定的前提条件，即总财富大于总支出，当该条件不满足时则应实施资本管制。当一国公共支出的目标是社会福利最大化时，中等财富水平的国家更易实现资本项目的自由化。资本管制的实施应该是逆周期的：经济越繁荣时资本项目越有自由化倾向，此时应加强资本管制，抑制热钱流入，控制经济过热，当经济进入衰退时有抑制资本项目自由化的倾向，此时在防止资本外逃的基础上，应适当放松资本管制，鼓励资本流入。②

卞学字等认为，当我国经济已不存在较大的投资缺口时，才应进一步放松资本流出限制，鼓励本土企业积极投资海外，形成资本的双向流动的合理格局。这样才能削弱资本输入和流出之间的不平衡，减少对外资的依赖，深化资本市场改革。③

王高望认为，应根据资本开放对经济增长的影响情况进行资本开放。对于居民比较耐心（更愿意推迟消费）的国家来讲，由于人们更愿意储蓄和积累，从而长期的经济增长率也就越高，金融开放不仅提高了社会福利，而且加快了经济增长，反之会减缓经济增长。④

三、IPO

A股IPO（首次公开发行）暂停14个月后，终于在2014年1月恢复。这使得对影响IPO的定价和抑价因素的分析必然成为2014年学术讨论的热点问题。高抑价现象在各国普遍存在，它或者来源于一级市场上的发行价格定价过低，或者来源于二级市场上首日交易价格过高，那么，分析我国IPO的定价和抑价的影响因素对我国IPO改革顺利进行有重要的意义。

---

① 连平：《资本账户开放路线》，载《资本市场》2014年第3期。
② 宋玉华、曾绍龙：《资本管制决定因素的一般理论与实证分析》，载《经济理论与经济管理》2014年第1期。
③ 卞学字、范爱军：《金砖国家国际资本流动性度量及比较研究》，载《南开经济研究》2014年第5期。
④ 王高望、赵晓军：《财富效应、金融开放与长期增长》，载《经济科学》2014年第2期。

(一) 影响 IPO 定价的因素

李东昕等认为,机构投资者报价是询价制度下 IPO 定价的核心环节。询价机构报价差异性越大、意见分歧越严重,一级市场 IPO 定价过高问题就越突出,并导致"三高"问题的出现;同时,机构报价差异性与 IPO 首日收益呈显著负相关,表明二级市场投资者意见分歧已通过询价机构报价的方式提前反映到 IPO 定价中;长期来看,机构报价差异性越大,未来股价下跌幅度越大,市场低迷问题也越突出。询价机构的报价差异性与 IPO 定价显著正相关。且差异越大,IPO 首日收益越低,长期收益越低。①

李维安等研究了董事过历的 IPO 定价经验对本次定价行为的影响。结果发现,当董事经历的平均 IPO 定价溢价较高时,本次 IPO 定价溢价会显著降低;当董事经历的平均 IPO 定价溢价较低时,本次 IPO 定价溢价会显著升高,从而证实了中庸思维在董事会 IPO 定价过程中的作用。研究还发现董事长两职合一、政治关联身份会削弱 IPO 定价决策过程中中庸思维的影响。②

熊艳等研究了媒体报道能够降低询价过程中的信息不对称程度,使机构投资者的整体报价水平朝内在价值趋近,提高了一级市场定价效率;媒体报道也会加剧二级市场投资者非理性程度,增加首日换手率,降低二级市场定价效率;媒体报道在主板市场信息效应最强,在创业板市场情绪效应最强;媒体报道对 IPO 定价效率的影响随询价机制的完善而增强;媒体报道在一级市场上能表现出信息效应,降低机构投资者与 IPO 公司间的信息不对称,提高发行定价效率。③

(二) 影响 IPO 抑价的因素

郝项超等从 IPO 抑价的角度实证分析了两类风险提示信息的影响。标准风险提示信息是指后发行企业与已发行企业的风险提示信息中重复或类

---

① 李冬昕、李心丹、俞红海:《询价机构报价中的意见分歧与 IPO 定价机制研究》,载《经济研究》2014 年第 7 期。
② 李维安、刘振杰、顾亮:《IPO 定价:中庸思维还是团队极化》,载《中国工业经济》2014 年第 5 期。
③ 熊艳、李常青、魏志华:《媒体报道与 IPO 定价效率:基于信息不对称与行为金融视角》,载《世界经济》2014 年第 5 期。

第十二章 资本市场问题研究新进展

似的内容,而两者不同的内容则为特有风险提示信息。研究发现,标准风险提示信息对 IPO 抑价没有影响,特有风险提示信息可以降低 IPO 抑价,但这种影响仅存在于主板上市公司,不存在于中小板与创业板公司。因此,在招股说明书的开始部分提示重大风险的披露政策并不是完全无用,只是在中小板与创业板的作用效果尚不理想,亟须改进。[1]

张学勇等认为,整体而言,我国风投持股的上市公司并不具备显著较低的 IPO 抑价率,仅有券商背景风险投资持股的上市公司 IPO 抑价率显著较低,从而我国券商背景风险投资对其所持股的公司具备认证效应,而非利益冲突。[2]

汪炜等认为,创投持股与否对我国中小企业的 IPO 定价影响不显著,但能够显著提高股票二级市场上市首日收盘价,从而增大 IPO 抑价率。因此,在深圳中小企业板上,创投的监督筛选假说和认证功能假说不成立,但存在明显的市场力量功能。进一步研究发现,参股创投个数越多、创投持股比例越高、创投参股时间越长,则其市场力量越强。[3]

田利辉等分析了政治关联与不同产权性质公司 IPO 抑价的关系,发现政治关联显著加剧了国有上市公司的 IPO 抑价,而对民营上市公司的 IPO 抑价则不存在显著影响。我国政府的改革目标和国企高管的个人利益这两大因素助推了国有上市公司的超高抑价,我国 IPO 市场化改革成功的前提条件之一是约束政治关联。[4]

翁宵暐等研究发现,家族参与管理企业的 IPO 抑价率显著低于其他民营企业,并且家族成员担任 CEO 的企业 IPO 抑价率比非家族成员担任 CEO 企业的抑价率更低。进一步,当家族参与管理企业不存在现金流控制权和投票权分离时,IPO 抑价率更低。家族股权与家族管理的结合可靠地向市场揭示了家族参与管理企业内在价值的信息,降低了 IPO 市场的信息不对称,从而降低了 IPO 抑价率。[5]

---

[1] 郝项超、苏之翔:《重大风险提示可以降低 IPO 抑价吗?》,载《财经研究》2014 年第 5 期。

[2] 张学勇、廖理、罗远航:《券商背景风险投资与公司 IPO 抑价》,载《中国工业经济》2014 年第 11 期。

[3] 汪炜、于博、宁宜希:《创投对中小板公司 IPO 折价的影响:监督认证,还是市场力量》,载《经济评论》2014 年第 1 期。

[4] 田利辉、张伟:《政治关联和我国股票发行抑价:"政企不分"如何影响证券市场?》,载《财经研究》2014 年第 6 期。

[5] 翁宵暐、王克明、吕长江:《家族成员参与管理对 IPO 抑价率的影响》,载《管理世界》2014 年第 1 期。

四、影响股价波动的因素

2014年下半年我国出现的股价异动情况虽然学术界还未给出系统的分析，但对于影响股价波动的因素的分析学术界却从未停止过，且研究越来越深入。

（一）影响股价波动的宏观因素

张学勇等研究各国收入分配不平等程度对股市长期波动率的影响及其内在机理发现，当收入分配不平等程度加重时，股票市场参与率降低，由此导致风险分担不足。进而，当股市发生内生或外生扰动时，将出现较大波动。实证分析证明，一国收入分配不平等程度的增加将导致其股市波动加剧，且这一关系在发展中国家表现得更为明显。[1]

袁鲲等认为，股市调控政策事件对股市波动性突变产生了显著的影响，但主要分布在股权分置改革前期。股权分置改革之后没有出现与波动性突变对应的政府直接干预股市的政策事件，而制度完善、经济社会事件及海外市场波动溢出效应对中国股市波动性的影响逐渐增强。这表明股权分置改革之后，中国股市告别了传统的以社论、重要讲话等为典型特征的"政策市"，短期性、临时性的相机决策型监管战略逐渐向长期、均衡、稳定发展型战略转变。[2]

李科等认为，卖空限制导致了不能被卖空的股票被严重高估，股票基础价值的变化不能解释高估的股价。融资融券制度等做空机制有助于矫正高估的股价，提高市场定价效率。[3]

（二）影响股价波动的微观因素

1. 股东和公司情况

马丽莎等认为，上市公司交叉持股网络关系与股票价格收益相关系数

---

[1] 张学勇、陶醉：《收入差距与股市波动率》，载《经济研究》2014年第10期。
[2] 袁鲲、段军山、沈振宇：《股权分置改革、监管战略与中国股市波动性突变》，载《金融研究》2014年第6期。
[3] 李科、徐龙炳、朱伟骅：《卖空限制与股票错误定价》，载《经济研究》2014年第10期。

显著正相关,即交叉持股形成的企业联结网络导致股价联动;但相比于简单的交叉持股关系,同一大股东控制下的交叉持股关系对股价联动影响较小。①

吴贾等认为,从横截面角度看,融资约束具有一个正且显著的风险价格,也就是说,高融资约束风险的企业具有较高的收益率,从而公司所面临的融资约束使横截面上各公司股票收益率具有差异性。②

2. 机构投资者

谭松涛认为,无论机构还是个体投资者的交易行为都会受到媒体报道的影响,从而加大市场波动。但是,在剔除了公司信息驱动的交易行为之后,机构的交易行为降低了价格波动,而个体投资者的交易对价格波动率的影响依旧为正。所以机构在促进市场信息效率方面发挥了积极的作用。③辛清泉等也认为,由于机构投资者相对于个人投资者来说对信息的需求更为强烈,从而通过提高信息透明度降低了股价的波动。④

史永东等则认为,由于机构投资者偏好财务优良、治理有效的公司,而此类公司的股票往往呈现出更低的波动性。所以,在市场上升阶段,机构投资者提高了股票的波动性;而在市场下降阶段,机构投资者虽然起到了降低股票波动的作用,却未能阻止股价继续下行。⑤

3. 个人投资者

王磊认为,个人投资者倾向于关注好消息公告,公告期间股票交易量异常高,受有限注意力制约,其在公告期间表现出显著的净买入行为;个人投资者的净买入行为引起股票价格在盈余公告期间大幅上升,随着公告后投资者对上市公司的关注恢复到常态,股票价格会发生反转。⑥

何诚颖等认为,投资者的非持续性过度自信行为是我国股市整体表现

---

① 马丽莎、王建琼、董大勇、钟勇:《交叉持股关系影响股价联动吗》,载《财贸经济》2014 年第 4 期。

② 吴贾、徐舒、申宇:《公司融资约束对企业风险及其股票价格影响的实证分析》,载《南开经济研究》2014 年第 5 期。

③ 谭松涛、崔小勇、孙艳梅:《媒体报道、机构交易与股价的波动性》,载《金融研究》2014 年第 3 期。

④ 辛清泉、孔东民、郝颖:《公司透明度与股价波动性》,载《金融研究》2014 年第 10 期。

⑤ 史永东、王瑾乐:《中国机构投资者真的稳定市场了吗?》,载《经济研究》2014 年第 12 期。

⑥ 王磊、孔东民:《盈余信息、个人投资者与股票价格》,载《财经研究》2014 年第 11 期。

中期反转特征的主要原因。信息质量越低，投资者对新消息的过度自信越强，其非持续性过度自信程度越高，股票的反转效应越明显。①

五、上市公司现金股利

在我国证券市场上，上市公司不分红或者分红水平低是一直以来存在的问题，也一直是学界讨论集中的问题。

（一）中小股东分享上市公司现金股利

对于主板上市公司，支晓强等认为，虽然股权分置改革前，上市公司现金股利政策与反映投资者偏好的现金股利溢价并不相关，但股权分置改革后，现金股利溢价对上市公司现金股利政策的解释力显著增强。也就是说上市公司现金股利政策更加注重中小投资者的偏好。上市公司股票股利政策与中小股东的偏好密切相关。②

对于创业板上市公司，谢赤等则认为，就创业板推出后，不断上演的一幕幕令人心跳的"高派现"大戏来看，中小投资者的风险更大，因为创业板公司的高额现金股利并不利于长远发展。如果能引进风险投资的参与，不仅可以加速创业企业成长，提升业绩，而且还能部分稀释第一大股东和管理层持股，继续发挥监督治理作用，抑制控股股东和管理层可能利用高额现金股利套现的动机，降低中小投资者的风险。③

（二）现金股利的制度安排

为了引导和规范上市公司分红行为，中国证监会分别于 2001 年和 2004 年出台了导向性政策，渐进式地规定上市公司要进行再融资就必须先分红，并随后在 2006 年和 2008 年的监管政策中进一步明确了再融资公

---

① 何诚颖、陈锐、蓝海平、徐向阳：《投资者非持续性过度自信与股市反转效应》，载《管理世界》2014 年第 8 期。
② 支晓强、胡聪慧、童盼：《股权分置改革与上市公司股利政策》，载《管理世界》2014 年第 3 期。
③ 谢赤、梅胜兰：《风险投资参与视角下创业板上市公司现金股利政策研究》，载《财贸研究》2014 年第 3 期。

司所需达到的最低分红比例。上述一系列政策并不具有强制所有上市公司必须分红的效力,但可以对有再融资需求的上市公司形成一定约束,这种不具有强制性但具有"软约束"性质的股利监管制度安排被称为半强制分红政策。2014年围绕半强制分红政策,学者们的研究得出了以下结论。

对于半强制分红政策强弱期的政策效果对比,陈云玲等认为,半强制分红政策出台使上市公司派现意愿和水平明显提高,弱约束期即无最低分红标准,公司按自身发展水平派现;强约束期即有最低分红标准,缺乏现金流的公司刻意增加分红,而盈利能力高的公司依然按发展水平派现。对强弱约束期的前后对比,也有不同角度的研究。魏志华认为,强约束期反而比弱约束期的导向性政策具有更弱的约束效应,较低的"门槛"分红对高派现公司产生了"负向激励",难以约束"铁公鸡"。②

对于半强制分红的现金股利的制度安排的合理性,陈云玲等认为,现金分红具体量化要求的出台并没有使现金流充沛的公司更多地派现。同时该政策出台后,上市公司在再融资前出现集中大幅度派现的情况。这表明,半强制分红政策对提高股东现金股利回报和保护投资者利益所起的作用有限,其合理性值得怀疑。③ 支晓强等也认为,半强制分红制度既不受专业机构投资者的欢迎,也不符合散户的鼓励偏好。其不仅增加了企业的融资成本,带来效率损失,还损害了投资者的福利。不同特征的投资者现金股利偏好存在显著差异,相对而言,低换手率、非博彩型、过去投资盈利的投资者更加偏好高现金股利。由此,股利监管政策应减少对公司决策的干预,增加对投资人行为的调节。④

(三) 现金股利高低的影响因素

股权分置改革提高了现金股利水平。支晓强等认为,虽然反映投资者偏好的股票股利溢价对上市公司的现金股利政策在股改前后均有显著影

---

① 陈云玲:《半强制分红政策的实施效果研究》,载《金融研究》2014年第8期。
② 魏志华、李茂良、李常青:《半强制分红政策与中国上市公司分红行为》,载《经济研究》2014年第6期。
③ 陈云玲:《半强制分红政策的实施效果研究》,载《金融研究》2014年第8期。
④ 支晓强、胡聪慧、吴偎立:《现金分红迎合了投资者吗》,载《金融研究》2014年第5期。

响,但股改后显著加强。因此股改有利于现金股利的提高。①

　　风投降低了现金股利水平。谢赤等认为,风投在一定程度上抑制了"高派现"现象;与风投持有非流通股的上市公司相比,风投持有流通股的上市公司分配的现金股利水平较低;与风投为非联合投资的上市公司相比,联合风投的上市公司所分配的现金股利水平较低,风投不偏好现金股利②。

　　上市公司鼓励政策存在显著的时间效应且具有内生性特征。丁志国等认为,上市公司股利政策的内生性时变特征,即我国沪深 A 股市场公司现金股利政策随上市时间变化呈现正"U"型曲线特征,且拐点大约出现在 6 年,这源自资本市场上投资者心理账户偏好以及公司管理者上市亢奋共同作用的结果,而上市公司股利政策的时间效应及其内生性特征则是信息冲击反映周期的具体表象。③

六、高管薪酬

(一) 我国企业高管薪酬现状

　　杨青等认为,我国上市公司 CEO 薪酬普遍存在显著地"幸运支付"现象,这与国际上的研究结果一致,支持 CEO 利用参与薪酬设计的内部信息获取额外收益的"揩油论",在区分企业性质的情况下,即使排出了外部冲击因子,国有企业 CEO 的薪酬涨幅也远高于非国有企业 CEO,所以国有企业 CEO 薪酬在制定中存在更隐性的"幸运支付"现象。④

　　唐松等认为,政治关联公司的高管都获得了显著较高的薪酬,在国有企业中,由政治关联导致的高管超额薪酬与公司未来的经营绩效显著负相

---

　　① 支晓强、胡聪慧、童盼:《股权分置改革与上市公司股利政策》,载《管理世界》2014 年第 3 期。
　　② 谢赤、梅胜兰:《风险投资参与视角下创业板上市公司现金股利政策研究》,载《财贸研究》2014 年第 3 期。
　　③ 丁志国、李甜、赵晶:《上市公司股利政策的时间效应及其内生性》,载《中国工业经济》2014 年第 12 期。
　　④ 杨青、陈峰、陈洁:《我国上市公司 CEO 薪酬存在"幸运支付"吗》,载《金融研究》2014 年第 4 期。

关，而在非国有企业则是显著正相关。所以国有企业高管取得的过度薪酬有损于企业未来发展的机会主义行为，而非国有企业则是其较强的寻租能力的一种补偿。[①]

（二）高管薪酬与公司绩效

姜付秀认为，国有企业 CEO 的薪酬与会计绩效、解职与会计绩效敏感性均高于非国有企业。虽然国有企业承担的社会目标增加了 CEO 的在职消费、提高了政治晋升的可能性，但并没有改变 CEO 的薪酬绩效敏感性和变更绩效敏感性。[②]

梁上坤等认为，在国有企业，企业业绩的波动性是在职消费与货币薪酬契约相对关系的重要影响因素。业绩波动性较大时，在职消费契约可以更有效地降低信息不对称带来的代理成本，因而在契约组合中会更多被采用。[③]

刘浩等认为，对于民营企业，利润始终决定着高管薪酬的变化；但对于国有企业，收入达标是利润指标使用的"门槛"——收入达标的情况下薪酬与利润高度相关，收入未达标的情况下薪酬与利润的相关性显著降低。动态性体现在高管薪酬可能不仅是事后的结果，国有企业高管更愿意通过事前谈判来减轻收入考核的影响。[④]

李维安等认为，高管薪酬辩护行为对薪酬—业绩脱钩程度有正向影响，公司中高管权力越大，高管的薪酬辩护行为对薪酬—业绩脱钩程度的正向影响越大。[⑤]

林钟高等实证检验了两个假设：一是关系专用性投资显著降低了高管薪酬的业绩敏感性；二是这种效应在信任水平低的地区更加明显。[⑥]

[①] 唐松、孙铮：《政治关联、高管薪酬与企业未来经营绩效》，载《管理世界》2014 年第 5 期。

[②] 姜付秀、朱冰、王运通：《国有企业的经理激励契约更不看重绩效吗？》，载《管理世界》2014 年第 9 期。

[③] 梁上坤、陈冬华：《业绩波动性与高管薪酬契约选择据》，载《金融研究》2014 年第 1 期。

[④] 刘浩、许楠、张然：《多业绩指标竞争与事前谈判：高管薪酬合约结构的新视角》，载《管理世界》2014 年第 6 期。

[⑤] 李维安、孙林：《高管薪酬与公司业绩：2009～2012 年 A 股上市公司检验》，载《改革》2014 年第 5 期。

[⑥] 林钟高、郑军、汤谢莹：《关系专用性投资与高管薪酬业绩敏感性》，载《财经研究》2014 年第 9 期。

(三) 企业高管薪酬的影响因素

陈仕华等分析指出，国有企业纪委参与公司治理（与纪委未参与公司治理的情况相比）对高管的非货币性私有收益有显著的抑制作用，而对高管的货币性私有收益则无显著影响。在进一步考察国有企业纪委的治理参与在不同情景中的作用，国有企业纪委参与监事会治理（与参与董事会治理的情况相比）、国有企业总经理是中共党员（与总经理不是中共党员的情况相比），以及在中央国有企业（与在地方国有企业中的情况相比）时，纪委的治理参与对高管的非货币性私有收益的抑制作用更强。国有企业纪委的治理参与公司治理，对高管的非货币性私有收益有显著的抑制作用，而对高管的货币性私有收益则无显著影响。[1]

罗宏等认为，国企高管通过提高其薪酬与较高业绩指标的相关性来操纵薪酬契约，而且管理层权力越大，操纵行为越明显。地方政府控制和相对薪酬较高的国有企业高管的薪酬契约操纵行为更严重，即追求货币收益、为其高额薪酬辩护以减少愤怒成本是薪酬契约操纵的主要动机。此外，外部环境不确定性的增加会加剧国企高管薪酬契约操纵行为，而公司内部治理质量和市场化水平的提高则能够抑制这种操纵行为。[2]

---

[1] 陈仕华、姜广省、李维安：《国有企业纪委的治理参与能否抑制高管私有收益?》，载《经济研究》2014年第10期。

[2] 罗宏、宛玲羽、刘宝华：《国企高管薪酬契约操纵研究》，载《财经研究》2014年第4期。

第十三章 "三农"问题研究新进展

2014年,"三农"问题仍然是学界研究的重点,在所有热点排名中高居第三位,显示了"三农"问题的重要性。与往年相比,研究方法上,仍然一贯以田野调查和实证分析等方法为主;在研究内容上,主要在新型城镇化、农民工、农村金融、农民合作社和粮食安全方面取得了新进展。

一、新型城镇化

2014年3月《国家新型城镇化规划(2014~2020)》的发布,吸引学者们开始对新型城镇化内涵和实现路径进行深入研究。

(一)新型城镇化内涵

学者们针对当前我国城镇化存在的缺陷,对新型城镇化内涵进行了阐释,主要包括:

1. 高效、包容和可持续

国务院发展中心和世界银行联合课题组将新型城镇化诠释为高效、包容和可持续。高效即最优地使用人口、土地和资本等生产资源;包容即为人民提供分享城镇化成果的均等机会,在生产力最高的地方获得就业机会,积累财富和储蓄,以及在全国范围获得同质的公共服务;可持续即是与我国的环境(土地、空气和水资源)和自然资源条件相适应的城镇化,能够提供和人民愿望相称的城市生活质量。① 袁博等对新型城镇化内涵的阐述基本一致,并将其表述为以城乡统筹、城乡一体、产城互动、节约集约、生态宜居、和谐发展为基本特征,以实现城乡基础设施一体化和公共服务均等化,促进经济社会发展为目标。②

2. 高生产率企业(或产业)支撑

陈强远等认为,没有高生产率企业或高技术产业支撑的城镇化难以持续。高生产率的企业(或产业)形成了城市的技术比较优势,技术比较优势创造的高净收入会吸引劳动力在这一城市的不断集聚。在循环累积因果效应下,这一城市会不断提升和巩固自身在城市层级体系中的地位。最终,将出现以具有技术比较优势的城市为中心的非对称均衡结构,甚至是完全的"中心—外围"结构。③ 袁博等也指出,城镇化应该建立在高质量的产业结构调整基础上,要以创新推动产业升级,使新型城镇化与新型工业化同步发展,特别要大力发展战略性新兴产业,充分利用外商直接投资的溢出效应,注重技术引进的集成创新与消化吸收再创新,发挥外商直接投资与技术创新的联动作用,进而促进我国城镇化高速集约式的全新发展。④

3. 内需作为经济增长的主要引擎

倪鹏飞等构建了开放经济体系下工业化过程的剩余劳动力转移模型研究发现,在开放体系下,低成本的劳动力和出口导向战略,使工业化加速推进,但本国劳动力工资水平上升缓慢,需求无法支撑经济增长,对外部需求的依赖势必导致贸易顺差和滞后城市化并存。解决当前中国城市化滞后的重要途径,是加快推进工业化进程,促进产业结构升级,在扩大就业的同时,提升工资水平,以内需作为经济增长的主要引擎,逐步解决"半城镇化"的问题,最终实现工业化与城镇化的同步协调发展。⑤

---

① 国务院发展研究中心和世界银行联合课题组:《中国:推进高效、包容、可持续的城镇化》,载《管理世界》2014 年第 4 期。
②④ 袁博、刘凤朝:《技术创新、FDI 与城镇化的动态作用机制研究》,载《经济学家》2014 年第 10 期。
③ 陈强远、梁琦:《技术比较优势、劳动力知识溢出与转型经济体城镇化》,载《管理世界》2014 年第 11 期。
⑤ 倪鹏飞、颜银根、张安全:《城市化滞后之谜:基于国际贸易的解释》,载《中国社会科学》2014 年第 7 期。

4. 真正的人口城镇化

我国特殊户籍制度不仅造成了城乡居民的二元制度隔离，也固化了城市层级体系，它一方面阻碍了农业人口向城镇人口的身份转变，另一方面也阻碍了从某一城市流向另一城市的城－城流动人口的身份转变，影响了城镇化质量。在我国特殊户籍制度作用下，"真正的人口城镇化"包括了农业转移人口市民化和城—城流动人口市民化两个方面。①

（二）新型城镇化的实现路径

1. 形成合理的城市规模结构

在新型城镇化推进过程中，形成大中小城市和小城镇分工合理、协调发展、等级有序的城市群结构体系，使之成为中国推进城镇化的主体形态和吸纳新增城镇人口的主要载体②，这在学界已经达成了共识，大家的分歧主要在于未来应该重点发展城市群中哪个规模的城市。主要观点有：

（1）以中型城市为主。未来重点发展中型城市，是当前对城市化规模结构研究中略占上风的观点。主要理由有：

第一，资源环境承载能力、城市公共设施容量和人口吸纳能力，以及城农民迁移意愿决定了发展中型规模城市更为合适。比如，魏后凯指出，未来中国特大城市、大城市、中小城市和建制镇吸纳新增城镇人口的比例由目前的38∶8∶9∶47转变为30∶18∶18∶34比较合适。要实行差别化的人口规模调整政策，严格控制400万人以上的特大城市人口规模，着力提高中小城市和小城镇综合承载能力③。

第二，地区资源配置效率优势正转向中型城市，决定了发展中型城市效益更大。余壮雄等实证研究表明，城镇化对于地区资源配置存在"跷跷板"效应，从趋势上看，城市化效率与城市规模之间"U"型结构正在逐渐向倒"U"型结构翻转，城镇化优势正在从特大城市向中型城市转移。为此，中国的城镇化以发展中型城市为主，将带来更大效益。政府应适当

---

① 刘妮娜、刘诚：《合理、有序推进中国人口城镇化的路径分析》，载《经济学家》2014年第2期。

②③ 魏后凯：《中国城镇化进程中两极化倾向与规模格局重构》，载《中国工业经济》2014年第3期。

控制特大城市发展，解决城市过度拥挤所带来的各种社会问题；但同时也提出，在当前规划基础上拓宽对中型城市的界定，避免城市规模偏小所导致的效率损失①。

（2）尽量减少中型城市。也有学者提出了相反的观点，反对将中型城市作为主要的发展方向。比如，孙三百从城市规模与幸福感之间关系的角度研究发现，城市规模与幸福感呈"U"型关系，市辖区人口规模为300万人左右时，个体幸福感最低。因此，从增强居民幸福感的角度出发，我国城市体系构建中，应当尽量减少中等规模城市的数量，应该主要发展以特大或超大城市为中心、由几个100万人口级别的大城市组成是城市群。②

2. 真正推进人口城镇化

刘妮娜等指出，未来5~10年，应该将农业转移人口和城—城流动人口"一分为二"，区分对待，大城市、发达地区仍需依托户籍制度来推进人口城镇化，小城镇、欠发达地区可推行人口常住化，协同多条路径共同解决人口无序流动和过度集中的难题，促进人口有序流动与合理分布，达到推进"真正的人口城镇化"目的。主要路径有三条：一是产业留人与产业送人、产业转移与相应的人口转移的经济路径；二是包括区分大城市、发达地区和中小城市、欠发达地区积极放开户籍制度，提升公共服务质量的公共服务路径；三是促进就地市民化的城乡一体化路径。③ 其中，人均公共服务均等化是推进以人为核心的新型城镇化的必然要求也是市场经济公平正义的普遍守则和国际通则。④

3. 推进全面的、综合的改革

国务院发展研究中心和世界银行联合课题组认为，新型城镇化模式需要政府重新定位，实现更高质量的增长，构建新型城镇化模式的六大优先

---

① 余壮雄、李莹莹：《资源配置的"跷跷板"：中国的城镇化进程》，载《中国工业经济》2014年第11期。
② 孙三百、黄薇、洪俊杰、王春华：《城市规模、幸福感与移民空间优化》，载《经济研究》2014年第1期。
③ 刘妮娜、刘诚：《合理、有序推进中国人口城镇化的路径分析》，载《经济学家》2014年第2期。
④ 孙红玲、唐未兵、沈裕谋：《论人的城镇化与人均公共服务均等化》，载《中国工业经济》2014年第5期。

领域为：一是改革土地管理制度；二是改革户籍制度，实现基本公共服务均等化，促进具备技能的劳动者自由流动；三是将城市融资建立在更可持续的基础之上，同时建立有效约束地方政府的财政纪律；四是改革城市规划和设计；五是应对环境压力；六是改善地方政府治理。其中，最为迫切的问题是土地方面的议程。① 郭熙保也认为，市民化过程是一个综合性的、全局性的系统工程，仅仅依靠户籍制度改革是不能解决问题的，还必须同步推进土地制度改革。②

4. 加快城市产业升级和技术进步

依靠产业集聚和工业化来支撑城镇化是新型城镇化的发展方向，但同时要注重产业升级和技术进步，通过高技术产业的集聚和新型工业化来推动城镇化。③。

二、农民工

我国不彻底的城市化进程造就了特殊的"农民工"群体，并带来了农民工劳动供给意愿下降和农民工城市融入低等问题，2014年学界对农民工问题的关注，不再从宏观层面寻求农民工问题的解决之道，而是更加集中地从人力资本角度关注了农民工就业和收入，从教育和医疗保障角度关注了农民工城市融入，以更有效地推进农民工市民化。

（一）人力资本角度的农民工就业和收入

1. 人力资本与农民工就业的关系

第一，人力资本影响农民工就业地点。李琴等发现，受教育程度较高、具有更多外出务工经验和广东省外的农民工更倾向于在产业转出地就

---

① 国务院发展研究中心和世界银行联合课题组：《中国：推进高效、包容、可持续的城镇化》，载《管理世界》2014年第4期。
② 郭熙保：《市民化过程中土地退出问题与制度改革的新思路》，载《经济理论与经济管理》2014年第10期。
③ 陈强远、梁琦：《技术比较优势、劳动力知识溢出与转型经济体城镇化》，载《管理世界》2014年第11期。

业，产业转出地和产业承接地农民工工资之间存在明显的差异，产业转出地农民工的教育回报率明显高于产业承接地。①

第二，人力资本与农民工工作不匹配。王广慧等以新生代农民工为对象研究发现，新生代农民工教育与工作匹配程度不高，约50%的受访者认为自己的受教育程度不能满足当前工作的需要，近42%的受访者认为，职业教育是他们当前工作所必需的，高中教育次之。②

2. 人力资本影响农民工收入

第一，人力资本影响农民工工资高低。詹鹏研究发现，教育质量不仅显著影响农村外出劳动力的收入水平，而且会影响教育年限回报率。③ 王广慧等也指出，新生代农民工群体中教育不足的情况比较突出，教育不足将显著降低其工资收入，工作经验对新生代农民工的收入效应显著高于正规教育的收入效应。④王春超等从农民工多维贫困视角研究指出，收入与教育维度的贫困对农民工多维贫困的贡献率较高，尤其是教育维度的贡献率更高且呈现上升趋势。⑤

第二，人力资本影响农民工工资不平等程度。李琴等指出，受教育程度回报率差异扩大了产业转出地和承接地农民工工资差异⑥。田新朝等也指出，各地区之间农民工工资不平等程度差异不大，人力资本是导致收入不平等的最重要因素，人力资本变量中文化程度对收入不平等的贡献率最大。⑦

（二）农民工城市融入的影响因素

1. 教育

以前农民工城市融入程度低的很大原因在于户籍制度导致的公共服务

---

①⑥ 李琴、朱农：《产业转移背景下的农民工流动与工资差异分析》，载《中国农村经济》2014年第10期。

②④ 王广慧、徐桂珍：《教育—工作匹配程度对新生代农民工收入的影响》，载《中国农村经济》2014年第6期。

③ 詹鹏：《教育质量与农村外出劳动力的教育回报率》，载《中国农村经济》2014年第10期。

⑤ 王春超、叶琴：《中国农民工多维贫困的演进》，载《经济研究》2014年第12期。

⑦ 田新朝、张建武：《农民工工资收入不平等与影响因素研究》，载《财经论丛》2014年第3期。

不均衡等外部因素，现在当很多中小城市允许农民工进城落户时，却也出现了农民工主动作出不融入城市的选择。黄江泉等认为，农民工进城落户的决策主要取决于对城镇户口与乡村户口附带利益大小的比较，绝大部分农民工目前最担忧的是自身人力资本严重不足，以致无法进入城镇主流劳动力要素市场，因而缺乏在城镇可持续生活支撑能力。[1] 赵立等也指出，新生代农民工群体内部，市民化的心理适应水平存在较大差异，个体人力资本、经济状况、职业因素和社会因素等都是引起差异的主要因素，其中人力资本是根本。[2]

2. 医疗保险

秦立建等构建了一个综合性的农民工城市融入指标研究发现，医疗保险促进了农民工的城市融入，但存在分位效应。即养老保险具有类似门槛效应，是否有养老保险对不同层次的农民工都很重要，而医疗保险具有类似福利的效应，不仅看是否有医疗保险，更重要的是医疗保险的内容是否符合不同层次农民工的需要。随着农民工在城镇居住、就业方面的壁垒逐渐消除，医疗保险制度对农民工融入城市生活的综合影响越来越强。[3] 秦雪征等从医疗保险阻碍农民工市民化的角度反面验证了医疗保险对农民工城市融入的重要性。他们发现，参加新兴农村合作医疗明显增强了农民工的返乡意愿，但参加城镇医疗保险对农民工的"吸纳效应"却并不显著，城镇医疗保险较高的参保门槛及其"不可携带性"降低了农民工的医疗保障水平，阻碍了农民工的市民化进程[4]。

三、农村金融

2014年关于农村金融的研究，除了仍然实证研究农村金融市场存在的严重信贷供给和农户的借贷行为外，最为明显的变化是开始尝试将农村

---

[1] 黄江泉、李晓敏：《农民工进城落户的现实困境及政策选择》，载《经济学家》2014年第5期。
[2] 赵立：《新生代农民工的市民化心理适应》，载《管理世界》2014年第11期。
[3] 秦立建、陈波：《医疗保险对农民工城市融入的影响分析》，载《管理世界》2014年第10期。
[4] 秦雪征、周建波、辛奕、庄晨：《城乡二元医疗保险结构对农民工返乡意愿的影响》，载《中国农业经济》2014年第2期。

土地制度改革纳入农村金融改革框架，试图通过农地抵押等制度创新化解农村金融困境。主要进展有：

（一）实证研究了农地抵押贷款需求的影响因素

黄惠春实证研究发现，实际耕地面积、工资性收入比例、流入农地及农户的农地价格认知，对农户农地抵押贷款需求具有显著影响。[①] 杨婷怡等通过调查研究发现，受访者性别、家庭生产经营类型、家庭负债水平、是否有家庭成员或亲戚朋友担任村干部、对农村信用社服务以及信誉评价、对农村产权抵押融资是否了解、是否获得过农村产权抵押贷款等因素对农户参与农村产权抵押融资的意愿有显著影响。在需求约束下农地抵押贷款的可得性更依赖于农户的信用记录。[②]

（二）分析了农地金融化的问题及完善方向

1. 农地金融化存在的问题

第一，农地被长期排斥于农村金融体系之外。虽然农村土地承包经营权抵押已有政策基础，但在法律层面仍属于禁止之列。[③] 我国现行法严格限制农地金融化，阻碍了农村金融的发展。[④]

第二，农地抵押贷款合约交易成本高。黄惠春指出，在当前的农村法律、经济与社会条件下，农地抵押贷款的合约交易成本较高，为了降低信贷风险，农村金融机构将贷款对象瞄准大农户和优质的存量客户，农地抵押贷款对解决小农户的融资困境并无显著作用[⑤]。

第三，土地转让权不完整。谢冬水指出，现行土地制度下土地转让权不完全，造成农民土地财产的流动性不足，从而导致农村劳动力在向城市迁移过程中因缺乏资金支持而无法承担迁移成本，因而难以在城市永久定

[①⑤] 黄惠春：《农村土地承包经营权抵押贷款可得性分析》，载《中国农村经济》2014年第3期。

[②] 杨婷怡、罗剑朝：《农户参与农村产权抵押融资意愿及其影响因素实证分析》，载《中国农村经济》2014年第4期。

[③] 汪险生、郭忠兴：《土地承包经营权抵押贷款：两权分离及运行机理》，载《经济学家》2014年第4期。

[④] 高圣平：《农地金融化的法律困境及出路》，载《中国社会科学》2014年第8期。

居成为真正的城市居民，加剧了城乡收入差距。①

第四，土地承包经营权抵押受到土地市场发育程度约束。由于担保物的评估，尤其是贷款人违约时担保物的处置依赖于一个健全的土地市场。但我国农村土地细碎化严重，交易费用高，又因为集体内部处置担保物碍于熟人的情面关系，导致农村土地市场是一个缺乏竞争性的薄市场，约束了土地承包经营权抵押。②

第五，土地承包抵押权受制于主体特征。赵振宇认为，承包农户和农村土地股份合作社开展土地承包经营权抵押，逻辑清晰，具有可操作性；而专业大户、家庭农场、农民专业合作社和农业企业开展抵押，在理论上不具可行性，在实践中存在很大的金融风险。③

2. 农地金融化的完善方向

第一，去除实定法对农地金融化的限制。高圣平指出，农地的金融化是农地财产属性的题中之意，无论是否承认农地的社会保障功能，都不影响农地的金融化。我国实定法对农地金融化的限制应当去除。但应注意的是，农地金融化改革只是新一轮土地制度改革中的一个环节，还需要与农地产权制度、农地流转制度等一起考虑，才能协力促进农地制度改革与发展。④黄惠春也指出，应该在条件允许的地区，有选择地放开农村土地承包经营权抵押的法律限制。⑤

第二，提高农户对土地产权抵押融资认知水平。地方政府应加强与主办金融机构的合作，通过多种媒介面向广大农户宣传农村产权抵押融资业务及其优势，扩大农村产权抵押融资的影响范围。⑥

第三，加大参与试点金融机构的支持力度。加大地方政府对参与试点

---

① 谢冬水：《农地转让权、劳动力迁移与城乡收入差距》，载《中国经济问题》2014年第1期。
② 汪险生、郭忠兴：《土地承包经营权抵押贷款：两权分离及运行机理》，载《经济学家》2014年第4期。
③ 赵振宇：《基于不同经营主体的农地承包经营权抵押问题研究》，载《管理世界》2014年第6期。
④ 高圣平：《农地金融化的法律困境及出路》，载《中国社会科学》2014年第8期。
⑤ 黄惠春：《农村土地承包经营权抵押贷款可得性分析》，载《中国农村经济》2014年第3期。
⑥ 杨婷怡、罗剑朝：《农户参与农村产权抵押融资意愿及其影响因素实证分析》，载《中国农村经济》2014年第4期。

的农村金融机构的政策扶持和财政支持,① 提升农村信用社信贷服务质量和信誉水平,为农村产权抵押融资开展创造有利条件。②

第四,深化农村土地产权制度改革。逐步提高土地使用权的可转让程度,赋予农民更自由的土地转让权。③

第五,选择合适的抵押贷款模式和治理结构。汪险生等基于江苏新沂市与宁夏同心县的实践分析认为,"资产主导型"与"关系主导型"土地承包经营权抵押贷款皆基于土地承包经营权细分为土地承包权与土地经营权。"资产主导型"模式主要以"集中连片土地的经营权"作为抵押标的物;"关系主导型"模式则主要以"群体信用"为基础、辅以"分散土地的经营权"为抵押标的物。在"资产主导型"模式的初期,政府可通过做市制度或财政补贴政策,加快农地租赁市场发育、增强资产的变现能力。同时,发挥新型农村经济组织的信息优势、技术优势,有利于推动"关系主导型"土地承包经营权抵押贷款④。郭忠兴等认为,农地抵押贷款的多级"链式"交易过程决定了"混合型"治理结构具有较低的交易费用,宁夏同心县农地抵押贷款模式采取的"土地承包经营流转合作社＋市场"这一混合型的治理结构证实上述研究推论。⑤

四、农民合作社

对农民合作社的关注已经持续了多年,2014 年的研究主要是从理论上阐释农民合作社的设立机制和本质,并实证考察农民合作社的发育程度。

(一) 农民合作社的设立机制

梁巧等基于产业组织生态学理论考察了农民合作社的设立机制认

---

① 黄惠春:《农村土地承包经营权抵押贷款可得性分析》,载《中国农村经济》2014 年第 3 期。
② 杨婷怡、罗剑朝:《农户参与农村产权抵押融资意愿及其影响因素实证分析》,载《中国农村经济》2014 年第 4 期。
③ 谢冬水:《农地转让权、劳动力迁移与城乡收入差距》,载《中国经济问题》2014 年第 1 期。
④ 汪险生、郭忠兴:《土地承包经营权抵押贷款:两权分离及运行机理》,载《经济学家》2014 年第 4 期。
⑤ 郭忠兴、汪险生、曲福田:《产权管制下的农地抵押贷款机制设计研究》,载《管理世界》2014 年第 9 期。

为，农民合作社设立的诱因主要有：一是由于信息不对称和外部性等问题存在，技术创新或新技术应用、政策调整、消费偏好的改变等环境因素改变，都为合作社发展提供了充分的生态位，驱动了合作社的设立；二是农户为了在竞争中取胜和争夺市场机会；三是合作社密度较低，也会导致新的合作社不断产生；四是精英农户和政府在合作社生态化和制度化过程中的领导作用；五是合作社相关法律法规的完善和合作社社区的嵌入性加强。① 邓衡山等则认为，合作社是为了实现潜在的规模经济而产生的。②

（二）合作社的本质

第一，所有者与惠顾者同一。合作社要实现自己相对于公司及"公司农户"的独特优势，就必须实行独特的组织方式，这一组织方式就是合作社的本质规定："所有者与惠顾者同一"。③

第二，交易成本最小化、大户利益最大化。邓宏图等指出，在金融资本、土地资本、人力资本的约束下，如何变换手段选择不同组织形态使交易成本最小化、大户（龙头企业）利益最大化，是理解中国式农业合作社的关键所在。④

（三）农民合作社的发育状况

第一，合作社之间的市场经济活动竞争性较低。由于我国合作社规模小和地域性的特点决定了当前虽然合作社数量众多，但是相互之间的市场经济活动竞争性较低，这也将使得我国的合作社设立在目前和今后还将持续一段时间。⑤

第二，大部分合作社不具备合作社的本质规定。邓衡山等运用多案例研究对现实中合作社的本质进行检视发现，我国大部分合作社都不具备合作社的本质规定，其本质仍旧是公司或"公司+农户"等其他类型的组

---

①⑤ 梁巧、王鑫鑫：《我国农民合作社设立机制》，载《经济理论与经济管理》2014年第7期。

②③ 邓衡山、王文烂：《合作社的本质规定与现实检视》，载《中国农村经济》2014年第7期。

④ 邓宏图、王巍、韩婷：《转型期农业合作社的现实与逻辑：来自山东寿光的经验观察》，载《中国农村经济》2014年第7期。

织。造成这一现象的原因在于农户间的异质性和现行的政策环境。①

第三，农户与合作社的缔约方式取决于所经营农产品风险。当产品经营风险较大时，但参与双方将采用分成合同；反之，当农产品经营风险相对较低或较易控制时，参与人将采用固定租金合同。②

第四，合作社内部利益分配由参与人投入的人力和物力资本对总产出的重要程度来决定。谁在生产经营过程中投入，对绩效影响越大，谁就在最终产出分配上占优，反之则反。③

第五，合作社存在事前的合约激励相容不如事后的合约治理机制现象。郑飞虎等基于九龙坡合作社"二次分红"案例发现，即使在平等自愿互利的合作社机制下，仍然存在着交易之后的不稳定性：比如小农户的"背叛"，需要通过制度创新，提升合作社软硬件能力，从而发挥这一农业组织模式的积极作用。④

五、粮食安全

（一）我国粮食安全状况评估

学者们从居民粮食消费总量和食物消费两个角度分别评估了我国粮食安全状况：

1. 居民粮食消费总量角度

李国祥在 2013 年粮食生产能力的基础上，根据我国人口数量、城镇化率、城乡居民食物消费量变化等因素，估计到 2020 年我国居民粮食消费总量大约为 6 亿吨，其中，口粮和饲料粮消费量分别大约为 2 亿吨和 4 亿吨。按照国内粮食总产量与中国居民口粮和饲料粮消费量保障系数 1.2 的要求估算，到 2020 年，我国粮食生产能力要达到 7 亿吨才能满足确保

---

① 邓衡山、王文烂：《合作社的本质规定与现实检视》，载《中国农村经济》2014 年第 7 期。

②③ 邓宏图、王巍、韩婷：《转型期农业合作社的现实与逻辑：来自山东寿光的经验观察》，载《中国农村经济》2014 年第 7 期。

④ 郑飞虎、徐伟：《九龙坡合作社的"二次分红"：中国农户交易的制度创新》，载《南开经济研究》2014 年第 4 期。

粮食安全的需要。从中国目前的粮食安全保障政策及其资源条件看，2020年，我国具备 7 亿吨粮食的生产能力，但是需要注意防范政策执行不到位等风险。①

2. 食物消费规律角度

毛学峰等通过梳理美国、欧盟、日本、韩国和中国台湾地区的食物消费统计资料发现，食物消费存在四大特点，分别是在经济水平发达之前食品消费严重依赖本国（地区）农业自然资源禀赋、食物消费饱和状态广泛存在、班尼特法则②和在外饮食常态化。而且，当人均 GDP 进入 15000～20000 美元区间后，食物消费趋于稳定或缓慢增长，粮食和肉类人均消费（包含水产品）均趋近于"双百"状态：口粮消费约 100 千克/人，肉类和水产平加总约 100 千克/人。从我国内地的食物消费来看，2020 年后将趋于稳定或进入缓慢增长阶段，但在肉类、植物油和食糖消费上还存在较大缺口。③

（二）确保粮食安全的新思路

在各地创新实践基础上，学者们对确保我国粮食安全提出了新的思路，主要有：

1. 通过制度创新激活粮食产业活力

郭晓鸣等察了四川省崇州市的粮食经营方式创新认为，"土地股份合作社＋农业职业经理人＋农业生产性服务"的具有显著西南地区区域特征的粮食适度规模经营模式，将原本趋近衰落的粮食产业变为能够产生足够经济激励的赢利产业。崇州市的实践表明，在西南地区耕地资源约束严峻的现实条件下探索粮食适度规模经营的现代化道路，更现实的路径应是通过制度创新构建农民自主参与的内生动力机制，促使农民以"集体行动"

---

① 李国祥：《2020 年中国粮食生产能力及其国家粮食安全保障程度分析》，载《中国农村经济》2014 年第 5 期。
② 即随着收入增加，民众食物消费的选择范围扩大，大部分食品消费变为非必需品，选择适当营养食品成为主要选择对象。
③ 毛学峰、刘靖、朱信凯：《国际食物消费启示与中国食物缺口分析：基于历史数据》，载《经济理论与经济管理》2014 年第 8 期。

的合作方式实现土地适度集中并搭建粮食适度规模经营的平台。①

2. 推进城镇化、农业现代化和工业协调发展

冷智花等围绕人口和土地两大要素，分析城镇化失衡发展对粮食安全的影响认为，在人地关系调整大背景下，城镇化失衡发展对粮食安全造成巨大威胁，要确保粮食安全就需要做到：加快农业现代化建设，促进城镇化、农业现代化、工业化的协调发展；对粮食主产区实行单独的行政考核机制，不以经济增长为绝对标准；保障农户种粮收益，健全粮食价格机制，防止谷贱伤农；根据区域人地匹配关系实施差异城镇化战略。②

3. 把全球粮食资源纳入我国粮食安全战略考量

朱晶等以我国进口依存度最大的作物大豆为例，分析了南半球大豆产量增长对我国大豆进口数量和进口价格波动以及对国际大豆价格水平的影响发现，南半球大豆产量增长有利于平抑中国进口大豆数量和价格的季节性波动，且有利于降低国际大豆价格水平。我国在未来合理利用南半球粮食资源有利于提高贸易福利和保障粮食安全。从未来的发展趋势看，在全球化、经济一体化的当今世界，中国在国际分工中发挥比较优势、向全球输出相对丰裕要素和工业产品的同时，也需充分利用国外相对丰富而中国相对稀缺的粮食生产资源，除大豆之外，中国利用国外小麦、玉米等粮食货源时也应充分考虑南北半球季节互补性，并积极加强与南半球国家的合作，开拓多元化的粮食来源，把全球粮食资源纳入中国粮食安全的战略考量，保障中国今后长期的、可持续的粮食安全。③

---

① 郭晓鸣、董欢：《西南地区粮食经营的现代化之路》，载《中国农村经济》2014 年第 7 期。

② 冷智花、付畅俭：《城镇化失衡发展对粮食安全的影响》，载《经济学家》2014 年第 11 期。

③ 朱晶、丁建军、晋乐：《南北半球季节互补性与中国粮食进口市场选择：以大豆为例》，载《中国农村经济》2014 年第 4 期。

第十四章 收入分配与收入差距问题研究新进展

当前我国收入分配领域存在的主要问题是劳动收入占比偏低、收入差距过大、收入流动性和贫困问题，2014年学者们聚焦这些重大问题，剖析其发生的原因和机理，提出有针对性的政策建议，使这些问题的研究取得了新的进展。

一、劳动收入占比偏低的原因及提高途径

劳动收入占比偏低，是我国近些年来初次收入分配中的突出问题。在已有研究的基础上，2014年学者们又做出了进一步的研究。

（一）劳动收入占比偏低的主要原因

造成劳动收入占比偏低的原因有多种多样，概括起来主要有：

1. 二元经济结构不利于劳动收入份额的增加

陈宗胜等发现，经济的二元性越明显，劳动收入占比越低，我国二元经济结构变动使劳动收入占比处于"U"型曲线的左边下降段。[1] 付文林等进一步分析了二元经济影响劳动收入份额的区域特征，认为二元经济分割导致沿海地区的工业部门劳动力供给相对过剩，使工资增长远落后于经济增长，从而使我国劳动者整体报酬率不断下降。东中部省份其分割程度

---

[1] 陈宗胜、宗振利：《二元经济条件下中国劳动收入占比影响因素研究》，载《财经研究》2014年第2期。

越高，劳动收入占比越高，而西部省份分割程度越高，劳动收入占比却越低，这也侧面支持了劳动收入占比随经济发展呈"U"型变化的观点。①

2. 财政分权改革挤压了劳动收入份额

这主要体现在：一是财政分权改革为提高税负打开了空间，使税收开始超速增长；二是在高税负下，企业会根据税收制度对分配的影响，在生产环节就调整自己的行为，形成对自己最有利的结果，提高了资本的收入份额。②

3. 资本积累会导致劳动收入份额下降

蒋为等发现中国在2000~2011年的资本劳动替代弹性小于1，资本积累的直接效应导致劳动收入份额下降。③ 高虹的研究也发现，固定资产投资降低了劳动力收入，这可能与政府主导型投资的效率较低有关。④

4. 劳动者相对于政府和企业的弱势地位导致劳动收入份额下降

企业拥有的强势权利配置控制权使员工普遍获得了低于"公平"价格的劳动所得，其幅度达7.93%，相比于其他所有制企业，国有企业员工普遍拥有较弱的权利配置控制权使国有企业员工并未获得更高的劳动所得，原因在于国有企业的大量利润留存并未用于保障员工权益，而是更多地转化为资本用于企业发展，造成员工获得的权益普遍下降。⑤ 企业的强势地位导致劳动收入下降的机制主要：一是国有企业退出部分市场、中国市场化的推进与工会组织的发展不同步造成劳动力议价能力下降；二是垄断降低了劳动收入份额，提高了资本和政府的收入份额；⑥三是生产的物质条件和人身条件的分离、生产过程中的劳资对抗，以及各种形式的市场和制度障碍是导致初次分配过程中劳动、资本等生产要素所占比重累积性失衡

---

① 付文林、赵永辉：《价值链分工、劳动力市场分割与国民收入分配结构》，载《财经研究》2014年第1期。
②⑥ 伍山林：《收入分配格局演变的微观基础》，载《经济研究》2014年第4期。
③ 蒋为、黄玖立：《国际生产分割、要素禀赋与劳动收入份额：理论与经验研究》，载《世界经济》2014年第5期。
④ 高虹：《城市人口规模与劳动力收入》，载《世界经济》2014年第10期。
⑤ 刘长庚、许明、刘一蓓：《员工获得了"公平"的劳动所得吗》，载《中国工业经济》2014年第11期。

的主要原因;① 四是近年来我国房地产膨胀导致收入流向不均衡,居民收入增长相对缓慢,政府则是收入分配中的最大赢家;② 五是劳动力流动对劳动收入份额的影响则具有阶段性:在工资上升机制尚未启动时,劳动力流动通过产业结构变化使宏观劳动收入份额下降;而一旦工资上升机制启动,则会通过生产技术起作用;③ 六是企业利用强势地位将其社会保险缴费负担转嫁给员工,从而降低了工资收入。对于受教育程度较低或非技术类型的员工,企业会将其10%~50%的社会保险缴费负担以降低工资的方式转嫁给他们,而对人力资本程度较高的员工,企业很难转嫁。④

5. 人民币贬值降低了工资份额

李颖等实证考察了人民币实际汇率变动对工资份额和利润份额的影响,发现人民币贬值显著提高了利润份额,降低了工资份额,从而恶化了收入分配不公,而人民币升值则有利于改善收入分配不平等。⑤

6. 贸易自由化显著降低了劳动收入份额

余森杰等的研究结果显示中国的贸易自由化通过降低资本品成本、中间投入品价格和技术引进的成本,显著降低了企业层面的劳动收入份额,而且企业面临的关税水平下降幅度越大,劳动收入份额减少越多。⑥

(二) 提高劳动收入占比的主要途径

劳动收入份额较低,不仅影响劳动者的生活水平,还会通过减弱国内需求影响经济的可持续增长。我国正处在"工资拉动增长"的新阶段,提高劳动收入份额对投资增长没有显著的负面影响,对出口增长确有一定的抑制作用,但这种抑制作用远不及它对国内消费增长的促进作用。因此,

---

① 袁辉:《我国功能性分配失衡的原因及对策》,载《经济理论与经济管理》2014年第4期。
② 原鹏飞、冯蕾:《经济增长、收入分配与贫富差距》,载《经济研究》2014年第9期。
③ 伍林山:《收入分配格局演变的微观基础》,载《经济研究》2014年第4期。
④ 封进:《社会保险对工资的影响》,载《金融研究》2014年第7期。
⑤ 李颖、钱程、王海兵:《人民币汇率变动的收入分配效果研究》,载《经济科学》2014年第3期。
⑥ 余森杰、梁中华:《贸易自由化与中国劳动收入份额》,载《管理世界》2014年第7期。

总体上说，提高劳动收入占比有利于总需求尤其是国内需求的扩张。[①] 提高劳动收入占比，主要可以通过以下途径：

1. 促进产业走向中高端

中高端产业的高附加值，可以为提高劳动收入占比奠定坚实的产业基础。这就需要：一是促进产业的价值链攀升，提高国民经济的价值创造能力；[②] 二是进一步优化我国的出口商品结构，不断提升出口产品附加值，通过参与全球市场来改善工人福利，降低在工资收入方面出现"贸易的贫困化增长"的风险；[③] 三是积极引导中小型非科技工业企业依据要素禀赋承接劳动偏向型技术产业，以提升劳动收入份额。[④]

2. 深化经济体制改革

全面深化改革，可以为提高劳动收入占比奠定坚实的体制基础，保证劳动收入占比提高的稳定性和持续性。这就需要：一是对中国绝大多数企业而言，减低增值税与营业税实际税负，同时提高所得税实际税负可以提高劳动收入份额；[⑤] 二是完善地方税制结构，克服对土地财政的依赖，很可能是破解收入分配向政府倾斜的良方；[⑥] 三是提高市场竞争度可以显著提高劳动收入份额；[⑦] 四是提高员工的权利配置控制权，即赋予员工平等获得收益的权利，强化员工普遍获得收入的权利，给予员工充分获得教育、医疗等基本生存和发展的权利。同时，国有企业作为收入分配改革的重点，应大幅提高其利润上缴比例，将上缴部分更多用于民生改善；[⑧] 五是劳动力的去商品化制度赋予了工人抵御市场风险和展开议价行为的能

---

① 刘盾、施祖麟、袁伦渠：《利润拉动还是工资拉动？》，载《南开经济研究》2014年第2期。

② 付文林、赵永辉：《价值链分工、劳动力市场分割与国民收入分配结构》，载《财经研究》2014年第1期。

③ 严兵、冼国明、韩剑：《制造业行业收入不平等变动趋势及成因分解》，载《世界经济》2014年第12期。

④ 姚毓春、袁礼、王林辉：《中国工业部门要素收入分配格局》，载《中国工业经济》2014年第8期。

⑤ 伍林山：《收入分配格局演变的微观基础》，载《经济研究》，2014年第4期。

⑥ 原鹏飞、冯蕾：《经济增长、收入分配与贫富差距》，载《经济研究》2014年第9期。

⑦ 钱震杰：《论劳动收入分配政策的有效性》，载《金融研究》2014年第4期。

⑧ 刘长庚、许明、刘一蓓：《员工获得了"公平"的劳动所得吗》，载《中国工业经济》2014年第11期。

力，因此有利于提升劳动报酬份额；① 六是营造良好的商业制度环境能够改善工资向下扭曲状况，显著抑制工资偏离。商业制度环境对非国有经济部门工资向下扭曲的抑制效果很明显，但对向上扭曲的抑制效果甚微。②

3. 发挥工会的维权作用

在我国，发挥工会的作用，的确可以提高会员职工的工资率，但表现出以下两方面的差异：一是在不同技能职工之间存在差异，中等技能职工获益高于均值，低技能职工低于均值，最高技能职工获益最小；二是在不同所有制职工之间存在差异，国有企业职工的收益主要在提高工资率上，而私营、港澳台和外资企业职工的收益则主要在缩减工作时间上。③

4. 提高劳动者的人力资本水平

一是提高教育水平和质量。教育显著促进了劳动力收入的提高，且随着收入分位数提高影响更为明显；④ 外语能力⑤和海外留学经历均对个体的收入都有显著的正向影响，其中海外留学经历对男性的回报高于女性，对提高东部地区工资收入有显著影响。⑥ 受教育水平的提高还会提升劳动力的议价能力与边际生产率，从而提劳动收入份额。⑦ 二是积累实践经验。经验对劳动力个人收入的影响呈倒"U"型。⑧ 三是形成高人力资本劳动者的集聚。劳动者的个人收入水平受益于城市整体人力资本水平的提高。⑨ 人力资本质量也会显著提高制造业的平均工资水平。⑩ 四是提升社会资本水平。通过研究社会资本对进城务工人员工资水平的因果效应发现：具有

---

① 李怡乐、孟捷：《中国劳动力商品化程度的变动及其对劳动者报酬的影响》，载《经济学家》2014 年第 12 期。
② 魏下海、董志强：《城市商业制度环境影响劳动者工资扭曲吗？》，载《财经研究》2014 年第 5 期。
③ 李明、徐建炜：《谁从中国工会会员身份中获益？》，载《经济研究》2014 年第 5 期。
④ 李萍、谌新民、谢斌：《劳动合同期限对制造业与非制造业部门工资差异的影响》，载《中国工业经济》2014 年第 4 期。
⑤ 刘泉：《外语能力与收入》，载《南开经济研究》2014 年第 3 期。
⑥ 许家云、刘廷华、李平：《海外留学经历是否提高了个人收入？》，载《经济科学》2014 年第 1 期。
⑦ 蒋为、黄玖立：《国际生产分割、要素禀赋与劳动收入份额：理论与经验研究》，载《世界经济》2014 年第 5 期。
⑧ 高虹：《城市人口规模与劳动力收入》，载《世界经济》2014 年第 10 期。
⑨ 宁光杰：《中国大城市的工资高吗？》，载《经济学（季刊）》2014 年第 2 期。
⑩ 严兵、冼国明、韩剑：《制造业行业收入不平等变动趋势及成因分解》，载《世界经济》2014 年第 12 期。

声望、财富、权力等社会资本,对进城务工人员的工资具有正向影响,社会资本部分地通过影响进城务工农民的工作类型而影响其工资水平。① 五是提高劳动要素在生产过程中的相对重要性。从长远来看,提高劳动收入份额的关键是要提升劳动要素的重要程度。②

5. 引导劳动力向城市合理流动

劳动力流向的城市的规模扩大有利于提高名义与实际收入水平,相对于中、高水平的劳动力来说,低收入劳动力由于大量集中在低技能服务业,因此其收益程度相对较小。③ 因此,应引导农村外出劳动力在不同规模城市间的合理流动,以实现其比较优势,获得更高的收益。另外需要发挥城市的聚集效应,通过互动效应和学习效应提高劳动者的收入,让劳动者分享城市化的成果。④

二、居民收入差距的形成原因及其调节

收入差距不仅是分配是否公平,而且还关系到共同富裕目标的实现,以及对改革开放是否正确的评价。因此,学者们对此倾注了更多的关注。

(一) 居民收入差距的变动趋势

1. 城市内部收入差距继续保持在高位,且显示出区域差异

具体表现在:一是欧阳葵等通过构建纳什—阿金森指数和罗尔斯主义AKS不平等指数研究发现,我国城市居民收入差距在2002年大幅上升之后一直保持在高位,只是在2005~2011年出现稍微的下降。⑤ 二是城市居民机会不平等的绝对值也呈现明显上升趋势,且机会不平等的上升速度要大于收入不平等的上升速度,机会不平等的相对值(与收入不平等的比

---

① 叶静怡、武玲蔚:《社会资本与进城务工人员工资水平》,载《经济学(季刊)》2014年第3期。
② 伍山林:《收入分配格局演变的微观基础》,载《经济研究》2014年第4期。
③ 高虹:《城市人口规模与劳动力收入》,载《世界经济》2014年第10期。
④ 宁光杰:《中国大城市的工资高吗?》,载《经济学(季刊)》2014年第2期。
⑤ 欧阳葵、王国成:《社会福利函数与收入不平等的度量》,载《经济研究》2014年第2期。

值）从 1996 年的 25% 左右上升到 2008 年的 33% 左右，相对于东部地区，中西部地区的机会不平等现象更为严重，[①] 但其工资收入差距较低。其中，中部地区的工资收入差距最小，远低于西部。[②] 进一步细分发现，我国南部沿海地区内的收入差距最大，而东北地区内的收入差距最小，东部沿海和大西北地区其收入分布差异最大，沿海地区收入分布相似。[③]

2. 行业间收入差距呈倒"U"型变化

陈享光等用泰尔指数研究发现，2004 年之后我国行业间工资差距不断扩大，不同行业间收入差距的不平等程度大致是 20 世纪 90 年代中期的 3 倍左右。不过行业工资差距在 2007 年金融危机前后有了缩小的趋势，呈现出倒"U"型特点。[④]

3. 城乡之间的收入差距存在地区差异

从分地区的城乡工资差异来看，在收入中分位数和低分位数上，东部地区城乡工资差异最大，在较高分位数上，西部地区城乡工资差异最大，中部地区城乡工资差异是最低的。[⑤] 农村户口子代居民的收入通常也低于城市户口子代居民，当两位居民的学历、年龄、性别都相同的情况下，农村户口居民若想与城市户口居民具有相同收入，则其父代工资年收入需达到 22931 元，远高于样本平均值。[⑥]

4. 农村内部收入差距持续扩大

农村居民收入差距在 2002～2011 年之间一直处于上升趋势，[⑦] 2009 年农村基尼系数已达到 0.584。[⑧] 因此，六成以上的被调查者认为我国现

[①] 江求川、任洁、张克中：《中国城市居民机会不平等研究》，载《世界经济》2014 年第 4 期。
[②] 徐凤辉、赵忠：《户籍制度和企业特征对工资收入差距的影响研究》，载《中国人民大学学报》2014 年第 3 期。
[③] 艾小青、胡丹丹：《多个群体下混合基尼系数的计算和分解》，载《数量经济技术经济研究》2014 年第 6 期。
[④] 陈享光、孙科：《我国行业间工资差距的动态考察》，载《中国人民大学学报》2014 年第 2 期。
[⑤] 孟凡强、邓保：《劳动力市场户籍歧视与城乡工资差异》，载《中国农村经济》2014 年第 6 期。
[⑥] 邸玉娜：《代际流动、教育收益与机会平等》，载《经济科学》2014 年第 1 期。
[⑦] 欧阳葵、王国成：《社会福利函数与收入不平等的度量角》，载《经济研究》2014 年第 2 期。
[⑧] 黄斌、高蒙蒙、查晨婷：《中国农村地区教育收益与收入差异》，载《中国农村经济》2014 年第 11 期。

阶段农村居民收入差距已经超过了合理界限，相比于中西部地区，东部地区农村居民家庭人均收入差距较大。①

（二）居民收入差距的形成原因

除继续探讨行政垄断②、金融③、教育、性别④等因素对收入差距的影响之外，学者们又从以下角度扩展了对居民收入差距形成原因的研究。

1. 人口老龄化导致收入差距扩大

一是从效果来看，中国人口老龄化虽提高了收入不平等，但其影响较小，且效应不断减弱。年龄增长累积冲击效应在1988~2002年缓解了总体收入不平等，但在之后扩大了收入不平等。⑤ 但也有研究认为，年龄效应导致收入差距呈倒"U"型变化，年龄组内收入差距在50岁左右达到峰值后将一直保持到60岁退休，此后组内收入差距会再次出现下降。⑥ 二是从原因来看，不同年龄段人群的机会不平等存在明显差异，由于机会不平等具有累积效应，高年龄组人群比低年龄组人群面临更为严重的机会不平等。⑦ 三是具体从农村收入不平等来看，不同出生组之间不平等程度的加剧也是农村收入不平等总体变化的主因，同一出生组组内收入不平等随着年龄的增加呈现先下降后上升的趋势，农村人口老龄化的确加剧了收入不平等，其影响程度也相对较小，但从时间变化趋势来看，人口老龄化效应有增强之势。⑧

2. 产业内分工和贸易提高了不同技术劳动力之间的工资差距

程惠芳等发现，不论是低端型还是高端型产品内分工模式，均会显著

---

① 孙敬水、于思源：《农村居民收入差距适度性影响因素实证研究》，载《经济学家》2014年第8期。
② 严兵、冼国明、韩剑：《制造业行业收入不平等变动趋势及成因分解》，载《世界经济》2014年第12期。
③ 杨楠、马绰欣：《我国金融发展对城乡收入差距影响的动态倒U演化及下降点预测》，载《金融研究》2014年第11期。
④ 李实、宋锦、刘小川：《中国城镇职工性别工资差距的演变》，载《管理世界》2014年第3期。
⑤ 郭继强、陆利丽、姜俪：《老龄化对城镇居民收入不平等的影响》，载《世界经济》2014年第3期。
⑥ 耿德伟：《中国城镇居民个人收入差距的演进》，载《管理世界》2014年第3期。
⑦ 江求川、任洁、张克中：《中国城市居民机会不平等研究》，载《世界经济》2014年第4期。
⑧ 刘华：《农村人口老龄化对收入不平等影响的实证研究》，载《数量经济技术经济研究》2014年第4期。

提高行业熟练劳动力的工资份额，加剧熟练劳动力与非熟练劳动力间的工资差距，这一影响对高技术部门收入分配格局的作用较大。低端型国际产品内分工通过进口中间品技术溢出间接地影响收入分配格局，而高端型国际产品内分工则通过要素替代和需求创造直接影响收入分配格局。① 丁守海等的进一步研究得出，产业内贸易对技能工资差距的影响随劳动力供给条件的变化而变化，在劳动力无限供给的条件下，由于产业内贸易刺激了对技术劳动力的绝对需求，因此会扩大工资差距；当劳动力转向有限供给后，则取决于技术劳动力的相对需求，在两类劳动力替代弹性较大的部门，产业内贸易可能会使技术劳动力的相对需求下降，从而使技能工资差距收缩。②

3. 投资导向型财政导致收入差距扩大

一是中国政府为吸引资本，对资本税收优惠，并提供财政补贴，使高收入者收入越来越高，收入不平等越来越严重。富人使用其拥有的资本与政府就免税额进行谈判，从而使其纳税减少。政府还以转移支付吸引富人投资生产 GDP，富人得到的转移支付增加，总体恶化了收入不平等状态。③ 二是地方政府对经济活动的干预和地方政府投资性支出均与城乡收入差距呈正相关。④

4. 农村金融抑制拉大了农村地区的收入差距

中国县域农村地区收入越低的农民因为自身资本积累的天然不足和外源资本获取能力较差，使其所受到的金融抑制程度越大而越难以摆脱其收入增长困境；而收入越高的农民因为自身资本积累的优势和较高的外源融资能力，其收入增长不断走向良性轨道。⑤

5. 企业所有制性质差异导致的收入差距扩大

一是生产资料私有化及其造成的剩余产品分配的两极分化是导致中

---

① 程惠芳、丁小义、翁杰：《国际产品内分工模式对中国工业部门收入分配格局的影响研究》，载《中国工业经济》2014 年第 7 期。
② 丁守海、熊宇、许珊：《产业内贸易对中国技能工资差距的影响》，载《经济理论与经济管理》2014 年第 10 期。
③ 刘穷志、吴晔：《收入不平等与财政再分配：富人俘获政府了吗》，载《财贸经济》2014 年第 3 期。
④ 余菊、邓昂：《制度变迁、地方政府行为与城乡收入差距》，载《经济理论与经济管理》2014 年第 6 期。
⑤ 王小华、温涛、王定祥：《县域农村金融抑制与农民收入内部不平等》，载《经济科学》2014 年第 2 期。

国如此严重的两极分化的原因之一;① 二是国有企业规模扩张越严重,越不利于城乡收入差距的缩小;② 三是国有单位与非国有单位相比具有更高的工资水平,且选择国有单位的女性比男性拥有更高的工资回报;③ 四是相对于制造业,企业的所有权性质对非制造业工资水平有更大的决定作用。④

6. 房价上涨进一步恶化了城镇家庭收入不平等

如果将存量住房相关收入计算在内,基尼系数预期将从 2008 年的 0.472 上升至 2020 年的 0.517。此外,我国城镇居民的财富不平等显著高于收入不平等,且其上升速度比收入不平等都要快得多,最终将导致流动性减弱和社会平等性降低。⑤ 另外,房价上涨引起的抵押贷款利率上升致使的信贷成本提高也会拉大居民之间的收入差距。⑥

7. 市场歧视扩大了不同群体就业者的收入差距

一是市场歧视造成城镇本地与迁移劳动力的工资差距存在不对称现象,工资收入分布末端的工资差距较大,出现"黏地板效应"。在收入分布的顶端,由于特征变量差异和歧视的效应较小,城镇本地与迁移劳动力的工资差距较小。⑦ 根据对 2007 年工资数据的测算,农民工和城镇职工工资差异中的 36% 无法用禀赋差异解释。⑧ 二是市场歧视也是造成城镇社会救助再就业人群与城镇职工之间工资差距的主要原因。⑨

---

① 徐传谌、何彬、艾德洲:《逐步实现共同富裕必须发展和壮大国有经济》,载《马克思主义研究》2014 年第 9 期。
② 欧阳志刚:《中国城乡经济一体化的推进是否阻滞了城乡收入差距的扩大》,载《世界经济》2014 年第 2 期。
③ 李宏兵、蔡宏波、王永进:《市场潜能加剧了性别工资不平等吗?》,载《数量经济技术经济研究》2014 年第 1 期。
④ 李萍、谌新民、谢斌:《劳动合同期限对制造业与非制造业部门工资差异的影响》,载《中国工业经济》2014 年第 4 期。
⑤ 原鹏飞、冯蕾:《经济增长、收入分配与贫富差距》,载《经济研究》2014 年第 9 期。
⑥ 张传勇、张永岳、武霁:《房价波动存在收入分配效应吗》,载《金融研究》2014 年第 12 期。
⑦ 屈小博:《城镇本地与迁移劳动力工资差异变化:"天花板"还是"黏地板"?》,载《财经研究》2014 年第 6 期。
⑧ 章莉、李实、William A. Darity Jr.、Rhonda Vonshay Sharpe:《中国劳动力市场上工资收入的户籍歧视》,载《管理世界》2014 年第 11 期。
⑨ 胡永远:《社会救助再就业人群与城镇职工的工资差距研究》,载《数量经济技术经济研究》2014 年第 6 期。

8. 个人所得税免征额提高加剧了收入不平等

陈敏等通过分析免征额提高对工资不平等的影响发现：免征额可以通过改变个体劳动供给行为来影响税前收入，进而加剧了收入不平等，这一效应解释了不平等变化的 13% ~ 15%。①

9. "五险一金"会扩大不平等

居民缴纳养老保险和医疗保险会扩大收入不平等，缴纳所得税和住房公积金则会缩小不平等。但在政府对居民的转移支付中，养老保险、社会救济和失业保险会缩小不平等，但后两者作用微弱，公积金则有扩大不平等的效果。② 城乡养老转移支付差异扩大则是城乡居民收入差距不断扩张的"放大器"。③ 陈东等发现新《劳动合同法》的实施，虽然提升了就业弱势群体的合同保障程度，却是以收入差距扩大为代价，无论是女性就业者还是残疾人就业者，其相对收入差距均显著扩大。④

(三) 缩小居民收入差距的政策建议

1. 让市场对资源配置起决定性作用

一是消除部分行业的行政性垄断，降低市场准入门槛，提高行业的市场化程度。⑤ 二是打破机会不平等加剧的格局，构建一个透明的市场竞争规则和程序，避免"北京"、"关系"等因素影响甚至决定个人发展。⑥

2. 完善要素市场体系建设

一是完善股票市场。由于门槛效应的存在，一国股市规模越大，收入

---

① 陈敏、郭继强：《个税免征额、行为效应与工资收入不平等》，载《财贸经济》2014 年第 3 期。
② 刘柏惠、寇恩惠：《政府各项转移收支对城镇居民收入再分配的影响》，载《财贸经济》2014 年第 9 期。
③ 朱子云：《我国城乡居民收入差距的分解分析》，载《数量经济技术经济研究》2014 年第 2 期。
④ 陈东、刘金东：《劳动保护有助于缩小就业弱势群体的相对收入差距吗》，载《财贸经济》2014 年第 12 期。
⑤ 严兵、冼国明、韩剑：《制造业行业收入不平等变动趋势及成因分解》，载《世界经济》2014 年第 12 期。
⑥ 江求川、任洁、张克中：《中国城市居民机会不平等研究》，载《世界经济》2014 年第 4 期。

最高的 20% 人口的收入占比越高，其余 80% 人口的收入占比显著降低，收入分配状况趋于恶化。因此，提升股市的流动性可以通过改善融资约束与信息不对称而改善收入分配不平等状况。在股市自由化之后，股市规模的扩大和股市流动性的提升将在一定程度上改善收入分配状况。① 二是完善劳动市场。加强对劳动力市场中性别歧视行为的监控，积极发挥市场潜能通过竞争降低性别歧视的作用，取消对女性的不合理限制，缓解职位隔离，促进性别间的收入分配公平；② 防止劳动力市场分割等因素进一步固化不平等，提高劳动力市场流动性。③

3. 增加职业教育与在职培训

一是通过职业教育、在职培训等各种途径促使有条件的非熟练劳动力向熟练劳动力转移，改善不同技能劳动力之间的工资差距。④ 二是增加社会培训在农民工中的覆盖范围，提升农民工的劳动技能，缩小农民工和城镇职工的生产力差异，包括提高农民工的受教育年限、增强农民工的职业稳定性。⑤ 农民工工资会随着移民时间的增加其相对工资以每年 1.4% 的速度向城镇居民工资趋近，速度十分缓慢，加强技能培训能够显著提高工资同化速度。⑥ 三是通过加大对农民职业技术培训的财政资助力度、制定农民职业技术培训标准、规范农民职业技术培训市场以及培育农民职业技术培训师资力量等手段，提高农民职业技术培训的质量，增强职业技术培训对农民的吸引力，充分发挥职业技术培训改善农村居民收入差异状况的作用。⑦

4. 完善个人所得税与转移支付制度

一是完善个人所得税制度。国际经验显示个人所得税与基尼系数存在

---

① 张学勇、陶醉：《股市发展与收入分配不平等》，载《经济理论与经济管理》2014 年第 10 期。
② 李宏兵、蔡宏波、王永进：《市场潜能加剧了性别工资不平等吗?》，载《数量经济技术经济研究》2014 年第 1 期。
③ 耿德伟：《中国城镇居民个人收入差距的演进》，载《管理世界》2014 年第 3 期。
④ 程惠芳、丁小义、翁杰：《国际产品内分工模式对中国工业部门收入分配格局的影响研究》，载《中国工业经济》2014 年第 7 期。
⑤ 章莉、李实、William A. Darity Jr. 、Rhonda Vonshay Sharpe：《中国劳动力市场上工资收入的户籍歧视》，载《管理世界》2014 年第 11 期。
⑥ 陈珣、徐舒：《农民工与城镇职工的工资差距及动态同化》，载《经济研究》2014 年第 10 期。
⑦ 黄斌、高蒙蒙、查晨婷：《中国农村地区教育收益与收入差异》，载《中国农村经济》2014 年第 11 期。

稳健的负相关关系。① 但由于我国净税率低,因而我国个人所得税的再分配效应较弱。② 二是完善转移支付制度。税收和转移支付对调节收入不平等都具有正向作用,但转移支付的效应更大,当然存在区域差异,东部地区起主要作用的是税收政策,西部地区则是转移支付政策。③ 三是民生性财政支出的增长以及其资金投向的"农村倾向"特征有效缩小了城乡居民收入差距。④ 四是地方政府保障性支出与城乡收入差距呈负相关。⑤

5. 合理运用最低工资标准

在短期内,提高最低工资会提升低技能劳动力的收入水平,进而降低不平等。在长期内,如果最低工资提升在25%以内,仍会起到降低不平等的作用,但如果提升超过30%,将会在提升低技能劳动力收入的同时,对就业产生负面影响。⑥

6. 建立高水平对外开放体系

扩大对外开放有助于缩小收入差距,表现在:一是贸易自由化通过降低制造业行业的贸易保护程度,提高了行业内的竞争激烈程度与企业生存门槛,降低了行业内生产率差异,促使行业内生产要素的有效配置,进而使得行业内工资差距的减小。⑦ 二是贸易开放水平也有利于降低性别工资差距。⑧ 三是出口开放有利于缩小各学历组之间的工资差距,同时出口开放缩小了各学历组内部高收入群的工资差距,扩大了低收入群体的工资差距,且对低收入群体的影响更为明显,从而整体扩大了各学历组内部的工

---

① 何宗樾、徐滇庆:《个人所得税与基尼系数的动态关系及其政策启示》,载《经济学家》2014年第10期。
② 曹桂全、任国强:《个人所得税再分配效应及累进性的分解分析》,载《南开经济研究》2014年第4期。
③ 刘柏惠、寇恩惠:《政府各项转移收支对城镇居民收入再分配的影响》,载《财贸经济》2014年第9期。
④ 洪源、杨司键、秦玉奇:《民生财政能否有效缩小城乡居民收入差距?》,载《数量经济技术经济研究》2014年第7期。
⑤ 余菊、邓昂:《制度变迁、地方政府行为与城乡收入差距》,载《经济理论与经济管理》2014年第6期。
⑥ 张世伟、贾朋:《最低工资标准调整的收入分配效应》,载《数量经济技术经济研究》2014年第3期。
⑦ 李清如、蒋业恒、董鹏馥:《贸易自由化对行业内工资不平等的影响》,载《财贸经济》2014年第2期。
⑧ 李宏兵、蔡宏波、王永进:《市场潜能加剧了性别工资不平等吗?》,载《数量经济技术经济研究》2014年第1期。

资差距；控制相关变量和高等教育扩展因素后，出口开放依旧缩小了高低学历的组内工资差距。①

7. 发挥农村宗族网络的作用

宗族网络能够显著缓解村庄内部的收入差距。相比没有祠堂或家谱的村庄，有祠堂或家谱的村庄其农户可支配收入的基尼系数更低。主要原因在于宗族网络能够促进低收入群农户劳动力流动。而且随着改革开放进程的加快，宗族网络对缩小收入差距的作用将越来越明显。② 大姓宗族当选村主任会增加村级的生产性投资，而并非完全着重于改善村庄内部农户可支配收入的分配差距，从而对农户可支配收入的基尼系数影响不大。③

8. 推进反腐制度化

徐传谌等认为以权谋私，官员腐败造成的财富分配不公是导致中国两极分化的原因。因此必须大力惩治腐败，健全社会主义民主与法制，使权利得到有效监督，杜绝权力资本化。④

三、收入流动性

（一）收入流动性减弱及其风险

1. 收入流动性趋向减弱

中国城市居民收入的机会不平等在扩大且增长速度大于收入不平等的

---

① 赵春明、李宏兵：《出口开放、高等教育扩展与学历工资差距》，载《世界经济》2014年第5期。
② 郭云南、姚洋、Jeremy Foltz：《宗族网络与村庄收入分配》，载《管理世界》2014年第1期。
③ 郭云南、姚洋：《大姓当选：生产性投资还是收入分配》，载《金融研究》2014年第11期。
④ 徐传谌、何彬、艾德洲：《逐步实现共同富裕必须发展和壮大国有经济》，载《马克思主义研究》2014年第9期。

增长速度,个人的努力程度在提高收入中的作用在逐渐弱化,也说明居民收入的流动性减弱。① 当前中国代际收入弹性在各年龄阶段人群中呈现"U"型曲线特点,20 世纪 90 年代出生的居民面临的代际流动性较低,"阶层固化"正成为影响当前收入分配格局的重要因素。②

2. 收入流动性减弱会带来收入差距和阶层固化的风险

中国居民收入流动性中结构性因素的调整周期在 12.25 年左右,中国城市居民的收入流动性近期已经达到正值,长期而言具有缩小贫富差距的作用,但农村居民的收入流动性水平仍不容乐观。从整体来看中国居民向下和向上流动的比率相等,但较低收入阶层和最高收入阶层流动性较大,而中等收入阶层的收入固化程度最高。③ 从我国各省份农村居民的收入流动性来看,农村居民人均纯收入由两个子分布构成,而两个子分布之间几乎不存在流动性,这说明我国农村居民收入差距存在一定的固化现象。④

(二) 收入流动性减弱的主要原因

1. 教育水平、工作经验、工作单位性质等家庭特征差异是造成收入差距代际传递的主要原因

高分位点处子女之间的收入差距几乎能够完全被特征差异所解释。⑤ 子女受教育程度的提高可以显著地降低其职业向下流动的概率,有利于代际间职业的向上流动,随着职业生涯的发展,教育对城镇家庭子女的职业流动有持续的影响,而在农村家庭子女的职业流动中所起的作用则有所减弱。⑥

---

① 江求川、任洁、张克中:《中国城市居民机会不平等研究》,载《世界经济》2014 年第 4 期。
② 邸玉娜:《代际流动、教育收益与机会平等》,载《经济科学》2014 年第 1 期。
③ 牛晓健、裘翔、王全:《中国城乡居民收入流动性研究》,载《金融研究》2014 年第 4 期。
④ 陈林兴、黄祖辉:《中国省际农村居民收入趋同性分析》,载《中国农村经济》2014 年第 4 期。
⑤ 李任玉、杜在超、何勤英、龚强:《富爸爸、穷爸爸和子代收入差距》,载《经济学(季刊)》2014 年第 4 期。
⑥ 周兴、张鹏:《代际间的职业流动与收入流动》,载《经济学(季刊)》2014 年第 4 期。

2. 父代的收入水平和工作性质主要通过影响子代个体特征变量的回报率对子女的收入产生间接影响

父代的工作性质会对子代教育收益率产生显著影响，若其父代就职于政府机构，则其教育收益率高于非政府就职人员子女约47%。而父代从事农业的孩子其收入比父代从事非农业的孩子收入低63%。① 子代个体特征变量的回报率差异也是影响低收入家庭子女之间的收入差距的主要原因。②

3. 代际职业传承阻碍了代际间的收入流动

我国城乡各职业阶层的代际职业流动性偏弱，城镇家庭子女的职业随其职业生涯的发展有向父辈职业"回归"的趋势，农村父代从事非农职业有助于子女职业向上流动，但其通道并不通畅。代际职业传承阻碍了代际间的收入流动，是造成代内收入差距在代际间传递的一个重要原因，其对高收入家庭的代际收入弹性影响更强。③

（三）提高收入流动性的政策建议

1. 消除子女间特征差异，保证教育与机会平等

教育在职业的代际流动中起着重要的作用，因此应保障各职业阶层家庭的子女接受教育机会的均等，接受更好的教育可以提高低职业阶层家庭子女职业向上流动的机会，从而推动社会代际收入流动，促进收入分配结构合理化。④ 还应该充分重视职业生涯发展过程中的"机会不均"问题，打破弱势家庭子女在职业生涯发展中的"玻璃天花板"，通过政策和舆论引导，在社会中树立通过公平竞争实现人生价值的正确理念和职场规则，确保每一个劳动者在职业生涯的发展过程中不因家庭的出身而受到歧视。⑤

---

①④ 邱玉娜：《代际流动、教育收益与机会平等》，载《经济科学》2014年第1期。
② 李任玉、杜在超、何勤英、龚强：《富爸爸、穷爸爸和子代收入差距》，载《经济学（季刊）》2014年第4期。
③⑤ 周兴、张鹏：《代际间的职业流动与收入流动》，载《经济学（季刊）》2014年第4期。

2. 改变城乡劳动力市场分割现状

针对农村子女职业向上流动性不足的现状，应改变户籍制度所造成的城乡劳动力市场分割的现状，打破制度性因素以及歧视对农村子女就业产生的阻碍。[①]

四、减贫

（一）我国农村贫困现状

张全红等发现，囊括教育、医疗等指标的多维贫困的下降幅度要超过单一的收入贫困的下降幅度，表明在收入提高的同时，教育、医疗和生活水平等福利指标也相应地改善，城乡之间的贫困差别已从收入因素转变到非收入因素。[②]

（二）贫困产生的主要原因

2014年除继续讨论转移支付[③]、农村金融[④]、医疗公共服务[⑤]、收入差距[⑥]等原因外，学者们对形成原因又做了进一步的扩展研究。

1. 户主的年龄偏大以及居住在西部农村的家庭

贫困及脆弱性随着户主年龄的增加先减少而后增加，这与生命周期理论一致；户主有工作、家庭中工作的成员越多、教育程度的提高能够显著

[①] 周兴、张鹏：《代际间的职业流动与收入流动》，载《经济学（季刊）》2014年第4期。
[②] 张全红、周强：《中国多维贫困的测度及分解：1989~2009年》，载《数量经济技术经济研究》2014年第6期。
[③] 樊丽明、解垩：《公共转移支付减少了贫困脆弱性吗？》，载《经济研究》2014年第8期。
[④] 吴本健、马九杰、丁冬：《扶贫贴息制度改革与"贫困瞄准"：理论框架和经验证据》，载《财经研究》2014年第8期。
[⑤] 邹文杰：《医疗卫生服务均等化的减贫效应及门槛特征》，载《经济学家》2014年第8期。
[⑥] 陈飞、卢建词：《收入增长与分配结构扭曲的农村减贫效应研究》，载《经济研究》2014年第2期。

地降低贫困与脆弱性。[1] 居住于西部农村地区的家庭陷入贫困及脆弱性的概率越高。[2]

2. 教育与健康水平低

贫困的主要致因已从卫生设施和人均收入因素转变为卫生设施和教育因素。[3] 目前相对于教育而言,健康对提高贫困户收入水平的边际贡献更大,并有利于缩小贫困户与非贫户之间的收入差距。健康状况的提升可以显著提高农村人口的收入水平,主要原因在于健康水平是农户从事农业生产和决定是否外出务工的基本条件。随着贫困线大幅提高,教育通过缩小收入差距对减贫的作用开始显现。从区域差异来看,健康与教育所体现的人力资本对贫困户收入的边际贡献在经济较发达的东部和东北地区较强,而在经济欠发达的中部和西部地区较弱。[4] 但也有学者认为,教育水平提升速度极其缓慢是近年来导致我国农村减贫速度变缓的重要原因。[5] 目前在西部农村地区,教育资源都没有得到最优配置,教育回报率也较低,低于近年来大部分农村地区教育回报率的测算结果。[6]

3. 要素回报率与资本禀赋低

一是土地稀缺及其回报率偏低使农户致贫。据测算,1991～2000年大约72%的农村收入增长来源于要素回报率的变化,而2000～2009年这一比例仅为48%,土地稀缺及其回报率偏低将在较长时期内抑制农民增收。[7] 二是农户是否陷入或脱离贫困取决于资本禀赋,而且时间越长,资本禀赋的效果越重要。[8] 拥有的资产和社会资本较少是贫困户的基本特征。[9]

---

[1][4][9] 程名望、Jin Yanhong、盖庆恩、史清华:《农村减贫:应该更关注教育还是健康?》,载《经济研究》2014年第11期。

[2] 樊丽明、解垩:《公共转移支付减少了贫困脆弱性吗?》,载《经济研究》2014年第8期。

[3] 张全红、周强:《中国多维贫困的测度及分解:1989～2009年》,载《数量经济技术经济研究》2014年第6期。

[5][7] 陈飞、卢建词:《收入增长与分配结构扭曲的农村减贫效应研究》,载《经济研究》2014年第2期。

[6] 栾江、陈建成、李胜、何忠伟:《高中教育还是中等职业教育更有利于增加西部地区农村劳动力非农收入?》,载《中国农村经济》2014年第9期。

[8] 万广华、刘飞、章元:《资产视角下的贫困脆弱性分解:基于中国农户面板数据的经验分析》,载《中国农村经济》2014年第4期。

4. 非农生产活动比重偏低

农业对农民收入增长的贡献越来越弱,[1] 务农农户的贫困规模、贫困程度和贫困强度均远远大于非农经营农户、务工农户和兼业农户。[2] 对土地的依赖性强、非农经营或就业比例低是贫困户的基本特征。[3] 对于家庭经营中非农产业不发达、种植业结构单一的粮食生产农户来说,粮价长期偏低成为农户增收的主要制约因素。非农经济活动参与率低是抑制农村贫困家庭增收的最大障碍。[4]

(三) 减贫的政策建议

1. 提高贫困户的人力资本

中国农村减贫的基本政策取向应重视贫困户人力资本积累,包括提高贫困户的健康水平、教育水平和职业技能等。通过强化农村医疗卫生服务,完善新型农户合作医疗,增强农村劳动力健康水平,提升农户收入水平和缩小农户收入差距。[5] 因此,反贫困政策要从单一的收入视角转向多维视角,尤其要重视从农村教育和生活水平等方面来提高反贫困效果。[6] 由于贫困人口主要分布在西部农村地区,应加大对西部地区农村教育的投入力度,推进中等职业教育与高中教育的发展,提高教育资源的数量和质量,保障教育的公平。[7]

2. 提高农户资本禀赋

农村资本形成对非贫困县最低、中低收入组以及贫困县(最高收入组

---

[1] 王小华、温涛、王定祥:《县域农村金融抑制与农民收入内部不平等》,载《经济科学》2014年第2期。
[2] 陈新、沈扬扬:《新时期中国农村贫困状况与政府反贫困政策效果评估》,载《南开经济研究》2014年第3期。
[3][5] 程名望、Jin Yanhong、盖庆恩、史清华:《农村减贫:应该更关注教育还是健康?》,载《经济研究》2014年第11期。
[4] 陈飞、卢建词:《收入增长与分配结构扭曲的农村减贫效应研究》,载《经济研究》2014年第2期。
[6] 张全红、周强:《中国多维贫困的测度及分解:1989~2009年》,载《数量经济技术经济研究》2014年第6期。
[7] 栾江、陈建成、李强、何忠伟:《高中教育还是中等职业教育更有利于增加西部地区农村劳动力非农收入?》,载《中国农村经济》2014年第9期。

除外）农民增收具有显著推动作用。① 这就需要：一是提高农户的资本禀赋，包括增加生产性物质资产，提高生产技能，积累社会资本与金融资本等。② 二是加大农村基础设施投资，促进中低收入农民增收。③

3. 落实新型农村社会保险制度

新型农村社会养老保险制度实施后农村居民获得了正向收入转移，代表性农民在其生命周期中获得了除自身劳动收入之外的其他收入，如政府补贴等，提升了农村居民老年之后的消费水平。④

4. 提高农民权力配置效率

通过加大农业科技投入，适度控制农地流转的比例及速度，引导农民开设家庭农场，扶持专业化农业生产的方式提高农民权利配置效率，有效地促进农民收入增长。⑤

五、研究方法

（一）计量分析

1. 计量分析仍是主流

在本章参考的诸多文献中，采取计量研究方法的文献占74%左右，是绝对的主流。其中主要又分为两类：一是对原有的线性回归方程进行修正，如基于经典明瑟工资方程，加入所要研究的参数变量进行回归检验，

---

① 王小华、王定祥、温涛：《中国农贷的减贫增收效应：贫困县与非贫困县的分层比较》，载《数量经济技术经济研究》2014年第9期。
② 万广华、刘飞、章元：《资产视角下的贫困脆弱性分解：基于中国农户面板数据的经验分析》，载《中国农村经济》2014年第4期。
③ 王小华、温涛、王定祥：《县域农村金融抑制与农民收入内部不平等》，载《经济科学》2014年第2期。
④ 贾洪波：《新农保制度收入再分配效应的一般均衡研究》，载《南开经济研究》2014年第1期。
⑤ 赵德起、姚明明：《农民权利配置与收入增长关系研究》，载《经济理论与经济管理》2014年第11期。

如陈珣等引入农民工虚拟变量与农民工移民持续时间的交叉项来测度农民工工资随移民持续时间的变化;[①] 二是将变量效应进行分解,分别测度不同效应的贡献值,如伍林山将各行业企业的收入份额变化率分解为结构变化(经济结构变化所起的作用)和自身变化(各个局部各收入份额所起的作用)进行研究。[②]

2. 分位数回归方法凸显

分位数回归强调将研究对象进行分层研究,此方法在2014年的计量分析研究中占有一席之地。如程名望等从收入增长与差距缩小的双重视角研究了健康与教育所体现的人力资本对中国农户贫困的影响;[③] 赵春明等研究出口开放对不同学历组的影响;[④] 李任玉等研究收入差距的代际传递。[⑤]

(二) 一般均衡模型

一般均衡模型方法的引入主要用以分析某一经济现象或政策变化对收入分配的影响。如原鹏飞等通过构建动态可计算一般均衡模型(DCGE)分析房价上涨幅度对收入分配的影响;[⑥] 张世伟等用可计算一般均衡模型(CGE)分析不同最低工资提升幅度的收入分配影响效果。[⑦]

(三) 其他方法

除上述两种方法外,学者们针对研究对象的不同特点,采取了不同的研究方法。如欧阳葵等构建罗尔斯主义AKS(R-AKS)等指数测度收入

[①] 陈珣、徐舒:《农民工与城镇职工的工资差距及动态同化》,载《经济研究》2014年第10期。

[②] 伍林山:《收入分配格局演变的微观基础》,载《经济研究》2014年第4期。

[③] 程名望、JinYanhong、盖庆恩、史清华:《农村减贫:应该更关注教育还是健康?》,载《经济研究》2014年第11期。

[④] 赵春明、李宏兵:《出口开放、高等教育扩展与学历工资差距》,载《世界经济》2014年第5期。

[⑤] 李任玉、杜在超、何勤英、龚强:《富爸爸、穷爸爸和子代收入差距》,载《经济学(季刊)》2014年第4期。

[⑥] 原鹏飞、冯蕾:《经济增长、收入分配与贫富差距》,载《经济研究》2014年第9期。

[⑦] 张世伟、贾朋:《最低工资标准调整的收入分配效应》,载《数量经济技术经济研究》2014年第3期。

不平等的变化,① 张全红等则构建多维贫困指数考察农村贫困程度的变化;② 陈飞等通过比较不同时期收入密度函数曲线对我国农村减贫效应进行研究;③ 孙文杰等运用投入产出模型分析我国行业间工资增长的差异及其原因。④

---

① 欧阳葵、王国成:《社会福利函数与收入不平等的度量》,载《经济研究》2014年第2期。
② 张全红、周强:《中国多维贫困的测度及分解:1989~2009年》,载《数量经济技术经济研究》2014年第6期。
③ 陈飞、卢建词:《收入增长与分配结构扭曲的农村减贫效应研究》,载《经济研究》2014年第2期。
④ 孙文杰、沈坤荣:《全球化背景下中国行业间工资增长差异的演变及其原因》,载《数量经济技术经济研究》2014年第4期。

第十五章　产业结构与产业政策问题研究新进展

2014年学者们对产业结构与产业政策问题的研究主要集中在产业结构调整、产业集聚、产业转移、工业和制造业、服务业、战略新兴产业等方面，取得了一些新的进展。

一、产业结构调整

(一) 产业结构调整的影响因素

1. 通货膨胀

郭宁认为，中国为应对金融危机将在相当长时期内处于通货膨胀的环境中，对于通货膨胀冲击，各产业由于短期供给弹性、存在的契约期限以及面对的金融约束不同，导致短期内各产业份额都会发生一定变化，但第一产业反应最大，第三产业次之，第二产业反应最小。但是从长期来看，通货膨胀增加了第一产业的比重，降低了第三产业的比重，对第二产业的影响近乎中性。随着经济的发展，中国第一产业的比重下降，第三产业的比重上升，而第二产业基本保持稳定，所以通货膨胀阻碍了第一产业和第三产业的升级进程。[①]

2. 财政政策

储德银等认为，财政政策作为政府调控经济的主要手段之一，作用方

[①] 郭宁：《通货膨胀对中国产业结构升级的影响》，载《财经研究》2014年第4期。

式和力度势必影响产业结构的调整效果。在总量效应方面,税收政策有利于产业结构调整,而财政支出政策却阻滞产业结构升级;在结构效应方面,政府投资性支出和行政管理支出不利于产业结构调整,但教育支出和科技支出对产业结构调整存在正向促进作用。所得税与产业结构调整显著正相关,而商品税对产业结构调整的影响虽然为负,但并不显著。[1] 于泽等认为,当地方政府拥有的财政权力被削弱时,产业结构转型在一定程度上被抑制,原因在于地方政府税基在分税制改革后主要集中于制造业。[2]

3. 对外直接投资（OFDI）

潘素昆等将对外直接投资（OFDI）分为三类,并分别揭示了其促进产业升级的机理:市场寻求型 OFDI 可以扩大国际贸易、转移传统产业;资源寻求型 OFDI 能够打破资源短缺对新兴产业发展的限制;技术寻求型 OFDI 可以获得先进的技术和充足的研发资金。三种类型的对外直接投资均是推动我国产业升级的原因,但具有一定的滞后性,从长期来看,对外直接投资与我国产业升级之间存在长期稳定的均衡关系。[3]

4. 住宅价格和房地产投资

刘嘉毅等认为,当前我国部分地区房价在一定范围内的上涨可能标志着该地区产业结构高级化不断提升,或者产业结构越来越合理,这也是经济系统中内在规律自发作用的合理结果。[4] 于泽等认为,在房地产投资的带动作用下,我国服务业中房地产行业蓬勃发展,并带动了相关金融领域的发展。这导致了房地产和金融等相关领域在产业结构中异军突起。[5]

5. 劳动力配置

柏培文研究发现,从总产出看,当投入资本不变时,消除全部扭曲、消除工资差异扭曲和消除内部配置扭曲均导致社会总产出高于原产出,但

---

[1] 储德银、建克成:《财政政策与产业结构调整》,载《经济学家》2014 年第 2 期。
[2] 于泽、徐沛东:《资本深化与我国产业结构转型》,载《经济学家》2014 年第 3 期。
[3] 潘素昆、袁然:《不同投资动机 OFDI 促进产业升级的理论与实证研究》,载《经济学家》2014 年第 9 期。
[4] 刘嘉毅、陶婷芳、夏鑫:《产业结构变迁与住宅价格关系实证研究》,载《财经研究》2014 年第 3 期。
[5] 于泽、章潇萌、刘凤良:《中国产业结构升级内生动力:需求还是供给》,载《经济理论与经济管理》2014 年第 3 期。

增长的幅度呈现下降的特征,这一结果表明,消除扭曲确实导致总产出增加、提高了劳动资源配置效率。中国三大产业的劳动力配置扭曲依然很严重,影响经济效率。①

6. 资本深化

于泽等认为,我国产业结构转型的主要动因是需求方面的人均收入上升和供给方面的资本深化。这两个因素相比,资本深化更为重要,我国产业结构中的某些特征就来自资本深化。② 一段时期以来,高投资使得资本积累速度超过了劳动力增长速度,这导致的资本劳动比上升对产业结构转型具有显著正向影响。③

(二) 调整产业结构的措施

1. 减少通过膨胀的影响

郭宁认为,根据各产业对于通货膨胀冲击反应不同采取相应措施。农产品的生产周期长和不易储存所导致的短期供给弹性较小是农产品价格和产出受通货膨胀影响较大的重要原因,故第一产业应完善农产品储备制度,推动农业规模化经营。而第三产业的垄断程度较高是通货膨胀影响第三产业发展的重要因素,因此需要加快第三产业的市场化进程。房地产业的市场化程度虽然较高,但土地市场上的垄断供给是限制中国房地产业发展的重要因素之一,建设城乡统一的建设用地市场对于降低通货膨胀对房地产的影响具有重要意义。④

2. 推进新一轮财税体制改革

储德银等认为,政府应积极转变调控思路,通过提供负面清单,坚持以企业为基础、市场为导向,积极推动企业进行生产要素流动与整合,依靠企业和市场发现并纠正产业结构失衡,最终实现优胜劣汰和结构升级;

---

① 柏培文:《三大产业劳动力无扭曲配置对产出增长的影响》,载《中国工业经济》2014年第4期。
② 于泽、章潇萌、刘凤良:《中国产业结构升级内生动力:需求还是供给》,载《经济理论与经济管理》2014年第3期。
③ 于泽、徐沛东:《资本深化与我国产业结构转型》,载《经济学家》2014年第3期。
④ 郭宁:《通货膨胀对中国产业结构升级的影响》,载《财经研究》2014年第4期。

政府还要摒弃单一总量增长的财政政策取向,更多地转向如何最大限度发挥财政支出政策与税收政策对产业调整的结构效应,以便在推动产业结构升级之余,还可以化解一些长期制约产业升级的体制性约束;要以国家产业调控目标为导向优化财政支出结构,提高产业结构升级的质量和效率;通过税种选择、税率设计和税收优惠等多种方式发挥税收政策对产业调整的结构效应。①

3. 正确引导对外直接投资

潘素昆等认为,一是重点发展技术寻求型对外直接投资,以提升我国企业技术水平,促进高新技术产业发展;二是鼓励扩大资源寻求型对外直接投资,促进瓶颈产业发展,推动我国产业升级;三是积极引导市场寻求型对外直接投资,以转移传统产业,促进产业升级。②

4. 推动金融市场深化

龚强等认为,成功实现经济转型和产业升级,需要建立多层次的金融市场,不断发展创业板、场外市场等股权融资平台,为具有不同金融需求的优质创新企业提供相适应的金融服务,使实体经济的创新活动得到持续性的支持和推动。优化金融市场的投资环境,包括优化上市审批、健全信息披露、完善相关法律制度等,不仅是金融市场有效运转的必要前提,更对中国经济转型和产业结构的提升至关重要。③

5. 全面对接全球价值网络

刘冰等认为,构建自主的国家价值空间,实现与全球价值网络的全面对接,并以此推动经济发展方式的根本转型,是本土企业面临的重大历史责任和现实命题。产业升级的"第三条路径"从微观上来看要求企业加强技术研发,立足于国内市场的巨大需求,并以此构建自主的价值链条、价值网络和价值空间,将这种微观行为转化为宏观话语,实质上就是一条新

---

① 储德银、建克成:《财政政策与产业结构调整》,载《经济学家》2014年第2期。
② 潘素昆、袁然:《不同投资动机OFDI促进产业升级的理论与实证研究》,载《经济学家》2014年第9期。
③ 龚强、张一林、林毅夫:《产业结构、风险特性与最优金融结构》,载《经济研究》2014年第4期。

的经济发展方式转型路径。①

6. 加快人力资本积累

袁志刚等认为，通过教育和职业技能培训加快人力资本积累，形成中国在技术和人才密集型行业的比较优势。现阶段中国对低技能劳动力资源的依赖造成其处于全球产业价值链低端，人力资本缺失导致生产性服务业发展缺乏国际竞争力。世界投入产出数据库（WIOD）社会经济账户显示中国在技能密集型服务业中高技能劳动力支出占比远低于美国、日本和韩国等发达经济体。教育和人力资本积累会提高生产性服务业的竞争力和服务效率，扭转国内产业部门单纯依赖中间产品进口的生产模式，加快产业升级步伐。②

二、产业集聚

（一）产业集聚的影响因素

1. 地理因素

文东伟等认为，中国是一个地区差异极大的国家，特别是地理环境差异极大。许多省区从地理环境上来看，基本都较为独立。地理上彼此分割的省区，由于交通运输困难，通常会有比较相似的产业结构，产业集聚的程度通常较低。沿海地区，凭借临近国际市场的地理优势、历史形成的工业基础以及国家制造品出口导向和沿海导向的渐进开放政策，吸引了大量的资本和劳动力，从而使其成为中国产业集聚的主要地区。③

2. 知识溢出

易开刚等认为，集群内各企业通过对知识、技术的分享、学习和创

---

① 刘冰、周绍东：《基于技术和市场内生互动的中国产业升级路径研究》，载《管理世界》2014年第2期。
② 袁志刚、饶璨：《全球化与中国生产服务业发展》，载《管理世界》2014年第3期。
③ 文东伟、冼国明：《中国制造业产业集聚的程度及其演变趋势：1998～2009年》，载《世界经济》2014年第3期。

新，有效提高了生产效率，促进了自身成长，并最终通过产业集群的升级实现了区域竞争力的提高。企业应该意识到知识、技能尤其是产业集群内部企业之间的知识共享、转化和协同作用已成为集群发展的重要推动力。①

3. 地方政府行为

李世杰等认为，在中国产业集聚的演化进程中，政府行为已经成为不可或缺的影响因素。② 文东伟等认为，20 世纪 80 年代以来中国推行的财政分权制度所导致的地方保护主义，也使得地区产业结构趋同，削弱了产业集聚的程度。③ 王永培等认为，地方政府通过持续提供和不断完善公共基础设施、实施统一和开放市场政策等，降低交易成本，从而促进产业集聚。④

4. 企业布局

袁海红等研究发现，中小企业是产业集聚的主体，但大企业是集聚发展的主要推动力，中小企业多在大企业周边集聚形成集聚区，大企业周边的区域集聚程度较高，而周边缺乏大型企业的中小型企业的集聚程度则较低。因此，大企业是产业集聚的主要推动力，吸引小企业集聚，以大企业为主导的集聚区集聚程度较高。⑤

5. 税收政策

王永培等认为，通过地区间税收竞争，以税收减免、优惠等差异化税收政策增强本地区对区内外生产要素的吸引力，起到促进集聚的作用。⑥ 王宇等认为，税收制度安排对金融集聚具有重要影响。税收可以影响金融产品研发的进程、金融资产管理规模的程度，金融从业人员的数量，进而影响金融集聚。⑦

---

① 易开刚、马骊：《转型背景下产业集群升级的传导机制及其实现路径》，载《经济理论与经济管理》2014 年第 11 期。

② 李世杰、胡国柳、高健：《转轨期中国的产业集聚演化：理论回顾、研究进展及探索性思考》，载《管理世界》2014 年第 4 期。

③ 文东伟、冼国明：《中国制造业产业集聚的程度及其演变趋势：1998～2009 年》，载《世界经济》2014 年第 3 期。

④⑥ 王永培、晏维龙：《产业集聚的避税效应》，载《中国工业经济》2014 年第 12 期。

⑤ 袁海红、张华、曾洪勇：《产业集聚的测度及其动态变化》，载《中国工业经济》2014 年第 9 期。

⑦ 王宇、郭新强、千春晖：《关于金融集聚与国际金融中心建设的理论研究》，载《经济学（季刊）》2014 年第 10 期。

6. 城市体系结构

邱灵认为,生产性服务业空间集聚的等级体系与其所在区域的城市体系结构存在密切关系。城市等级越高,生产性服务业的行业类型越高端、空间集聚越显著。[①]

(二) 促进产业集聚的对策措施

1. 引导大中小企业协调发展

袁海红等提出,政府应加大扶持、培养大型企业,尤其是龙头企业,鼓励新进入或布局调整的中小企业向大企业集聚,参与大企业专业分工与协作生产。鼓励大型企业重点发展核心业务而将非核心业务转移出去,就近设立独立的中小企业或外包给其他中小企业,或将母体中的企业家、科技人员分离出来设立企业,这样可强化大型企业核心优势,延伸产业链,实现技术扩散,提高创新能力和集聚水平。中小企业是产业集聚的主体,政府需采取政策措施促进中小企业的健康发展,尤其是以高科技和尖端研发为主的高附加值中小企业。[②]

2. 打造完善的制度环境

邱灵认为,发达国家和地区生产性服务业发展的经验表明,功能完善的制度环境及政府职能的准确定位、适度管治对生产性服务业发展至关重要。在中国特殊体制背景下,产业政策是促进生产性服务业发展的重要手段,进而促进生产性服务业空间集聚生成。[③]李世杰等认为,公共政策与政府行为不应该只是独立于经济模型之外的外生参量,需要内化到产业集聚解释模型当中去。[④]

3. 优化产业集群的空间布局

易开刚等认为,产业集群的空间布局应得到优化,进一步提升集群发

[①③] 邱灵:《大都市生产性服务业空间集聚:文献综述》,载《经济学家》2014年第5期。
[②] 袁海红、张华、曾洪勇:《产业集聚的测度及其动态变化》,载《中国工业经济》2014年第9期。
[④] 李世杰、胡国柳、高健:《转轨期中国的产业集聚演化:理论回顾、研究进展及探索性思考》,载《管理世界》2014年第4期。

展层次和集聚水平,尤其对于自身研发能力相对薄弱的中小企业,应缩短其与集群内知识溢出源之间的空间距离,从而实现其更快捷地分享集群先进知识和技能。①

4. 实施有效的税收政策

王永培等认为,转变政策协调和优化地区间税收竞争行为,构建地区财税收支、企业税负和产业区位分布的良性互动机制。实施增值税、营业税减免或延迟纳税期限等政策,适度减轻民营和小微企业税负负担,拓展民营和小微企业减负空间,有针对性的税收优惠政策,增强小微企业空间集聚的避税激励,促进产业集聚。② 王宇等认为,降低金融从业人员所得税、投资者的金融资产投资所得税和金融营业税,将有助于促进金融产品的研发,扩大金融的资产管理规模,增加金融从业人员,从而实现金融集聚。就政策有效性而言,永久性减税比短期内减税和一次性减税更加有效。③

5. 推进产业布局调整

沈能等认为,对于处于低度集聚中的行业,集聚对行业生产率的促进作用显著,集聚的生产率效应边际递增,政府应创造良好的外部环境和平台,通过市场力量促进企业的有序集聚以获取集聚优势。对于处于高度集聚中的行业,由于集聚度与行业生产率负相关,集聚规模的增加反而引起效率的降低,要有计划、有步骤地消减这些行业的集聚程度,通过产业异地转移提高生产效益。对处于中度集聚的行业,尽管提高集聚度在某种程度上仍能改善生产率,但集聚对行业生产率的促进作用开始边际递减,能承受的最大集聚度也将是有限的,对于这些行业,集聚度应保持适度稳定,不能盲目提高,在集聚空间有限的情况下,关键是产业集聚的升级。④

---

① 易开刚、马骊:《转型背景下产业集群升级的传导机制及其实现路径》,载《经济理论与经济管理》2014年第11期。
② 王永培、晏维龙:《产业集聚的避税效应》,载《中国工业经济》2014年第12期。
③ 王宇、郭新强、千春晖:《关于金融集聚与国际金融中心建设的理论研究》,载《经济学(季刊)》2014年第10期。
④ 沈能、赵增耀、周晶晶:《生产要素拥挤与最优集聚度识别》,载《中国工业经济》2014年第5期。

三、产业转移

(一) 产业转移的影响因素

1. 资本空间布局的不断变化

刘新争认为,不同国家和地区的不同发展阶段,生产要素均呈现出非均衡分布的特征,这种非均衡分布使得生产要素的区际流动表现出一定的内生性。资本空间布局的不断变化,是诱发包括劳动力要素在内的其他要素资源再配置、以实现要素利用效率优化的基本途径。①

2. 产业替代弹性

胡安俊等认为,中国制造业已经出现由东部向中西部地区的大规模转移,并依据产业替代弹性的逆序进行转移,高替代弹性产业(新产品产值率较低的产业)先转移,低替代弹性产业(新产品产值率较高的产业)后转移。在空间模式上,低替代弹性产业呈现等级扩散模式,高替代弹性产业呈现扩展扩散模式。②

3. 地区利益再分配

刘新争认为,从我国的现阶段发展情况来看,资本要素的充分流动能够推动区域间的产业转移顺利进行,从而解决长期以来地区发展差距不断扩大的难题,实现地区利益的再分配。为了争夺有限的项目资源,承接地政府制定多项具有明显地方保护主义的优惠举措,包括税收、土地、能源政策等,这些政策的实施人为地扭曲了要素的区域配置,从而影响产业转移。③

4. 聚集力与分散力

胡安俊等研究发现,产业转移受到聚集力与分散力两个方面的作用。

---

① ③ 刘新争:《资本重置、地区利益再分配与产业转移》,载《经济学家》2014 年第 12 期。
② 胡安俊、孙久文:《中国制造业转移的机制、次序与空间模式》,载《经济学(季刊)》2014 年第 7 期。

从产业转移的影响因素看，产业转入区 GDP 的增加和通信条件的改善促进了产业转移，而交通设施的改善却使得产业向外扩散。①

(二) 引导产业转移的对策建议

1. 差别化产业、资源配置方式

谢呈阳等认为，产业与要素资源由经济先发地区向后发地区转移的确是均衡地区发展的有效手段，但是产业与要素的转移并不能保证产业对要素的合理利用，只有在产业所需要素结构与要素供给结构匹配的前提下，要素才可能被激发最大潜力。因此，在引导要素资源转移过程中需更合理地评估转出地与转入地产业发展状况，根据产业发展，配套引导要素在地区间的投向，避免因盲目转入而产生转入地要素资源浪费、盲目转出而导致的转出地要素资源不足，以及转入要素并非当地产业发展所需而产生的结构性错位。②

2. 改善资本要素的空间布局

刘新争研究发现，要促进资本要素的区域流动，改善资本要素的空间布局，改进产业转移效率，需要：一是强化政府主导型的资本流动，继续执行和完善中央转移支付的区域偏向；二是完善资本市场，促进金融资源的区域均衡配置，实现资本要素的空间优化配置；三是区域政府应从长远利益考虑，将承接产业转移与区域原有的传统产业联系起来，充分利用区域内的资源优势，引进关联度较高的产业，避免产业结构的同构化，还要加快中西部地区的制度创新步伐，并进行适度的政府干预。③

3. 增强经济后发地区产业承接力

谢呈阳等认为，对产业的承接能力是经济后发地区吸引产业转入的重要"拉力"。为克服转入企业因被"孤立"而导致的交易成本上升、隐性

---

① 胡安俊、孙久文：《中国制造业转移的机制、次序与空间模式》，载《经济学（季刊）》2014 年第 7 期。
② 谢呈阳、周海波、胡汉辉：《产业转移中要素资源的空间错配与经济效率损失：基于江苏传统企业调查数据的研究》，载《中国工业经济》2014 年第 12 期。
③ 刘新争：《资本重置、地区利益再分配与产业转移》，载《经济学家》2014 年第 12 期。

知识丢失等问题，经济后发地区应当突破产业梯度转移的局限，改被动接受为主动出击，充分利用资源禀赋及政策条件优势，引导企业的集群式转入。①

四、工业和制造业

(一) 工业和制造业生产率的影响因素

1. 知识资本

程惠芳等研究发现，大中型工业企业知识资本投入结构已经发生明显变化，技术开发和技术改造投入对企业全要素生产率具有影响显著，而国内外技术引进和消化吸收投入对企业创新的作用减弱。不同类型知识资本具有不同创新效应，同一类型的知识资本对不同技术水平的企业也产生不同创新效应。②

2. 技术进步偏向

钟世川通过对1978~2011年中国工业行业数据核算全要素生产率增长和度量技术进步偏向情况的研究表明，工业劳动生产效率的上升速度小于技术进步偏向资本的速度，且工业资本生产效率下降的速度大于技术进步偏向资本的速度，这使得工业TFP增长减缓，进而导致大部分年份的工业TFP增长速度低于当年的工业经济增长速度。同时，大多数行业的TFP增长呈现先上升后下降的趋势，而行业技术进步偏向呈现先下降后上升趋势。在要素替代弹性小于1的情况下，行业偏向资本的技术进步越突出，则行业TFP增长率下降越明显。这说明在工业化进程中，行业技术进步的偏向性不适应要素市场的需求，减缓了行业TFP增长，进而影响我国经济

---

① 谢呈阳、周海波、胡汉辉：《产业转移中要素资源的空间错配与经济效率损失：基于江苏传统企业调查数据的研究》，载《中国工业经济》2014年第12期。
② 程惠芳、陆嘉俊：《知识资本对工业企业全要素生产率影响的实证分析》，载《经济研究》2014年第5期。

的高速增长。①

3. 金融业利润增长

孙国茂等认为，整体金融业和细分金融业净利润均与制造业净利润变化出现长期均衡关系，而整体金融业与细分金融业（除资本市场服务业）的净利润均与制造业净利润出现格兰杰因果关系。金融危机后，中国实施了一系列的宏观刺激政策提振实体经济，但结果是金融业利润居高而制造业利润走低。整体金融业、货币金融服务业和资本市场服务业对制造业净利润有负向影响，并且货币金融服务业对制造业多个部门利润侵占严重。②

4. 工业经济增长方式的转变

江飞涛等认为，政府主导、投资驱动的工业经济增长方式，一方面使得资本投入对于工业经济增长的作用不断强化；另一方面又会恶化增长效率并使得全要素生产率对工业经济增长的作用显著下降，从而形成了现阶段（资本）要素投入为主导的工业经济增长动力机制。③

5. 行业集聚情况

胡翠等研究发现，上、下游行业集聚对制造业企业生产率有显著为正的影响；集聚的垂直行业间溢出效应大小与企业规模负相关；由于上、下游行业集聚水平总体较低，所以集聚对中国制造业企业生产率的平均相对贡献较小。④ 郭树龙等认为，高度分散的市场结构加剧了市场过度竞争，不利于提高中国制造业竞争力。⑤

6. 资源错配

高凌云等研究发现，中国工业企业就业规模和收入规模低于同年生产率

---

① 钟世川：《技术进步偏向与中国工业行业全要素生产率增长》，载《经济学家》2014年第7期。
② 孙国茂、陈国文：《金融业利润增长对制造业的影响》，载《中国工业经济》2014年第4期。
③ 江飞涛、武鹏、李小萍：《中国工业经济增长动力机制转换》，载《中国工业经济》2014年第5期。
④ 胡翠、谢世清：《中国制造业企业集聚的行业间垂直溢出效应研究》，载《世界经济》2014年第9期。
⑤ 郭树龙、李启航：《中国制造业市场集中度动态变化及其影响因素研究》，载《经济学家》2014年第3期。

分布，企业规模分布的右尾，比生产率分布的右尾更厚，规模分布的差异程度明显高于生产率分布，说明中国仍然存在明显的资源错配问题，企业间生产要素的流动受到限制，部分较大规模企业的生产率水平实际不高。①

7. 城镇化

刘航等认为，超越了产业发展的过快城镇化，是中国产能过剩成因的一个新解释。在过快的粗放式城镇化下，对低技能劳动力需求弹性较高的行业更倾向于响应政府刺激信号而扩大投资，高技术行业和高要素配置效率行业中的企业即便扩张产能也不会轻易降低产能利用率，影响了制造业的效率。②

（二）提高工业和制造业生产率的对策建议

1. 实施创新驱动战略

黄群慧认为，在工业化后期，工业增长的动力主要可以归结为两个大的方面：一是工业化自身演进过程中由于技术进步和产业结构升级而产生的供给推动力；二是城市化进程中由于城市发展而产生的需求拉动力。但无论是来自工业化深化的推动力，还是来自城市化推进的拉动力，劳动力、资本等要素驱动乏力，更为根本的动力来自创新，这正是所谓"创新驱动战略"的本意。这种创新不仅仅包括一般意义上的技术创新，还包括改革开放意义上的制度创新，考虑到中国技术创新能力不够，很大程度上是受到体制机制约束，工业化后期中国工业增长的"源动力"更大程度上表现为制度创新。③江飞涛等认为，实现向创新驱动、效率驱动增长方式的转变，关键在于理顺市场与政府关系：政府必须为市场建立完善的制度体系，让市场充分发挥决定性作用；并在尊重市场机制及市场主体意愿的基础上积极作为，促进技术创新与技术转移。④高梁认为，围绕自主创新—产业升级这一战略目标，建立相应的有利于提高全社会创新效率的体

---

① 高凌云、屈小博、贾鹏：《中国工业企业规模与生产率的异质性》，载《世界经济》2014年第6期。
② 刘航、孙早：《城镇化动因扭曲与制造业产能过剩》，载《中国工业经济》2014年第11期。
③ 黄群慧：《新常态、工业化后期与工业增长新动力》，载《中国工业经济》2014年第10期。
④ 江飞涛、武鹏、李晓萍：《中国工业经济增长动力机制转换》，载《中国工业经济》2014年第5期。

制机制。从科研（基础—应用—产品开发）—产业化（产业政策）—占领市场（市场鼓励/保护政策）全过程着眼，撤除各环节之间的隔离障碍，从体制和政策上调动各领域、各层次的能力和优势，综合发挥政策和市场作用，形成协同效应。①

程惠芳等认为，东部地区大中型工业企业的创新驱动战略重点是加强自主技术创新的研究开发资本投入，提高关键核心技术研究开发能力，提升企业创新效率，增强企业自主创新竞争力。对中西部地区工业企业中尚不具备自主技术创新能力的，创新驱动战略重点是加强技术改造资本和国内外技术引进资本投入，提高企业智能化和自动化水平，提升全要素生产率和技术进步水平。②

2. 全方位服务制造业

孙国茂等认为，从整体金融业角度讲，一是要实行差异化的市场利率，打破国家垄断利息的现象，金融业让利于制造业；二是要完善转移支付制度与加大对制造企业的财政补贴，防止行业间收入水平差距过大；三是政策支持制造业技术补贴，提高制造企业获利能力。对于细分金融业而言，要根据不同类型制造业特点，完善银行对制造业的融资支持；解决资本市场上制造企业与投资者信息不对称的问题，建立多层次的资本市场体系服务制造业发展；改善保险业对制造企业的支持等。③

3. 促进工业和制造业的信息化

金碚认为，工业在本质上是科技进步的物质实现形式，工业技术和工业组织形态是随着科技进步而不断演化的。信息化可以促进工业生产更快地提高效率，实现绿色化和增强精致化；信息技术的运用可以更高水平地实现工业设备的数控化和生产工艺及流程的科学化，从标准化生产和标准化产品向柔性化生产和个性化产品生产转变；更重要的是，信息化可能使工业品的经济学性质、工业生产方式和工业竞争行为发生实质性变化，使工业化进入人类文明进程的新阶段。④

---

① 高梁：《当前我国工业面临的若干重要问题》，载《马克思主义研究》2014年第5期。
② 程惠芳、陆嘉俊：《知识资本对工业企业全要素生产率影响的实证分析》，载《经济研究》2014年第5期。
③ 孙国茂、陈国문：《金融业利润增长对制造业的影响》，载《中国工业经济》2014年第4期。
④ 金碚：《工业的使命和价值》，载《中国工业经济》2014年第9期。

4. 发挥聚集经济作用

赵璐等认为，随着国内市场一体化进程的加快，国内市场发挥聚集经济作用，未来制造业空间布局可以充分发挥聚集经济的主导作用，引导生产要素和技术向制造业核心区流动，加强制造业密集区的经济合作和要素流动。制造业继续向东南沿海地区聚集，一方面可以提高沿海地区经济的发展，但另一方面也会加剧东部地区与其他地区之间的经济空间差异，由此导致的国土空间经济发展失衡将会影响经济整体发展的效率和公平。可以加快促进中西部地区装备制造业的发展，如促使电子信息制造业代工企业逐步从沿海省份向内陆省份转移，从而减小沿海地区与内陆地区的制造业发展差异。①

5. 提高规模经济显著行业的市场集中度

郭树龙等认为，进一步提高规模经济显著行业的市场集中度，是中国产业组织调整面临的重要问题之一。提高市场集中度的产业组织政策应该重点致力于打破体制性壁垒，充分发挥市场竞争机制的重要作用，引导企业进行创新和产品差异化等市场化行为，提高规模经济，构筑进入壁垒。具体来说：一是继续深化国有企业改革；二是制定和实施有效的产业政策；三是加强对市场集中度的测算和监管。②

五、服务业

（一）服务业生产率的影响因素

1. 技术进步

杨志远等认为，在静态上，技术进步推动服务外包的发展，不同外包

---

① 赵璐、赵作权：《中国制造业的大规模空间聚集与变化》，载《数量经济技术经济研究》2014年第10期。
② 郭树龙、李启航：《中国制造业市场集中度动态变化及其影响因素研究》，载《经济学家》2014年第3期。

形式的发展速度取决于不同分离技术的相对进步程度；动态上，技术进步对服务业与服务贸易相关性的影响程度取决于市场开放度、服务业发展水平和服务业技术密集度；通讯技术和服务业 R&D 投入通过全要素生产率的上升推动服务业与服务贸易相关性指数的提高。①

2. 要素再配置效应

刘伟等认为，中国正处于快速工业化阶段，从世界范围看，这一阶段经济发展主要源自大规模的资本驱动，由于中国城镇化水平不够高，剩余劳动力相对充裕，人口红利依然存在，二元结构特征仍然突出，合理配置资本及劳动力等要素就对服务业的顺利发展起到决定性的作用。②

3. 全球化趋势

袁志刚等认为，全球化趋势造成生产服务业对主要产业部门投入的停滞和下滑。同时出现国外生产服务业投入对国内投入产生替代，并且这一替代集中在中、高技术含量产业部门。虽然全球化造成国内技术变动抑制本国主要生产服务业发展，但国外技术变动和国内及国外最终需求变动都有力地拉动了中国生产服务业发展。③

4. 服务贸易成本

胡宗彪认为，更低的贸易成本与更高的生产率及更快的生产率增长相联系，且该效应主要体现在生产性服务部门，但服务贸易成本下降的效应系数远远低于商品部门，服务贸易成本通过企业内生技术选择影响服务业生产率。④

5. 物化消耗比重

魏作磊研究发现，与发达国家相比，我国服务业发展的物化消耗比重明显偏高，这是制约我国服务业发展水平的一个重要因素。一般来讲，物

---

① 杨志远、谭文君：《技术进步、贸易波动与服务业增长》，载《财贸经济》2014 年第 2 期。
② 刘伟、冯涛：《要素再配置效应对中国服务业发展的影响研究》，载《经济学家》2014 年第 12 期。
③ 袁志刚、饶璨：《全球化与中国生产服务业发展》，载《管理世界》2014 年第 3 期。
④ 胡宗彪：《企业异质性、贸易成本与服务业生产率》，载《数量经济技术经济研究》2014 年第 7 期。

质消耗在整个产业的产值中比重越高则该产业的附加值就越低,产业发展水平也就越低。发达国家的服务业发展更多的是依赖服务消耗,主要是金融业和商业性活动等新兴服务业的中间投入。我国服务业高物化消耗影响了服务业的发展。[①]

6. 市场化水平

蒲艳萍等认为,市场化水平与行业增加值交互项的系数显著为正,说明市场化水平提高对服务业资本配置效率具有显著促进作用。以利润为导向的社会资本在服务业的投入与积累是服务业有效发展的内在动力,市场化程度的提高,使要素和产品市场具有更强的流动性和竞争性,有利于社会资本有效配置到效率高、价值创造力强、市场前景好的行业,提高服务业资本配置效率。[②]

(二) 促进服务业发展的政策措施

1. 参与服务价值链的国际分工

杨志远等认为,尽快通过引进和国际合作,参与服务价值链的国际分工,充分发挥知识经济时代的后发优势,不仅有利于我国服务业增长,还可以通过服务可贸易性的提高促进服务贸易国际竞争力的提升,这是将服务业引领的内在创新驱动力转化为外在国际竞争力的关键。[③]

2. 加快服务业对外开放

袁志刚等认为,中国生产服务业很难在封闭条件下发展,应当进一步加快服务业对外开放。加快对外开放是促进中国生产服务业发展最有效的方式。在具体措施上,应当通过自由贸易区的建立,积极参与 TPP 和 FTA 等自由贸易协定努力放宽服务贸易的准入和投资限制,促进中国自身生产服务业的效率提升。同时鼓励和便利服务业领域外商直接投资,形成继制

---

① 魏作磊、陈丽娴:《中国服务业发展物化消耗的国际比较》,载《经济学家》2014 年第 9 期。
② 蒲艳萍、成肖:《金融发展、市场化与服务业资本配置效率》,载《经济学家》2014 年第 6 期。
③ 杨志远、谭文君:《技术进步、贸易波动与服务业增长》,载《财贸经济》2014 年第 2 期。

造业投资后外部投资新的增长点。①

3. 发挥银行业的促进作用

蒲艳萍研究发现，中国银行业不仅应逐渐从以增设机构、扩大金融业务的外延型扩张向以规范金融行为、优化金融机构、改善金融服务、提高金融效率为目的的集约型增长转变，而且要创造公开、公平、公正的市场竞争环境与融资机会，加快推进民间资本向现代服务业合法、合规、有序流动，积极支持和鼓励符合条件的服务业企业进入资本市场融资。②

4. 提高要素的再配置效应

刘伟等认为，提高要素的再配置效应，充分释放"结构红利"，对于我国服务业的发展至关重要。一方面，要简政放权，逐步放开资本市场的管制，处理好政府和市场的关系，不断纠正政府作为市场投资主体的错位问题，从根本上改革我国政府主导的投融资体制；另一方面，要进一步加快企业用工机制改革，完善并落实社会保障体系，促进户籍改革落地以及着力改善收入分配制度，切实打破各种制度藩篱实现劳动力市场的供需平衡与合理配置。③

5. 加强服务贸易领域人力资本积累

马鹏等认为，决定服务贸易技术内涵变化的主要因素在于人力资本，在目前要素可跨国流动条件下，中国不仅要通过一些优惠政策和商业环境的改善吸引服务经济领域的国际人才流进中国，增强服务贸易领域人力资本的积累，帮助中国提升服务贸易技术复杂度。而且，还应"走出去"利用国际服务人才和要素，利用当地人才和要素的溢出效应为提升本国服务贸易技术复杂度服务。当然，我国服务人才的输出还能增加本国就业和利用当地知识外溢效应提升本国出国服务人才的知识累积，最终服务本国。④

---

① 袁志刚、饶璨：《全球化与中国生产服务业发展》，载《管理世界》2014年第3期。
② 蒲艳萍、成肖：《金融发展、市场化与服务业资本配置效率》，载《经济学家》2014年第6期。
③ 刘伟、冯涛：《要素再配置效应对中国服务业发展的影响研究》，载《经济学家》2014年第12期。
④ 马鹏、肖宇：《服务贸易出口技术复杂度与产业转型升级》，载《财贸经济》2014年第5期。

6. 鼓励制造业分离其服务业

楚明钦等认为，由于市场力量不足以使装备制造业分离发展生产性服务业，因此需要政府财政资金的支持，政府需要通过政策优惠、补贴和奖励等措施弥补生产性服务业独立发展的成本，从而引导生产性服务逐渐与装备制造业分离发展。[①]

六、战略性新兴产业

（一）我国战略性新兴产业现状

孙晓华认为，技术和需求构成了战略性新兴产业发展的决定性要素，技术创新是产业演化的根本动力，市场需求则为产业成长创造空间。在技术创新方面，国家对战略性新兴产业关键领域的共性和基础性科研活动进行支持，并取得了一些突破性进展。而在市场培育方面，由于新兴产业处于萌芽状态，技术成熟度较低时，多数消费者具有风险厌恶和路径依赖的特征，对新产品缺乏足够的认知，市场培育面临着许多障碍，而由此导致的需求不足严重阻碍了战略性新兴产业向纵深推进。[②]

汪秋明等认为，在政府补贴的诱导下，潜在企业进入战略性新兴产业是一种理性行为。但一旦进入，大部分企业又会把补贴资金用于与产业发展无关的其他高收益途径。总体而言，政府补贴没有促进战略性新兴产业中的企业科研投入。造成这种无效的主要原因有政府对企业行为监督的困难，也有政府惩罚力度的不够。但是由于不同类别战略性新兴产业的异质性，政府补贴的有效性在某些特定产业也可能出现。[③]

肖兴志等研究发现，市场和政府双重失效是造成当前企业热衷于社会资本投资而不是研发创新投资的根源，进行社会资本投资的企业比同等条

[①] 楚明钦、刘志彪：《装备制造业规模、交易成本与生产性服务外化》，载《财经研究》2014年第7期。

[②] 孙晓华、王林：《范式转换、新兴产业演化与市场生态位培育》，载《经济学家》2014年第5期。

[③] 汪秋明、韩庆潇、杨晨：《战略性新兴产业中的政府补贴与企业行为》，载《财经研究》2014年第7期。

件下其他企业多获取近一半的政府补贴，这反映出在当前环境下企业社会资本投资的背后隐藏着基于政府补贴的寻租；企业社会资本投资的多少取决于政府干预能力，而非市场竞争程度，政府补贴扭曲了企业投资行为；企业社会资本投资减弱了政府补贴鼓励创新的效果。[1]

陆国庆等研究发现，政府战略性新兴创新补贴对企业产出的绩效是显著的、可信的，创新补贴的外溢效应也是显著的，补贴是目前政府扶持战略性新兴产业发展的主要路径。[2]

（二）促进战略性新兴产业发展的政策措施

1. 完善资本市场

任保全等认为，金融市场不完善和发展的滞后性，阻碍了战略性新兴产业技术进步率的提升，进而制约全要素生产率的增长。因此，要大力培育和完善发达的资本市场，从而拓宽融资渠道，降低融资成本，为企业的技术创新和成长，提供资金保障。此外，通过逐步建立和完善国内风险投资市场，大力发展和利用国内外风险投资公司，使得风险投资成为对传统资本市场的有效替代和补充，推动战略性新兴产业的技术研发和产业化过程。[3]

2. 因地制宜发展战略性新兴产业

韩超研究发现，战略性新兴产业发展应当坚持因地适宜，与地区发展水平相适应，而不是全国整体一个模式。战略性新兴产业发展是我国实现赶超战略的重要组成部分，然而这一战略并不意味着要在全国不分地区按照同一个模式进行发展。[4]

3. 健全企业退出机制以及鼓励兼并重组

任保全等认为，通过建立和健全企业退出机制以及鼓励兼并重组的方

---

[1] 肖兴志、王伊攀：《政府补贴与企业社会资本投资决策》，载《中国工业经济》2014年第9期。
[2] 陆国庆、王舟、张春宇：《中国战略性新兴产业政府创新补贴的绩效研究》，载《经济研究》2014年第7期。
[3] 任保全、王亮亮：《战略性新兴产业高端化了吗？》，载《数量经济技术经济研究》2014年第3期。
[4] 韩超：《战略性新兴产业政策依赖性探析》，载《经济理论与经济管理》2014年第11期。

式，吸收和消化战略性新兴产业中的过剩产能，并在政府和市场的科学有效引导下，结合各地禀赋优势，整合和构建起稳固高效的产业链，提高资源利用效率，避免企业间的无序竞争和在产业链低端环节上的过度投入。战略性新兴产业的产业组织结构不合理，以中小企业居多，企业规模普遍偏小，企业间合作意识不强，而通过构建起以本土大型链主企业为中心的国内价值链，以及培育以自主创新和品牌构建为核心的国际竞争力，使得中国战略性新兴产业企业成为高端产业高端环节的设计制造工厂。[1]

4. 优化政府补贴政策

肖兴志等认为，应尽快完善政府补贴细则，建立公开评审制度，对政府补贴的事由、金额在信息披露方面做出强制性规定，压缩政府利用补贴的寻租空间。转变政府补贴重心，从着重补贴企业转向着力建设配套设施，使新兴产品更好更快地适应市场，为企业市场获利创造条件，从而减少资源流向社会资本投资。逐步探索政府补贴退出机制，激活企业的内在动力，从根本上切断政企寻租的源头。政府补贴作为促进战略性新兴产业发展的重要手段，重点在于培育初期的引导作用，通过援助之手将产业扶持到正确的轨道上来，但是战略性新兴产业的最终成长还是需要市场来主导，政府既不能无所作为，也不能过度干预。[2] 陆国庆等认为，国家在战略性新兴产业发展规划和扶持政策制定上，应寻求市场驱动与政府激励相容的产业扶持思路；打破传统的补贴模式，真正建立起以创新产出为导向的产业创新扶持模式；政府补贴也要破除所有制与企业规模壁垒。[3]

---

[1] 任保全、王亮亮：《战略性新兴产业高端化了吗？》，载《数量经济技术经济研究》2014年第3期。

[2] 肖兴志、王伊攀：《政府补贴与企业社会资本投资决策》，载《中国工业经济》2014年第9期。

[3] 陆国庆、王舟、张春宇：《中国战略性新兴产业政府创新补贴的绩效研究》，载《经济研究》2014年第7期。

第十六章 自主创新问题研究新进展

2014年学界对企业创新、区域创新、创新绩效影响因素及提升自主创新途径等问题的研究进一步深化,取得了一些新的进展。

一、企业创新

关于企业自主创新能力的研究,目前学者们的研究呈现出三方面的转变:一是从提升企业自主创新能力有关动因的简单研究转变为紧密结合全球化、网络化和知识经济时代特征进行深入研究,同时,结合政策实施效果和协同作用机理分析,使目前的研究更具时代性、现实性和政策可操作性;二是研究方法从定性描述、大类分析转变为数理分析和典型案例的转变,使研究样本更加丰富,研究更加深入;三是从研究国家层面的环境和各种类型企业的共性特征,逐渐转变为特定产业及区域范围内的企业自主创新的个性特征,使研究更具针对性,同时政策建议也更加具有操作性。[①]

(一)企业创新的影响因素

1. 创新战略

何建洪等研究发现,创新战略导向对创新型企业的技术能力提升具有作用。弱的战略创新导向会弱化技术能力对创新型企业的作用,强战略创

[①] 严进、殷群:《企业自主创新能力三大研究热点述评》,载《江苏社会科学》2014年第6期。

第十六章 自主创新问题研究新进展

新导向会强化技术能力对创新型企业的正向作用。因此,企业在致力于构建技术能力基础的同时,还需要提高战略创新导向与技术能力的匹配性,这样才有利于促进企业的创新。①

2. 知识产权

文豪等认为,随着市场结构日趋集中,知识产权保护主要是通过自主创新促进技术进步,加强知识产权保护不利于获取技术外溢。随着技术复杂度的逐渐提高,促进技术进步的主要途径也由出口贸易逐步转向自主创新与国际技术引入;同时,技术差距越小,越有利于利用国际技术引入获取技术进步;但是,需求规模小的行业,加强知识产权保护的正向效果更加明显,随着需求规模的扩大,强化知识产权保护的负向效果明显。②

3. 政府扶持

张继良等认为,政府鼓励企业创新的主要资助方式是直接补贴与税收优惠,两者由于特征上存在差异,因而对企业技术创新的作用阶段也存在不同。实证分析发现,直接补贴主要作用于研发投入阶段,对中间产出和最终产出影响微弱;税收优惠对研发投入、中间产出和最终产出三个阶段都具有明显的正向作用。③

4. 创新资源

张红娟等认为,企业创新资源对企业网络中心性、结构洞与其创新绩效存在正向影响;网络密度负向调节企业网络中心性与其创新绩效的正向关系;网络密度负向调节企业联系强度均衡度与其创新绩效的正向关系。④魏江等也认为,研发网络分散化相匹配的不同组织学习顺序能够显著地促进企业创新绩效的提升。⑤

---

① 何建洪、贺昌政、胡冬云:《技术能力、战略创新导向与创新型企业形成研究》,载《科技进步与对策》2014 年第 11 期。
② 文豪、张敬霞、陈中峰:《中国的知识产权保护与技术创新》,载《宏观经济研究》2014 年第 11 期。
③ 张继良、李琳琳:《R&D 资助差异与企业技术创新阶段的关系研究》,载《科学学研究》2014 年第 11 期。
④ 张红娟、谭劲松:《联盟网络与企业创新绩效:跨层次分析》,载《管理世界》2014 年第 3 期。
⑤ 魏江、应瑛、刘洋:《研发网络分散化,组织学习顺序与创新绩效:比较案例研究》,载《管理世界》2014 年第 2 期。

（二）企业创新途径

洪银兴认为，随着经济的快速发展，现代技术创新与以往技术创新存在明显差异，过去技术创新处于工程师时代，而现在技术创新已经进入科学家时代，产学研协同创新的环节主要在科学发现或创新的知识孵化过程中。企业在研发新技术过程中，企业家和科学家交互作用，主要体现的是知识和技术的协同创新，大学作为创新中心同企业共建创新平台的合作，二者是利益共同体，政府主要起引导和集成的作用。①

李海东等认为，当企业拥有自主产权的核心技术知识积累达到了一定水平时，企业由产品能力向核心能力阶段跃迁，此时，企业就开始在开放性的创新网络中按照企业研发方向和目标来寻找互补技能和资产，高效率地进行企业边界的内外部知识整合，从而逐步完成外部先进和前沿技术知识的内化，同时，企业凭借自身多年的核心技术知识积累以及高水平的产学研合作创新，通过企业内部自主研发与产学研合作创新之间互为驱动的机制，形成正反馈，进而促进企业形成创新动态能力。②

李延朋提出知识产权联营企业聚集的国家能够依靠知识型技术创新体系维持较高的技术创新绩效，因此，他认为知识型技术创新体系是企业间围绕知识产权再生产形成的自我强化、相互促进的协同创新体系。③

二、区域创新

（一）创新的区域差异

1. 自主创新能力与实力的区域差异

朱祖平等认为，中国省际区域的自主创新能力与实力存在显著的地域

---

① 洪银兴：《产学研协同创新的经济学分析》，载《经济学家》2014年第1期。
② 李海东、黄勇：《企业自主研发与产学研合作创新的互动研究》，载《技术经济与管理研究》2014年第11期。
③ 李延朋：《垂直专业化、企业签约与知识型技术创新体系构建》，载《中国工业经济》2014年第9期。

性，其中，东部地区较强，西部地区较弱。我国中西部地区政府可通过加大研发投入、吸引创新型人才、完善企业创新扶持政策、促进企业与高校及科研院所科技合作与协同创新、引进先进的高新技术企业、优化产业结构升级等措施，提高中西部地区自主创新能力。①

2. 区域创新投入存在差异

任玲玉等研究发现，我国区域创新投入存在巨大差异，其中，东部R&D投入过量，中部R&D投入比较合理，西部R&D投入不足。②

（二）区域创新对区域经济增长的作用

曹裕等认为，东部、中部和西部地区创新与吸收能力与区域经济增长之间均存在长期的协整关系，即创新与吸收能力对区域经济增长的影响随着经济发展正表现出逐步加强的趋势，然而，不同地区的创新与吸收能力对区域经济增长的影响存在差异，所以，应提高创新资源的利用效率，因地制宜地制定促进各地区创新能力提高的政策。③ 任玲玉等在建立R&D边际生产力的测量模型基础上，探讨了中国30个省市1999~2010年近十年间的R&D边际生产力对区域经济收敛的驱动效应，研究表明，R&D边际生产力对区域经济收敛存在显著的驱动效应，并且R&D边际生产力驱动区域经济收敛存在1期滞后。④

三、创新绩效的影响因素

（一）企业制度与治理结构

1. 企业管理团队

刘鑫等研究发现，CEO接班人上任后会降低企业研发投入，换言之，

---

① 朱祖平、欧忠辉、李美娟：《高群区域自主创新实力动态评价》，载《北京理工大学学报（社会科学版）》2014年第2期。
②④ 任玲玉、薛俊波、刘银国、王铮：《R&D边际生产力驱动区域经济收敛研究》，载《科学学研究》2014年第11期。
③ 曹裕、胡韩莉：《创新能力、吸收能力与区域经济增长关系研究》，载《财经理论与实践（双月刊）》2014年第11期。

CEO 变更与企业研发投入之间存在显著负相关,同时,CEO 的年龄会减弱 CEO 变更对企业研发投入的负效应。[1] 谢震等认为,分析师关注缓解了信息不对称与融资约束对公司研发投入的负影响,但是影响程度较小,因此,分析师关注与公司研发投入总体上呈现负相关。[2] 谢家智等认为,政企双重身份的企业高管对企业研发投资具有消极影响,并且强化融资约束对企业研发投资的消极影响。[3] 鲁桐等认为,对于资本密集型和技术密集型行业,管理团队的薪酬激励有利于创新活动的开展。[4]

2. 董事会中大股东的相互制衡

左晶晶等实证研究发现,民营上市公司的其他大股东的制衡有助于提高企业的研发与创新投入,而国有控股上市公司的其他大股东在推动公司创新投资方面未能发挥应有的监督与制衡作用。[5]

3. 国有企业改革

李政等认为,国有企业并非天然缺乏创新动力和创新效率,通过完善有关体制与机制,国企创新动力可以有效增强,创新效率可以大幅提升。[6]

(二) 企业的资源状况

周贵川等认为,资源型企业拥有的自然资源因素、技术能力因素和政府政策因素都对企业间合作技术创新的绩效有正向促进作用。[7]

程时雄等研究结果显示,人力资本、物质资本存量、贸易开放度等因素均对研发产出效率具有显著的促进作用,其他影响因素对研发产出效率

---

[1] 刘鑫、薛有志:《CEO 接班人如何决定企业的 R&D 投入?》,载《财经研究》2014 年第 10 期。
[2] 谢震、艾春荣:《分析师关注与公司研发投入:基于中国创业板公司的分析》,载《财经研究》2014 年第 2 期。
[3] 谢家智、刘思亚、李后建:《政治关联!融资约束与企业研发投入》,载《财经研究》2014 年第 8 期。
[4] 鲁桐、党印:《公司治理与技术创新:分行业比较》,载《经济研究》2014 年第 6 期。
[5] 左晶晶、唐跃军、眭悦:《第二类代理问题、大股东制衡与公司创新投资》,载《财经研究》2013 年第 4 期。
[6] 李政、陆寅宏:《国有企业真的缺乏创新能力吗》,载《经济理论与经济管理》2014 年第 2 期。
[7] 周贵川、张黎明:《资源型企业间合作技术创新影响因素的博弈分析》,载《管理世界》2014 年第 1 期。

均无正向促进作用。[1]

李勇辉等借助企业价值链对非技术创新的分类,分析企业的创新驱动机制发现,生产力与生产关系相互适应,企业竞争力和自身战略、企业追逐利润最大化,外部环境,都是企业非技术创新的主要驱动因素。[2]

欧阳峣等研究结果显示,"金砖国家"政府研发投入效率、专利产出效率较低的主要原因是由于创新资源的投入不足、创新主体及其联动机制缺失、以市场为导向的科技管理体制与创新机制不完善等四大原因。[3]

(三) 企业吸收能力

叶伟巍等研究发现,企业吸收能力是当前我国创新体系内主导产学研协同创新的主要影响因素,在不同竞争政策条件下,企业吸收能力的作用均占据十分重要的地位。[4]

(四) 信息化

韩先锋等研究发现,信息化对我国工业部门的技术创新效率产生了积极的影响,已成为推动技术创新活动快速发展的新动力源泉;同时,信息化与技术创新效率之间存在倒"U"型关系,换言之,随着信息化水平的逐渐提高,信息化对技术创新绩效的提升会产生先提升后下降的影响。目前我国实际信息化水平(0.647)依然低于理论上的最佳水平(0.822),因此,加强信息化建设有助于提升其对我国各部门技术创新绩效的促进。[5]

(五) 市场化程度

陈丰龙等认为,在市场化程度较高的转型国家,目前,并没有证据表

---

[1] 程时雄、柳剑平:《中国工业行业 R&D 投入的产出效率与影响因素》,载《数量经济技术经济研究》2014 年第 2 期。

[2] 李勇辉、袁旭宏:《企业非技术创新的价值实现机理与驱动机制》,载《财经研究》2014 年第 9 期。

[3] 欧阳峣、陈琦:《"金砖国家"创新体系的技术效率与单因素效率评价》,载《数量经济技术经济研究》2014 年第 5 期。

[4] 叶伟巍、梅亮、李文、王翠霞、张国平:《协同创新的动态机制与激励政策》,载《管理世界》2014 年第 6 期。

[5] 韩先锋、惠宁、宋文飞:《信息化能提高中国工业部门技术创新效率吗》,载《中国工业经济》2014 年第 12 期。

明经济转型促进了 FDI 技术溢出。但是在市场化程度较低的转型国家,经济转型却明显地促进了 FDI 技术溢出。同时,在按传统地理区位分类与按市场化程度高低分类的估计结果都支持了这一结论。① 孙早等研究发现,市场化改革提高了研发溢出对我国工业全要素生产率的促进作用,特别是在来源地市场化程度较低时,溢出接受地市场化程度的提高对研发溢出的促进作用更加显著②。鲁桐等认为,上市公司所在地区的市场化程度越高,越有利于企业进行研发投入。③

(六) 政府政策

肖文等发现,政府的直接和间接支持对技术创新效率的提高的促进作用并不明显,带有销售管理特征的企业研发管理仅对市场化导向的技术创新效率有积极贡献;境外研发资金的投入有利于非市场化导向的技术创新效率提升。④ 李林木等认为,政府减免税能有效地刺激企业增加创新投入,但短期对研发产出、产业发展速度与规模没有明显的促进效应。⑤ 游达明等认为,研发补贴有利于提高企业技术自主创新的积极性,也不会产生"排挤效应",而且,最优补贴能够促使企业技术创新实现经济绩效和社会绩效的双赢;在最优补贴政策下,技术溢出与产量、最优研发投入之间存在正向促进作用;另外,企业的排污费用与企业最优研发投入、产量之间呈现先下降后上升的"U"型特征。⑥

杨战胜等认为,政治关联能够促进企业专利成果的增加,然而,对企业新产品的影响并不十分显著。⑦

---

① 陈丰龙、徐康宁:《经济转型是否促进 FDI 技术溢出:来自 23 个国家的证据》,载《世界经济》2014 年第 3 期。
② 孙早、刘李华、孙亚政:《市场化程度、地方保护主义与 R&D 的溢出效应》,载《管理世界》2014 年第 8 期。
③ 鲁桐、党印:《公司治理与技术创新:分行业比较》,载《经济研究》2014 年第 6 期。
④ 肖文、林高榜:《政府支持、研发管理与技术创新效率》,载《管理世界》2014 年第 4 期。
⑤ 李林木、郭存芝:《巨额减免税是否有效促进中国高新技术产业发展》,载《财贸经济》2014 年第 5 期。
⑥ 游达明、朱桂菊:《不同竞合模式下企业生态技术创新最优研发与补贴》,载《中国工业经济》2014 年第 8 期。
⑦ 杨战胜、俞峰:《政治关联对企业创新影响的机理研究》,载《南开经济研究》2014 年第 6 期。

宋文飞等实证结果表明，在外商直接投资、市场化水平门槛条件下，环境规制对研发转化效率影响呈现倒"U"型的特征。①

（七）国际贸易

刘维林等认为，嵌入到发达国家产业链的出口制造业的研发活动具有明显的负向作用，同时，容易形成对链主企业的单向技术依赖和低端锁定。② 陈启斐等研究也表明，只有当母国制造业生产率达到一定的阈值之后，生产性服务业进口才能促进制造业的技术进步。③

四、提升自主创新的途径

（一）优化协同创新

1. 创新协同创新形式

魏江等指出，组织模块化和技术模块化的拼合式协同、整合式协同、聚拢式协同、获取式协同可以有效规避由组织身份差异及单体与系统技术差距带来的障碍。④

2. 优化协同创新团队

周明等借鉴典型发达国家推动产业技术创新团队建设的成功经验，如日本、美国产业技术创新团队体制机制与宏观公共政策等指出，目前我国创新团队建设存在诸多问题，加强我国产业技术创新团队建设，可以采用

---

① 宋文飞、李国平、韩先锋：《价值链视角下环境规制对R&D创新效率的异质门槛效应》，载《财经研究》2014年第1期。
② 刘维林、李兰冰、刘玉海：《全球价值链嵌入对中国出口技术复杂度的影响》，载《中国工业经济》2014年第6期。
③ 陈启斐、刘志彪：《生产性服务进口对我国制造业技术进步的实证分析》，载《数量经济技术经济研究》2014年第3期。
④ 魏江、黄学、刘洋：《基于组织模块化与技术模块化"同构、异构"协同的跨边界研发网络架构》，载《中国工业经济》2014年第4期。

旗舰护航制、加强支持合作创新的法律体系建设、技术研究组合等创新团队体制等获取产业关键技术和共性技术。①

3. 嵌入全球价值链

王玉燕等研究认为,全球价值链嵌入可以有效促进技术进步,但是由于抑制效应的存在,导致全球价值链嵌入与技术进步呈倒"U"型关系。②

(二) 优化企业创新机制

1. 优化知识管理

李子叶等认为,随着经济全球化和知识经济的进一步发展,目前,知识已经成为企业非常重要的核心竞争资源,知识资源的转移和扩散是一项管理活动,同时也是提高企业竞争力与创新绩效的重要途径。③

2. 降低创新风险

蔡跃洲等认为,需要结合激进式创新的技术属性和不同行业的基本特征,主要应从降低企业成本和创新风险的角度采取相应政策建议。④

3. 构建创新激励

田富俊等认为,面对复杂多变的内外部竞争环境,企业要提高技术人员的创新积极性,则必须调整和完善激励机制,既要重视激励物、激励对象等传统要素的制度安排,又要重视激励实施过程中环境变化所带来的影响,进行有效的激励。因此,为了使企业更加适应环境的变化,企业需引入柔性激励思想,设计一套适应企业创新发展的技术创新柔性激励机制,不仅要对激励物提供激励机制,激励的过程还应创新管理机制,而且要对

---

① 周明、李欢:《基于宏观视角的产业技术创新团队建设研究》,载《科技进步与对策》2014年第11期。

② 王玉燕、林汉川、吕臣:《全球价值链嵌入的技术进步效应》,载《中国工业经济》2014年第9期。

③ 李子叶、冯根福:《组织内部知识转移机制、组织结构与创新绩效的关系》,载《经济管理》2014年第1期。

④ 蔡跃洲、李平:《技术经济范式转换与可再生能源产业技术创新》,载《财经研究》2014年第8期。

技术创新环境响应机制、创新成果评价机制与创新人员日常管理机制加以调整与完善。①

4. 微创新

罗仲伟等认为，微创新可以降低企业经营风险，使企业不用直接承担开展颠覆性创新的巨大不确定性，同时还可以避免先进技术的重复研发，降低外国技术的引进成本，有效规避竞争对手的知识产权侵占，基于用户体验的迭代微创新，整合竞争对手、合作伙伴和先导客户的协同微创新均可以保障企业走上良性循环的可持续发展道路。②

5. 完善企业治理结构

吕新军认为，提升公司技术创新效率，既要重视优化公司的股权结构，还应增强股东之间的制衡能力，采取有效的高管激励政策等措施。③

（三）优化创新环境

张杰等也发现，竞争和创新之间呈现显著且稳健的正向关系，这也表明提高竞争可以促进中国企业创新研发活动。④

（四）优化政府扶持政策

宋河发等梳理了主要国家政府采购促进创新的做法，研究了中国废止自主创新政府采购有关政策带来的问题，根据 WTO 原则运用政策系统分析方法，提出了中国支持自主创新政府政策体系和政策未来发展的思路，中国应当完善原有自主创新认定条件，并改造利用国家和地方新产品政策作为创新产品认定政策，恢复和完善支持中小企业自主创新的政府采购政

---

① 田富俊、李兆龙：《企业技术创新柔性激励动因与机制设计》，载《科技进步与对策》2014 年第 11 期。
② 罗仲伟、任国良、焦豪、蔡宏波、许扬帆：《动态能力、技术范式转变与创新战略》，载《管理世界》2014 年第 8 期。
③ 吕新军：《代理冲突与企业技术创新关系的实证分析》，载《科研管理》2014 年第 11 期。
④ 张杰、郑文平、翟福昕：《竞争如何影响创新：中国情景的新检验》，载《中国工业经济》2014 年第 11 期。

策，完善支持自主创新的技术标准政策。①

　　景维民认为，技术进步具有路径依赖性，合理的环境管制能够转变技术进步方向，有助于中国工业走上绿色技术进步的轨道。在目前较弱的环境管制和偏向污染性的技术结构下，对外开放对中国绿色技术进步的影响可以分解为正向的技术溢出效应和负向的产品结构效应。二者在对外开放的三个方面有着不同程度的体现，进口在国内研发努力地配合下对绿色技术进步具有推进作用，出口则造成了负面影响，FDI 中两种效应均有显著体现。②

---

　　① 宋河发、张思重：《自主创新政府采购政策系统构建与发展研究》，载《科学学研究》2014 年第 11 期。
　　② 景维民、张璐：《环境管制、对外开放与中国工业的绿色技术进步》，载《经济研究》2014 年第 9 期。

第十七章 货币政策问题研究新进展

2014年货币政策对稳增长发挥了重要作用，因而也引起了学界对货币政策理论与实践问题的深入研究，取得了新的进展。

一、通货膨胀

（一）通货膨胀的主要影响因素

1. 技术进步

龙少波等认为，过去对于通货膨胀的研究忽略了两点：第一，忽视了技术进步和劳动生产率提高对成本上升所带来的冲销作用；第二，线性回归可能会忽略宏观经济变量间的非线性时变关系。他通过实证分析发现，技术的消化吸收能力有限，技术引进只能部分冲销劳动力成本上升带来的压力，劳动力成本作为总成本的一部分对于通货膨胀的推升作用也较小；货币供给和需求方面对于通胀的作用并不明显，可能是因为货币政策传导过程中有大量货币不是被传导并作用于实体经济环节，而是渗漏到股票市场漏斗和银行体系黑洞。随着中国经济的发展，我国与国外先进技术的差距逐渐缩小，后发优势不如从前，需要自主创新方式来继续获得技术进步、消化成本上涨的因素。另外，持续攀高的GDP/M2，对实体经济存在潜在的风险，引发实体经济通货膨胀，因此，需要继续加大力度发展直接投资的股票与债券市场，拓展其他投资渠道。①

但还是要充分认识到生产成本对通货膨胀的影响。赵昕东等运用SV-TVP（随机波动时变参数）模型对我国食品价格上涨的决定因素进行了实证分析发现，需求因素只能在长期造成食品价格的缓慢上涨，不会造成食品价格的短期快速上涨，且我国的超额货币发行并没有对居民的食品价格上涨产生多大影响。因此，政府在建立食品价格稳定机制时，要了解生产成本是短期食品价格快速上涨的最大决定因素。②

2. 财政赤字

崔惠民等认为，在现阶段融资体制安排下，我国的通货膨胀更多的是一种财政现象，而非货币现象。中国政府需要依靠财政赤字的货币化，通过直接向中央银行借款或间接向中央银行出售国债等方式弥补显性的财政赤字，从而引起货币供应量的增加。通过实证检验发现，我国的政府融资体制安排具有显著的非李嘉图制度模式的特征，即财政当局在进行收支等决策时无需顾及跨期政府预算约束的要求，是一种财政主导型制度，货币政策具有被动性。随着我国后发优势、劳动力转移等保持经济高速增长的因素逐渐消失，潜在通胀风险很有可能进一步暴露出来。因此，需要完善政府融资体制，进一步厘清中央财政与中央银行的关系。政府应改革财政预算制度安排，强化预算监督，避免任何形式的财政向央行透支或借款行为，且财政预算由人大编制。另外，需要强化央行亲市场的独立性，提高货币政策执行力，对于中央银行因历史上承担财政职能所形成的资产损失，财政要及时予以弥补，以提高中央银行的可信度。③ 杨子晖等结合最新发展的有向无环图（DAG）技术研究发现，我国货币政策在很大程度上被动适应于财政政策，从而增大了诱发财政驱动的通货膨胀的风险，我国通胀既是货币现象也是财政现象。④

---

① 龙少波、陈璋、张军：《超额工资、外部成本渠道与中国通货膨胀非线性关系研究》，载《经济理论与经济管理》2014年第11期。

② 赵昕东、王小叶：《什么决定中国食品价格变动：供给抑或需求》，载《财经研究》2014年第11期。

③ 崔惠民、马涛、崔永：《中国的财政赤字与通货膨胀：1952~2012》，载《经济学家》2014年第4期。

④ 杨子晖、周天芸、黄新飞：《我国财政赤字是否具有通货膨胀效应：来自有向无环图研究的新证据》，载《金融研究》2014年第12期。

3. 通胀预期

黄正新等实证分析发现，我国公众的通胀预期从短期看，是一种不断接近现实通胀的学习型、适应性预期，从长期来看，是具有一定的无偏性、有效性的非完全理性预期。① 孙毅等实证分析表明，居民根据当前和以往的实际通货膨胀，从而引起居民的网络搜索行为，继而对通货膨胀预期产生影响；基于网络搜索行为通胀预期指数走势与实际通货膨胀高度一致，因此该指数对通货膨胀具有预警预测功能。②

何运信等考察了居民和专家通货膨胀预期不同的预测能力，通胀预期在专家和普通公众之间传播，以及居民通胀预期的动态机制认为，第一，专家的预期偏差要明显小于居民。第二，在短期，居民和专家预期都存在偏差，但长期来看都不会系统性地高估或低估通胀。第三，从利用信息角度看，专家吸收信息的广度和速度远强于居民，更接近理性预期。第四，流行病学模型能较好地刻画通胀预期从专家向居民的传导过程和居民预期的动态机制。③

张成思等构建了用以捕捉媒体舆论、公众预期和现实通胀率的动态模型系统，考察其互动机制。研究发现，媒体舆论显著驱动公众预期，且我国公众的通胀预期粘性程度较高。另外，媒体舆论与公众预期以及公众预期与现实通胀率具有显著的双向互动关系。为了稳定通胀预期，国家要正确引导媒体舆论、减少负面情绪报道。④

4. 商品的金融化层次

张成思等将资本轮动要素引入乘数加速数模型，基于内生经济周期理论阐释不同金融化程度商品的价格形成机制，并研究不同金融化层次商品的价格变动对总体通货膨胀的驱动机制。结果表明，金融化程度越高的商品价格变动对通货膨胀的传导和影响持续时间越长，并且与通货膨胀的互动表现为双向性，中等金融化程度则呈现单向性，低金融化程度则对通货

---

① 黄正新、黄金波：《中国通货膨胀预期陷阱研究》，载《经济研究》2014 年第 11 期。
② 孙毅、吕本富、陈航：《大数据视角的通胀预期测度与应用研究》，载《管理世界》2014 年第 4 期。
③ 何运信、沈宏、耿中元：《居民与专家通货膨胀预期的差异及两者间关系：流行病学模型在中国的检验》，载《金融研究》2014 年第 5 期。
④ 张成思、芦哲：《媒体舆论、公众预期与通货膨胀》，载《金融研究》2014 年第 1 期。

膨胀的驱动效应较弱，影响持续的时间相对较短。①

5. 供需混合驱动

杨子晖等研究表明，中国在短期同时存在着价格的正向传导与反向倒逼机制，使得通胀呈现出"供需混合驱动"，造成宏观经济不确定性；在长期，中国 PPI 对 CPI 的正冲击更具持久性，上游生产成本的上升可能会导致 CPI 持续增高，从而引发"成本推动型通胀"的风险。我国需要结合技术与制度创新、完善流通环节降低交易成本、降低企业税负、提高生产效率等方式来缓解要素成本上升所带来的长期物价上行的压力，同时有必要控制货币供应量的发行节奏，避免因基础货币投放过多而引发流动性泛滥局面的出现，为实现物价的长期稳定创造有利的条件。政策制定者需要依据价格传导的非对称机制"相机抉择"地实施"非对称"的调控政策进行对冲干预。②

6. 结构性变量

伍戈等通过实证研究表明，贸易部门相对非贸易部门生产率的快速提升，加剧了中国通胀的结构性不平衡程度。此外，政府支出、居民收入、货币因素、大宗商品价格冲击等也能解释结构性通胀的变化。因此，在分析中国 CPI 与 PPI 价格变化时，应充分考虑结构性因素的影响。③

7. 劳动力市场

叶正茂等研究发现，劳动市场具有滞后性，从而工作时间的变化相对平滑，导致通货膨胀的变化相对缓慢，而引入工资刚性后，变化更加缓慢，因此传统的货币政策理论不考虑工资刚性的影响，可能会造成较大的福利损失，而劳动市场摩擦和工资刚性是分析和制定货币政策时需要考虑的重要因素。④ 刘志成分析了东亚国家的经验后指出，在刘易斯转折期，

---

① 张成思、刘泽豪、罗煜：《中国商品金融化分层与通货膨胀驱动机制》，载《经济研究》2014 年第 1 期。
② 杨子晖、周林洁、李广众：《通货膨胀的驱动类型甄别：基于价格传导的非对称性研究》，载《世界经济》2014 年第 5 期。
③ 伍戈、曹红钢：《中国的结构性通货膨胀研究：基于 CPI 与 PPI 的相对变化》，载《金融研究》2014 年第 6 期。
④ 叶正茂、王仕进：《劳动市场摩擦、工资刚性与中国的通货膨胀持续性》，载《财经研究》2014 年第 10 期。

劳动力成本上涨对通货膨胀的影响具有共同特征：部分国家的 CPI 均值上升；消费者价格指数与生产者价格指数持续背离；服务和劳动密集型产品的价格涨幅高于其他产品。①

8. 实际产出缺口

胡育蓉等认为，通货膨胀与实际产出缺口变化程度密切相关，他们在新凯恩斯菲利普斯曲线框架下，利用1985年以来的省级面板数据，对名义价格粘性—通胀惯性—通胀的逻辑进行解释。结果发现，第一，通胀惯性因素具有显著的自稳定功能。第二，通胀预期表现出自我实现特征。第三，成本因素变异和实际产出变异对通胀的效应是显著正向的。第四，潜在产出的正向变异却能抑制通胀。② 伍戈等运用中国1998年1季度至2014年2季度的数据研究表明，中国通胀—产出的关系并不一定是线性的。具体地讲，在平均通胀水平高企的时期，厂商往往会涨价，菲利普斯曲线的斜率变得更加陡峭；反之在通胀水平较低时期斜率平缓，这证明了中国的通胀对产出更加敏感这一基本事实，也预示着在物价低迷阶段持续的通缩可能会对产出产生巨大的破坏作用。③ 何启志等实证研究表明：第一，中国通胀惯性非常强，宏观经济变量不能够降低通胀惯性。第二，公众预期能力不强，消费者预期指数以及学习型预期对通胀的决定作用有限，在短期，后顾性因素比前瞻性因素作用更大。第三，菲利普斯曲线起作用的持续时间长于货币数量论起作用的持续时间，产出缺口更有可能是通胀的驱动因素。第四，数据显著性表明农业生产资料价格是通胀的重要驱动因素。④

9. 资产价格

刘林川运用生命周期—持久收入模型，分析认为资产价格波动可以通过预算约束效应、实际收入效应、预期收入效应与替代效应四个渠道影响资产持有者的消费行为，进而影响物价水平。而上述四种效应的顺利进行需要如下假设条件，包括家庭对各类金融资产和实物资产有一定规模和较

---

① 刘志成：《刘易斯转折期的通胀及其治理》，载《经济学家》2014年第5期。
② 胡育蓉、范从来：《中国通货膨胀的动态拟合》，载《金融研究》2014年第3期。
③ 伍戈、刘琨：《中国通胀与产出的动态研究》，载《财贸经济》2014年第10期。
④ 何启志、范从来：《学习型预期与中国扩展的新菲利普斯曲线研究》，载《金融研究》2014年第5期。

为完善的资本市场。实证检验表明，广义货币供给量、人民币实际汇率、股票价格、房地产价格与物价水平具有相关性，但短期利率对物价波动相关性不明显，且股票价格对物价的影响并不稳定。人民币实际有效汇率、广义货币供给与房地产价格是我国物价水平的重要影响变量。因此建议央行货币政策的制定必须适当关注资产价格，特别是房地产价格变动、完善资本市场、拓宽居民投资渠道、推进利率市场化改革。①

10. 居民对于政府的信任程度

李新荣等利用奥尔多中心提供的 2005 年、2007 年和 2009 年三个年份的中国跨省区家庭调查混合横截面数据，运用工具变量的方法实证分析不同经济形势下居民的政府信任程度对其通胀预期的具体影响发现：在经济形势平稳时，居民的政府信任程度对其通胀预期没有显著影响；在经济形势较好时，存在着显著的反向影响；在经济形势较差时，存在着显著的正向影响。相关决策部门在制定相应的管理通胀预期政策时，需要充分考虑居民的异质性特征对政策效力影响的可能性和复杂性。②

11. 对外开放

尹力博等利用了 14 个代表性经济体 1993～2013 年的 CPI、贸易和直接投资数据，建立了向量自回归模型分析中国与其之间的通胀溢出效应。实证研究发现：第一，中国的输入型通胀呈现多样化形态，同时受到发达经济体和新兴经济体的冲击，且程度相当。中国内源性通胀只占六成，外部通胀占四成。第二，中国经济与主要发展中经济体的整合性更强，对于发展中经济体的通胀溢出要强于对于发达经济体的影响。第三，六大制造业经济体的通胀的整合性显著，双向通胀效应突出。第四，贸易渠道和直接投资渠道是外部通胀传导的主要渠道，而贸易渠道更为突出。③ 靳晓婷等研究也发现，国际大宗商品价格对我国通胀的影响在不断增强；低通胀

---

① 刘林川：《消费传导视角下资产价格对物价水平的影响》，载《经济理论与经济管理》2014 年第 4 期。
② 李新荣、李涛、刘胜利：《政府信任与居民通货膨胀预期》，载《经济研究》2014 年第 6 期。
③ 尹力博、韩立岩：《中国输入型通货膨胀特征研究：程度、来源及渠道》，载《数量经济技术经济研究》2014 年第 7 期。

时汇率对通胀率呈显著负向影响，高通胀时则不显著。①

（二） 通货膨胀指数的优化

1. 优化 CPI 编制

陈立双等认为，我国 CPI 编制处于向国际规范转变的过渡期，因而存在许多问题，包括低层汇总公式偏误、权重更新频率、商品质量变化及新产品偏误、季节性产品处理、自有住房服务处理和特型价格指数的系统性编制等。他们从以下几点建议改革中国 CPI 编制方法：第一，使用加权指数公式编制初级价格指数；第二，提高 CPI 权重数据的更新频率；第三，优化 CPI 商品质量的调整工作；第四，推进 CPI 中季节性产品处理工作；第五，优化 CPI 中自有住房服务处理方法；多层次、多角度的编制系统性特型 CPI 指数。② 王开科等也认为，利用本身就存在问题的 CPI 指数进行核心通货膨胀率测算，很难保证最终测算结果的可靠性，因此现有研究中对于我国 CPI 权重的估计文献大多存在一些问题。他们运用剔除法和截尾平均法测算了我国的核心通货膨胀率，发现剔除法的测算结果整体上优于截尾平均法，且分类项目细化程度越高，结果越稳定。剔除法是一个符合我国国情的可行方法，不仅有利于充分利用统计资源、增进统计效率，也能够进一步提升官方统计服务社会公众的能力。③

2. 编制中国生活成本指数

范志勇分析了消费结构随时间的变化趋势发现，对于各收入阶层而言，粮食和蛋类在食品中的份额基本呈现下降趋势，而干鲜瓜果类、奶及奶制品和饮食服务在食品中的份额则呈现上升趋势，且无论是通货膨胀时期还是紧缩时期，最低收入家庭生活成本增长率的波动性都更大。由于没有考虑消费者可能通过价格较低的产品替代价格相对较高的产品，理论上消费者价格指数可能潜在地高估了真实生活成本指数。实证发现，消费者

---

① 孟庆斌、靳晓婷、吴蕾：《我国通货膨胀影响因素的非线性影响效应分析》，载《金融研究》2014 年第 4 期。
② 陈立双、祝丹：《中国 CPI 编制方法面临的问题及进一步改革的若干设想》，载《财贸经济》2014 年第 12 期。
③ 王开科、曾五一：《基于 CPI 分类权重优化视角的我国核心通货膨胀率测算》，载《数量经济技术经济研究》2014 年第 9 期。

价格指数比 Tornqvist 生活成本指数高，而当考虑到消费者偏好改变时，消费者价格指数反而比基于可变偏好函数的 GFT 生活成本指数还低。因此，总的说来，消费者价格指数缺少理论基础，为了更加准确反映各阶层消费者生活成本的变化，应尽快开始编制中国生活成本指数。①

（三）通货膨胀的影响

李哲等分析了信用交易对通货膨胀福利损失的影响机制。作者先是不考虑信用交易情形下我国通货膨胀的福利损失，结果表明，总的福利损失主要来自可预期的通货膨胀，货币政策冲击引起的通货膨胀的福利损失比较小。他们引入信用交易后发现，信用交易对通胀福利损失影响具有双重性。一方面，信用交易使购买者的需求不受当期持有货币数量的约束，从而减少了通货膨胀带来的福利损失；另一方面，信用交易通过影响购买者的货币需求增加了福利损失。校准模型后实证研究发现，随着信用交易规模的增加，通货膨胀的福利损失逐渐减小。因此他们认为，随着金融监督机制不断完善，我国信用交易的软环境会不断改善，随着信用交易规模的增加，通货膨胀的福利损失会大大减小。②

（四）通货膨胀目标制

刘东华通过实证发现，通胀目标制在新兴市场国家较大程度上具有稳定通胀预期的作用，但在工业化国家却缺乏统计上具有显著意义的足够证据。因此，一国应采用的货币政策需要综合考虑该国货币政策的可信度、金融体系的脆弱性、是否存在汇率目标与通货膨胀目标的冲突问题等因素。③

周建等认为，由于我国货币政策传导机制及制度等各方面尚不成熟，还不具备采用通货膨胀目标制的条件。他们根据泰勒规则，构建了我国货币政策动态反应函数，并采用 GMM 方法对不同的通货膨胀率计算指标进行了比较分析发现，基于 CPI 估计的货币政策反应函数总体上较为准确地

---

① 范志勇：《消费者价格指数能反映生活成本吗?》，载《经济理论与经济管理》2014 年第 9 期。
② 李哲、赵伟：《信用交易与通货膨胀的福利损失》，载《经济研究》2014 年第 10 期。
③ 刘东华：《通货膨胀目标制稳定通胀预期了吗》，载《财贸经济》2014 年第 7 期。

反映了我国利率的基本情况；RPI 在大部分区间对我国货币政策具有较好的解释力，在少数区间解释不足；PPI 与 GDP 平减指数对我国货币政策解释性较小。由于 CPI 未包括生产资料而 RPI 未包括服务和投资品，因此简单地将 CPI 等价于通货膨胀指标仍然存在一定的盲目性。①

二、货币供给

关于货币供给的研究主要集中在对货币供给是否过量的考察上。金迪比较了我国改革开放前后以及欠发达国家与发达国家之间货币收入流通速度下降的现象，认为我国货币收入流通速度下降是长期的、稳健的和典型的。既有研究虽然在一定程度上指出了货币"超发"，但还是有很大部分的"超额"货币没有得到解释。基于此，他提出中间产品假说，认为是中间产品交易相对于总收入的增加，导致了货币需求的"超额"增加和货币收入流通速度的下降。通过实证检验，认为当中间产品比最终产品增长快时，最终产品就会比总交易额增长得慢，从而比服务于总交易额的货币量增长得慢，导致货币收入流通速度随之下降。因此，研究货币是否超发以及经济增长问题都要考虑中间产品的增长速度。②

范从来等从三大方面指出货币超发的判断难以成立。第一，存在理论与逻辑的缺陷。没有考虑中国货币流通速度趋缓的大背景。第二，中美存在国别差异。美国 M2 统计口径小；美元是世界货币而人民币尚未国际化；中国以间接融资为主，社会金融资产以储蓄形态存在，M2 较高；中国第一产业比重较大等。第三，指标解释力度低。对经济增长的物价指数、市场波动缺乏解释力。因此，货币率高的原因不在于货币的多少而在于货币作用机制断层，经济传导效率低下。③ 我国货币流通量并未脱离货币实际需求，中美 M2/GDP 差异不在于货币层面而在于不同商品结构为代表的产业层面：中国 GDP 中有机构成较高的一、二产业比重大，从而经济结构需要较多的不变资本，导致 M2/GDP 高的假象。另外，在开放环境

---

① 周建、刘晒珍：《哪种价格指数为中国货币政策提供了更多的通货膨胀信息？》，载《财经研究》2014 年第 6 期。
② 金迪：《超额货币都去哪儿了》，载《财贸经济》2014 年第 6 期。
③ 范从来、王勇：《中国"货币超发"：判断标准、成因及其治理》，载《经济理论与经济管理》2014 年第 3 期。

下，国际分工模式对我国产业结构升级形成制约，导致 M2/GDP 反应的状况失真。高 M2/GDP 不是货币量多而是没有为改革提供规模匹配的金融资产，未能发挥金融业在调整经济结构中的作用，因此，国家要从片面总量控制转向金融资产供给激励。①

曾康霖等认为，不能简单地用 M2/GDP 取代 FIR，FIR 表明了市场经济条件下融资的市场化程度以及经济发展与金融资产的市场价值在市场经济中的相关关系，但随着中国经济环境的改变，M2/GDP 并不能完全反映出货币化程度。而且其他国家的数据表明，M2/GDP 趋高，与居民收入较高密切相关，与经济货币化的程度弱相关。研究货币超额增长需要有创新思维，由于供给的货币没有完全形成 M1，大多数只是成为准货币。而准货币在未转化以前，仍然只是社会公众持有的货币资产，货币供给继续扩大是可能存在的。实证研究发现，M1 的增长率基本上与经济增长率和物价水平率之和相一致，不存在超额供给的现象，而真正出现超额供给的是准货币。因此，应该将货币与准货币区分开来。②

三、货币政策传导机制

侯成琪等将中国经济按照 CPI 分类分为八个部门，运用新凯恩斯的分析框架，在部门价格粘性存在异质性的条件下研究中国货币政策的传导机制，并与假设所有部门完全同质情形下的货币政策传导机制进行对比，发现部门价格粘性越强，货币政策冲击对部门产出的影响越大、对部门通货膨胀的影响越小，反之亦然。他们运用中国 CPI 及相关宏观经济变量的历史数据实证发现，与贝叶斯估计相比，各类商品价格粘性指数的加权中位数校准加总的价格粘性指数可以使单部门新凯恩斯模型较好地近似多部门新凯恩斯模型中货币政策冲击对加总产出和通货膨胀的反应。③

王晋忠等认为市场性、基础性、相关性、可控性、稳定性是有效基准利率应具备的 5 个基本属性，而其中市场性、基础性是最能反映市场化程

---

① 王勇、范从来：《产业结构与货币需求的政治经济学分析》，载《马克思主义研究》2014 年第 11 期。
② 曾康霖、徐培文、罗晶：《研究我国货币供给超额增长要有创新思维》，载《财贸经济》2014 年第 2 期。
③ 侯成琪、龚六堂：《部门价格粘性的异质性与货币政策的传导》，载《世界经济》2014 年第 7 期。

第十七章 货币政策问题研究新进展

度的。他们选取了 2007 年 1 月至 2012 年 12 月的各期限 Shibor、Chibor 和债券回购利率数据进行时间序列分析发现，在市场性方面，Shibor 参与主体广泛，能与国际基准利率良好对接，但是规模不够理想。在基础性检验方面，Shibor 与债券回购利率相互影响，但长期，只有前者对后者造成影响。因此 Shiobr 的基准性显著增强。综合上述结论，作者认为 Shibor 作为我国基准利率的地位已有体现，市场性也在改进，但没完全成熟起来，在基础性方面需进一步改进。[①]

李成等运用 2001~2012 年我国 5 大商业银行 12 家股份制商业银行和 20 家城市银行的数据，通过系统广义矩方法考察了货币政策立场的银行信贷反应，实证结果表明宽松的货币政策有增大商业银行贷款规模，放大贷款效果，且股份制商业银行对货币政策立场冲击响应显著，而城市商业银行响应最不明显，从而货币政策立场具有信贷调控的结构效应。他们认为，第一，在信贷传导机制方面，货币是非中性的，政策制定时要充实逆周期调控功能；政策调控时应实现总量调节与结构优化的结合；政策沟通时要健全信息披露制度，明确传达货币立场。第二，货币当局应该全面把握货币政策立场的结构效应。第三，需要协调宏观审慎政策和货币政策，完善我国宏观审慎框架。[②]

裘翔等基于 DNK-DSGE 模型框架，研究了传统商业银行体系与影子银行体系并存环境下货币政策冲击对经济体的影响和传导过程，并对该模型分析做了如下假定：第一，影子银行不能直接从居民部门吸收存款，而是从商业银行获得融资。第二，存在高风险企业和低风险企业，其中商业银行只能向低风险企业贷款，但影子银行可以直接向高风险企业提供融资。第三，假设金融中介体系是垄断竞争的，而不是传统假设的自由竞争。实证结果表明：高风险企业部门与低风险企业部门会在货币政策的冲击下产生明显的分化；影子银行体系影响了货币政策传导的有效性，这在央行的加息周期中表现得非常明显，影子银行在加息冲击下反而会放松贷款条件，刺激高风险企业加杠杆并增加投资，削弱了央行原本旨在抑制投资的货币政策的效果。由于影子银行自身的逆周期扩张行为很大程度上降低了货币政策执行效果，因此央行及其他监管机构一方面需要密切监控影

---

① 王晋忠、赵杰强、王茜：《Shibor 作为中国基准利率有效性的市场属性分析》，载《经济理论与经济管理》2014 年第 2 期。
② 李成、高志贤：《货币政策立场与银行信贷的异质性反应》，载《财贸经济》2014 年第 12 期。

子银行的规模，另一方面需要大力推进利率市场化，放宽金融机构准入限制，完善金融中介体系，从根本上解决影子银行膨胀的动因。①

孙国峰等认为，传统流动性供求分析需要三个假设：一是冲击可以准确衡量；二是流动性需求有较强的负利率弹性，且参数稳定；三是流动性供给外生。但是根据这些假设得出的分析结果不能适应2013年我国货币市场利率走势和流动性供求之间的回滞现象，因此需要改变假设构建新的理论框架。新的假设包括：冲击不确定性、银行多样性和不完全的中央银行融资可得性。他们对我国数据进行实证分析，发现当市场利率大幅上升突破合理水平时，央行优选策略是迅速投放大量流动性达到阈值水平，促使利率快速下行，减弱回滞效应。由于中央银行调控货币市场利率的适宜工具是提供常备借贷便利，因此，有必要进一步提高常备借贷便利的透明度和可得性，常备借贷便利按需向银行体系提供流动性。②

王任认为，多数宏观经济理论模型忽略了成本传导机制，或者没有涉及企业进出市场的行为，只片面分析了利率变化对企业行为的影响。他构建了一个包含成本传导机制和企业进出市场行为的动态随机一般均衡模型，更为全面地分析了货币政策冲击和利率市场化对企业行为的影响。实证研究发现，第一，利率通过三种渠道对通货膨胀率产生影响，需求面集约边际、供给面集约边际和广义边际。第二，忽略成本传导机制会低估货币政策冲击对实体经济的影响。第三，负利差冲击则会通过成本传导机制影响价格、工资、劳动和消费。③

方先明等利用2007年7月至2012年5月中美利率互换合约价格的数据，研究中美货币市场预期的协动性。研究表明：第一，中美货币市场短期预期的时变相关性较高，且美国货币市场居于主导地位，从而美国货币政策会影响中国。第二，中美货币市场中长期预期的时变相关性较低。第三，中美货币市场预期周期转换不具有协动性。④

胡育蓉等利用1998~2012年沪深A股数据进行实证研究发现：第一，货币政策立场转向紧缩，企业风险承担会显著下降，同时紧缩性数量型和价格型操作工具对企业风险承担都具有负向调整效果。第二，非国有企

---

① 裘翔、周强龙：《影子银行与货币政策传导》，载《经济研究》2014年第5期。
② 孙国峰、蔡春春：《货币市场利率、流动性供求与中央银行流动性管理》，载《经济研究》2014年第12期。
③ 王任：《成本传导机制、企业行为与货币政策》，载《金融研究》2014年第4期。
④ 方先明、裴平、蒋卮：《中美货币市场预期具有协动性吗？》，载《金融研究》2014年第7期。

业、中小企业反映最灵敏。第三，产业间风险承担下降的方向和程度有所不同，平均而言第三产业风险承担下降幅度最大，第一产业次之，第二产业最小。因此，一项过度宽松的货币政策可能会鼓励企业过度地承担风险而不利于经济长期稳定。这就需要，一是建立企业风险承担的检测、评估体系，保持货币政策调控的前瞻性和策略性；二是有效识别企业非对称性效应引致的偏向性影响，保持货币政策调控的针对性和审慎性；三是充分考虑货币政策调控过程中产业风险承担的非对称性，适时推出指向性、配合型产业政策。①

四、货币政策有效性

（一）我国货币政策有效性检验

蒋海等利用中国 1992~2011 年的数据，对中国货币政策的有效性进行检验发现：一是货币政策总供给效应缩小了央行对产出和通货膨胀的反应空间，而私人部门适应性学习预期会进一步缩小其操作空间；二是较高的工资刚性导致货币政策抑制宏观经济波动的效果非常有限。②

林仁文等通过构建非市场化的 DSGE 模型实证发现，在市场化进程中，一是对于国企经济，贷款基准利率的作用将逐步减小，而存款基准利率和存款准备金率的作用会逐步提高。二是对于民企经济，存、贷款基准利率，以及存款准备金率的作用，都将逐渐减小。三是对于总体经济，贷款基准利率的作用将逐步减少，而存款基准利率和存款准备金率的作用，将在改革前期不断上升，在改革后期逐步下降。③

黄宪等在粘性信息理论框架下运用马尔科夫区制转换向量自回归模型分析货币政策调控的非对称效应。实证研究表明：第一，通胀预期低而稳定时，数量型宽松货币政策更有利于推动实体经济增长。第二，通胀预期

---

① 胡育蓉、朱恩涛、龚金泉：《货币政策立场如何影响企业风险承担》，载《经济科学》2014 年第 1 期。
② 蒋海、储著贞：《总供给效应、适应性学习预期与货币政策有效性》，载《金融研究》2014 年第 5 期。
③ 林仁文、杨熠：《中国市场化改革与货币政策有效性演变》，载《管理世界》2014 年第 6 期。

水平较高或波动性较强时，提高利率及发放货币效果不显著。第三，通胀在货币冲击下具有持续波动特征。①

李明辉等通过动态面板模型实证发现，第一，从总量看，紧缩的货币政策会降低商业银行总业务及表内业务的流动性创造，但提升了表外业务的流动性创造。第二，从结构来看，货币政策对不同类型银行的影响依赖于其资产规模和资本充足率。②

王少林等扩展了 VAR 模型，利用 PTVP – SV – FAVAR 模型研究了中国货币政策透明度变化对于宏观经济的影响发现，第一，货币政策透明化对产出存在一种短期抑制，长期促进的作用；第二，透明化增强了通货膨胀的持续性；第三，透明化程度越高产出波动越小，但是不利于通货膨胀的稳定。总之，透明化有利于产出增长而不利于通货膨胀的表现。他们建议，央行在提高货币政策透明度时要将通货膨胀与产出调至合意范围，在当今宏观经济不稳定时，保持货币政策一定的模糊性有利于宏观经济的稳定。③

陈利锋利用我国的季度数据，构建了一个包含工资非平滑调整的 NKMP – DSGE 模型，基于模型的贝叶斯脉冲响应函数，发现货币政策的效应具有时间依存特征。基于贝叶斯冲击分解发现，总需求冲击与货币政策冲击均有力地推动我国失业波动，且劳动力市场存在显著的失业回滞性。而基于货币政策分析表明，劳动力市场做出反应的政策机制引起的社会福利损失相对较小，因此，货币政策应该对劳动力市场做出反应。④

张翔等通过估计结构向量自回归模型，动态模拟了人民币汇率弹性增强的情景，并分析了我国货币供给冲击对经济的影响以及货币政策应对国际冲击的策略，发现：第一，人民币汇率弹性增强后，货币供给冲击对经济的影响被更缓慢地释放，货币政策更具有灵活性。第二，不管汇率弹性如何，净出口下降都有利于促进经济增长，而汇率弹性的增强则更有利于提高我国货币政策的自主性。⑤

---

① 黄宪、王书朦：《通货膨胀预期视角下货币政策的非对称效应研究》，载《财贸经济》2014 年第 1 期。
② 李明辉、孙莎、刘莉亚：《货币政策对商业银行流动性创造的影响》，载《财贸经济》2014 年第 10 期。
③ 王少林、林建浩、李仲达：《中国货币政策透明化的宏观经济效应》，载《财贸经济》2014 年第 12 期。
④ 陈利锋：《非平滑工资调整、失业波动与货币政策》，载《经济科学》2014 年第 5 期。
⑤ 张翔、何平、马菁蕴：《人民币汇率弹性和我国货币政策效果》，载《金融研究》2014 年第 8 期。

(二) 提高货币政策有效性的建议

马勇等通过对中国 1992～2012 年季度数据的实证分析发现,货币政策有效性随经济开放度提高而下降。具体表现为中央银行控制通胀的政策成本明显上升,同时长期以来依赖低利率和超速货币供给来刺激产出的模式越来越困难。我们应该改变利用货币政策来调控宏观经济的传统思维,转而通过构建包括货币政策、汇率政策、财政政策和宏观审慎监管政策在内的多种政策的有效组合及其协调和搭配提高宏观调控的整体有效性。[①]

梁璐璐等建立了一个包括通胀冲击、利率冲击、固定资产偏好冲击和生产率冲击的新凯恩斯 DSGE 模型,并将贷款价值比动态化,实证分析了货币政策与审慎宏观政策不同组合的四种体制,包括传统的泰勒规则体制、传统泰勒规则和宏观审慎政策体制、瞄准金融稳定的泰勒规则体制、瞄准金融稳定的泰勒规则和宏观审慎政策体制。结果显示,宏观审慎政策在传统冲击下不会影响货币政策目标。而且,在非传统冲击下,宏观审慎政策和传统的货币政策相互配合会使经济体更加稳定。另外,宏观审慎政策具有稳定性和中立性,在维持金融稳定的同时不会以牺牲实体经济为代价。目前我国遵循"加强的泰勒规则",即实现价格稳定和金融稳定双重目标的货币政策效果并不理想,而传统的货币政策配合宏观审慎政策更加适用于我国现行的经济运行体制。[②]

王爱俭等构建了包含生产性企业、商业银行、房地产部门、家庭以及政府部门的 DSGE 模型,分别对只有货币政策的情况和加入了宏观审慎政策的情况进行脉冲模拟分析发现,在理论上宏观审慎政策能够针对金融稳定的威胁来源进行管理,货币政策则主要关注价格和产出稳定,但是在实践中,宏观审慎政策不能完全达到金融稳定的目标,不能完全消除金融冲击,需要货币政策的补充。在金融稳定领域,应当以宏观审慎政策为主,货币政策进行补充;在宏观经济稳定领域,货币政策始终是最主要的调控手段,宏观审慎政策进行补充。因此,应逐步完善宏观审慎框架;中央银行、金融监管以及中央财政分工协同,促进经济金融稳定;采用数据库定

[①] 马勇、陈雨露:《经济开放度与货币政策有效性:微观基础与实证分析》,载《经济研究》2014 年第 3 期。

[②] 梁璐璐、赵胜民、田昕明、罗金峰:《宏观审慎政策及货币政策效果探讨:基于 DSGE 框架的分析》,载《财经研究》2014 年第 3 期。

时定点发布策略,实现大数据信息共享;借鉴其他国家完善宏观审慎框架的经验,推动国内宏观审慎政策与货币政策相互协调。①

陈浪南等实证考察包括公开市场操作、准备金率和利率在内的货币政策冲击对产出和价格的影响发现:第一,数量型货币政策的紧缩冲击对实际产出有更强的影响;第二,价格型货币政策对实际产出影响较弱,但对于价格具有长期效应;第三,每种货币政策工具对应的结果与该种工具的特征相符。央行今后在实施紧缩性货币政策时可更多地利用利率工具,因为提高利率有更大的概率使价格经历一个持续时间很长的下跌过程,而使用准备金率时需要注意可能引致的经济过度波动。②

马亚明等认为中央银行在制定货币规则时,不仅要考虑产出缺口和通货膨胀,还应考虑汇率、失业率和房地产价格变化。他们通过实证检验发现,房地产价格变化系数远大于通货膨胀、汇率、失业率的系数,因此其对宏观经济的影响不可忽视。③侯成琪等建立了一个包括两类异质性家庭和两个异质性生产部门的多家庭、多部门动态随机一般均衡模型,研究货币政策是否应该对住房价格波动作出反应。研究表明,第一,货币政策冲击是决定我国住房价格波动的关键因素。第二,对真实住房价格作出反应的货币政策能够显著降低住房价格波动,从而降低经济波动和福利损失。因此他们建议,首先,从货币政策入手来平抑住房价格波动。其次,我国的货币政策应该对真实住房价格作出反应。④

李毅基于省际面板数据,建立了交互效应面板结构 VAR 模型,对中国数据进行实证分析发现,第一,农产品供给激励对遏制通胀的作用非常有限,产量调控并非有效的反通胀手段。第二,反通胀的关键是通胀预期的管理,政策的连续性和可信度将直接并大幅降低反通胀的成本。第三,利率是抑制通胀的有效工具,但是利率调控的敏感性存在明显的地区差异。第四,外汇储备的增长形成了中国通胀的外部压力。第五,我国的通

---

① 王爱俭、王璟怡:《宏观审慎政策效应及其与货币政策关系研究》,载《经济研究》2014年第4期。
② 陈浪南、田磊:《基于政策工具视角的我国货币政策冲击效应研究》,载《经济学(季刊)》2014年第1期。
③ 马亚明、刘翠:《房地产价格波动与我国货币政策目标的选择》,载《南开经济研究》2014年第6期。
④ 侯成琪、龚六堂:《货币政策应该对住房价格波动作出反应吗》,载《金融研究》2014年第10期。

胀压力在地理空间上呈现出自东向西、从发达地区向不发达地区传递的特征。[1]

张勇等经过模型分析认为，给定其他条件不变，垄断扭曲越高，双轨制的效率越高；融资扭曲越高，双轨制的效率越高，且我国垄断扭曲、融资扭曲均高于发达市场经济体。同时，国有商业银行的预算软约束和国有企业及地方融资平台的预算软约束构成我国实施利率双轨制的基础。利率双轨制的内生性决定了双轨制本身不应该成为改革的突破口，政府应该不断降低垄断扭曲和融资扭曲直到双轨制不再有效率时再一举取消双轨制才是福利损失最小的。只有金融市场和商品市场的效率得到根本性提高，才能真正取消我国商业银行的预算软约束并实现完全的利率市场化，才能从根本上解决我国经济发展模式偏于粗放的问题。[2]

余斌等认为，经济下行和经济结构变化，使金融体系的脆弱平衡面临新的考验。首先，当新的增长空间不足以覆盖资源重新配置引起的不良资产时，将引发金融风险。其次，由于部分资产将从优良资产转变为不良资产，金融机构的不良率可能明显上升。最后，财政风险和金融风险相互交织、相互转化。因此，面对金融市场的结构性变革，货币政策操作迫切需要从数量型调控转向价格型调控。以前的金融改革过多地关注了金融机构的效率和抗风险能力，而忽略了金融服务实体经济这一根本宗旨。同时，金融机构要改变过去只提供贷款支持的局面，不断开展业务创新，为小微企业提供专业、专注、综合性的金融服务。[3]

（三）最优货币政策

余建干等认为，既有的对于货币政策的研究都是直接假定货币政策是最优的，而很少对其是否最优进行检验，而且还没有文献对中国最优货币政策进行实证研究。于是他们构建了混合型新凯恩斯模型并将其与最优货币政策目标函数放在同一框架下，对我国的最优货币政策及其类型进行了实证检验发现，我国自1992年以来使用的是相机抉择的货币政策，虽然

---

[1] 李毅：《农产品供给激励、货币调控与通胀的管理目标》，载《经济科学》2014年第4期。
[2] 张勇、李政军、龚六堂：《利率双轨制、金融改革与最优货币政策》，载《经济研究》2014年第10期。
[3] 余斌、张俊伟：《新时期我国财政、货币政策面临的挑战与对策》，载《管理世界》2014年第6期。

带来了经济的繁荣,但是它会导致预期不稳定。另外,他们通过反事实仿真研究发现,我国的货币政策把产出稳定作为第一要务,其次是通货膨胀。同时作者发现,无论在产出和通胀稳定还是社会福利方面,事先承诺都优于相机抉择。但是由于事先承诺的最优货币政策规则应用不便,而泰勒规则应用较为灵活,因此可以用最优泰勒规则来近似和代替事先承诺。①

胡志鹏认为,货币信贷投放作为货币当局的传统政策操作面临两大约束:宏观审慎政策目标("控杠杆")和传统货币政策目标("稳增长")。这两大约束给货币政策制定带来挑战,一方面两大目标在一定范围内存在冲突;另一方面,两大目标对于货币信贷的敏感度也呈现非对称特征:信贷扩张对增长的作用小,对推动杠杆的作用大。作者构建了一个涵盖了居民、企业、银行部门和货币当局最优决策问题的 DSGE 模型,通过比较静态分析和数值模拟来考察货币当局最优政策设定,得出以下结论:第一,最优货币增速受结构性因素和稳增长目标的多重约束,最优货币增速是决策层赋予"控杠杆"目标权重和贷款利率的减函数、增长与目标增速间偏离度和存款利率的增函数。第二,单纯依靠货币当局使用货币政策工具来降低杠杆率的效果并不理想。第三,货币当局的政策效果缺乏稳定性。在我国当前体制的约束下,需要减轻货币当局控杠杆的压力,通过包括结构性改革在内的多种措施来化解高杠杆率。②

岳超云等运用了包括家庭、最终产品厂商、中间产品厂商和政府的四部门 DSGE 模型比较了利率规则、数量规则和包含货币流通速度的利率规则(混合规则)在解释和预测数据方面的表现,发现数量规则比利率规则更具有解释力,但是利率规则的解释力随着利率市场化改革的深入而逐渐提高,同时,在解释数据方面,包含货币因素的利率规则以压倒性优势强于单一的数量规则或利率规则。执行货币政策时,首先应当创造条件确保每种政策工具都能正常、高效地发挥作用,其次应该根据每种工具的特点综合运用以实现货币政策的最终目标。央行应坚持综合运用利率工具和数量型工具实现货币政策最终目标的货币调控方式。③

---

① 余建干、吴冲锋:《中国最优货币政策的选择、比较和影响》,载《财经研究》2014 年第 10 期。

② 胡志鹏:《"稳增长"与"控杠杆"双重目标下的货币当局最优政策设定》,载《经济研究》2014 年第 12 期。

③ 岳超云、牛霖琳:《中国货币政策规则的估计与比较》,载《数量经济技术经济研究》2014 年第 3 期。

第十八章 对外贸易与贸易政策问题研究新进展

2014年是我国对外贸易发生巨大变化的一年,也是应对世界经济缓慢复苏优化调整贸易政策的一年,学者们对此进行了深入分析,取得了新的进展。

一、国际贸易发展概况及其影响因素

(一)国际贸易发展概况

1. 国际贸易的基本格局

受金融危机的影响,全球贸易增长率由2010年的12.6%下降至2012年的3.2%,欧美国家居民纷纷修复其家庭资产负债表,储蓄率上升,国际市场有效需求不足。世界各国在推行新一轮科技创新计划、撬动更多产业的同时,纷纷搭建区域合作平台,出台更高的贸易标准,区域经济合作如火如荼,并呈现出下列局面:一是以数字化制造及新型材料应用为基础的第三次工业革命催生了新的产业形态和商业模式。二是美国量化宽松货币政策的退出,将平添全球贸易的不确定性,对中国而言是"危"中有"机"。三是跨大西洋贸易与投资伙伴协定(TTIP)的启动,将重塑国际贸易格局,包括中国在内的广大新兴市场经济体存在被"边缘化"的风险。四是上海自贸区的成立将对贸易、投资、金融、体制改革产生深远影响。五是贸易失衡凸显,新一轮贸易保护主义抬头,"边境效应"依然强烈,"贸易流失"仍非常普遍。①

2. 服务贸易快速发展

随着以服务贸易为代表的中间品贸易已经占据了全球贸易总量1/2以上的份额,服务贸易已经成为国际贸易中不可忽视的部分,全球经济日趋"服务化"。全球服务贸易量从1980年的8434.31亿美元迅速飙升至2011年的83251.59亿美元,增长了8.87倍,而同期货物贸易的增长幅度仅为8.89倍。因此在全球产业结构调整、升级的背景下,服务贸易的变化作为世界经济景气状况和服务业发展的"风向标",已经成为衡量国家经济实力的重要指标。② 服务贸易呈现出以下特点:一是不同国家服务贸易的发展不平衡、差距大;二是服务业跨国转移推动服务贸易快速发展;三是新兴服务贸易增长快速;四是服务贸易壁垒的障碍多重化;五是服务行业的垄断现象凸显;六是商业存在成为服务贸易的主要方式。③

(二) 国际贸易发展的影响因素

1. 金融

盛雯雯在赫克歇尔—俄林模型基础上,将微观层面的企业投资行为与宏观层面的国家资本结构相联系,通过引入投资偏好的概念,建立了一个包含厂商、金融投资者和金融部门的一般均衡模型,提出并论证了金融发展影响国际贸易比较优势的作用机制。结果表明:融资成本的下降将导致企业投资偏好呈现先提高后降低的过程,因此一国在资本密集型行业的比较优势随着金融发展,也将出现先提升后下降的倒"U"型过程。该机制最终导致了资本密集型行业从传统发达国家向发展中国家转移的国际分工新形态。在理论模型的基础上,她还利用2000～2006年25个经济合作与发展组织(OECD)国家22个制造业行业的数据,通过行业特定要素投入模型和HOV模型两种方法对理论命题进行了经验检验;并利用系统GMM

---

① 杨继军、张二震:《国际分工格局深度调整下的中国外贸发展典型事实、理论反思与政策意涵》,载《经济学家》2014年第5期。
② 陈启斐、刘志彪:《需求规模与服务业出口:一项跨国的经验研究》,载《财贸经济》2014年第7期。
③ 陈永志、张美涛:《当代服务贸易的新发展及对国际价值的影响与启示》,载《经济学家》2014年第11期。

第十八章　对外贸易与贸易政策问题研究新进展

方法对内生性问题进行修正，得到一致性的估计结果，验证了理论命题。①

2. 双边国的差异

罗来军等指出，双边国际贸易受到双边国差异的影响。具体表现在：在交通技术相当发达和运输成本下降较多的今天，地理距离仍是国际贸易的显著影响因素；文化因素的趋同促进了双边国际贸易；技术差距妨碍了双边国际贸易；双边国处于同一自由贸易区显著地促进双边国之间的贸易；双边国需求偏好差别越大，其贸易额度就会越少，这和重叠需求贸易理论相一致；经济较落后国家向经济发达国家出口拥有低劳动力成本优势，该结论支持了目前基于劳动成本差异的国际贸易现实。②

3. 需求规模

陈启斐等构建了一个包含工业、生产性服务业和消费性服务业三部门的贸易模型，并利用41个国家2000~2011年的面板数据实证检验显示：（1）扩大市场需求规模有助于提高服务业出口贸易；（2）分行业检验发现，需求对生产性服务业出口的促进作用高于对消费性服务业出口的促进作用；（3）分阶段回归表明，金融危机之后随着外需的减弱，需求规模对服务业出口的促进作用在增强；（4）相对于低收入国家，需求规模扩张对高收入国家服务业出口的激励作用更强。因此，扩大内需战略可以刺激服务业出口，提高国家福利水平。③

4. 外国直接投资

王恕立等基于跨国公司进入东道国的动机差异及服务产品的异质性特征，将FDI与垂直型产业内贸易的相关性研究拓展至服务领域。通过构建服务业资本市场的局部均衡模型，证明了市场寻求型和效率寻求型两种动机的服务FDI均对服务产品垂直型产业内贸易具有正向促进作用，且前者的促进效应要大于后者。这对于一国服务业引资政策的制定、服务贸易的

---

① 盛雯雯：《金融发展与国际贸易比较优势》，载《世界经济》2014年第7期。
② 罗来军、罗雨、刘畅、Saileshsingh Gunesse：《基于引力模型重新推导的双边国际贸易检验》，载《世界经济》2014年第12期。
③ 陈启斐、刘志彪：《需求规模与服务业出口：一项跨国的经验研究》，载《财贸经济》2014年第7期。

发展以及贸易促进机制的形成具有启示。①

5. 制度

佟家栋等采用 CGE 模型探讨在 APEC 内减少腐败、提高透明度以降低贸易成本所造成的经济影响。研究发现随着提高透明度和降低腐败程度，全球各经济体都会获得显著的贸易和福利收益。通过提高亚太地区的透明度到平均水平，全球福利会增加超过 2000 亿美元，各国的 GDP、进出口贸易、资本存量、居民效用等也都会发生正向的改变，并且大部分增加的福利都会发生在正在进行改革的经济体内。②

二、国际贸易理论

（一）异质性企业贸易理论

崔凡等认为，异质性企业贸易理论兴起的核心是由于刻画了企业层面的非对称性、差异性。经济活动的核心是市场竞争，传统理论对同一行业企业生产率差异的研究很不充分，无法充分描述行业内市场竞争的特征与经济后果。异质性企业假设的提出不仅为行业内资源重新优化配置提供了理论依据，还进一步为企业内通过产品选择、企业层级、市场进入方式的选择优化企业层面的生产率提供了理论依据。可以说，异质性企业假设增强了"看不见的手"的威力。③

（二）国际贸易对全要素生产率的影响

在一个自然实验的框架下，简泽等考察了加入 WTO 后进口自由化带来的进口竞争对本土企业全要素生产率的影响。利用一个大规模的微观数

---

① 王恕立、刘军、胡宗彪：《FDI 流入、动机差异与服务产品垂直型产业内贸易》，载《世界经济》2014 年第 2 期。

② 佟家栋、李连庆：《贸易政策透明度与贸易便利化影响》，载《南开经济研究》2014 年第 4 期。

③ 崔凡、邓兴华：《异质性企业贸易理论的发展综述》，载《世界经济》2014 年第 6 期。

据集，得到了以下结果：（1）进口竞争促进了本土企业平均全要素生产率的增长；（2）进口竞争对效率不同的企业产生了不同的影响，它阻碍了低效率企业全要素生产率的增长，促进了高效率企业全要素生产率的增长；（3）进口竞争对本土企业全要素生产率的影响是激励效应和规模效应综合作用的结果。①

汤毅等通过使用 1998～2007 年中国制造业企业层面的大型面板数据，研究了贸易自由化对企业全要素生产率的影响。实证研究表明，贸易自由化能够显著促进企业全要素生产率的提升，这是两种效应的综合结果，即最终品进口关税的减免的"正向效应"和中间投入品关税的减免的"负向效应"。贸易自由化会对不同企业的全要素生产率产生不同的影响。在关税减免的情况下，非出口企业从贸易自由化中的受益要大于出口企业，私营企业的全要素生产率提升最大，其次是外资企业和港澳台资企业，而国有企业的生产率反而会降低。②

三、国际贸易摩擦

（一）国际贸易摩擦影响

鲍晓华等以 1995～2008 年 WTO 成员 TBT 通报构造了进口覆盖率作为技术性贸易壁垒的量化指标，并基于全球 105 个国家产业层面的双边贸易数据和 HMR 两阶段重力模型，就技术性贸易壁垒对出口的边际效应进行了实证检验。检验结果发现，作为成本增加型壁垒，技术性贸易壁垒同时影响了贸易国出口的变动成本和固定成本，由此影响了贸易国出口量的调整和出口概率的变动。分组检验结果发现，技术性贸易壁垒对国际贸易流量的影响存在明显的国别差异和行业差异。③

董银果基于 1992～2011 年中国与 10 个发达贸易伙伴国家的面板数

---

① 简泽、张涛、伏玉林：《进口自由化、竞争与本土企业的全要素生产率》，载《经济研究》2014 年第 8 期。
② 鲍晓华、朱达明：《技术性贸易壁垒与出口的边际效应》，载《经济学（季刊）》2014 年第 4 期。
③ 汤毅、尹翔硕：《贸易自由化、异质性企业与全要素生产率》，载《财贸经济》2014 年第 11 期。

据,运用引力模型度量了中国与发达国家 SPS 措施之间的差距对中国茶叶出口的影响。研究表明,中国与发达国家之间茶叶中氰戊菊酯最大残留限量水平的差异每增大 1ppm,中国茶叶出口将减少 4.3%;中国与发达国家之间茶叶农药残留控制标准数量的差距每增加 1 个单位,中国茶叶出口将减少 0.6%。[1]

齐俊妍等运用 1995~2012 年中国和世界的反倾销案件数及进出口贸易额,对中国遭遇反倾销和对外反倾销强度特点进行了对比分析,并进一步构建了多元线性回归模型,从理论与实证两方面说明了遭遇反倾销和对外反倾销给我国出口贸易总额带来的影响。研究发现,我国遭遇反倾销和对外反倾销强度与出口贸易总额因果关系明显,遭遇反倾销强度与出口总额呈现正相关关系。[2]

郭晴等采用 GTAP8.0 模拟欧盟、美国、日本分别和同时征收碳关税时对世界经济和产品贸易的影响。结果表明,碳关税将对世界经济均衡增长产生负面影响,受影响最大的是中国、金砖国家和东盟国家;碳关税将改变世界贸易结构和贸易利益格局,发达国家受益、发展中国家受损;碳关税将使世界农产品出口总额小幅下降,但对改善世界农产品贸易结构具有积极作用。[3]

金融危机以来,中国出口受到了贸易保护主义的显著冲击。发达国家的贸易保护主义措施对中国出口的影响程度大于发展中国家。关税措施和政府采购等非关税壁垒是限制中国出口的主要形式,救助/国家援助和出口补贴对中国出口的间接冲击较为突出。贸易保护主义对中国的机械、金属、矿产品和加工食物行业中产品的出口阻碍尤其明显。[4]

(二) 中国应对国际贸易摩擦的对策

齐俊妍等指出,在宏观层面上,我国应该不断完善反倾销的法律法

---

[1] 董银果:《发达国家 SPS 措施对中国茶叶出口的影响分析》,载《中国农村经济》2014 年第 11 期。
[2] 齐俊妍、孙倩:《中国遭遇反倾销与对外反倾销贸易效应比较分析》,载《财贸经济》2014 年第 7 期。
[3] 郭晴、帅传敏、帅竞:《谈关税对世界经济和农产品贸易的影响研究》,载《数量经济技术经济研究》2014 年第 10 期。
[4] 王小梅、秦学志、尚勤:《金融危机以来贸易保护主义对中国出口的影响》,载《数量经济技术经济研究》2014 年第 5 期。

第十八章 对外贸易与贸易政策问题研究新进展

规,对外发起反倾销调查要更加注重行业的选择,在保护我国企业利益不受损失的同时考虑到国家整体的产业结构升级和贸易结构优化,与此同时还要积极应对国外对我国发起的反倾销调查。在微观层面上,各个行业、企业应该实时关注市场动态,不断调整投资方向,提高生产效率,注重生产差异性产品,并应努力增加企业的竞争力和灵活性,在遭遇反倾销时能够积极应对,尽量减少受损程度。[1]

苏振东等认为,中国应该建立以提高进口竞争性企业生存率为目标的反倾销发起新机制。这应该包括:一方面,从政府层面来看,在实施对外反倾销措施的同时,政府还需严密监控和规范相关国内外企业在国内市场的动态发展。另一方面,从企业层面来看,企业生存自保的唯一办法就是通过内部培育和外部获取,提升自身技术创新和工艺创新能力,培育企业的核心竞争能力,利用这一政策所提供的宝贵发展机遇,提升企业的市场生存能力。[2]

李娟提出了优化我国对外贸易摩擦预警机制的对策:一是明确对外贸易摩擦预警机制角色分工。二是完善政府管理部门的预警工作。三是充分挖掘行业协会的预警作用。四是发挥专业机构的咨询服务功能。五是倡导企业主动参与预警机制。[3]

董银果认为,为促进中国茶叶出口,必须做到:一是紧盯进口国 SPS 措施的变化,使国内茶叶 SPS 措施与国际标准总体上保持一致。二是针对目前中国国内 SPS 措施不健全的现状,出口企业也应当从自身做起,改革生产技术,主动采用国际核心市场的标准,从而促进茶叶贸易长远发展。三是中国必须努力争取国际标准制定中的话语权。中国是世界最大的产茶国,也是世界最大的绿茶出口国,绿茶出口占中国茶叶出口的3/4。因此,必须加强茶叶中农药残留毒性的风险评估工作,积极参与 Codex、OIE 和 IPPC 等国际组织的活动,让中国的茶叶标准成为国际标准。[4]

王孝松等认为,既然美国国内的利益集团是对华贸易政策形成的主导因素,就需要以此为突破口,对美国重要利益集团的价值取向、对华姿态

---

[1] 齐俊妍、孙倩:《中国遭遇反倾销与对外反倾销贸易效应比较分析》,载《财贸经济》2014 年第 7 期。
[2] 苏振东、邵莹:《对外反倾销能否提升中国企业生存率》,载《财贸经济》2014 年第 9 期。
[3] 李娟:《我国对外贸易摩擦预警机制优化研究》,载《管理世界》2014 年第 3 期。
[4] 董银果:《发达国家 SPS 措施对中国茶叶出口的影响分析》,载《中国农村经济》2014 年第 11 期。

和行动策略进行深入的研究和观察,并积极地同相关利益集团进行沟通与协调。在利益冲突不可避免时,争取建立互信的良好氛围,使美国利益集团游说活动带给中国的危害降到最低;当利益冲突可以调和时,要力争消除误会、缓和气氛,使美国利益集团的游说活动朝着有利于中国的方向进行。同中国利益一致或者中国对其有利的集团,需要中国政府和厂商特别关注,甚至可以结成"盟友",使其成为中国在华盛顿的代言人。[1] 姜鸿等认为,可以建立基于资产所有权的贸易统计体系;完善在华外资企业统计指标体系;完善中国对外投资企业统计指标体系;利用基于资产所有权的贸易统计数据应对中美贸易摩擦。[2]

四、中国对外贸易

(一) 中国对外贸易发展概况

从贸易规模来看,我国已经是世界第一大出口国,第二大进口国,从贸易发展速度来看,我国外贸进出口总额年均增长 18.6%,远远超过世界平均水平。特别是:进口规模日益增加是我国对外贸易领域的一个重大变化。联合国的统计数据表明:2000~2011 年,我国进口总额从 2250 亿美元增加到 17434 亿美元,增加了 6.75 倍,中国进口占世界总进口的比例从 3.43% 增加到 9.53%,进口年增长率为 22.53%,进口规模在世界的排名从第 8 位上升到第 2 位。[3] 王孝松等对中国未来出口增长潜力进行预测。即使按照最"悲观"的预期进行预测,中国出口在短期内仍能保持较快的增长,到 2017 年,出口额将是 2011 年的 1.8 倍;未来五年的出口依存度将维持在 26%~31% 之间。在中长期内,中国对外贸易将走向中低速平稳增长的轨道,2020~2060 年的年均增长率将从 10% 逐渐降至 6%,2060 年中国出口总额将超过 100 万亿美元,出口依存度将降至 17% 左右,内外

---

[1] 王孝松、谢申、翟光宇:《利益集团与美国"汇率监督法案"投票结果分析》,载《世界经济》2014 年第 4 期。

[2] 姜鸿、张艺影、梅雪松:《基于资产所有权的贸易统计方法与中美双边贸易额矫正》,载《财贸经济》2014 年第 2 期。

[3] 魏浩、郭也、李翀:《中国进口商品结构及与贸易伙伴的关系研究》,载《经济理论与经济管理》2014 年第 5 期。

第十八章 对外贸易与贸易政策问题研究新进展

平衡发展的目标有望实现。①

樊茂清等指出，中国企业在全球生产网络中地位上升，尽管中国加工贸易占贸易总额的比重下降，但是中间产品进出口贸易在全球占比仍在逐年提高。中国对全球价值链的贡献逐年增加，中国的生产活动正在逐步向全球价值链高端攀升。尽管总量水平不高，但中国的知识密集型产业贸易发展迅速，这不仅体现在制造业也体现在服务业领域。②

范子英等认为，加工贸易占中国出口贸易的一半以上，且是构成中国出口企业"生产率之谜"的关键部分，但相关研究对加工贸易的繁荣却没有提供合理的解释。他们以2004年1月国家下调部分产品出口退税率作为外生的政策冲击，基于月度的海关数据，运用倍差法研究了出口退税率调整对出口贸易的影响发现，下调4个百分点的出口退税率显著抑制了出口商品的增长率，其中一般贸易增速下降了28%，加工贸易中的进料加工增速下降17%，而来料加工贸易由于"不征不退"，其出口增速不受退税率调整的影响。因此，这种差异化的退税政策解释了加工贸易在中国出口贸易中占比过高的现象。③

魏浩研究发现，在2000~2010年期间，低技术工业制成品在我国进口中所占份额下降幅度最大，中等技术工业制成品所占份额上升幅度最大且成为我国第一大进口商品；发展中国家、发达国家各类产品出口对中国的依赖都日益上升；与发展中国家相比，除了非资源类初级产品之外，我国其他各类商品进口对发达国家的依赖度都比较大，中高技术类工业制成品进口对日本、美国、德国、韩国的依赖度一直很大；亚太地区国家出口对中国的依赖度大于其他地区国家出口对中国的依赖度；中国进口对发展中国家的依赖度普遍大于发展中国家出口对中国的依赖度，日本、韩国对中国的出口依赖度高于中国对他们的进口依赖度，美国、德国对中国的出口依赖度低于中国对他们的进口依赖度。因此，国家要高度重视我国与部分国家之间相互依赖程度不平衡的进口风险。④

刘慧等发现，我国工业企业在新产品出口中的次序选择表现出以下特

---

① 王孝松、翟光宇、谢申祥：《中国出口增长潜力预测》，载《财贸经济》2014年第2期。
② 樊茂清、黄薇：《基于全球价值链分解的中国贸易产业结构演进研究》，载《世界经济》2014年第2期。
③ 范子英、田彬彬：《出口退税政策与中国加工贸易的发展》，载《世界经济》2014年第4期。
④ 魏浩：《中国进口商品的国别结构众相互依赖程度研究》，载《财贸经济》2014年第4期。

点：一是由于企业在国内经营成本高，一些生产率较低的企业迫于生存压力而积极进行新产品出口，而生产率水平较高的企业在新产品出口中的积极性略显不足，倾向于充当跟随者；二是企业规模越大，越倾向于充当新产品出口的先驱者，企业规模越小，越倾向于成为跟随者；三是风险厌恶程度越高的企业，越倾向于通过延迟规避出口中的不确定性风险，风险厌恶程度越低的企业则会选择先进入市场；四是鉴于企业自身优势与政策上的优惠，位于开放城市的企业更倾向于充当新产品出口的先驱者；五是加工贸易企业较一般贸易企业先进入市场。[1]

王孝松等将中国出现的"贸易超调"原因归纳为五类：贸易结构、供应链国际化、经济形势、贸易政策和中国特定因素，并选取多个变量纳入计量方程进行回归分析发现，"可延迟商品"的出口比重成为中国贸易超调最重要的影响因素。此外，主要贸易伙伴从中国进口比重、主要贸易伙伴的 GDP 增长率，以及中国库存占 GDP 比重，对中国贸易超调也产生了较为重要的作用。[2]

朱启荣利用 2010 年的中国投入产出表与 44 个行业数据，对中国进出口贸易的节水效应进行定量分析表明：（1）2010 年，中国高水耗行业产品出口的总体比重较低，并且进口贸易的虚拟水强度高于出口贸易的虚拟水强度，这有利于节约中国水资源；（2）2010 年，中国出口贸易输出的虚拟水与进口贸易输入的虚拟水数量均十分巨大，分别高达 1397 亿吨与 1395 亿吨，外贸中存在 2 亿吨的虚拟水净流出量；（3）通过有针对性地调整中国进出口贸易结构，能够产生巨大的节水效益。[3]

（二）中国外贸进口的状况

1. 中国进口需求弹性的估算

陈勇兵等利用 CEPII – BACI 数据库中 1995～2010 年中国 HS – 6 分位数产品上的进口贸易数据，借鉴 Kee 等（Kee et al., 2008）估计贸易弹

---

[1] 刘慧、綦建红：《我国工业企业在新产品出口中的次序选择》，载《财经研究》2014 年第 12 期。
[2] 王孝松、翟光宇、谢申祥：《中国贸易超调：表现、成因与对策》，载《管理世界》2014 年第 1 期。
[3] 朱启荣：《中国外贸中虚拟水与外贸结构调整研究》，载《中国工业经济》2014 年第 2 期。

性时采用的 GDP 函数法估算中国的进口需求弹性显示：（1）样本中所有进口产品平均缺乏弹性，但接近于单位弹性。（2）从产业角度上看，34种产业的平均弹性分布相对均匀和稳定。（3）从生产阶段上看，最终产品尤其是资本品的平均进口需求相对缺乏弹性，而初级产品和中间产品的进口需求对其价格变化则相对敏感。[1]

2. 中国进口贸易利得估算

陈勇兵等研究发现，忽略质量变化会导致精确进口价格指数累计向上偏误 19.900，质量提高带来的贸易利得为 2011 年 GDP 的 3.6800。他们重点考察了质量变动引起的价格偏误指数在产业部门、生产阶段等多个维度上的分解，发现质量变化对进口价格偏误指数具有最大正贡献的产业和生产阶段分别为"化学品及化学制品的制造"和"半制成品"。[2]

（三）中国外贸出口的状况

1. 中国出口竞争力

鲁晓东研究中国出口竞争力的结果表明，在中国出口规模激增的同时，其出口技术含量仅有微弱提升，中国出口技术水平仍较低，出口增长存在系统性风险。出口企业的生产率提高有效地促成了中国出口技术复杂度的变化，这说明提高企业生产率是实现产品升级以及保持中国出口竞争力可持续性的关键。此外，企业技术升级对中国出口技术含量提升的积极作用总是倾向于发生在那些经济规模较大、经济发展水平较高的贸易伙伴国。[3]

2. 中国外贸出口产品质量

张杰等利用 2000~2006 年中国海关数据研究发现：（1）中国出口产品质量总体上表现出轻微下降趋势，但呈"U"型变化态势；（2）私营性

---

[1] 陈勇兵、陈小鸿、曹亮、李兵：《中国进口需求弹性的估算》，载《世界经济》2014 年第 2 期。

[2] 陈勇兵、赵羊、李梦珊：《纳入产品质量的中国进口贸易利得估算》，载《数量经济技术经济研究》2014 年第 12 期。

[3] 鲁晓东：《技术升级与中国出口竞争力变迁：从微观向宏观的弥合》，载《世界经济》2014 年第 8 期。

质样本的出口产品质量表现出显著的"U"型变化态势和轻微下降特征，而其他所有制性质样本的出口产品质量则表现出上升态势；(3) 大量低产品质量私营性质样本的短暂进入和退出出口市场，是导致中国出口产品质量"U"型变化的核心因素；(4) 私营和外资性质样本对中国出口产品质量增长产生重要正向贡献。其中，私营性质样本的正向贡献最高，而国有性质样本的贡献显著为负。①

李坤望等利用2000~2006年HS8分位数中国海关统计数据，对中国出口产品品质分析发现，新出口关系的进入是出口快速增长的最大推动力，但新进入出口关系的品质远低于市场平均水平。在市场进入方式上，中国出口企业尤其是民营企业和东部地区企业，倾向于以价格竞争的方式进入市场。大量低品质出口关系进入出口市场，是造成入世后中国出口产品品质持续下滑的主要原因。②

韩会朝等提出了"质量门槛"的存在。出口目的国人均GDP每升高1%，出口产品质量将提升0.14%，出口目的国的市场规模对出口产品质量提升作用不明显；高收入国家由于具有较高的质量偏好，产生较高的"质量门槛"，在控制其他变量不变的情况下，中国向高收入国家出口产品质量比向中低收入国家出口产品质量高达26.5%。"质量门槛"效应存在行业间差异：对高技术行业作用最明显，对初级行业、自然资源行业的作用最低。中国发展对高收入国家的贸易，是提升中国产品质量水平的重要路径。③

施炳展等研究发现，中国企业出口产品质量总体呈上升趋势，但本土企业与外资企业产品质量差距扩大；生产效率、研发效率、广告效率、政府补贴、融资约束缓解、市场竞争均会提升产品质量；但研发投入、广告投入并没有明显效果；企业出口空间分布特征也会反作用于产品质量；外资对本土企业产品质量影响不利，但提升了外资企业出口产品质量。④

---

① 张杰、郑文平、翟福昕：《中国出口产品质量得到提升了吗？》，载《经济研究》2014年第10期。

② 李坤望、蒋为、宋立刚：《中国出口产品品质变动之谜：基于市场进入的微观解释》，载《中国社会科学》2014年第3期。

③ 韩会朝、徐康宁：《中国产品出口"质量门槛"假说及其检验》，载《中国工业经济》2014年第4期。

④ 施炳展、邵文波：《中国企业出口产品质量测算及其决定因素》，载《管理世界》2014年第9期。

3. 中国外贸出口的影响因素

（1）地理因素。佟家栋等分析表明：①地理集聚显著促进了民营企业的出口倾向和出口量，对外资企业仅有利于其出口量的扩大，对国有企业的出口抉择没有明显影响；②地理集聚对外部融资依赖度较高企业出口抉择的影响更大；③地理集聚有利于东部和中部地区企业的出口抉择。[①] 逯建等测算了中国各省份离海距离引致的进出口贸易的国内成本发现：国内距离相当于 35~95 倍的国际距离，且没有表现出明显一致的减弱趋势；高技术产品和低技术产品转化系数大于资源品和农产品；一般贸易转化系数高于加工贸易。这就意味着中国国内交易成本较高，并且伴随"对外开放"程度的加深，国内交易成本并没有下降；这种交易成本的存在不仅会影响地区贸易总量，也会影响地区贸易结构，并可能进一步导致地区发展的差异。[②]

（2）法律制度。孙少勤等运用 1992~2011 年中国对 148 个国家（地区）的跨国面板数据研究发现：①法制建设对中国制造业的总体出口产生了显著的影响，已经成为中国出口贸易动力的新源泉；②法制建设仅仅对低 R&D 投入强度行业、低关键要素投入集中度行业以及低专属性投资联系行业的出口产生了显著的促进作用，但是未能促进相反特征行业的出口，这说明中国目前的法制强度还未达到能够促进更需要良好法制环境的产业的对外出口；③中国的法制建设对制造业行业出口的影响呈先扬后抑的倒"U"型特征，当前的实际法制建设强度（40.38）依然低于理论上的最适强度（41.61），继续加强法制建设有助于提升其对中国制造业出口的促进作用。[③] 孙楚仁等对省份制度的研究也发现，省份制度会对本土企业（私营企业和国有企业）的出口制度复杂度产生显著影响，而对外资企业出口的影响不明显，并且省份制度对私营企业出口的影响要大于对国有企业出口的影响。[④] 邱斌等认为，在一国的制度质量越过"制度门槛"的

[①] 佟家栋、刘竹青：《地理集聚与企业的出口抉择：基于外资融资依赖角度的研究》，载《世界经济》2014 年第 7 期。
[②] 逯建、施炳展：《中国的内陆离海有多远：基于各省对外贸易规模差异的研究》，载《世界经济》2014 年第 3 期。
[③] 孙少勤、邱斌、唐保庆：《法制建设强度与中国制造业出口动力新源泉研究》，载《中国工业经济》2014 年第 7 期。
[④] 孙楚仁、王松赵、赵瑞丽：《制度好的省份会出口制度更密集的产品吗?》，载《南开经济研究》2014 年第 5 期。

条件下，该国制度因素与行业特征的协同效应有利于该国对外出口并塑造制度比较优势；出口国对贸易伙伴国在制度质量上相对占优时，制度因素与行业特征的协同效应能够促进其对贸易伙伴国的出口。① 戴翔等计量结果表明，制度质量的完善对提升出口技术复杂度具有显著正向作用，与此同时，融入产品内国际分工程度及其与制度质量的交互作用，同样也对出口技术复杂度提升具有显著促进作用。伴随中国人口红利等传统低成本国际竞争优势逐步丧失，新一轮开放应注重释放制度红利，从而在进一步深度融入产品内国际分工体系中提升中国出口技术复杂度，谋求全球分工新地位。②

谭智等使用2000~2005年中国海关数据库和中国工业企业数据库研究发现，目的国的制度环境越好越有利于出口企业的生存，但越不利于企业的出口增长。③

（3）财政收支。邓力平等的研究表明：一是从总体上看，财政支出对贸易平衡不会产生太大影响；二是从分区域的角度看，财政支出对贸易平衡的冲击效应存在着显著的区域异质性，各地区财政支出对贸易平衡的冲击强度、收敛路径、累积效应和关联机制等存在着明显差异；三是经济发展水平对一国财政政策与贸易政策联动机制的形成具有重要影响。④

（4）金融。孙少勤等基于1998~2012年我国30个省市的面板数据，分别从金融效率、金融结构、金融规模三方面考察分析我国东、中、西部地区的金融发展对出口结构的优化作用。结果表明，我国各区域金融发展水平的进步有助于出口结构的优化。金融发展水平的不同指标对出口结构的优化作用存在显著的区域差异。⑤ 万璐等在企业层面检验金融发展对出口二元边际的不同影响表明，企业出口集约边际和扩展边际均受到金融发展的显著影响，其中，宏观金融发展对集约边际和扩展边际的影响方向一致，微观金融发展（即融资约束）对两个边际的影响方向并不相同。此

---

① 邱斌、唐庆、孙少、刘修岩：《要素禀赋、制度红利与新型出口比较优势》，载《经济研究》2014年第8期。
② 戴翔、金碚：《产品内分工、制度质量与出口技术复杂度》，载《经济研究》2014年第7期。
③ 谭智、王翠竹、李冬阳：《目的国制度质量与企业出口生存：来自中国的证据》，载《数量经济技术经济研究》2014年第8期。
④ 邓力平、林峰：《中国财政支出对贸易平衡的动态冲击效应分析》，载《财贸经济》2014年第9期。
⑤ 孙少勤、邱斌：《金融发展与我国出口结构优化研究》，载《南开经济研究》2014年第4期。

第十八章 对外贸易与贸易政策问题研究新进展

外,生产率对于二元边际的影响机制也存在差异。[1]

(5)进口。张杰等对进口引致出口的机制的研究发现:进口引致出口机制的内在机理为,进口生产率提升—自我选择效应—出口。中间品进口引致出口机制的效应要强于资本品进口。中国本土企业更依赖于进口引致出口机制来实施出口,民营企业对其依赖性最强。从高收入国家进口是中国出口奇迹发生的重要驱动机制。[2] 王维薇等认为,零部件的大量进口,尤其是来自发达国家的中间品进口可以促进中国最终资本品的出口;相对于进口规模的扩张,零部件进口种类的增加发挥了更大的促进作用;经济危机之后来自新兴经济体的零部件进口对中国电子产品的出口促进作用更为显著。[3]

(6)贸易自由化。毛其淋等研究表明,贸易自由化通过竞争效应与成本效应两个不同渠道促进了企业出口参与,其中成本效应对企业出口参与的影响程度相对更大;中国加入 WTO 显著地推动了企业的出口参与,其中对本土企业的推动作用更大,并且入世主要是通过集约边际的途径影响企业的出口行为。[4]

(7)出口持续时间。陈勇兵等研究发现,出口持续时间可以促进产品进入新市场,且出口持续时间每增加一年,产品进入新市场的概率将提高 0.17 倍;更重要的是,出口持续时间与新市场进入之间存在一种倒"U"型曲线的关系,即在最初阶段出口持续时间会促进新市场的进入,但是这种影响会随着时间递减,且当出口持续时间达到一个临界值时,这种积极的影响会消失。[5]

(8)网络销售。周浩等研究表明,在整体上,网络销售对中国工业企业出口参与具有显著的提高作用。同时,网络销售对企业出口参与的影响在企业所有制和规模特征方面存在显著差异:网络销售对外资和民营企业的出口参与有显著的正面作用,对国企的影响则不显著;相对于大企业而

---

[1] 万璐、李娟:《金融发展影响中国企业出口二元边际的实证研究》,载《南开经济研究》2014 年第 4 期。
[2] 张杰、郑文、陈志、王雨剑:《进口是否引致了出口:中国出口奇迹的微观解读》,载《世界经济》2014 年第 6 期。
[3] 王维薇、李荣林:《全球生产网络背景下中间产品进口对出口的促进作用》,载《南开经济研究》2014 年第 6 期。
[4] 毛其淋、盛斌:《贸易自由化与中国制造业企业出口行为:"入世"是否促进了出口参与?》,载《经济学(季刊)》2014 年第 2 期。
[5] 陈勇兵、王晓、谭桑:《出口持续时间会促进新市场开拓吗》,载《财贸经济》2014 年第 6 期。

言,网络销售对中小型企业出口参与的促进作用更加明显。①

(9) 人民币汇率。邓小华等的实证研究显示:一是人民币实际汇率升值(贬值)将抑制(促进)我国出口贸易发展。二是我国出口商品结构变动与我国实际汇率具有较强的因果性,前者为后者的格兰杰原因。三是我国进口商品结构变迁是实际汇率变动的格兰杰原因。② 梁中华等实证分析表明,2005~2007年人民币升值后,与非出口企业相比,出口企业的权益回报率显著降低5%。出口企业盈利能力的降低主要来自创造收入能力下降和销售利润率降低两个因素,且前者占主导。对出口依赖程度越高的企业,人民币升值对其盈利能力的负面影响越大。③

但是,周诚君等实证研究显示,出口的人民币升值弹性为 -0.09 ~ -0.54。跨国面板数据分析也表明,汇率变化只能解释各国出口变化的小部分,且随着中国自2008年进入中等收入国家,汇率升值对出口的影响有所减弱。④

4. 中国外贸出口企业生产率之谜

戴觅等研究发现,中国出口企业生产率在特定行业与所有制中低于非出口企业,存在"出口企业生产率之谜",他们通过对2000~2006年企业—海关数据的分析表明,这一现象完全是由中国大量的加工贸易企业导致的。在中国,近20%的出口企业完全从事加工贸易,这些企业的生产率比非出口企业低1000~2200。剔除加工贸易企业的影响就能使我们回到出口企业生产率更高的传统结论中。⑤

5. 中国外贸出口的效应

陈勇兵等利用2000~2007年工业企业数据库中企业层面数据分析出口强度与企业生产率之间的关系表明:出口强度与企业生产率之间存在倒

---

① 周浩、余金利、郑越:《网络销售对中国工业企业出口参与的影响》,载《财经研究》2014年第10期。
② 邓小华、李占风:《汇率变动对我国商品贸易结构影响研究》,载《数量经济技术经济研究》2014年第8期。
③ 梁中华、余淼杰:《人民币升值与中国出口企业盈利能力》,载《金融研究》2014年第7期。
④ 梁中华、余淼杰:《人民币升值是影响中国出口的主要因素吗?》,载《金融研究》2014年第11期。
⑤ 戴觅、余淼杰、Madhura Maitra:《中国出口企业生产率之谜:加工贸易的作用》,载《经济学(季刊)》2014年第2期。

"U"型的关系,即企业生产率随着出口强度的增加先上升后下降;进一步地考察出口强度对企业生产率的动态影响,发现倒"U"型的关系仍然存在,但是出口强度对于企业生产率的影响会随着时间的推移而递减。[①]

(四) 推动中国对外贸易快速发展的对策

杨枝煌提出我国要成为世界第一贸易大国的十大战略规划:真正实现内外贸一体化,健全大外贸发展促进体系,加快推进人民币理性国际化,早日建成国家单一贸易窗口,全面实施自由贸易区优先战略,高效打造对外贸易发展新优势,大力培养高端国际化人才,发挥资源配置的市场决定性作用,实现从边境开放到境内开放,全面积极参与全球经济治理。[②]

易先忠等认为应通过市场导向的制度改革充分发挥国内市场的作用,对市场体制不完善的发展中国家提升出口产品结构多元化具有普遍意义。而深化市场体制改革以形成依托国内大市场的内生外贸发展机制,更是发展中大国调整出口产品结构的一条重要的优势途径。实施市场化制度改革发挥国内市场作用的政策重点在于:在公正、透明、有效的法制环境下,提高金融系统的开放性与透明度以完善基础性要素市场,放松对投资领域的管制以规避寻租与投机活动,减少对企业活动的干预以降低其运行成本,从而形成公平竞争的发展环境,激发出口产品结构调整的微观基础活力。[③]

崔日明等提出以要素质量为核心,构建中国对外贸易新型竞争力理论,并以此为基础从驱动要素、实现途径以及制度安排三方面建立完善的中国对外贸易新型竞争力发展战略。[④]

[①] 陈勇兵、王晓伟、符大海、李冬阳:《出口真的是多多益善吗?》,载《财经研究》2014年第5期。
[②] 杨枝煌:《关于中国成为第一贸易大国的战略思考》,载《经济学家》2014年第6期。
[③] 易先忠、欧阳峣、傅晓岚:《国内市场规模与出口产品结构多元化:制度环境的门槛效应》,载《经济研究》2014年第6期。
[④] 崔日明、张志明:《中国对外贸易新型竞争力发展战略研究》,载《经济学家》2014年第2期。

第十九章 低碳经济问题研究新进展

2014年,国内学术界对低碳经济问题的研究更加深入和广泛。一方面,相关学者继续围绕低碳经济转型发展的战略选择进行探讨,另一方面,对各区域低碳经济发展的情况进行分析,并对低碳经济的计量方法、碳市场交易、碳排放效率等问题做了开创性研究,取得了新进展。

一、经济增长的环境问题

长期以来,我国在片面追求经济增长的同时也导致了生态环境的恶化。党的十八大提出要积极地保护生态环境,努力走向社会主义生态文明新时代。为此,保持经济增长与环境污染及其治理之间关系问题一直受到众多学者的重视。

(一) 环境的库兹涅茨曲线

在经济增长与环境污染之间关系的研究中,是否存在经济增长与环境污染的库兹涅茨曲线是学者们最为关注的问题。

1. 存在环境库兹涅茨曲线

晋盛武等研究认为,经济增长与二氧化硫排放量之间呈倒"U"型关系,而且我国仍处于经济增长越快,环境污染越严重阶段。[1] 徐圆等也认

---

[1] 晋盛武、吴娟:《腐败、经济增长与环境污染的库兹涅茨效应:以二氧化硫排放数据为例》,载《经济理论与经济管理》2014年第6期。

为，经济增长与环境污染之间呈倒"U"型关系，并且绝大部分的东南沿海省份已经越到人均 GDP 的拐点而进入倒"U"型曲线的右半部分。[①] 杨晓兰等研究则发现，我国大部分城市已经接近或越过倒"U"型曲线关系拐点。[②] 邓晓兰等认为中国经济运行中存在着单调上升的二氧化碳环境库兹涅茨曲线，特别是煤炭资源丰裕的地区二氧化碳环境库兹涅茨曲线呈现出更加明显的单调上升形态。[③]

黄国宾等研究则认为，中国省际层面的能源消耗和碳排放环境库兹涅茨曲线呈"单拐点"弱"N"型，能源消耗和碳排放与经济增长之间脱钩的第一个拐点则还没有达到。[④] 冯海波等认为环境库兹涅茨曲线是非倒"U"型，而是先升后降、再上升的"N"型。[⑤]

2. 不存在环境库兹涅茨曲线

马丽梅等实证分析表明，在中国雾霾污染与经济发展的倒"U"型关系并不存在或是还未出现，也就是说随人均 GDP 的持续增长，环境质量仍在恶化。[⑥]

（二）经济增长与环境治理

改革开放以来，中国保持了年均近10%的经济增长速度，取得举世瞩目的成就。但是经济高速增长的背后却潜藏着被忽视的高昂环境成本。近年来，中国多省（市、区）出现了持续的严重雾霾天气，对中国经济发展和居民健康都造成了巨大的影响。可以说，生态环境问题已经成为影响中国经济可持续发展和人居生活环境的最大"短板"，也成为中国吸引外资、国外人才以及国外游客的重要障碍。2014 年，学者对此研究相对较多，并且得出的结论也不尽相同。

[①] 徐圆、赵莲莲：《国际贸易、经济增长与环境质量之间的系统关联》，载《经济学家》2014 年第 8 期。
[②] 杨晓兰、张安全：《经济增长与环境恶化》，载《财贸经济》2014 年第 1 期。
[③] 邓晓兰、鄢哲明、吴永义：《碳排放与经济发展服从倒"U"型曲线关系吗》，载《财贸经济》2014 年第 2 期。
[④] 黄国宾、周业安：《财政分权与节能减排》，载《中国人民大学学报》2014 年第 6 期。
[⑤] 冯海波、方元子：《地方财政支出的环境效应分析》，载《财贸经济》2014 年第 2 期。
[⑥] 马丽梅、张晓：《中国雾霾污染的空间效应及经济、能源结构影响》载《中国工业经济》2014 年第 4 期。

1. 经济发展的阶段性与环境保护的关系

杨晓兰等认为，环境恶化会对经济社会的可持续发展构成严重威胁，环境质量的改善并不完全依赖于经济增长所处的阶段，我国应当从消极被动地保护环境转向积极主动地建设环境，从而破解"环境与经济增长难题"。① 相反，邓晓兰等却认为中国低碳经济政策应当充分考虑经济发展的阶段性、区域发展的差异性以及碳排放驱动因素的层次性，制定统筹不同区域差异化的碳减排策略。② 尽管杨晓兰和邓晓兰等都认为存在环境库兹涅茨曲线，但认为经济发展的阶段性对环境影响有不同的作用程度。而黄国宾等则认为，经济增长与环境污染一直以来就是孪生的关系，中国经济还处于较低的发展阶段，暂时还无法实现，或者将一直无法实现经济与能源消耗和碳排放脱钩的良性经济增长，这时经济增长与环境保护之间的取舍便显得尤其重要。③

2. 政府环境规制对经济增长的影响

随着国际和国内环境保护形势压力的加大，降低碳排放已经迫在眉睫。出台不同的减排措施必然会对我国经济发展产生影响。傅京燕等认为，严格的内生环境规制可以显著提升五类污染密集型行业的出口比较优势；但外生环境规制对五类污染密集型行业平均出口贸易流量为负效应，且适度地提高环境规制水平有利于污染密集型行业出口竞争力的形成。④

另外，杨翱等认为，征收碳税一方面有效改善了环境质量；另一方面随着碳税税率的提高，减排效果也愈发明显，但总产出表现出了不同程度的下降，减排目标越大，总产出下降越明显。⑤ 张友国等认为中国碳强度约束对经济发展有负面影响。⑥ 环境规制的强度或水平对经济影响不同，我国在制定相应政策时，应考虑适宜的、弹性的环境政策。

---

① 杨晓兰、张安全：《经济增长与环境恶化》，载《财贸经济》2014年第1期。
② 邓晓兰、鄢哲明、吴永义：《碳排放与经济发展服从倒"U"型曲线关系吗》，载《财贸经济》2014年第2期。
③ 黄国宾、周业安：《财政分权与节能减排》，载《中国人民大学学报》2014年第6期。
④ 傅京燕、赵春梅：《环境规制会影响污染密集型行业出口贸易吗?》，载《经济学家》2014年第2期。
⑤ 杨翱、刘纪显：《模拟征收碳税对我国经济的影响》，载《经济科学》2014年第6期。
⑥ 张友国、郑玉歆：《碳强度约束的宏观效应和结构效应》，载《中国工业经济》2014年第6期。

3. 市场机制对环境保护的作用

孙传旺等认为能源要素市场的扭曲会导致能源要素向高耗能行业流动；而约束性的能源强度目标与能源价格市场化改革能够改善能源要素配置效率。① 杨翱等也认为，依赖行政手段的节能减排往往难以调动经济主体的减排积极性，而且激进的减排目标和行动可能损害经济增长的潜力，降低社会福利水平，因此，我国也有必要充分发挥基于市场机制的节能减排政策来提高企业的碳排放成本硬约束，比如以价格控制为特征的碳税政策和以数量控制为特征的碳排放交易机制。② 张文城等根据最终产品"消费国责任"和"生产国责任"分配环境责任，以确定消费侧资源环境负荷和生产侧资源环境负荷，认为发达国家的消费侧资源环境负荷普遍高于其生产侧资源环境负荷，而发展中国家恰好相反。而在人均指标上，发达国家的人均生产责任也普遍高于发展中国家，且人均消费责任差距更大，发达国家消耗和占用了更多的全球资源与环境空间。③

4. 污染治理投资的效应

赵连阁等实证研究结果表明，增加工业污染治理投资总强度带来的地区企业竞争力正效应强于企业生产规模负效应，地区企业通过增加工业污染治理投资能够获得更大的市场竞争优势从而提高了地区劳动力需求；此外，随着工业污染治理投资总强度的提高，地区生产生活环境得到改善，劳动者的福利水平和效用水平随之提高，从而能够吸引更多的劳动者前往当地工作。④

5. 环境污染对公共福利的影响

（1）居民公共健康和幸福感。有害气体的环境污染问题不仅会威胁到居民公共健康，也会影响到居民幸福感和基层社会稳定。在公共健康层面，陈硕等的研究发现，有害气体排放显著地损害了居民的公共健康，并

---

① 孙传旺、林伯强：《中国工业能源要素配置效率与节能潜力研究》，载《数量经济技术经济研究》2014年第5期。
② 杨翱，刘纪显：《模拟征收碳税对我国经济的影响》，载《经济科学》2014年第6期。
③ 张文城、彭水军：《南北国家的消费侧与生产侧资源环境负荷比较分析》，载《世界经济》2014年第8期。
④ 赵连阁、钟搏、王学渊：《工业污染治理投资的地区就业效应研究》，载《中国工业经济》2014年第5期。

指出工业布局期初选址决策过程中的出发点和侧重点均集中在经济效益上，而对潜在的公共健康影响考虑不足。① 陆铭等认为，环境污染严重危害生命健康与生产生活，并造成社会福利损失。② 在幸福感层面，杨继东等认为空气污染不仅影响居民的健康水平，而且能够通过影响居民主观心情影响幸福感。随着城市空气污染程度的提高，居民个人幸福感显著下降，并且空气污染对幸福感的影响具有明显的异质性，即对低收入群体、男性和农村居民的影响更大，同等条件下中国居民对空气污染的支付意愿显著低于西方发达国家。③

（2）社会福利。娄峰认为，在能源消费环节征收碳税，同时降低居民所得税税率，并保持政府财政收入中性，可以实现在减少二氧化碳排放强度的同时使得社会福利水平有所增加，从而可以实现碳税的"双重红利"效应。④ 杨翱等认为，征收碳税在时间上和强度上对环境质量有明显的改善作用，随着碳税税率的提高，减排效果也愈发明显。⑤ 魏楚等认为，排放权交易制度和碳税制度在完全信息条件下其减排总成本和福利变化是等同的，但现实中其适用环境存在一定区别。⑥ 何可等研究认为，农业废弃物资源化蕴含巨大的生态价值，能够增进农民的生态福利，政府应该在现有农民支付意愿的基础上，适当增加财政资金投入，并鼓励社会资本进入，以弥补农业废弃物资源化所需资金的不足。⑦

（3）交通出行。2008年以来，各地陆续颁布不同的限行措施以缓解交通压力和减少尾气排放。但是曹静等以北京市为例，分析限行政策对社会福利的影响时却发现，限行政策会增加机动车保有量，进而增加尾气排放；限行政策能够带来的环境效益非常有限，并可能导致较大的社会成本，因此，限行政策作为一种命令控制型手段很可能会带来社会福利的净

---

① 陈硕、陈婷：《空气质量与公共健康：以火电厂二氧化硫排放为例》，载《经济研究》2014年第8期。
② 陆铭、冯皓：《集聚与减排：城市规模差距影响工业污染强度的经验研究》，载《世界经济》2014年第7期。
③ 杨继东、章逸然：《空气污染的定价：基于幸福感数据的分析》，载《世界经济》2014年第12期。
④ 娄峰：《碳税征收对我国宏观经济及减碳排影响的模拟研究》，载《数量经济技术经济研究》2014年第10期。
⑤ 杨翱、刘纪显：《模拟征收碳税对我国经济的影响》，载《经济科学》2014年第6期。
⑥ 魏楚：《中国城市边际减排成本及其影响因素》，载《世界经济》2014年第7期。
⑦ 何可、张俊飚：《农业废弃物资源化的生态价值》，载《中国农村经济》2014年第5期。

损失。①

二、发展低碳经济的影响因素

影响环境污染和低碳经济发展的因素是多方面的。2014年文献重点从技术进步、产业结构、财政政策、工农业生产、环境规制、经济活动、国际贸易和其他因素等方面对发展低碳经济的影响进行探讨。

（一）技术进步

蔡宁等认为内生创新努力、本土创新溢出、国外技术引进三种类型技术创新对工业节能减排效率具有显著正影响，且影响程度上，内生创新努力在东、中、西三个地区的作用都是最大。② 娄峰等认为提高能源使用效率可以有效地增强碳税的实施效果，我国应加强技术创新和管理创新，促使我国的能源使用效率不断提高。③ 林立国等的研究显示，外资企业较低的排放主要是因为更清洁的生产过程，即内在先进和清洁的生产技术，而不是因为更多的污染物去除。④ 然而，孙军等则认为末端治理模式使得发达国家企业可能将污染部分向后发国家转移或者进行技术创新，但新技术又会导致新的污染产生。⑤

（二）产业结构

产业结构调整引起经济增长方式的转变，势必影响到环境污染的问题。晋盛武等认为我国的经济增长很大程度上依赖于制造业，特别是污染密集型产业，从而导致环境污染比较严重，工业化进程的加快也使得我国

---

① 曹静、王鑫、钟笑寒：《限行政策是否改善了北京市的空气质量？》，载《经济学（季刊）》2014年第2期。
② 蔡宁、丛雅静、李卓：《技术创新与工业节能减排效率》，载《经济理论与经济管理》2014年第6期。
③ 娄峰：《碳税征收对我国宏观经济及碳减排影响的模拟研究》，载《数量经济技术经济研究》2014年第10期。
④ 林立国、楼国强：《外资企业环境绩效的探讨》，载《经济学（季刊）》2014年第1期。
⑤ 孙军、高彦彦：《技术进步、环境污染及其困境摆脱研究》，载《经济学家》2014年第8期。

环境质量迅速恶化,严重影响人们的生活质量。[1] 肖挺等则认为我国的工业化过程与环境治理模式与发达国家相似,在制度设计和激励机制上偏重末端治理,缺乏绿色转型的先导意识和主动行为。[2] 而在各地区环境污染情况中,肖雁飞等认为东部沿海产业转移,西北和东北等地区成为碳排放转入和碳泄漏重灾区,京津和北部沿海等地区则表现出产业转移碳减排效应,因而产业转移对不同区域碳排放的影响存在差异,表现出西北、东北等地区影响较大而东部沿海、京津等地区影响较小。[3] 魏楚同样发现中国城市在减排边际成本上存在巨大差异性,考虑到中国在未来一段时期内继续高速推进城镇化,对发达城市或地区的强制性减排要求会带来较大的经济成本。[4]

张为付等认为,应该从国家层面优化产业结构和能源消费结构,加快全国和区域性碳排放权交易市场体系建设,以政府的有形之手和市场无形之手两方面推动碳减排,从全社会层面要构建新型城市化模式和公共交通体系,减少城市化和交通运输所产生的碳排放。[5] 马丽梅等则认为从长期看,改变能源消费结构以及优化产业结构是治理雾霾的关键,而短期看减少劣质煤的使用是较为有效的途径。[6] 侯建朝等认为,电力需求增长使得电力行业的减排面临着巨大压力。[7] 要想真正实现电力行业减排,需要从电力行业产业链中发电、输配电、国际贸易和终端电力消费等环节着手,采取有利于减少排放的综合措施。然而肖挺等认为产业结构均衡化对于工业硫排放有着明显的限制作用,但产业结构优化除了对东部地区人均排放量有抑制之外,基本呈现的是加剧节能减排问题的严重性。[8]

---

[1] 晋盛武、吴娟:《腐败、经济增长与环境污染的库兹涅茨效应:以二氧化硫排放数据为例》,载《经济理论与经济管理》2014 年第 6 期。
[2] 肖挺、刘华:《技术进步、环境污染及其困境摆脱研究》,载《经济学家》2014 年第 8 期。
[3] 肖雁飞、万子捷、刘红光:《我国区域产业转移中"碳排放转移"及"碳泄漏"实证研究》,载《财经研究》2014 年第 2 期。
[4] 魏楚:《中国城市 CO_2 边际减排成本及其影响因素》,载《世界经济》2014 年第 7 期。
[5] 张为付、李逢春、胡雅蓓:《中国排放的省际转移与减排责任度量研究》,载《中国工业经济》2014 年第 3 期。
[6] 马丽梅、张晓:《中国雾霾污染的空间效应及经济、能源结构》,载《中国工业经济》2014 年第 4 期。
[7] 侯建朝、史丹:《中国电力行业碳排放变化的驱动因素研究》,载《中国工业经济》2014 年第 6 期。
[8] 肖挺、刘华:《产业结构调整与节能减排问题的实证研究》,载《经济学家》2014 年第 9 期。

（三）财政政策

黄国宾等认为节能减排目标的实现需要制度层面的配合。在当前的财政分权激励体制下，地方政府并没有进行节能减排的动力。总的来说，财政自主度的提高，或者说财政转移支付依赖度的降低，都将刺激地方政府的投资冲动，从而造成大量的能源消耗与碳排放。[①] 这说明中央政府可以通过降低地方政府的财政自主度或者提高地方政府的财政依赖度来进行适当的财政集权，从而抑制地方政府的盲目投资冲动，以此来达到节能减排的目的。同样，冯海波等通过动态面板模型分析指出，中国地方财政支出能够通过直接和间接的方式对环境质量产生影响，且地区间差异显著。但仅通过增减财政支出规模是不够的，还应注重财政支出结构、转变政府职能。[②]

（四）工农业生产

人们在工业、农业生产过程中，不断地排放废气、废水、废渣、垃圾、各种有害物质以及放射性污染物等，破坏了生态环境平衡，引起环境污染。樊勇等认为，在众多环境污染问题中，水污染较为普遍和严重，尤其在工业经济高速增长背景下的工业废水污染现象较为突出。[③] 作为一个以工业拉动经济增长的发展中国家，我国的水污染问题尤为突出，有调查数据显示，我国75%的湖泊出现了不同程度的富营养化，90%的城市水域污染严重。崔晓等认为，由于农业技术应用和推广上的缺陷，中国农业生产的精细化程度不高，农作物对化肥的吸收效率增速缓慢，导致了农业污染控制难度加大和农产品质量安全治理困难等问题。[④] 王舒娟认为，秸秆废弃焚烧加剧了大气污染和水体污染，应当鼓励秸秆还田，但是农户对秸秆还田的支付意愿受农户支付能力、农户对秸秆还田和秸秆焚烧影响的相

[①] 黄国宾、周业安：《财政分权与节能减排》，载《中国人民大学学报》2014年第6期。
[②] 冯海波、方元子：《地方财政支出的环境效应分析》，载《财贸经济》2014年第2期。
[③] 樊勇、籍冠珩：《工业水污染税税率测算模型的构建与应用》，载《经济理论与经济管理》2014年第9期。
[④] 崔晓、张屹山：《中国农业环境效率与环境全要素生产率分析》，载《中国农村经济》2014年第8期。

关认知、当地秸秆产业发展水平以及受访者年龄和受教育程度、家庭耕地面积等因素影响，政府必须依据农户对秸秆还田的认知及支付意愿采取必要措施。①

（五）环境规制

对于政府的环保责任，韩卫平认为，政府的环境责任在某种程度上比私人的环境责任意义更为重大，政府的不当行为对环境造成的负面影响要远远大于私人的不当行为。②邓晓兰等指出节能减排与经济增长的目标彼此联系，中国政府正努力营造一个环境保护和经济增长的"双赢"局面。③然而，一些理论与实证研究却指出，政府的不合理的经济性管制和社会性管制，会导致污染加重。张华认为，本地区和相邻地区的环境规制能有效遏制碳排放，但是地方政府不当竞争会使本地区和相邻地区的环境规制显著促进碳排放，引发环境规制竞争的"逐底效应"和"绿色悖论"现象，而且环境规制的"示范效应"和环境规制竞争的"逐底效应"更容易发生在地理位置邻接的辖区。④政府环境监管能有效降低本地区碳排放水平，但并不能抑制周边地区环境污染的溢出。张宇等认为个别地区单方面的监管强化会将高污染性的外资企业逼入周边地区，从而使得周边地区FDI对本地环境的影响趋于恶化。⑤另外，政府的一些经济手段也不能有效降低碳排放水平，刘伟等认为补贴引起煤炭过度消耗也是导致大量排放的主要原因之一。⑥

同时，政府也应注意如下问题，梁平汉等通过实证结果表明，地方官员的稳定性和较差的法制环境是导致"政企合谋"的重要原因：地方领导任期越长，地方政府和污染企业越容易建立"人际网"和"关系网"，从

---

① 王舒娟、蔡荣：《农户秸秆资源处置的经济学分析》，载《中国人口•资源与环境》2014年第8期。
② 韩卫平：《我国环境司法的制度障碍及法律对策》，载《经济研究》2014年第4期。
③ 邓晓兰、鄢哲明、吴永义：《碳排放与经济发展服从倒U型曲线关系吗》，载《财贸经济》2014年第2期。
④ 张华：《"绿色悖论"之谜：地方政府竞争视角的解读》，载《财经研究》2014年第12期。
⑤ 张宇、蒋殿春：《FDI、政府监管与中国水污染》，载《经济学》2014年第1期。
⑥ 刘伟、李虹：《中国煤炭补贴改革与二氧化碳减排效应研究》，载《经济研究》2014年第8期。

而放松对企业非法排污行为的监管。① 龙硕等同样也认为在中央和地方政府信息不对称的情形下，企业具有向地方政府行贿以寻求环境规制的放松，从而扩大生产的动机；而地方政府则出于政治和经济两种利益的考虑，均有放松环境规制以帮助企业扩大生产的动机，由此形成企业和地方政府的政企合谋，加剧环境污染。② 原毅军等提出设计以消费者为导向的正式环境规制，使政策着力点由生产者行为转向兼顾消费者行为，是环境规制体系创新的重要内容。③ 李静等认为政府应该完善企业环境政策，鼓励出口和非出口企业采取清洁生产制度，解决两类企业环境质量的差别；鼓励出口企业通过环境成本内在化，改善自身排污水平。④ 同时梁伟等人认为征收环境税对能源消费结构有一定的优化作用，有利于减少高碳能源消耗；此外，征收环境税还会促使企业研发减少排污的环保技术，推动相关领域的技术进步，进而提高能源效率。⑤

此外，晋盛武等根据传统的库茨涅茨曲线，加入腐败因素，考察其与经济增长、环境污染之间的关系，腐败程度与经济增长呈反向关系，并且能够在一定程度上弱化经济增长对环境污染的正向作用。⑥

（六）经济集聚

张可等研究发现，经济集聚和环境污染之间存在双向作用机制，经济活动的集中会产生拥挤，污染就是这种负外部性之一。大城市的集聚度高，污染也更严重，集聚与环境污染似乎正相关，不断恶化的城市环境又可能成为经济集聚的阻力，二者之间的影响机制与劳动生产率密切相关。⑦ 曹彩虹也同样指出，循环经济的基本认识是人类的经济活动必须限定在地

---

① 梁平汉、高楠：《人事变更、法制环境和地方环境污染》，载《管理世界》2014 年第 6 期。
② 龙硕、胡军：《政企合谋视角下的环境污染：理论与实证研究》，载《财经研究》2014 年第 10 期。
③ 原毅军、谢荣辉：《环境规制的产业结构调整效应研究》，载《中国工业经济》2014 年第 8 期。
④ 李静、陈思：《出口企业比非出口企业具有更高的环境友好度吗》，载《财贸经济》2014 年第 10 期。
⑤ 梁伟、朱孔来、姜巍：《环境税的区域节能减排效果及经济影响分析》，载《财经研究》2014 年第 1 期。
⑥ 晋盛武、吴娟：《腐败、经济增长与环境污染的库兹涅茨效应：以二氧化硫排放数据为例》，载《经济理论与经济管理》2014 年第 6 期。
⑦ 张可、汪东芳：《经济集聚与环境污染的交互影响及空间溢出》，载《中国工业经济》2014 年第 6 期。

球大自然环境范围之内，某种意义上来说，人类的经济活动规模越大，破坏地球生命支持系统的风险就越大。①

然而沈能等认为，集聚外部性是降低碳排放的重要机制，不同的集聚程度和集聚方式对应于不同的碳排放行为。②邻接地区的环境倾销和转嫁效应显著，其中，贸易联系紧密的地区间有着较强的负向环境效应。因此，在节能减排工作中，要充分发挥空间集聚的"自净效应"，同时高度重视环境污染（政策）的空间相关性，加强跨地区的环境合作。陆铭等认为人口和经济活动集聚程度的提高有利于降低单位工业增加值的污染物质排放强度。当前通过行政手段阻碍人口和经济活动向区域中心城市集聚的政策并不利于实现既定的减排目标。③

（七）外资影响

张宇等从外资进入对水污染影响的角度分析指出，地区内外资依存度的增加会引起该地区产业结构向污染型行业转移，同时没有能够带来地区环保技术的显著改善；临近地区外资依存度的增加则会通过跨区域的产业关联等效应加剧本地区污染型产业比重。④杨翱等认为，依赖行政手段的节能减排往往难以调动经济主体的减排积极性，而且激进的减排目标和行动可能损害经济增长的潜力，降低社会福利水平。而从 FDI 对环境监管的影响来看，流入不同区域的外资对特定地区环境监管所产生的影响不尽相同：流入本地的外资存量增加会因为其带来的环境污染压力而引起政府规制的强化。⑤相对而言，邻近地区的外资存量作为一种"潜在"性的资源更有可能成为地方政府吸引的目标并引发政府环境监管的放松。

（八）国际贸易

对外贸易活动也影响着污染排放。徐圆等认为全国及东部沿海省份的

---

① 曹彩虹：《现代循环经济研究理论述评》，载《管理世界》2014 年第 12 期。
② 沈能、王群伟、赵增耀：《贸易关联、空间集聚与碳排放》，载《管理世界》2014 年第 1 期。
③ 陆铭、冯皓：《集聚与减排：城市规模差距影响工业污染强度的经验研究》，载《世界经济》2014 年第 7 期。
④ 张宇、蒋殿春：《FDI、政府监管与中国水污染》，载《经济学》2014 年第 1 期。
⑤ 杨翱、刘纪显：《模拟征收碳税对我国经济的影响》，载《经济科学》2014 年第 6 期。

经济增长对环境的技术效应都大于规模效应。但是，短期内国际贸易会对中、西部省份的环境造成不利的影响。国际贸易直接驱动型的环境结构效应存在东、中西部的差异，对于全国和东南沿海省份，就工业废水和工业SO_2而言，要素禀赋效应要小于环境规制效应。就全国而言，国际贸易的长期环境效应都要大于短期，这主要是因为国际贸易间接引致的规模——技术效应将变得更大。① 除此之外，李真认为把握进口和出口两条线索，从进口替代及进口技术溢出两条路径发挥进口减排作用，"用排放配额换技术"落实国际低碳技术合作机制，形成以进口拉动提高出口排放效率的"双管齐下"贸易减排战略规划。②

三、碳市场交易

碳交易是《京都议定书》为促进全球温室气体排减，以国际公法为依据的温室气体排减量交易。其交易市场称为碳市（Carbon Market）。2014年不少学者针对碳市场交易进行深入研究。

在国际碳市场交易机制方面，陈波认为空间灵活性或时间灵活性不足导致国际碳市场出现了严重的机制失灵问题，即供求结构不平衡引起价格大幅度下跌，长期过剩是由自锁定效应和制度扭曲产生的，而短期过剩则是由投资者套利驱动的。③

在国内碳市场交易机制方面，吴力波等认为由于信息不对称，碳排放总量控制和交易机制更适应于当前中国的现阶段实际，随着未来减排力度的加强，需要将碳税政策考虑在内。④ 实践上，雷玉桃等认为，我国可以建立多层次碳交易市场，可以形成如长三角、珠三角、环渤海、东北三省、中西部地区的区域交易市场，在此基础之上形成一个以全国为范围的交易市场核心，以区域级和省级交易市场为补充的辐射状市场分布；同时要建立系统的碳排放协调机制，采用市场和政府调控相结合的手段，建立

---

① 徐圆、赵莲莲：《国际贸易、经济增长与环境质量之间的系统关联》，载《经济学家》2014年第8期。
② 李真：《进口真实碳福利视角下的中国贸易碳减排研究》，载《中国工业经济》2014年第12期。
③ 陈波：《碳交易市场的机制失灵理论与结构性改革研究》，载《经济学家》2014年第1期。
④ 吴力波、钱浩祺、汤维祺：《基于动态边际减排成本模拟的碳排放权交易与碳税选择机制》，载《经济研究》2014年第9期。

完善的法律制度体系，以保证碳交易市场的有效运行。①

在交易空间方面，魏楚等的研究显示，中国城市在减排边际成本上存在巨大的差异性，意味着存在很大的市场交易空间；城市边际减排成本与单位二氧化碳排放的水平之间呈"U"型曲线关系，与第二产业比重负相关，并与城市化水平正相关。② 因此，我国应当积极筹备碳市场建设，提高碳排放权流转速度，提高碳市场运行效率。

四、碳排放效率

碳排放效率也是学者们热议的话题。学者们从动态变化、区域差异、产业差异和国际贸易等四个角度分析了我国碳排放效率的现状。

（一）碳排放效率的动态变化

学者们通过实证研究，基本上得出了比较一致的结论，即我国碳排放效率或者绩效呈上升趋势。雷玉桃等的实证结果表明，碳排放效率在整体上处于上升阶段，表现出较快的增长趋势，且还有进一步提升的空间，碳排放效率随着时间的推移表现出更大的地区差异性。③ 蔡宁等研究认为2005~2011年，工业节能减排效率在2007~2008年达到峰值，且内生创新努力、本土创新溢出、国外技术引进三种类型技术创新对工业节能减排效率具有显著的正向影响，其中环境规制对节能减排效率的作用有限，但产业结构对节能减排效率的影响明显。④ 屈小娥等认为，我国大多数工业行业环境技术效率都有不断提高的趋势。⑤

（二）碳排放效率的区域差异

不同地区碳排放效率也存在较大差异。雷玉桃等认为，碳排放效率在

---

①③ 雷玉桃、杨娟：《基于 SFA 方法的碳排放效率区域差异化与协调机制研究》，载《经济理论与经济管理》2014 年第 7 期。

② 魏楚：《中国城市 CO_2 边际减排成本及其影响因素》，载《世界经济》2014 年第 7 期。

④ 蔡宁、丛雅静、李卓：《技术创新与工业节能减排效率》，载《经济理论与经济管理》2014 年第 6 期。

⑤ 屈小娥：《中国工业行业环境技术效率研究》，载《经济学家》2014 年第 7 期。

地区上存在趋异的现象，并且我国对于引入技术以提升碳排放效率越来越重视，地区产业结构、能源消费结构、城市化水平、对外开放程度、所有制结构、能源价格、政策变量对碳排放效率产生不同方向的影响。[1] 蔡宁等也认为，我国工业节能减排效率呈现"东部较高、中西部较低"的局面。[2]

（三）碳排放效率的产业差异

孙传旺等认为，需要充分发挥中国工业的节能潜力，提高能源密集型行业的能源要素配置效率。[3] 屈小娥等认为，我国工业行业环境技术效率总体偏低，引领环境生产前沿的创新者始终是高新技术产业和清洁产业，今后的结构调整应重点扶持与发展技术含量高的产业和清洁产业。[4] 崔晓等认为，由于农业技术应用和推广上的缺陷，中国农业生产的精细化程度不高，农作物对化肥的吸收效率增速缓慢，导致了农业污染控制难度加大和农产品质量安全治理困难等问题。[5]

（四）国际贸易与碳排放效率

李小平等认为，碳排放空间将成为比劳动力、资本以及土地等资源禀赋更为稀缺的生产要素，是决定一国比较优势的重要因素。[6] 林立国等的研究表明，外资企业有更高的环境绩效，因此，更大程度的对外开放，特别是引进具有更清洁技术的跨国公司，以及提高国内企业与国外企业的合资合作，可能是一个政策方向。[7] 李静等指出，相对于非出口企业，出口

---

[1] 雷玉桃、杨娟：《基于 SFA 方法的碳排放效率区域差异化与协调机制研究》，载《经济理论与经济管理》2014 年第 7 期。

[2] 蔡宁、丛雅静、李卓：《技术创新与工业节能减排效率》，载《经济理论与经济管理》2014 年第 6 期。

[3] 孙传旺、林伯强：《中国工业能源要素配置效率与节能潜力研究》，载《数量经济技术经济研究》2014 年第 5 期。

[4] 屈小娥：《中国工业行业环境技术效率研究》，载《经济学家》2014 年第 7 期。

[5] 崔晓、张屹山：《中国农业环境效率与环境全要素生产率分析》，载《中国农村经济》2014 年第 8 期。

[6] 李小平、王树柏、周记顺：《碳生产率变动与出口复杂度演进：1992～2009 年》，载《数量经济技术经济研究》2014 年第 9 期。

[7] 林立国、楼国强：《外资企业环境绩效的探讨》，载《经济学（季刊）》2014 年第 1 期。

企业平均使用更多的清洁技术进行生产，排放较少的污染物。①

但张宇等的研究证明，外资进入在引起产业结构向污染性行业转移的同时没有产生显著的技术促进效应，同时FDI的增加会引起本地环境监管的加强和其他地区环境监管的恶化，总体上对我国的环境状况形成负面影响。②

五、低碳经济转型发展

2014年，学者们深入考察了向低碳经济转型发展的困难与压力，并根据相关研究提出一系列推动低碳经济转型发展的措施与策略。

（一）低碳经济转型发展的困难

1."绿色悖论"

张华根据2000~2012年中国碳排放总量和环境污染治理投资总额的变动趋势提出，中国的环境规制强度逐渐增强，但并未遏制碳排放量的增加，"绿色悖论"现象似乎在中国发生，且受地方政府竞争的影响。③

2. 相关政策体制问题

在财政政策方面，黄国宾等认为财政分权激励体制导致地方政府缺乏节能减排的动力。④ 冯海波等也认为中国式分权背景下地方财政支出的提高并不能有效降低污染排放。⑤ 另外，尚未确立的环境税体系也是主要问题之一。梁伟等根据CGE模型分析认为，提高消费性环境税税率能够提升减排效果，而开征环境税的争议之一是由于不同区域的巨大差异，难以

---

① 李静、陈思：《出口企业比非出口企业具有更高的环境友好度吗》，载《财贸经济》2014年第10期。
② 张宇、蒋殿春：《FDI、政府监管与中国水污染》，载《经济学（季刊）》2014年第1期。
③ 张华：《"绿色悖论"之谜：地方政府竞争视角的解读》，载《财经研究》2014年第12期。
④ 黄国宾、周业安：《财政分权与节能减排》，载《中国人民大学学报》2014年第6期。
⑤ 冯海波、方元子：《地方财政支出的环境效应分析》，载《财贸经济》2014年第2期。

制定统一的税收标准。[1] 在人口政策方面，陆铭等认为目前的限制人口流动的户籍政策不利于以单位 GDP 排放量为主的二氧化碳减排目标的实现。[2]

3. 碳减排难度问题

吴力波等认为 2015 年以后，碳强度的下降会导致省市间碳减排潜力的降低和难度的增加，进而导致边际减排成本的大幅增加，且省市之间差异也进一步扩大。[3]

4. 经济增长问题

如何实现经济增长与环境保护的政策目标或双赢局面是我国政府面临的重要问题。孙军等认为我国目前通过大量要素能源消耗能够促进经济增长，但对环境状况造成巨大压力，环境污染不断加剧。[4] 杨翱等认为随着减排目标的上升，提高碳税税率能够提高减排效果，但是总产出下降的问题也越发明显。[5]

5. 提高碳生产率

李小平等认为发展低碳经济的核心是提高碳生产率，这也是中国保持经济增长和实现碳减排政策目标的根本途径。但中国碳生产率水平一直较低且低于世界平均水平。[6]

（二）推动低碳经济转型发展的措施与策略

1. 构建碳预算体系

涂建明等提出构建企业碳预算，以此管理并促进企业节能减排，并形

---

[1] 梁伟、朱孔来、姜巍：《环境税的区域节能减排效果及经济影响分析》，载《财经研究》2014 年第 1 期。
[2] 陆铭、冯皓：《集聚与减排：城市规模差距影响工业污染强度的经验研究》，载《世界经济》2014 年第 7 期。
[3] 吴力波、钱浩祺、汤维祺：《基于动态边际减排成本模拟的碳排放权交易与碳税选择机制》，载《经济研究》2014 年第 9 期。
[4] 孙军、高彦彦：《技术进步、环境污染及其困境摆脱研究》，载《经济学家》2014 年第 8 期。
[5] 杨翱、刘纪显：《模拟征收碳税对我国经济的影响》，载《经济科学》2014 年第 6 期。
[6] 李小平、王树柏、周记顺：《碳生产率变动与出口复杂度演进：1992~2009 年》，载《数量经济技术经济研究》2014 年第 9 期。

成国家碳预算和区域碳预算的微观基础,即国家、区域和企业之间的三级碳预算体系,从而有效促进节能减排,使我国经济走向低碳经济发展道路。①

2. 区域联动共建碳排放体系

张华通过研究发现区域间碳排放存在强烈的空间正相关性,各地区对碳减排问题缺乏动力,应加强区域间的环境合作,建立区域联动的碳减排体系。② 雷玉桃等通过 SFA 模型分析认为提高碳排放效率能够实现减排的目标,并提出应构建碳排放协调系统机制,鼓励区域碳排放合作,利用市场与政府的调控,构建完善的法律制度体系,确保碳交易市场的有效运行。③ 邓晓兰等提出中国的低碳经济政策的制定要统筹不同区域差异化的碳减排策略,通过能源结构和产业结构调整,推动技术进步,降低碳排放增长量,持续发挥节能减排的作用。④ 肖雁飞等认为国家应制定具有区域差别化的减排政策,降低碳排放和减轻碳泄漏。⑤

3. 确定碳税政策与碳排放交易机制

娄峰认为征收碳税并降低居民所得税税率或企业所得税税率,能够实现碳税的"双重红利"效应。⑥ 吴力波等通过构建中国多区域动态一般均衡模型分析认为,中国应调整低碳政策体系,早期以利用碳排放权总量控制与交易机制为宜,而后期应引入碳税,或混合机制,以降低边际减排成本的差异。⑦ 张友国等认为应通过征收碳税、完善碳排放交易市场以及补贴碳减排行为,保证实现碳强度约束目标,同时出台战略性措施降低碳强

---

① 涂建明、李晓玉、郭章翠:《低碳经济背景下嵌入全面预算体系的企业碳预算构想》,载《中国工业经济》2014 年第 3 期。
② 张华:《"绿色悖论"之谜:地方政府竞争视角的解读》,载《财经研究》2014 年第 12 期。
③ 雷玉桃、杨娟:《基于 SFA 方法的碳排放效率区域差异化与协调机制研究》,载《经济理论与经济管理》2014 年第 7 期。
④ 邓晓兰、鄢哲明、武永义:《碳排放与经济发展服从倒 U 型曲线关系吗》,载《财贸经济》2014 年第 2 期。
⑤ 肖雁飞、万子捷、刘红光:《我国区域产业转移中"碳排放转移"及"碳泄漏"实证研究》,载《财经研究》2014 年第 2 期。
⑥ 娄峰:《碳税征收对我国宏观经济及碳减排影响的模拟研究》,载《数量经济技术经济研究》2014 年第 10 期。
⑦ 吴力波、钱浩祺、汤维祺:《基于动态边际减排成本模拟的碳排放权交易与碳税选择机制》,载《经济研究》2014 年第 9 期。

度约束的负面经济影响。① 杨翱等通过 DSGE 模型分析认为不同的碳税水平和碳排放强度对环境的改善效果也不同，并提出实施碳税政策和碳排放交易机制以实现减排目标。② 陈波针对碳交易市场机制易失灵的问题，提出我国要尽快提出结构性改革措施方案和调控策略，重塑市场信用体系，建设有效、健康的碳排放交易市场。③ 而尹硕等提出要确立市场偏向型低碳发展战略，构建自愿性碳交易市场，完善碳金融体系和监督机制，抓住低碳战略机遇期，实现减排目标。④ 张为付等也认为应加快建设全国和区域性碳排放权交易市场体系，以有效促进碳减排。⑤

4. 发挥政府规制作用

徐圆等提出构建环境规制与对外贸易的包容性机制，形成"严格环境规制—促进环境技术创新—再次严格环境规制"的良性循环路径，同时结合政府行为和区域协同政策，能够引导并刺激环境技术创新和环境规制的空间外溢效应。⑥ 原毅军等提出制定差异化的正式环境规制、促进消费者导向的环境规制创新和加强非正式规制的力量能够"绿色化"调整产业结构，以实现保持经济增长的同时改善环境恶化问题。⑦ 肖欣荣等也认为政府应该考虑各区域实际情况，制定差异化的污染防治政策，从而改善环境。⑧ 张可等认为环境规制能够抑制污染排放，为促进产业升级和节能减排，未来我国城市需要制定更加严格的环保门槛和标准。⑨ 晋盛武等认为我国政府要协调经济增长与环境保护之间的关系，优化产业结构，发展清洁产业，从而促进经济与环境的协调发展。⑩ 蔡宁等也提出应

---

① 张友国、郑玉歆：《碳强度约束的宏观效应和结构效应》，载《中国工业经济》2014 年第 6 期。
② 杨翱、刘纪显：《模拟征收碳税对我国经济的影响》，载《经济科学》2014 年第 6 期。
③ 陈波：《碳交易市场的机制失灵理论与结构性改革研究》，载《经济学家》2014 年第 1 期。
④ 尹硕、张耀辉：《我国市场偏向型低碳优势重构》，载《经济学家》2014 年第 1 期。
⑤ 张为付、李逢春、胡雅蓓：《中国 CO_2 排放的省际转移与减排责任度量研究》，载《中国工业经济》2014 年第 3 期。
⑥ 徐圆、赵莲莲：《国际贸易、经济增长与环境质量之间的系统关联》，载《经济学家》2014 年第 8 期。
⑦ 原毅军、谢荣辉：《环境规制的产业结构调整效应研究》，载《中国工业经济》2014 年第 8 期。
⑧ 肖欣荣、廖朴：《政府最优污染治理投入研究》，载《世界经济》2014 年第 1 期。
⑨ 张可、汪东芳：《经济集聚与环境污染的交互影响及空间溢出》，载《中国工业经济》2014 年第 6 期。
⑩ 晋盛武、吴娟：《腐败、经济增长与环境污染的库兹涅茨效应：以二氧化硫排放数据为例》，载《经济理论与经济管理》2014 年第 6 期。

加强环境规制力度，提高节能减排效率。① 而屈小娥认为环境规制与环境技术效率的影响存在非线性三重门槛效应，且不同的行业影响各异，因此环境规制强度的提高应体现出差异化，避免陷入盲目提高环境规制强度误区。同时应采取措施对被规制企业实施监督，防止机会主义行为的发生。②

在法律规制方面，梁平汉等提出建立完善的法律机制是加强污染治理的长效机制，能够提高环境治理水平。③ 方小玲认为我国治理污染的法律规范与实践规范间是根本分离的，为改善这种分离状态应建立政府、市场和社会的三维体系下的多中心治理模式。④

在补贴改革方面，刘伟等运用一般均衡模型分析认为取消煤炭补贴可降低单位 GDP 二氧化碳排放，煤炭补贴改革有利于产业结构和能源消费结构调整，提升能源利用效率。⑤

5. 促进协同发展

杨晓兰等认为提高城市集聚水平能有效改善环境质量，并提出继续转变政府经济职能和地区经济增长方式，能有效实现经济增长和节能减排。⑥ 张可等根据经济集聚与环境污染的交互影响模型研究提出，为实现污染联合治理，应形成地区经济协同为主、政策管理协同为辅的联合治污格局，成立国家、城市群层面的协调组织，协调相关发展规划、战略和环保政策。⑦ 沈能等认为集聚程度和方式的差异对应于不同的碳排放行为，提出应充分发挥空间集聚效应，加强跨地区的环境合作。⑧ 李鹏等提出建立完善的农业废弃物基质化循环利用参与主体的连接和协调机制，进一步提升

---

① 蔡宁、丛雅静、李卓：《技术创新与工业节能减排效率》，载《经济理论与经济管理》2014 年第 6 期。
② 屈小娥：《中国工业行业环境技术效率研究》，载《经济学家》2014 年第 7 期。
③ 梁平汉、高楠：《人事变更、法制环境和地方环境污染》，载《管理世界》2014 年第 6 期。
④ 方小玲：《污染治理中文本规范和实践规范分离的生态环境分析》，载《管理世界》2014 年第 6 期。
⑤ 刘伟、李虹：《中国煤炭补贴改革与二氧化碳减排效应研究》，载《经济研究》2014 年第 8 期。
⑥ 杨晓兰、张安全：《经济增长与环境恶化》，载《财贸经济》2014 年第 1 期。
⑦ 张可、汪东芳：《经济集聚与环境污染的交互影响及空间溢出》，载《中国工业经济》2014 年第 6 期。
⑧ 沈能、王群伟、赵增耀：《贸易关联、空间集聚与碳排放》，载《管理世界》2014 年第 1 期。

农业废弃物基质化循环利用的协同创新能力,实现资源转化,改善农业环境。① 张志敏等从政治经济学视角出发,提出利用竞争、统制和变革三个维度解决生态文明建设中的利益悖论,即通过企业、家庭和政府更好地进行生态文明建设。②

6. 参与国际合作

谢富胜等认为,气候变化的全球性决定了其治理需要全球范围的行动,生成于资本主义体系中的"马克思式"大众运动,通过联合主张可持续发展的资本集团参与现有的全球气候治理运动,是实现大众气候治理的可能途径。③ 李丽提出我国应积极参与低碳领域国际标准及非官方标准的制定,争取有利规制。④ 尹硕等认为积极参与国际碳市场合作交流,在气候谈判和碳交易市场规则制定中提升碳话语权。⑤

7. 提高环保意识

王昌海通过实证研究发现,农户对环境保护态度表现为"非常积极""积极"和"不积极"的比例分别为21%、62%和17%,受教育年限、家庭人口数、外出务工人数、人均水田面积和经济补偿对农户环保意识具有显著影响,国家应当通过多种途径提高农户环境保护意识。⑥

---

① 李鹏、张俊飚、颜廷武:《农业废弃物循环利用参与主体的合作博弈及协同创新绩效研究》,载《管理世界》2014年第1期。
② 张志敏、何爱平、赵菡:《生态文明建设中的利益悖论及其破解:基于政治经济学的视角》,载《经济学家》2014年第7期。
③ 谢富胜、程瀚、李安:《全球气候治理的政治经济学分析》,在《中国社会科学》2014年第11期。
④ 李丽:《低碳经济对国际贸易规制的影响及中国的对策》,载《财贸经济》2014年第9期。
⑤ 尹硕、张耀辉:《我国市场偏向型低碳优势重构》,载《经济学家》2014年第1期。
⑥ 王昌海:《农户生态保护态度:新发现与政策启示》,载《管理世界》2014年第11期。

第二十章 区域经济发展研究新进展

2014年区域经济问题研究的突出特色，一是在稳增长的总基调下，探讨确保经济增长不滑出底线的区域经济增长；二是服务国家区域经济发展大战略，在继续研究实施东部率先发展、中部崛起、西部大开发和东北振兴"四大板块"基础上，重点研究如何推进"一带一路"、京津冀协同发展和长江经济带"三大战略"；三是适应全方位开放新格局，构建国际区域经济合作新版图。

一、区域经济发展差距及其调节

（一）区域经济发展的衡量指标

长期以来，在把GDP作为衡量我国经济增长核心指标的评价机制下，地方政府重视本地区GDP增长，付出了沉重的资源环境和社会代价。同时，GDP作为一个衡量指标本身也存在一定的缺陷。基于此，有学者认为应该用更完善的指标衡量区域经济增长，主要有：

1. 用同时反映经济发展和生态环境状况的"生态效率"指标衡量区域经济增长

李胜兰等认为，"生态效率"指标的核心要义是少投入、少排放、多产出，在不对生态环境构成威胁的前提下发展区域经济。他们运用DEA方法测算了1997~2010年中国30个省市区的区域生态效率，发现在以GDP为核心竞争目标的政绩考核机制激励下，各地方倾向于以生态环境为代价换取短期经济利益，导致区域经济与环境的协调性较低。因此，应当促进绩效考核的多元化、绿色化，将生态开发、环境保护和循环经济发展等加入考核指标，更全面有效地评价各地区经济增长。[1]

2. 用包含人力资本、生产性资本和自然资本的包容性财富指标衡量区域经济发展水平

李钢等认为，包容性财富指标可以克服 GDP 指标自身所存在的以下局限性：无法核算未进入市场交易的商品和服务增加值；不能全面反映经济发展所付出的成本；只是流量统计难以判断经济社会可持续发展的潜力，他们对 1990～2010 年各省份的包容性财富进行测算发现，包容性财富指标能更科学地衡量各地区经济的可持续发展能力，有利于解释经济增长中隐含的更深层次问题。[2]

（二）区域经济增长是否收敛

学者们的研究基本一致认为我国各省经济总体上不存在收敛性。张晓蓓等使用改进的 MRW 新古典经济趋同模型，根据 1990～2009 年我国省级层面的经济数据分析发现，期间我国省级层面人均 GDP 的标准差在不断上升，省级人均收入差距在持续扩大，省级经济失衡的情况在不断加重。进一步在控制了初期人均 GDP 水平以后，研究发现没有显著证据表明我国地区经济存在绝对趋同，改革开放以来我国区域经济并没有走向收敛。[3]朱国忠等使用空间动态面板数据模型和 1952～2008 年省级 GDP 数据分析了我国各省人均 GDP 的收敛性，发现中国各省经济总体上不存在收敛性。此外，中国各省人均 GDP 有一定的空间相关性，但总体上不是很强。进一步对东部、中部、西部三个地区分别进行回归分析后发现，东部地区经济不收敛，但空间效应明显，这意味着东部地区可能存在促使经济增长发

---

[1] 李胜兰、初善冰、申晨：《地方政府竞争、环境规制与区域生态效率》，载《世界经济》2014 年第 4 期。

[2] 李钢、刘吉超：《中国省际包容性财富指数的估算：1990～2010》，载《中国工业经济》2014 年第 1 期。

[3] 张晓蓓、李子豪：《人力资本差异加剧了区域经济失衡吗》，载《经济学家》2014 年第 4 期。

散的因素,如虹吸效应和工业集聚效应等。①

但是,在进一步的具体分析中,学者们也发现了我国各省经济存在一定的收敛性。张晓蓓等在控制了技术和偏好因素后研究发现,我国经济条件趋同特征十分显著,即在控制了人力资本、固定资本、人口增长等因素后,初期人均收入落后地区,预期经济增长速度将快于初期富裕地区,我国地区经济存在收敛潜力,但潜力能否转化为现实则取决于储蓄率、劳动增长率和人力资本等因素的共同作用。②朱国忠等在分区域研究中发现,中西部地区经济收敛,空间效应不明显,这意味着我国经济发展已部分呈现出"俱乐部收敛"的特征。③

(三) 导致区域经济发展差距的主要影响因素

1. 自然资源

(1) 自然资源对区域经济增长有促进作用。姚毓春等应用生态足迹模型测度了区域的自然资源禀赋,界定出我国资源富集型地区,并利用1992~2011年省际面板数据对资源禀赋与区域经济增长的关系进行实证研究认为,无论从整体性还是分段式上看,当前我国资源富集地区的自然资源有利于区域经济增长。基于省际层面来看,多数自然资源富集地区的资源禀赋有利于地区经济增长。在整个时序的省际层面上,"资源诅咒"现象在我国大多数资源富集地区并未出现。④

(2) 自然资源对区域经济增长有阻碍作用,即存在"资源诅咒"。杨莉莉等认为,现有的国内外对"资源诅咒"问题的研究均采用传统的截面或面板数据模型方法,忽视了地理空间效应对研究结果的影响。现有研究将单个区域视为与其他区域相互独立的部分,无法对空间样本之间的交互效应予以控制,分析结果必定存在一定偏误。她们首次利用空间计量方法,以1993~2010年我国31个省份的面板数据为样本,在充分考虑省际间经济行为相互影响和空间溢出效应的条件下,对"资源诅咒"假说进行

---

①③ 朱国忠、乔坤元、虞吉海:《中国各省经济增长是否收敛?》,载《经济学(季刊)》2014年第1期。

② 张晓蓓、李子豪:《人力资本差异加剧了区域经济失衡吗》,载《经济学家》2014年第4期。

④ 姚毓春、范欣、张舒婷:《资源富集地区:资源禀赋与区域经济增长》,载《管理世界》2014年第7期。

了实证检验。研究发现，我国省域经济增长的空间依赖关系表现为正向的溢出效应，因而在考虑经济增长空间相关性之后，"资源诅咒"假说和条件收敛假说在我国省域层面均是成立的。研究还进一步分析了自然资源对经济增长的影响机理：资源产业依赖主要通过对技术创新水平和对外开放程度的挤出效应、削弱制造业投入的荷兰病效应以及强化政府干预程度的制度弱化效应对省域经济增长产生显著的间接抑制效应，其中荷兰病效应是首要原因。[①]

2. 物质资本

（1）投资对区域经济发展具有关键作用。姬超以5个经济特区为研究对象，从资本密度和全要素生产率变化两个方面对投资效率进行分解，并对他们之间的关系加以验证显示，改革开放以来大规模投资促进了特区的经济增长，不应全盘否定投资的积极意义。当前我国的投资并不是绝对过剩而是相对过剩，即我国经济增长和投资过程中的区域不平衡问题。通过改变资本配置效率，投资依然能够促进区域经济增长。但长期来看，持续的经济增长在根本上依赖于TFP水平提高，因此需要提高技术创新水平。[②]

（2）房地产投资对经济增长存在空间溢出效应。张洪等依据"波纹效应"理论，利用1998~2010年我国30个省市区70个大中城市面板数据，采用空间动态面板数据方法构建了包括房地产投资及其空间效应的空间动态计量模型，用于分析房地产投资的地区影响效果。研究发现，在全国范围内存在房地产投资对经济增长的空间溢出效应，即某一地区房地产投资不仅促进和提升本地区经济增长，同时也带动其他地区经济增长。从区域来看，房地产投资对东、中、西部的经济增长均有显著的促进作用，但是彼此之间存在差异，东部存在的外溢效应大于中、西部。从区际来看，东中、中西以及东西之间也存在一定的空间溢出效应；长三角、珠三角两大城市群由于经济一体化水平较高且房地产业比较成熟，房地产投资对经济增长的空间溢出效应非常明显。[③]

---

① 杨莉莉、邵帅、曹建华：《资源产业依赖对中国省域经济增长的影响及其传导机制研究——基于空间面板模型的实证考察》，载《财经研究》2014年第3期。
② 姬超：《投资效率与全要素生产率的变化趋势考察》，载《财贸经济》2014年第3期。
③ 张洪、金杰、全诗凡：《房地产投资、经济增长与空间效应》，载《南开经济研究》2014年第1期。

(3) 土地出让金转化为基础设施投资对区域经济发展具有决定性作用。王贤彬等通过建立一个一般均衡模型分析了我国地方政府出让土地、投资基础设施对区域经济增长的作用。研究认为，在中央的强力政治激励与部分经济分权之下，地方政府通过土地财政积累的资金大量投资于生产性公共基础设施建设，促进了各地方的经济快速增长，对区域经济发展起了决定性作用。①

(4) 高速公路建设对县域人均 GDP 提升有显著正向影响。刘冲等基于 1997～2008 年我国高速公路的电子矢量分布图并采用双重差分计量模型研究发现，高速公路建设对县域人均 GDP 的提升有显著的正向影响。结合工业企业数据进一步发现，高速公路等交通基础设施的改善，通过带来更多企业进入、资本流入和企业效率提升等渠道促进了区域经济发展。②

3. 人力资本

(1) 劳动力流动在不同经济发展阶段对区域经济发展具有不同作用。安虎森等通过对新经济地理学理论的拓展，在规模收益递增和不完全竞争框架中纳入户籍制度和土地产权制度约束，构建了基于 D－S 框架下的三地区两部门三产业的产业扩散模型。运用该模型研究发现，在经济发展初级阶段，劳动力跟随产业在区域间转移，劳动力的流入对区域经济增长有极大促进作用。但在经济发展进入成熟阶段后，劳动力转移与产业转移互为因果。劳动力流动会加快人口流入地区的经济发展，但减缓人口流出地区的经济发展。③

(2) 人力资本是区域经济增长的助推器。张晓蓓等通过使用改进的 MRW 新古典经济趋同模型，结合我国省际层面的经济数据进行研究发现，人力资本能够强有力地推动区域经济增长。人力资本水平越高的地区，预计经济增长速度将越快；落后地区的经济后发优势几乎完全可以被人力资本的落后所抵消。④

---

① 王贤彬、张莉、徐现祥：《地方政府土地出让、基础设施投资与地方经济增长》，载《中国工业经济》2014 年第 7 期。
② 刘冲、周黎安：《高速公路建设与区域经济发展：来自中国县级水平的证据》，载《经济科学》2014 年第 2 期。
③ 安虎森、刘军辉：《劳动力的钟摆式流动对区际发展差距的影响－基于新经济地理学理论的研究》，载《财经研究》2014 年第 10 期。
④ 张晓蓓、李子豪：《人力资本差异加剧了区域经济失衡吗》，载《经济学家》2014 年第 4 期。

4. 区域经济结构

（1）区域产业结构的优化升级有力推动了区域经济增长。李维等采用结构方程模型，以重庆市 38 个区县为样本，定量测度总量因素和结构因素对区域经济发展的影响发现，结构因素对区域经济发展有显著的正向影响。区域产业结构的优化升级（农业比重下降，第二、第三产业比重上升，电子信息、金融等产业快速发展）有力地推动了区域经济增长。[①] 黄庆华等基于 SSM 分解法对 2003~2012 年长江经济带三次产业结构的演变进行研究也发现，长江经济带第一产业比重持续降低，第二、第三产业的比重不断提高，而且对经济增长的贡献越来越大，长江经济带三次产业结构的优化升级明显促进了区域经济增长。[②]

（2）中国区域经济增长存在空间关联性。李敬首先等将我国区域经济划分为四个功能板块，即一是由东部地区组成的"双向溢出板块"；二是由具有较强增长活力的省份组成的"经纪人板块"；三是由中西部发展较快地区组成的"主受益板块"；四是由中西部落后地区组成的"净受益板块"，然后运用网络分析法和 QAP 方法测度 1978~2012 年区域经济增长空间关联关系发现，区域经济增长溢出效应具有明显梯度特征，即第一板块是经济增长的发动机，它将经济增长的动能传给第二板块，第二板块又将动能传给第三、四板块。地理位置的空间相邻、投资消费结构和产业结构的相似是产生区域经济增长空间关联的主要因素。[③]

（3）经济的空间集聚推动区域经济增长。刘修岩等基于中国 25 个省份 1999~2010 年的面板数据，采用系统 GMM 方法和工具变量法检验经济活动的空间集聚对区域经济增长的影响发现，地区内部及地区间经济活动的空间集聚是推动区域总体经济增长的重要力量，但同时也会带来地区内部收入差距的扩大。现阶段各省份经济活动的空间集聚所带来的"本地市场效应"远大于"竞争效应"和"拥挤效应"，经济活动空间集聚的向心力还明显大于离心力，因而当前各区域之间和区域内部的不平衡发展是难

[①] 李维、朱维娜：《基于结构方程模型的地区经济发展影响因素分析》，载《管理世界》2014 年第 3 期。
[②] 黄庆华、周志波、刘晗：《长江经济带产业结构演变及政策取向》，载《经济理论与经济管理》2014 年第 6 期。
[③] 李敬、陈澍、万广华、付陈梅：《中国区域经济增长的空间关联及其解释法》，载《经济研究》2014 年第 11 期。

以避免的。①

(4) 城市化是促进地区经济增长的重要力量。张远军等以1987~2012年中国各省市的面板数据为样本,研究城市化与区域经济发展之间的关系发现,在城市化进程中,主要通过固定资产投资、基础设施改善刺激经济发展。分地区回归结果表明,城市化促进经济发展的作用具有空间差异性,在沿海地区的作用显著大于内陆地区。②

5. 区域金融发展

(1) 区域金融实力对实体经济增长具有直接促进效应,并影响FDI的作用。张林等通过建立以区域金融实力为门槛变量的面板门槛模型,利用2002~2012年中国31个省市区的面板数据进行实证检验发现,无论全国范围还是分东中西部地区,提升区域金融实力可以显著促进区域实体经济增长。FDI溢出对实体经济增长的影响大小和方向都存在基于区域金融实力的双门槛效应,因而FDI的引入必须与区域金融实力相适应。当区域金融实力较低时,过剩的FDI将对实体经济增长产生负效应;当区域金融实力提升到或跨越临界门槛值后,适量的FDI将对实体经济增长产生正向促进作用。③

(2) 银行信贷对区域经济发展的作用具有阶段性特征。曹凤岐等以2002~2011年我国31个地区的三次产业为样本,以存贷比作为银行信贷调配指标进行面板数据回归考察银行信贷调配对区域经济增长的影响发现,在2006年金融改革前,银行信贷调配与区域经济发展的关系并不显著;2007年实行金融改革后,银行信贷调配与区域经济发展存在显著的正向相关关系,金融改革使银行信贷对区域经济发展的促进作用显现。④

6. 地方政府政策

(1) 向地方政府分权有利于促进区域经济发展。李飞跃等以中国1952~2008年29个地区为样本进行实证检验发现,从20世纪70年代开始,随着中央实际政治权力的弱化,地方实际政治权力偏向于基层干部和

---

① 刘修岩:《空间效率与区域平衡:对中国省际层面集聚效应的检验》,载《世界经济》2014年第1期。
② 张远军:《城市化与中国省际经济增长:1987~2012》,载《金融研究》2014年第7期。
③ 张林、冉光和、陈丘:《区域金融实力、FDI溢出与实体经济增长——基于面板门槛模型的研究》,载《经济科学》2014年第6期。
④ 曹凤岐、杨乐:《银行信贷调配与区域经济增长》,载《金融研究》2014年第6期。

群众的地区更主动地推行保护产权和维护本地利益的制度变迁促进了区域经济的持续增长，地方实际政治权力结构对区域经济增长存在长期影响。[1]

（2）地方政府的环境规制效应及其区域差异。赵霄伟等选取 2004～2009 年地级市以上城市的经验数据，运用空间杜宾面板模型研究地方政府间环境规制竞争策略及其增长效应发现，自 2003 年落实科学发展观以来，地方政府间的环境规制"逐底竞争"不再是全局性问题，而是局部性问题。地方政府环境规制的这种制度竞争对经济增长效应的作用方向存在地区差异。东部和东北地区环境规制竞争空间外溢明显，具有显著的正增长效应；中部地区则为负增长效应；西部地区表现为不显著的增长效应。[2] 钱争鸣等研究环境管制对绿色经济效率的作用机制发现，环境管制能够通过筛选效应、内部技术溢出和外部技术溢出，促使绿色经济效率形成"扩散效应"和"极化效应"，进而影响地区的产业结构调整和产业升级，促进地区经济增长。分析表明，绿色经济效率具有显著的空间正相关，环境管制对改善绿色经济效率具有时滞性，长期治污投资能显著提高绿色经济效率；从长期看，环境管制能显著提高东、中、西部的技术进步，从而促进区域经济持续增长，但"扩散效应"和"极化效应"在不同地区的效果存在差别。[3]

（3）政府干预导致资源配置扭曲。韩剑等基于 Hsieh and Klenow 模型，利用 1999～2007 年工业企业数据，对各省的资源错配指数进行测算和分解，比较了各地区资源错配程度的差异，并对影响资源错配的政府干预因素进行回归检验发现，我国总体和行业内资源错配程度先降后升，行业间资源错配程度缓慢上升，中西部地区资源错配程度明显高于东部地区。财政补贴、金融抑制、行政性市场进入壁垒对行业内资源错配具有显著影响，劳动力流动管制、金融抑制则对行业间资源错配作用明显。由于政府干预和管制导致了各区域的资源配置扭曲，各区域资源错配程度不同则导致区域经济发展不平衡。[4] 韦倩等从市场作用的视角进一步验证了以

---

[1] 李飞跃、张冬、刘明兴：《实际政治权力结构与地方经济增长：中国革命战争的长期影响》，载《经济研究》2014 年第 12 期。
[2] 赵霄伟：《地方政府间环境规制竞争策略及其地区增长效应－来自地级市以上城市面板的经验数据》，载《财贸经济》2014 年第 10 期。
[3] 钱争鸣、刘晓晨：《环境管制、产业结构调整与地区经济发展》，载《经济学家》2014 年第 7 期。
[4] 韩剑、郑秋玲：《政府干预如何导致地区资源错配－基于行业内和行业间错配的分解》，载《中国工业经济》2014 年第 11 期。

上观点。他们在控制了资本、自然资源、基础设施、优惠政策等其他因素的情况下,运用 28 个省份 1985~2010 年间的面板数据检验市场因素在我国沿海地区崛起中的作用发现,沿海地区比内陆地区发展更快,更快速崛起的最重要原因是市场发挥作用,即市场化改革提供的制度环境。①

(四) 缩小区域发展差距的政策选择

1. 加大人力资本投资

韦倩等认为应确立政府为主导,企业、家庭多层次协同发展的人力资本投资体系,特别是加大落后地区的人力资本投资力度,改善当地劳动力质量。②

2. 完善资本市场

倪鹏飞等提出通过扩展与深化资本市场的广度与深度积极促进资本市场发展,缩小短期区域收入差距上限,同时对资本市场发展相对落后的中西部地区给予政策倾斜,以资本市场总量扩展和资本市场空间结构的调整推动区域经济由不平衡转向协调发展。③

3. 减少区域资源错配

韩剑等提出通过完善地方政府财政补贴制度,加强信息披露和监督;金融领域减少信贷干预,重在支持小微企业和高新技术产业发展;推进地方行政管理体制改革,探索"负面清单"管理模式;全面推进户籍制度改革,建立土地有效流转机制,消除劳动力流转障碍。等措施优化资源配置④

4. 完善宏观调控

李敬等认为,要针对各区域在空间关联中的不同地位和作用以及经济

---

①② 韦倩、王安、王杰:《中国沿海地区的崛起:市场的力量》,载《经济研究》2014 年第 8 期。

③ 倪鹏飞、刘伟、黄斯赫:《证券市场、资本空间配置与区域经济协调发展》,载《经济研究》2014 年第 5 期。

④ 韩剑、郑秋玲:《政府干预如何导致地区资源错配-基于行业内和行业间错配的分解》,载《中国工业经济》2014 年第 11 期。

增长板块的不同功能，选择有针对性的区域发展政策，进行定向调控和精准调控，以提升区域经济增长的空间协同性，并创造更多的空间溢出"管道"，缩小区域经济差距。[1]

5. 完善政府转移支付

颜银根认为，政府应当加大对中西部地区的转移支付力度，突破转移支付的"门槛值"，才能促进东部地区高效率的企业转移并最终缩小区域经济发展差距，促进区域协调发展。[2]

二、区域经济协调发展的三大战略

(一)"一路一带"发展战略

1."一带一路"的战略意义

一是对国内区域经济协调发展的意义。"一带一路"战略的实施，为我国全面深化改革开放规划了美好蓝图，是建构中国全方位开放新格局的必然要求；[3] 可以形成一种合力完成经济转型，促进区域均衡发展，推动新一轮西部大开发战略，促进少数民族地区的发展；[4] 有利于中国企业更好地"走出去"，优化国内产业结构，提升中国开放经济的质量。[5]

二是对国际区域经济合作的意义。"一带一路"战略的实施，有利于构建亚欧经济一体化发展新机制，积极发挥中国在区域经贸合作中的作用，应对美国TPP、TTIP带来的外部压力；有利于助力沿线国家经济发展，推进国际区域经济的分工、合作与融合，形成以中国为主导的国际区

---

[1] 李敬、陈澍、万广华、付陈梅：《中国区域经济增长的空间关联及其解释》，载《经济研究》2014年第11期。
[2] 颜银根：《转移支付、产业跨区转移与区域协调发展》，载《财经研究》2014年第9期。
[3] 袁新涛：《"一带一路"建设的国家战略分析》，载《理论月刊》2014年第11期。
[4] 张军：《我国西南地区在"一带一路"开放战略中的优势及定位》，载《经济纵横》2014年第11期。
[5] 申现杰、肖金成：《国际区域经济合作新形势与我国"一带一路"合作战略》，载《宏观经济研究》2014年第11期。

域经济合作的新局面;① 有利于我国实施市场多元化战略,改善贸易结构,化解潜在风险;有利于展示我国"和平崛起"的全球战略创新,缓解周边外交的紧张气氛。②

2. "一带一路"战略的实现途径

一是打造亚欧利益共同体。袁新涛提出沿线各国要将政治关系优势、地缘毗邻优势、经济互补优势转化为务实合作优势,努力打造亚欧利益共同体,增进沿线各国人民福祉,共创丝绸之路新辉煌。③

二是提升国际话语权。吴贤军认为,要本着增强国家影响力和认同度的目标,尽可能提升话语生产能力和利益协调水平,同时还要开辟更多民间交往、公共外交的渠道,从而构建起全方位的交流互动平台。④

三是加强区域合作。申现杰等提出,在贸易协定的谈判、基础设施建设、放宽外国投资准入以及人民币国际化等方面加强沟通与合作,加快落实同周边国家和区域的"五通"建设;通过实施高标准的开放性政策以及建设全面性的制度安排,顺应世界贸易投资自由化、区域性协定迅速增长和国际贸易标准逐渐向高端化发展的新趋势,与"一带一路"沿线及周边国家和地区构建高标准的自由贸易区网络;依据开放需要,结合共同的利益点,立足重点领域,扩大国际区域合作;通过加强基础设施建设、鼓励投资的政策、合作型产业园区的建设提升国内"一带一路"沿线地区贸易投资的数量和质量。⑤

四是构建"网上丝绸之路"。杜群阳等认为,从远期和整体看,"网上丝绸之路"是面向"一带一路"国家的互联网经济、贸易与金融平台;从近期和核心看,是面向"一带一路"国家的跨境贸易电子商务平台。我国应引导帮助"一带一路"国家完善国内电子商务环境,并通过开展与中国的跨境电子商务实现互惠互利,通过发展电子商务率先打通信息流,继而促进和带动资金流、物流的发展。⑥

---

①⑤ 申现杰、肖金成:《国际区域经济合作新形势与我国"一带一路"合作战略》,载《宏观经济研究》2014 年第 11 期。
② 张军:《我国西南地区在"一带一路"开放战略中的优势及定位》,载《经济纵横》2014 年第 11 期。
③ 袁新涛:《"一带一路"建设的国家战略分析》,载《理论月刊》2014 年第 11 期。
④ 吴贤军:《国际话语权视域下的"一带一路"战略实现路径研究》,载《中共福建省委党校学报》2015 年第 2 期。
⑥ 杜群阳、黄卫勇、方建春、王莉、黄金亮、李凯:《"网上丝绸之路"对"一带一路"战略的意义》,载《浙江经济》2014 年第 24 期。

(二) 长江经济带战略

1. 长江经济带的战略意义。建设长江经济带是实现全面建设小康社会这一国家战略目标的需要；是产业转移、区域协调发展的需要；是构建国家经济增长新支撑的需要；是整合沿江各类国家发展战略的需要；是沿江经济流域化的需要。[1] 长江经济带的战略地位可以与当年沿海优先发展战略相当，因为长江经济带具有与沿海经济带一样的区域规模效应，将会发挥巨大的集聚和扩散效应，从而将明显缩小我国区域差距，实现区域均衡发展，成为我国经济区域一体化的有效途径。[2]

2. 制约长江经济带发展的主要障碍。一是目前还没有形成立体的、综合的、高效密集的交通网，无法形成集聚效应。由于各城市群之间交通基础设施一体化存在较大障碍，城市群发展难以产生倍增或叠加效应。二是各区域间缺乏合理的分工和紧密的产业联系，无法形成高效的产业关联。三是中上游省市都是省会"一市独大"，资源配置过度集中，难以形成有效的区域竞争格局。[3] 造成发展障碍的主要原因：一是地域广阔，发展水平差异巨大，给协调管控增加了难度。二是区域管理的主体多元且复杂，相互协调难度大。三是缺乏统一高效权威的规划与协调机制。[4]

3. 促进长江经济带发展的政策措施。一是深入挖掘区域产业分工合作的内生驱动力，尽快形成"东西互补、海陆联动、双向开放、双边出海"的区域产业发展新格局。二是充分发挥沿江三大都市圈的引领带动作用，努力提升沿江中心城市的产业能级，形成合理的区域产业梯度。三是积极培育龙头骨干企业，促进区域优势产业战略联盟的形成。[5] 四是构建长江经济带的协调发展机制，包括建立高效务实的区域协调分工机制，进一步加强巩固长江流域各省市的协调机制建设；进一步深化长江经济带的产业布局规划，完善产业发展的共建与补偿机制；建立重点区域、重点开发平台的共促发展机制；建立与其他经济体协同发展的新机制，并作为一个整体参与国际市场的竞争合作。[6] 五是破除行政壁垒，建立有利于经济

---

[1] 文余源：《建设长江经济带的现实价值》，载《改革》2014年第6期。
[2][3] 王小广：《建设长江经济带急需解决的四个问题》，载《改革》2014年第6期。
[4][6] 彭劲松：《长江经济带区域协调发展的体制机制》，载《改革》2014年第6期。
[5] 徐长乐：《建设长江经济带的产业分工与合作》，载《改革》2014年第6期。

带开放的要素自由流动、产品自由贸易的一体化市场。①

（三）京津冀协同发展战略

1. 京津冀协同发展的战略意义。一是打造中国参与全球竞争和国际分工的世界级城市群，形成国家自主创新战略的重要承载地；二是构筑中国乃至世界的研发创新、高端服务和"大国重器"的集聚区；三是打造中国未来最具活力的核心增长极和带动环渤海经济圈发展的核心区；四是成为带动中国北方向东北亚、西亚、中亚、欧洲全方位开放的门户地区，促进以中国为核心的亚欧大陆经济圈的形成。②

2. 京津冀协同发展的现状。娄文龙通过构建区域经济一体化指标体系，对京津冀、长三角、珠三角的一体化程度进行衡量发现，珠三角最高，京津冀最低，长三角处于中间水平。其中，区域市场一体化方面，珠三角最高，京津冀最低，长三角处于中间水平；区域政策一体化方面，长三角和珠三角程度相同，京津冀最低。③

3. 京津冀协同发展程度不高的原因。一是京津冀三地缺乏协同发展的思维意识，没有整体和大局观。④ 二是环渤海地区经济发展战略仍沿袭着过去20多年通过承接发达国家产业转移并从低端加入全球价值链的出口导向型经济发展战略。这一战略存在非常严重的内在缺陷：严重抑制了环渤海地区高端价值链的发展和核心技术的突破；埋没了环渤海地区的人才和科技优势；出口导向型发展模式导致了环渤海地区各省市区产业结构雷同、重复建设和同等层次的激烈竞争，加剧了市场分割和地方保护；从价值链低端参与全球分工导致产业链条短，迂回程度低，前后向联系小，对"三北"地区带动作用很小；承接发达国家产业转移造成了环渤海地区严重的环境污染和生态危机。⑤

---

① 文余源：《建设长江经济带的现实价值》，载《改革》2014年第6期。
② 祝尔娟：《推进京津冀区域协同发展的思路与重点》，载《经济与管理》2014年第5期。
③ 娄文龙：《京津冀、长三角和珠三角区域经济一体化测量和比较》，载《统计与决策》2014年第2期。
④ 张云、窦丽琛、高钟庭：《"京津冀协同发展：机遇与路径学术研讨会"综述》，载《经济与管理》2014年第2期。
⑤ 贾根良：《面向内需与新丝绸之路—环渤海经济发展新战略》，载《经济理论与经济管理》2014年第7期。

4. 促进京津冀协同发展的政策措施。一是应当处理好中心城市与所在区域共生互动关系、北京与天津两大核心城市分工合作关系、经济社会生态协调发展关系、市场调节与政府引导的关系等四大关系。二是以顶层设计为统领，以体制机制创新为保障，为全面推进区域协同发展保驾护航。三是立足比较优势，找准切入点，在利益契合点上率先实现突破，增强内驱力。四是在全面推进京津冀区域协同发展中实现重点突破。① 五是应当建立沟通协调机制，突破地域发展瓶颈。六是加强基础设施建设，优化区域合作融资环境。七是推进金融深化改革，扩大金融开放程度。②

三、国际区域经济合作

（一）东亚区域经济一体化

于震等认为经济周期同步性是衡量区域经济一体化程度的综合性指标，采用经济周期距离衡量经济周期同步性程度，结合多维标度技术，分析了包含中国在内 9 个东亚经济体和多种经济体组合的经济周期距离及其阶段性变化。研究认为东亚经济周期同步性的影响因素包括：双边贸易强度、专业化差异、金融一体化、宏观政策差异、汇率波动差异。双边贸易强度的提高，劳动生产率、货币政策和汇率波动差异的缩小能显著促进东亚经济一体化进程，而金融联系、生产结构差异和财政政策差异的影响力在统计上并不显著。东亚整体经济周期同步性有所增强，但是总体经济周期同步性程度还不高。从整个区域层面看东亚尚不具备开展制度化政策协调（乃至建立共同货币区）的条件。中日韩三国的总体经济周期同步性显著增强。美国与其他东亚经济体的同步性情况与中国表面相似，却存在本质差别。对美国来说，同步性增强是"次贷危机"的结果，源于东亚经济对"美元体制"的严重依赖。因此研究认为，TPP 既未顺应东亚区域经济发展大趋势，也得不到经济基本面的支

---

① 祝尔娟：《推进京津冀区域协同发展的思路与重点》，载《经济与管理》2014 年第 5 期。
② 陈建华：《京津冀一体化与金融合作》，载《中国金融》2014 年第 3 期。

持，中国应通过保持和强化与东亚各经济体合作势头，加速调整自身经济结构加以应对（研究所说东亚包括东盟10国、中国、日本、韩国、中国台湾、中国香港）①。

刘重力等依据 Koopman 的全球价值链分解原理，将东亚区域在全球价值链分工中的依赖关系分为"上游依赖"和"最终需求依赖"两个层面，并相应构建了"后向关联度"和"最终需求贡献率"两个指标体系加以衡量，之后通过两个指标重点研究区域内外之间以及区域内部形成的相互依赖关系。利用 WTO – OECD 发布的附加值贸易数据考察了包括东亚区域13个经济体（中国，日本，ASEAN8 和 NIEs3）与区域外的美国，EU15国的贸易和生产情况，进行实证分析后研究发现，在"上游依赖"层面，东亚区域的内部依赖大于外部依赖，尽管东亚区域对欧美国家在前后向关联中形成的"上游依赖"仍然存在，但是区域内部在生产分工中的经济联系日益紧密，东亚生产网络一体化程度不断加深；同时，中国在东亚区域的上游供给者地位正在上升，日本在下降。在"最终需求依赖"层面，东亚区域对欧美国家仍然存在一定程度的"外部依赖"，但是外部依赖和内部依赖都呈现出倒"V"型发展趋势，"外部依赖"程度不断降低，东亚区域的内部经济发展动力有待增强。②

汤婧基于区域全面经济伙伴关系（RCEP）框架下针对东盟内部成员间的自由贸易协定以及东盟与外部6个成员方已签署的5个"东盟+1"自由贸易协定，从关税减让、服务贸易自由化程度两个方面，分析了 RCEP 整个区域所面临的困境与挑战；并运用 GTAP 模型预测分析了 RCEP 的建立对中国经济、贸易以及各产业可能产生的影响。GTAP 模型的类比结果显示，总体而言，RECP 的成功整合对中国参与区域整合具有重要的战略利益，将有力推动中国对外贸易的成长，提高中国实际 GDP 的增长速度与福利水平，但对不同产业的影响程度有明显区别。中国的产业竞争优势集中在农业及食品业、林业及渔业、矿产业、电子机械部门，而建筑、运输及通讯等多个服务贸易领域将面临巨大的冲击。③

---

① 于震、李晓、丁一兵：《东亚经济周期同步性与区域经济一体化》，载《数量经济技术经济研究》2014年第8期。
② 刘重力、赵颖：《东亚区域在全球价值链分工中的依赖关系》，载《南开经济研究》2014年第5期。
③ 汤婧：《区域全面经济伙伴关系：整合困境及其对中国经济福利与产业的影响分析》，载《财贸经济》2014年第8期。

（二）自由贸易区建设

岳文等认为当前中国经济已经高度开放，正处于发展模式转型的关键阶段上，在全球多边自由贸易体制短期内难以取得进一步突破的大背景下，积极推进自贸区建设对于加速国民经济发展转型，进一步提升中国经济开放程度和国际地位都具有十分重要的战略意义。研究提出用6个方面的评价维度（贸易效应、福利效应、产业效应、投资效应、货币效应、引导效应），3个时点（短期静态效应、中期动态效应的、长期动态效应）动态视角来对我国未来推进自贸区建设的经济效应进行科学评估，研究认为应当基于全球产业链的演变趋势来全面展开我国今后一个时期自贸区建设的全球布局，立足于动态发展效应的利益交换来更好地推动我国自贸区建设的谈判进程。[1]

---

[1] 岳文、陈飞翔：《积极加速我国自由贸易区的建设步伐》，载《经济学家》2014年第1期。